共创智慧成果
助力科技创新

华进知识产权服务案例汇编

华进联合专利商标代理有限公司
广东华进律师事务所 | 组织编写

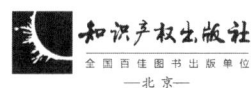

知识产权出版社
全国百佳图书出版单位
—北京—

图书在版编目（CIP）数据

共创智慧成果　助力科技创新：华进知识产权服务案例汇编／华进联合专利商标代理有限公司，广东华进律师事务所组织编写. —北京：知识产权出版社，2025.3. —ISBN 978-7-5130-9670-6

Ⅰ.D923.405

中国国家版本馆 CIP 数据核字第 2024HK3639 号

内容提要

本书精选了华进知识产权为全球客户提供的大量鲜活知识产权服务案例，并针对知识产权获权、确权、维权、运用等方面的知识产权服务案例进行深入解析，涵盖了知识产权管理体系构建及保护策略制定、侵权分析与预警防范、专利挖掘与布局、高价值专利培育、国内外专利商标申请、专利商标复审无效、知识产权运营等各方面的高品质、综合性的知识产权服务案例，生动地展现了将知识产权转化为资产的全景过程。

本书对创新主体和服务机构等知识产权利益相关者都具有较高的实务指导价值。

责任编辑：许　波　　　　　　　责任印制：刘译文

共创智慧成果　助力科技创新——华进知识产权服务案例汇编

GONGCHUANG ZHIHUI CHENGGUO ZHULI KEJI CHUANGXIN——HUAJIN ZHISHI CHANQUAN FUWU ANLI HUIBIAN

华进联合专利商标代理有限公司　广东华进律师事务所　组织编写

出版发行：知识产权出版社有限责任公司	网　　址：http://www.ipph.cn
电　　话：010-82004826	http://www.laichushu.com
社　　址：北京市海淀区气象路 50 号院	邮　　编：100081
责编电话：010-82000860 转 8380	责编邮箱：xubo@cnipr.com
发行电话：010-82000860 转 8101	发行传真：010-82000893
印　　刷：天津嘉恒印务有限公司	经　　销：新华书店、各大网上书店及相关专业书店
开　　本：720mm×1000mm　1/16	印　　张：28.25
版　　次：2025 年 3 月第 1 版	印　　次：2025 年 3 月第 1 次印刷
字　　数：615 千字	定　　价：148.00 元

ISBN 978-7-5130-9670-6

出版权专有　侵权必究

如有印装质量问题，本社负责调换。

编委会

顾　问：胡　杰
主　编：邓云鹏
编　委：郑小粤　何　冲　颜　潇　哈　达
　　　　傅　康　黎　叶　曾旻辉　周清华
　　　　郑　露　吴　平　齐宏涛　李　弘
　　　　谢曲曲　刘　刚　贺才杰　聂启新
统　筹：雷佩玲　何　平　张　军　王　康

规范性法律文件明细表

序号	全称	发文字号	颁布时间	简称
1	专利合作条约实施细则	TRT/PCT/021	2024-07-01	—
2	专利审查指南（2023）	国家知识产权局令第78号	2023-12-21	专利审查指南
3	中华人民共和国专利法实施细则	中华人民共和国国务院令第769号	2023-12-11	专利法实施细则
4	中华人民共和国民事诉讼法	中华人民共和国主席令第11号	2023-09-01	—
5	关于加快推动知识产权服务业高质量发展的意见	国知发运字〔2022〕47号	2022-12-27	—
6	商标代理监督管理规定	国家市场监督管理总局令第63号	2022-10-27	—
7	商标审查审理指南	国家知识产权局公告第462号	2021-11-16	—
8	关于完善四级法院审级职能定位改革试点的实施办法	法〔2021〕242号	2021-09-27	—
9	中华人民共和国食品安全法	主席令第81号	2021-04-29	—
10	最高人民法院关于审理侵犯专利权纠纷案件应用法律若干问题的解释（二）	法释〔2020〕19号	2020-12-29	—
11	最高人民法院关于审理商标授权确权行政案件若干问题的规定	法释〔2020〕19号	2020-12-29	—
12	最高人民法院关于审理涉及计算机网络域名民事纠纷案件适用法律若干问题的解释	法释〔2020〕19号	2020-12-29	—
13	最高人民法院关于审理商标民事纠纷案件适用法律若干问题的解释	法释〔2020〕19号	2020-12-29	—

续表

序号	全称	发文字号	颁布时间	简称
14	中华人民共和国著作权法	主席令第 62 号	2020-11-11	著作权法
15	中华人民共和国专利法	主席令第 55 号	2020-10-17	专利法
16	最高人民法院关于审理专利授权确权行政案件适用法律若干问题的规定（一）	法释〔2020〕8 号	2020-09-10	—
17	最高人民法院关于审理侵犯商业秘密民事案件适用法律若干问题的规定	法释〔2020〕7 号	2020-09-10	—
18	中华人民共和国民法典	主席令第 45 号	2020-05-28	民法典
19	北京市高级人民法院商标授权确权行政案件审理指南	—	2019-04-24	—
20	中华人民共和国商标法	主席令第 29 号	2019-04-23	商标法
21	中华人民共和国反不正当竞争法	主席令第 29 号	2019-04-23	反不正当竞争法
22	中华人民共和国电子商务法	主席令第 7 号	2018-08-31	
23	中华人民共和国知识产权海关保护条例	中华人民共和国国务院令第 698 号	2018-03-19	
24	中华人民共和国行政诉讼法	主席令第 71 号	2017-06-27	行政诉讼法
25	关于进一步加强学校语言文字工作的意见	教语用〔2017〕1 号	2017-01-17	—
26	中华人民共和国商标法实施条例	中华人民共和国国务院令第 651 号	2014-04-29	商标法实施条例
27	著作权法实施条例	中华人民共和国国务院令第 633 号	2013-01-30	—
28	保护工业产权巴黎公约	TRT/PARIS/001	1979-09-28	巴黎公约

前　言

知识产权服务机构是支撑我国知识产权制度运行的重要力量，其为知识产权创造、运用、保护、管理提供了服务保障，在推进创新创业、助力对外开放、促进产业发展等方面的作用不断凸显。《2023年全国知识产权服务业统计调查报告》显示，我国知识产权服务业规模正在快速扩大。然而，在行业规模扩大的同时，如何实现高质量发展成为知识产权服务机构迫切需要解决的现实问题。

2022年年底，国家知识产权局等17部门联合发布的《关于加快推动知识产权服务业高质量发展的意见》提出了我国知识产权服务业的发展目标："到2030年，知识产权服务业专业化、市场化、国际化水平明显提升，基本形成业态丰富、布局合理、行为规范、服务优质、全链条贯通的知识产权服务业高质量发展格局，成为加快知识产权强国建设和经济高质量发展的重要支撑。"这无疑是为知识产权服务机构高质量发展提供了前进的指引。

知识产权体现了人类创造性智力成果，而知识产权全生命周期的服务就是在将知识产权转化为财产的过程中将其价值最大化。华进知识产权作为具备全品类知识产权业务能力的服务机构，由华进联合专利商标代理有限公司、北京华进京联知识产权代理有限公司、杭州华进联浙知识产权代理有限公司、江苏华进联源知识产权代理有限公司、广东华进律师事务所、北京华朗律师事务所组成。自1999年成立以来，始终秉持"共创智慧成果、助力科技创新"的使命，以专业为本，帮助客户实现知识产权价值最大化。经过多年发展，华进知识产权业务覆盖全国并辐射全球，提供知识产权管理体系构建及保护策略制定、侵权分析与预警防范、专利挖掘与布局、高价值专利培育、国内外专利商标获权及确权、版权登记、海关保护、知识产权运营等各方面服务，积累了大量鲜活的知识产权服务案例。

对知识产权服务案例的收集、分析和整理是服务机构开展内部培训、沉淀实务经验和提升专业水平的有效途径；而本案例汇编的出版则有利于扩大交流范围，对推动整个行业的高质量发展也将大有裨益。本书是对华进知识产权成立25年来代理的典型知识产权服务案例的汇编，精选了知识产权获权、确权、维权、运营等方面的服务案例并进行解析，覆盖知识产权全品类在全生命周期中遇到的典型场景及解决方案，生动地展现了将知识产权转化为财产的全景过程，反映了知识产权服务的最新实践，对创新主体和服务机构等知识产权利益相关者都具有一定的实务指导价值。

目 录

专利获权篇

引 言 ··· 003

专利申请撰写 ··· 005

案例一：获高额赔偿的实用新型专利是怎样炼成的
——家电领域实用新型专利撰写案例 ·················· 马梓洋 / 005

案例二：如何撰写高质量专利申请文件
——家电领域发明专利撰写案例 ·············· 徐媛媛　付静媛 / 013

案例三：简单的技术方案如何在专利撰写文件中体现其创造性并兼顾保护范围
——计算机领域发明专利撰写案例 ·················· 张思佳 / 019

案例四：如何基于日常研发工作产出专利
——计算机领域发明专利撰写案例 ·············· 方高明　吴寿宏 / 025

案例五：如何基于专利侵权取证角度考虑进行可视化撰写
——计算机领域发明专利撰写案例 ·················· 李文渊 / 035

案例六：如何将疑似创造性偏弱的技术方案打造为成功授权专利
——计算机领域发明专利撰写案例 ·················· 王天庆 / 041

案例七：如何撰写 GUI 类发明专利
——计算机领域发明专利撰写案例 ·················· 张朝欣 / 047

案例八：金奖发明专利是如何炼成的
　　——计算机领域发明专利撰写案例 ·················· 邓云鹏 / 059

审查意见答复 ··· 067

案例九：如何答复发明专利申请的创造性审查意见
　　——计算机领域发明专利申请答复案例 ·············· 张丹妮 / 067

案例十：如何利用整体性原则答复创造性审查意见
　　——家电领域发明专利申请答复案例 ········ 袁榕　付静媛 / 072

案例十一：如何处理审查意见更换对比文件的情况
　　——电力监控领域发明专利申请答复案例 ·········· 夏宁欣 / 078

案例十二：如何在答复审查意见中利用附图来阐述区别技术特征
　　——智慧公交领域发明专利申请答复案例 ·········· 黎远红 / 087

驳回复审 ··· 096

案例十三：从复审成功撤销驳回决定反思色谱分析类发明专利申请的撰写及答复
　　——色谱分析领域发明专利申请复审案例 ············ 向薇 / 096

案例十四：如何在复审程序中澄清驳回决定中存在事实认定错误
　　——机电领域发明专利申请复审案例 ···················· 樊倩 / 100

案例十五：如何在复审程序中利用关键技术特征来克服创造性缺陷
　　——家电领域发明专利申请复审案例 ···················· 邓琴 / 107

海外专利布局 ··· 111

案例十六：高端制造企业如何进行海外专利布局
　　——电子烟领域海外专利布局案例 ······················ 刘诚 / 111

案例十七：如何有效运用 PCT 申请优先权恢复及 PCT 国际检索单位书面意见
　　——PCT 国际申请案例 ······································ 钦静 / 119

案例十八：如何应对美国专利申请审查中的专利客体适格性驳回意见
　　——计算机软件领域美国发明专利申请案例 ··· 罗沪光　方昊佳　旋杰豪 / 124

案例十九：如何通过加快审查程序尽早获得海外专利申请授权
　　——美国、欧洲、日本、韩国、巴西、澳大利亚专利加快审查方式简析
　　.. 陈美丹 / 131

专利确权篇

引　言 145

案例二十：外观设计确权案件中关于"设计空间"的考量
　　——"摩托车整车（SY110-2）"外观设计无效案 .... 郑彤 / 146

案例二十一：实用新型专利创造性判断中技术领域的影响
　　——"方便拆除垃圾盒的清洁机器人"实用新型专利无效案 ...... 齐宏涛 / 153

案例二十二：屡败屡战定能取胜
　　——广收许可费的发明专利无效案 .... 邓云鹏　旋杰豪　方昊佳 / 163

案例二十三：形式缺陷与创造性缺陷组合无效策略的应用
　　——"业务使用的许可的检验方法和系统"发明专利无效案 ...... 顾彩勇 / 180

商标获权及确权篇

引　言 195

驳回复审 196

案例二十四：图文组合商标近似认定的裁判规则浅析
　　——"鲲禹 KWING 及图"商标驳回复审案 .... 王芹 / 196

案例二十五：灵活运用撤销手段　排除引证商标障碍
　　——株式会社朝日堂商标驳回复审行政诉讼案 .... 郑露 / 200

案例二十六：善用再审程序救济　终破引证商标障碍
　　——"YY 直播"商标驳回复审行政诉讼案 .... 欧平凤　张柳锋 / 203

异　议 ·· 207

案例二十七：恶意认定之视同商标代理机构行为
——"YY Panda"商标异议案 ·· 张丽莹 / 207

案例二十八：《商标法》第七条诚实信用原则在商标异议案件中能否直接适用
——"THE GRUFFALO 咕噜牛"商标异议案 ························· 吴春晓 / 212

案例二十九：使用已注销的个体户执照构成以欺骗手段取得商标注册的行为
——"鸿蒙"商标异议案 ··· 曹丰泽 / 220

案例三十：商标代理机构从宽适用《商标法》第四十四条第一款的思考
——"鸿蒙知识产权"商标异议案 ··· 李惟青 / 225

案例三十一：商标全面审查原则的适用
——"叁玖"商标不予注册复审案 ··· 梁彩莲 / 230

案例三十二：排除引证商标障碍　保护真实品牌所有人合法权益
——"潘泰"商标异议复审行政诉讼案 ··································· 郑露 / 236

无效宣告 ··· 240

案例三十三：善意受让能否对抗恶意注册
——"玛赫 MYHO"商标无效宣告案 ······································· 曹丰泽 / 240

案例三十四：多个通用术语组合设计商标的显著性探究
——"智能内容管理平台 AiSite"商标无效宣告案 ··············· 李惟青 / 245

案例三十五：文字商标中不规范使用汉字或短语的判定规则浅析
——"面潮大海　春暖花开"商标无效宣告案 ············ 胡小慧　丁玉生 / 252

案例三十六："欺骗性条款"与"近似条款中跨类认定类似商品"的适用
——"荷花原浆"商标无效宣告行政诉讼案 ··························· 欧平凤 / 260

案例三十七：驰名商标重新认定的证据要求及标准
——"MADEM 及图"商标无效宣告行政诉讼案 ····················· 韦琪 / 266

撤　销

案例三十八：商标不使用撤销案件中要善于辨别商标使用证据的真伪
　　——"潘泰及图"商标撤销复审行政诉讼案·················· 郑露 / 270

案例三十九：商标第三十五类"替他人推销"服务类别的使用证据认定
　　——"8-MART及图"商标撤销复审行政诉讼案·················· 朱虹 / 275

案例四十：化妆品行业中商标使用证据的认定
　　——"SKIN·OLOGY"商标撤销复审行政诉讼案·················· 朱虹 / 281

案例四十一：穷尽救济途径　终认定商标象征性使用
　　——"星光道 STARLIGHTWAY 及图"商标撤销复审行政诉讼案······ 朱虹 / 287

海外商标布局

案例四十二：如何应对在摩尔多瓦的商标抢注难题
　　——"VAPORESSO"商标摩尔多瓦异议案·················· 王田 / 291

案例四十三：俄罗斯商标撤销案件审查重点管窥
　　——以某商标撤销案为例·················· 常宝亮 / 296

侵权诉讼篇

引　言·················· 303

专利及商业秘密等·················· 304

案例四十四：专业法律服务为新兴技术保驾护航
　　——植保无人机发明专利侵权纠纷案·················· 周清华 / 304

案例四十五：实用新型专利如何获得4 000万元高额判赔
　　——格力诉奥克斯专利侵权纠纷案·················· 曾旻辉　章上晓 / 310

案例四十六：专利确权与侵权联合审理模式实践
　　——深圳首例专利确权与侵权联合审理案件·················· 章上晓　郑彤 / 317

案例四十七：专利海关保护和司法保护高效联动
　　——摩托车外观设计专利侵权纠纷案 ·················· 章上晓　张娅 / 321

案例四十八：技术创新发展与商业秘密保护之间的平衡
　　——侵害平衡车技术秘密纠纷案 ······················ 周清华 / 328

延伸阅读：关于商业秘密侵权与专利权属案件的思考
　　··· 曾旻辉　章上晓　苏泽君 / 333

商标及反不正当竞争等 ································ 340

案例四十九：如何认定复制摹仿驰名商标行为
　　——"万和"商标侵权纠纷案 ························ 欧平凤 / 340

案例五十：有一定影响力的商品包装及装潢保护
　　——"元气森林"与"金某公司""广某公司"不正当竞争纠纷案
　　··· 郑皓莹　张雨晴 / 345

案例五十一：在微信朋友圈宣传销售情况应作为赔偿额考量因素
　　——"恺撒堡 kayserburg"商标侵权纠纷案 ············ 郑皓莹　张雨晴 / 348

案例五十二：化妆品代工企业商标使用行为的认定
　　——"莹特丽"商标侵权及企业名称不正当竞争纠纷案
　　··· 郑露　郑皓莹　樊春妍 / 351

案例五十三：刑民并举制止侵害商标专用权的制假行为
　　——海外商标侵权纠纷案 ·························· 周清华　黄旭东 / 354

案例五十四：国企品牌保护与知识管理体系提升实践
　　——厦航公司诉厦航物联公司侵害商标权及不正当竞争纠纷案
　　··· 潘思延　戴晓萌　苏泽君 / 357

案例五十五：涉及立体商标的商标侵权案中对立体商标显著性的认定
　　——西班牙打火机商标侵权及不正当竞争纠纷案 ········· 周清华 / 364

案例五十六：如何认定字号权与商标权是否构成冲突
　　——点红点绿著点居不正当竞争纠纷案 ··············· 周清华 / 368

案例五十七：对网店销售品牌产品构成虚假宣传不正当竞争行为的认定
　　——"Tripollar"产品网络虚假宣传不正当竞争纠纷案
　　.. 周清华　黄旭东 / 373

案例五十八：虚假宣传不正当竞争行为构成要件浅析
　　——立体车库企业虚假宣传不正当竞争纠纷案................ 韦琪 / 377

案例五十九：利用著作权保护实用艺术作品的实践
　　——"音箱灯"著作侵权纠纷案........................ 张娅　章上晓 / 381

知识产权运营篇

引　言 389

案例六十：产业专利分析揭示技术发展现状及趋势
　　——高技术船舶产业专利分析案例 .... 李睿　吴平　赵永辉 / 390

案例六十一：产业专利导航为产业发展提供政策决策支持
　　——宜昌市水利水电产业专利导航案例 .... 白露雪 / 405

案例六十二：专利导航服务集成改革精准指引智能电梯产业创新发展
　　——国家级电梯产业专利导航服务案例 .... 李露 / 427

案例六十三：专利产业化　助力大健康
　　——以广东省生物医药与健康战略性产业集群知识产权协同运营中心为例
　　.. 邱志强 / 430

 专 利 获 权 篇

引 言

在我国，专利作为知识产权制度中的重要一环，已经广泛地受到创新实体的重视。2024年1月16日在国务院新闻办公室举行的新闻发布会上，国家知识产权局宣布，截至2023年年底，中国（不含港澳台地区）发明专利有效量达到401.5万件，成为全球首个有效发明专利数量突破400万件的国家。专利数量获得突破的同时，社会呼唤着专利质量的提升。高质量的专利申请文件是专利质量的重要保障，对于任何希望在激烈的市场竞争中保持领先地位的企业来说都是至关重要的。现实中，拥有高质量专利数量越多的企业往往越能够在市场竞争中占据有利地位；稳定、有效、范围恰当的专利保护，可以为企业带来长远的利益，更容易通过专利运营、专利许可、转让等方式，将技术转化为经济利益。

专利申请文件是申请人为获得专利授权保护向专利局提交的正式法律文书，其详细描述了发明创造的技术方案和保护范围。一篇优秀的专利申请文件，不仅能够准确地描述创新成果的技术特点、优势和效果，还能够有效地避免其被他人规避或申请无效宣告。写好一篇专利申请文件需要考虑诸多因素。

首先，高质量的专利申请文件需要能够确保创新成果得到有效的法律保护。例如，专利申请文件需要能够合理地选择专利保护客体，准确地界定专利的保护范围，有效地避免他人的规避设计，与要保护对象有清晰的对应性，方便侵权审理中的调查取证等，从而为企业在后续可能发生的侵权诉讼等纠纷中提供坚实的法律依据。

其次，高质量的专利申请文件有助于提高专利的授予率。专利审查是一个严格的过程，只有符合专利法规定的发明创造才能获得专利权。一份逻辑严密、技术说明翔实、符合法律规定的申请文件，有利于减少审查过程中的质疑，顺利通过专利的审查程序，从而获得理想的授权范围。

再次，专利申请文件的质量直接影响专利权的稳定性。一旦专利权被授予，它将面对来自公众的挑战，包括无效宣告请求和侵权诉讼中对手的攻击。如果专利申请文件撰写不够严谨，可能导致专利权被轻易挑战甚至被宣告无效，或者导致专利保护范围的任意解释，从而失去对企业技术创新保护的意义。

最后，对于未来有到海外申请计划的发明创造，专利申请文件撰写时还需要充分考虑国际申请阶段以及目标国的审查制度和法律环境。

总之，成就一篇高质量的专利申请文件是不容易的，从发明点的挖掘、技术交底书的准备到权利要求的布局，从发明实施方式的详细描述到附图的精准绘制，需要专利代理师数年乃至数十年的经验积累，需要对客户技术和行业的深入了解，需要对保护需求的精准把握，需要对发明创新的充分理解。高质量的专利申请文件是申请人与代理机构共同努力的结果。

在编写这份案例汇编的过程中，我们精选了一批具有代表性的专利申请文件案例，并对它们的撰写技巧、亮点和不足之处进行了详细分析和点评。希望通过这些案例的分享，能够为专利申请人在撰写专利申请文件时提供一些有益的参考和借鉴。

专利申请撰写

案例一

获高额赔偿的实用新型专利是怎样炼成的

——家电领域实用新型专利撰写案例

案例整理及评析人：马梓洋

【专利基本信息】

实用新型名称：一种空调机的室内机
申请号：200820047012.X
申请日：2008 年 4 月 25 日
授权公告日：2009 年 5 月 20 日

一、涉诉情况

珠海格力电器股份有限公司（以下简称"格力公司"）和宁波奥胜贸易有限公司（曾用名"宁波奥克斯空调有限公司"，以下简称"奥克斯公司"），均是国内家喻户晓的空调龙头企业。作为竞争对手，两家公司之间发生过多起专利权侵权纠纷，并为此对簿公堂。

格力公司于 2008 年 4 月 25 日提出了名为"一种空调机的室内机"的实用新型专利申请，于 2009 年 5 月 20 日获得授权，专利号为 ZL200820047012.X。

2017 年 1 月，格力公司以奥克斯公司侵害 200820047012.X 实用新型专利（以下简称"涉案专利"）专利权为由，向广州知识产权法院提起诉讼，广州知识产权法院于 2018 年 4 月作出（2017）粤 73 民初 390 号民事判决，判决奥克斯公司赔偿格力公司经济损失人民币 4 000 万元。

奥克斯公司不服一审判决，向广东省高级人民法院提起上诉，广东省高级人民法院于 2019 年 8 月 30 日作出（2018）粤民终 1132 号二审判决，认定奥克斯公司构成恶意侵权，并维持了广州知识产权法院关于 4 000 万损害赔偿的判项。

在诉前及诉讼过程中，奥克斯公司针对涉案专利先后提出数次无效宣告请求，历次无效宣告请求的审查决定均宣告涉案专利部分无效，即均与最早作出的第 28904 号无效宣告请求审查决定相同，宣告在专利权人于 2015 年 12 月 4 日提交的权利要求 5、8、9，以及引用这些权利要求的权利要求 12～14 和 16～17 的基础上，维持 200820047012.X 实用新型专利权有效。

其中，经受住多次无效宣告挑战，且作为专利侵权诉讼基础而为权利人赢得巨额赔偿的涉案专利 ZL200820047012.X 就是由华进知识产权代理的。

具体在第 28904 号无效宣告请求审查决定的审查程序中，专利权人于 2015 年 12 月 4 日提交意见陈述书，并修改了权利要求书，将权利要求 7 的附加技术特征引入权利要求 1，同时删除了权利要求 7，并调整了其他权利要求的引用关系。其修改后的部分权利要求如下：

1. 一种空调机的室内机，包括由面板（2）、外壳（3）及底壳（4）组成的主体（1），位于所述主体（1）内的通风机（7），位于所述主体（1）内、半环绕在所述通风机（7）的周向方向的热交换器（6），所述热交换器（6）包括邻近所述面板（2）的前侧热交换器（61）和远离所述面板（2）的后侧热交换器（62），还包括：位于所述前侧热交换器（61）的下方、具有凹槽的前接水槽（4a），位于所述后侧热交换器（62）的下方、具有凹槽的后接水槽（4b），所述后接水槽（4b）呈倾斜设置，且所述后接水槽（4b）的低端通过具有凹槽的第一引水槽（4c）与所述前接水槽（4a）的对应端连接，在所述前接水槽（4a）底部的至少一端设有排水孔（43a），所述底壳（4）、所述前接水槽（4a）、所述后接水槽（4b）、所述第一引水槽（4c）一体成型；

其特征在于，所述通风机（7）包括贯流风叶（7a）、与所述贯流风叶（7a）一端连接的驱动电机（7b），以及与所述贯流风叶（7a）的另一端连接的支承装置（7c），所述支承装置（7c）包括带空心圆柱结构且内侧带有突部的轴承胶圈座（72c），以及位于所述轴承胶圈座（72c）内侧、与所述轴承胶圈座（72c）相配套的轴承胶圈（71c）。

（权利要求 2～6 略）

7. 根据权利要求 1 所述的室内机，其特征在于，还包括：位于所述支承装置（7c）上方、所述轴承胶圈座（72c）外侧的换热器支架（12），所述换热器支架（12）按压热交换器（6），将所述热交换器（6）一端固定在底壳（4）上。

8. 根据权利要求 7 所述的室内机，其特征在于：所述换热器支架（12）与热交换器（6）端部相接的部位设有至少一个第三凹部（12b），在所述第三凹部（12b）下方设有带凹槽且可与所述第三凹部（12b）相接的第二引水槽

(12a)，所述第二引水槽（12a）与所述前接水槽（4a）或者所述后接水槽（4b）相通。

9. 根据权利要求1所述的室内机，其特征在于：在所述支承装置（7c）上，设有向下突出的插条（74c）和卡扣（73c），所述底壳（4）还包括第一支承部（4e），所述第一支承部（4e）上设有与该插条（74c）相适应的插槽（41e）及与所述卡扣（73c）相配合的扣孔（42e），所述第一引水槽（4c）位于所述支承装置（7c）的下方，与所述插槽（41e）一体设计。

（权利要求10~11略）

12. 根据权利要求1至11任意一项所述的室内机，其特征在于：所述前侧热交换器（61）的下端位置低于所述后侧热交换器（62）的下端位置，所述前接水槽（4a）的位置低于所述后接水槽（4b）的位置。

13. 根据权利要求1至11任意一项所述的室内机，其特征在于，还包括：位于所述前接水槽（4a）的凹槽内、带有至少一个向上开口的第一凹部（42a）的第一密封件（41a）。

14. 根据权利要求1至11任意一项所述的室内机，其特征在于，还包括：位于所述后接水槽（4b）的凹槽内、带有至少一个向上开口的第二凹部（42b）的第二密封件（41b）。

（权利要求15略）

16. 根据权利要求1至11任意一项所述的室内机，其特征在于，还包括：固定在所述底壳（4）上的蜗舌（8b），所述蜗舌（8b）通过卡扣的方式固定在所述底壳（4）上。

17. 根据权利要求1至11任意一项所述的室内机，其特征在于，所述外壳（3）通过卡扣或者螺钉的方式固定在所述底壳（4）上。

其中，一审和二审判决中，格力公司主张以上述经过无效宣告程序并修改后的权利要求8、9，以及在引用权利要求8、9基础上的权利要求12~14、16、17确定该案专利权保护范围。

二、专利撰写技巧及总结

笔者结合该案的专利文件、一审、二审判决书，以及多次无效宣告请求审查决定，思考总结专利申请文件撰写技巧，以期获得更高质量的专利申请文件的撰写思路。

（一）字斟句酌，在权利要求中进行合理的上位概括

在专利侵权判定中，在相同侵权不成立的情况下，应当判断是否构成等同侵权。

等同侵权是将专利的保护范围扩大到了权利要求技术特征的等同范围，而不仅局限于权利要求的文义范围。

但正是因为其突破了文义范围的限制，可能会被滥用而架空权利要求的定界和公示作用，并由此损害公众利益，所以判断是否构成等同侵权历来是一个难点，司法实践中，诉诸等同侵权有可能会偏离专利权人的预期，使专利权人的维权之路变得曲折和充满不确定性。因此，专利文件撰写的较高境界应当是基于发明人提供的技术交底书进行合理扩展，概括出保护范围宽且得到说明书支持的权利要求，让各种侵权行为构成相同侵权。

具体到该案中，双方争议的一个焦点在于，被诉产品是否具有"所述后接水槽（4b）呈倾斜设置"的技术特征。

奥克斯公司认为，被诉产品的后接水槽是三段阶梯式设置，没有涉案专利后接水槽倾斜设置的技术特征。一审、二审法院均认为，该案专利说明书第2页第9~11行及说明书第6页最后一段至第7页第一段，对"后接水槽呈倾斜设置"的设置目的进行了详细描述，该技术特征的实质在于接水槽必须具有一高端和一低端，在不施加外力的情形下，其中的冷凝水能够因重力作用自然从高端流至低端，再流入第一引水槽并最终排出。说明书并未限定后接水槽具体是以何种方式倾斜，仅是记载了其作用是用于使其所接住的水流到低端以便通过第一引水槽流入前接水槽从而实现排水，应该理解为所有能够实现这一功能的合理方式。因此，只要依据上述技术构思而设置且能够解决上述技术问题，均应当认定落入该案专利权保护范围。

由此可见，涉案专利的撰写中，将利用高低差来解决后接水槽自动排水的问题的技术构思合理概括为后接水槽呈倾斜设置，如此尽可能涵盖了所有等同替代方式或明显变形方式（包括奥克斯公司侵权产品中的三段阶梯式后接水槽），最大可能地将尽可能多的潜在侵权方案纳入到相同侵权的范围之内，从一开始就采用最简单、最有效、最便捷的方式维护了专利申请人的利益。

此外，禁止反悔原则对专利权人的杀伤力也非常大，专利文件的撰写除了要有一定的预见性和超前性，对可能出现的潜在侵权技术有所预见，还要对授权、确权程序中可能提出的质疑有所预见。因此，需要抓住技术的本质，在说明书中对技术特征所体现的功能、效果进行合理的说明和阐释，以使权利要求中的合理概括得到说明书支持，且在授权和确权程序对权利要求的解释环节中，可以通过说明书的记载对权利要求中的技术特征进行合理、全面的解释和把握，从而提前跳出禁止反悔的禁锢。

（二）量体裁衣，步步为营，以静制动

理论上，权利要求的保护范围越大则其稳定性会降低。在实践中，专利权人和代理师希望合理的上位概括使权利要求扩大相同侵权的保护范围，但如此一来，权利要求的保护范围将接近现有技术的边界，甚至可能与现有技术部分重叠，导致权利要求

容易在授权、确权阶段受到较多的质疑，在限缩修改权利要求时受到严苛的限制，进而使权利要求的保护范围的走向偏离专利权人的预期。此外，随之而来也增加了现有技术抗辩的风险，因此专利文件撰写的另一个核心和难度就在于如何突出相同侵权的保护范围与现有技术的分界线，该分界线越清晰则越有利于专利权人。

具体到涉案专利，其背景技术记载了以下技术问题：前接水槽、后接水槽、引水槽、排水口等各零件或者组件分开设计，需要分别开制多副模具来分别制造出各零件或组件后再组装，导致成本增加、生产效率低下。此外，装配工序复杂，容易产生装配问题，如漏风和凝露问题，还有各零件或组件热胀冷缩而导致的异响。

同时，申请文件还记载了解决该技术问题的核心技术手段：底壳、前接水槽、后接水槽、第一引水槽一体成型。从而达到了生产时通过一个模具即可生产出相应的底壳及其相关设备，减少了零件数量，减小了装配工序、使生产效率大大增加，且减少了装配问题。

可见，涉案专利的独立权利要求，围绕发明的创新点，记载了一个较宽的保护范围，但独立权利要求的稳定性相对较低。

在专利侵权诉讼时，被诉侵权人通常会向国家知识产权局提出无效宣告请求，由于独立权利要求的保护范围最大，也最容易被宣告无效，而从属权利要求记载的技术特征相对较多，稳定性也相对较佳，因此从属权利要求的撰写质量的好坏在一定程度上关系着专利的稳定性。具体而言，在构建权利要求书时，从属权利要求应体现一定的逻辑顺序，避免各从属权利要求的引用线交叉，且构建出多个从权簇，以通过不同的从权或从权簇以不同逻辑、分层布局逐步凸显与现有技术的分界线。例如，涉案专利的权利要求2、3、5、6、7分别为引用权利要求1的从属权利要求，权利要求4引用权利要求3形成一个从权簇，权利要求8和权利要求9逐一引用权利要求7，形成另一个从权簇。上述从属权利要求的布局中，是以各元器件与热交换器、通风机和/或面板的物理关系为指引逻辑，在不同的权利要求中通过引入新的技术特征或对独权中技术特征进行下位具体化，从而能够全面、逐层凸显与现有技术的分界。例如，权利要求2以热交换器为参照引入位于其上端的空气过滤装置，从属权利要求3和权利要求4为一个从权簇，权利要求3以通风机、热交换器为参照，借助面板与通过机之间的物理关系引入半环绕在通风机远离面板一侧且位于热交换器下方的风道后侧壁，以及设于风道后侧壁上与第一引水槽相通的后引水槽。权利要求4进一步地限定后接水槽、第一引水槽、后引水槽、风道后侧壁和底壳一体成型，是对核心发明点的下位具体化。权利要求5和权利要求6分别以通风机和热交换器为参照，借助通风机和面板的物理关系，引入邻近面板一侧且位于热交换器下方的风道前侧壁，以及设于风道前侧壁末端的挡风件和扫风叶片。权利要求7、权利要求8和权利要求9为一个从权簇，权利要求7是对权利要求1中的通风机的上位概念的下位具体化，权利要求8和权利要求9逐一引用权利要求7，是以通风机的具体结构为参照，引入换热器支架并进一步限定与换热器支架相关的接水结构。

由此可见，涉案专利的权利要求书采用逐步引入技术特征和对上位技术特征的分层次下位具体化的方式布局了多个从属权利要求，从而有层次地不断呈现具体和下位的技术方案。这样，将创新点在纵深方向层层推进，从而在多达15次的无效宣告请求程序中留出了取舍空间。

（三）言必有据——从说明书的解释作用考量说明书的撰写

《专利法》第64条规定，发明或者实用新型专利权的保护范围以其权利要求的内容为准，说明书及附图可以用于解释权利要求的内容。通常而言，权利要求书是由自然语言构成，通过承载解决技术问题的技术特征来描述和体现所要求保护的技术方案，而且语言文字的局限性、多义性和不同角度理解的模糊性，导致权利要求的保护范围并不像有形物的边界那样一目了然。权利要求的保护范围既关系专利权人的利益，也关系公众是否能够自由利用现有技术的权利，因此对权利要求的解释是授权、确权及侵权诉讼阶段的基础。

在该案的诉讼阶段，双方争议的另一个焦点在于，经过无效宣告程序后的涉案专利的权利要求7的附加技术特征"换热器支架按压热交换器"。经查被诉产品的换热器支架插在底壳上，奥克斯公司主张被诉产品没有该附加技术特征。

在此，需要剖析和寻找涉案专利的权利要求和说明书之间的关系和原理。一方面，涉案专利的专利代理师对于技术的理解比较深入，挖掘出了将热交换器一端固定于底壳过程中必然需要按压的技术构思，从而提炼出较为上位且合理概括的技术特征"换热器支架按压热交换器"。另一方面，涉案专利的专利代理师在说明书实施例中对于同一技术术语的理解和表述一致，在全面理解发明的本质的基础上，站在本领域一般技术人员的角度上，对权利要求中的技术特征的功能、作用和效果有比较翔实的记载。由此，可以依据说明书对权利要求中的技术特征给予合理的解释，从而给专利权以合适的保护范围。

（四）言必有据——从创造性的角度考量说明书的撰写

随着科技的进步，开拓性发明越来越难，很多发明都是在现有技术的基础上的改进，一件专利的创造性高度，是由发明本身的改进程度、技术问题解决幅度和技术效果优劣等多方面因素决定的。这些因素是客观存在的一种状态，并不直接取决于专利文件的撰写。但创造性无法量化，公众只能从专利文件中感知创造性的高低。虽然一件发明创造的创造性高低本身可能是固定不变的，但是专利文件的撰写带给公众对创造性高低的认知并不是一成不变的。这也是评判创造性的贡献的尺度和标准在实践中难以把握的影响因素之一。

进一步而言，笔者认为，发明创造的灵魂在于技术构思的创新和对科技进步的贡献。脱离了创造性的发明创造，犹如无源之水、无本之木。因此，在创造性的判断中非显而易见性和技术进步共同支撑了创造性的高度。如果非显而易见性更依靠技术方案本身，那么是否具有技术进步在很大程度上是依赖于说明书的记载。

涉案专利被提起了多次无效宣告请求，在历次无效宣告请求审查决定中，针对权利要求5与证据文件的区别技术特征"在所述风道前侧壁（8c）的末端设有挡风件（81c）"，奥克斯公司主张该区别技术特征为处于更好的挡风需要而采用的常规技术手段或证据文件给出了设置挡风件的技术启示。审阅涉案专利的说明书，多处记载了"由于风道前侧壁的末端位于通风口处，该挡风件可以防止在室内机的排气口产生凝露，提高室内机的运行质量"。奥克斯公司提供的证据文件显然未揭示设置挡风件的内在原因和目的，而说明书对于技术进步和效果的记载，成为权利要求5具备创造性的决定因素。

无独有偶，涉案专利经过无效宣告程序后的权利要求8与证据文件具有区别技术特征"带凹槽且可与第三凹部（12b）相接的第二引水槽（12a），第二引水槽（12a）与前接水槽（4a）或者后接水槽（4b）相通"，专利代理师对该区别技术特征的功能、作用和效果有比较准确、翔实的记载，从而在多次无效宣告过程中起到了决定性的作用。

从此角度剖析涉案专利说明书的撰写技巧，即围绕发明点，着力描述所要解决的技术问题、技术方案，且技术方案的有益效果在专利说明书中也给予了明确的阐述。如果将涉案专利的权利要求书比喻为肖像速写，则涉案专利的说明书可以比喻为全息照片，说明书及附图的信息量大而全，对于权利要求书中的内容"言必有据"，并将非显而易见性和技术进步综合起来考量撰写，在说明书储备充分的基础上，不仅可以在多次无效宣告请求程序中从容不迫、信手拈来，还可以在侵权诉讼中为权利要求的争议技术特征作出了合理的界定。

三、结语

专利质量是体现专利市场价值的重要维度，一份高质量的专利申请文件，能够达到不战而屈人之兵，甚至是屈人之心的效果，让企业在激战交锋中如虎添翼。司法实践是专利质量的试金石，通过以格力公司诉奥克斯公司判赔4 000万元的专利侵权案为例反思专利申请文件的得与失，在撰写专利申请文件时，应当注意以下问题。

（1）撰写者需要不厌其烦地字斟句酌，做到没有歧义，避免"带病授权"成为在侵权诉讼中的"雷区"，从而将风险尽可能地降低。

（2）撰写权利要求时应当基于发明人提供的技术交底书的具体技术内容，围绕发明构思准确提炼智慧成果，进行合理的拓展和概括，概括出的保护范围不仅要尽可能涵盖等同替代方式或明显变化方式，还应当得到说明书的支持。

（3）在合理概括中，还应当考虑保护范围和侵权可视化之间的平衡，以使专利侵权判断更加直观，更便于取证，做到心中有数、预备后招，减少专利侵权判定过程中的不确定性和主观性，确保专利权人在侵权诉讼中居高临下。

（4）权利要求应当层层设防，进可攻，退可守。横向上考量与说明书的呼应，不应仅以获得授权为唯一目的，还要经得起确权和侵权的考验。纵向上充分考虑可能遭遇的侵权技术方案及被诉侵权人可能采用的应诉手段，提前布局，努力撰写出一份表述清晰、逻辑严谨、层次分明的权利要求书。

（5）专利文件的撰写不仅要对可能出现的潜在侵权技术有所预见，还要对授权、确权程序中可能提出的质疑有所预见，即需要抓住技术的本质，在说明书中对技术特征所体现的功能、效果进行合理的说明和阐释，以使权利要求中的合理概括得到专利说明书支持，且在授权和确权程序对权利要求的解释环节，可以通过专利说明书的记载对权利要求中的技术特征进行合理、全面的解释和把握，并提前跳出禁止反悔的禁锢。

（6）说明书一定要对于技术特征在发明中的技术效果进行翔实的记载，以充分展示和体现发明的创造性高度，让公众或法官阅读说明书之后，能够发现和认识权利要求主张的保护范围与现有技术之间的明确界限。

（7）说明书中在对权利要求的术语进行定义或解释时，应当满足准确、合理的概括和解释，否则容易导致理解的困难或者导致未能涵盖所有实施例涉及的情况。

如何撰写高质量专利申请文件

——家电领域发明专利撰写案例

案例整理及评析人：徐媛媛　付静媛

【专利基本信息】

发明名称：吸尘器电机及吸尘器

申请号：202210694921.7

申请日：2022年6月20日

授权公告日：2023年12月29日

技术博弈和专利交锋正在成为企业之间新的竞技焦点。一项发明创造能够获得充分、有效的法律保护，与其专利申请文件的撰写质量有着密切的关系。笔者期望从撰写专利申请文件的各个环节入手，结合实际案例探究专利申请文件的谋篇布局和撰写技巧，从而提出专利权的获得及其有效性方面的建议。

一、挖掘保护主题

保护主题是整个专利申请文件谋篇布局的基石。因此，保护主题应简明、具体、确切，既能概括专利申请需要保护的要旨，也能统揽说明书中所属技术领域、要解决的技术问题、技术方案、技术原理与机理、技术效果等，且应有利于检索、关键词选择和保护类型（产品、方法和用途）的识别。

此外，高质量的专利申请文件中，保护主题的确定也应当考虑可能发生的后续的侵权诉讼。另外，发明人是技术研发人员，其研究的领域通常是一个很细化的专业领域，关注的是技术方案本身。因此，发明人考虑的也仅仅是应用在其所专注的领域，且为了取得更好的技术效果，会在一个技术方案中提供多个发明点。高质量专利申请撰写的代理师在接触发明人提供的技术方案时，不应局限于发明人所处的领域，而应考虑该技术方案能否应用到其他技术领域中，从而将该技术方案延伸到相关领域，甚至完全不同的领域。另外，或许发明人通常不愿意将这些发明点拆开。他们可能认为拆开就不是最好的技术方案，甚至有的发明人会认为拆开就不是他们的发明。而高质量专利申请撰写的代理师则应该考虑到后续可能发生的侵权诉讼，考虑到权利要求包括的技术特征，从而来确定保护主题，避免损失权利要求的范围。

该案中的发明创造是针对电机的改进，该电机应用于吸尘器技术领域（以下简称"'电机'案示例"）。在确定保护主题时候，不仅要考虑该电机是否可以应用于吸尘器之外的技术领域，还应当考虑发明人提供的改进点是否有对吸尘器除电机以外的结构的改进。

具体而言，基于所要保护技术的要旨在于吸尘器电机内部的定叶轮组件的结构，因此将该定叶轮组件所应用的最小产品单元电机，以及应用了该电机的吸尘器作为保护主题，这样也利于后续侵权、诉讼过程中对申请人的具体产品的保护。

二、确定技术领域

《专利审查指南》中指出："技术领域"应当是发明或者实用新型直接所属或者直接应用的具体技术领域，它既不是其上位或者相邻的技术领域，也不应是发明或者实用新型本身。具体技术领域往往与发明或者实用新型在国际专利分类表中可能分入的最低位置有关，技术领域的划分不是静止的、绝对的，而取决于技术创新发展形成的多个技术分支，以及技术分支所面临的技术问题的关联性变化。在确定技术领域的时候，还需要考虑相同技术领域是否存在解决技术问题的启示，以及不同技术领域是否存在解决技术问题的启示，如功能相同的转用发明。

同样以上述的"电机"专利申请为例，该发明设计的技术领域可以是：① 清洁工具，② 电机，③ 吸尘器。根据《专利审查指南》的规定及对该发明的内容的具体分析，将其所属技术领域定位③比较合适，即将其确定为所要保护的技术的最接近的技术分支领域——吸尘器技术领域。

三、确定背景技术

背景技术与要解决的技术问题密切相关，主要体现出与现有技术的接近程度。如果背景技术选择错误，会导致发明的目的、问题、构思、手段、用途、效果出现偏差，如果改进程度较少，则意味着创造性高度不高。因此，在确定背景技术时，可以从以下几个方面入手，如考察现有技术的结构现状、结构固有缺陷，并进一步分析现有技术的结构存在的技术问题，以及解决该技术问题的难点在哪儿，解决问题的意义和价值，最后以比较的方式从众多对象中筛选最能代表现有技术水平的个体作为背景技术。

"电机"案示例的背景技术："定叶轮，又称为导风轮，主要作用是使得动叶轮产生的风流更加有效地释放出去。相关技术中的定叶轮一般可以包括外圈、设于外圈内侧的内圈，以及连接于外圈和内圈之间的若干叶片。其中，各叶片呈螺旋状地排布在内圈外侧，以便在相邻叶片之间形成导风通道。由于定叶轮的结构复杂，因此一般采用模具成型的方式制造。然而，受限于模具成型工艺，相关技术中制造出的定叶轮容易出现出口侧的气流流速较高，动压和静压转换不充分的问题，使得电机效率较低。"

在确定背景技术时，首先，找寻现有技术中的结构现状：现有技术中的吸尘器电机的风机部分可以包括同轴设置的定叶轮和动叶轮，定叶轮的主要作用是使得动叶轮产生的风流更加有效地释放出去。其次，确定现有技术的结构存在的问题是导风通道中容易产生涡流，这些涡流在定叶轮中堆积，容易造成风机的震动噪声和涡流噪声，导致现有技术中的吸尘电机噪声较大。总之针对上述分析，要解决的技术问题可以定位在现有技术的吸尘器电机存在噪声较大的问题。

由此分析可知，该背景技术满足了以下要求：

（1）确定有最接近的现有技术，并对构成发明的一些必要的技术内容进行展示；

（2）写明了电机的现有技术存在的技术问题（定叶轮容易出现出口侧的气流流速较高，动压和静压转换不充分的问题，使得电机效率较低）；

（3）分析产生这个技术问题的原因，以及解决这个技术问题的难点和现实局限（受限于模具成型工艺）。

四、确定要解决的问题

发明客观上要解决的技术问题是发明人对技术进步作出的技术贡献所在，以能够准确体现发明的贡献为准。要解决的技术问题应当与背景技术部分相一致，同时技术问题还必须要与技术领域、技术方案和技术效果构成内在逻辑统一整体。此外，确定技术问题不应带有发明所提出的技术特征、技术思路、解决手段、技术指引和技术效果。

"电机"案示例的发明要解决的技术问题：有必要针对现有技术的吸尘器电机噪声较大的问题，提供一种噪声较小的吸尘器电机及吸尘器。

可见，发明要解决的技术问题满足了以下要求：

（1）对要解决的技术问题作出了正面、直接的描述；

（2）与背景技术部分相一致，且与权利要求要保护的主题相适应；

（3）要解决的技术问题不带有发明所提出的技术特征、技术思路、解决手段、技术指引和技术效果；

（4）提出了一个技术问题。

发明要解决的技术问题在申请文件中起到了承上启下的作用，因此在高质量的专利申请文件的撰写中非常重要。

五、权利要求书的撰写

发明或者实用新型专利权的保护范围以其权利要求的内容为准,也就是说,权利要求书是用于确定发明或者实用新型专利权保护范围的法律文件。权利要求书撰写质量好坏将会直接影响发明创造能否获得专利,以及取得专利保护范围的大小。

(一)独立权利要求的布局

在布局独立权利要求时,考虑到该案要保护的技术方案的总的发明精神实质是将多个定叶轮的对应叶片相互拼合成一个组合叶片,相邻组合叶片之间形成流体通道,以在降低注塑难度的情况下增加风道长度,进一步通过在流体通道中形成扰流结构,使得流体通道中的气体流动在不同位置的压力分布出现分层,以降低噪声。因此,将多个定叶轮组合增加风道长度、流体通道中具有扰流结构作为解决技术问题的核心技术手段写入权利要求中。

探究高质量的专利申请文件的权利要求撰写,尤其是独立权利要求的撰写,笔者认为:

(1)独立权利要求以自然语言呈现,且表面上是技术方案,但是独立权利要求的背后是技术领域、客观要解决的技术问题,以及具有的技术效果。如该案中,保护主题吸尘器电机能统揽技术领域、要解决的技术问题、技术方案、技术原理与机理、技术效果,且解决技术问题的核心技术手段要对应于要解决的技术问题和对应的技术效果。

(2)独立权利要求应当有技术层面(解决问题的技术特征的有机整体)、智慧层面(解决问题的发明构思),以及权利要求层面(权利边界清晰)的体现。

可见,独立权利要求所限定的技术方案必须全面体现发明原理(机理)和总的发明精神实质。

(二)从属权利要求的布局

从属权利要求背后也是相应的技术领域、技术问题和技术效果。

每个权利要求都应涉及一个要解决的技术问题,独立权利要求涉及一个要解决的总"技术问题",从属权利要求涉及该总"技术问题"前提条件下更进一步要解决的"技术问题",所有权利要求要解决的"技术问题"之间需要有一个内在逻辑关系,不应该是另起炉灶式"分散性"和技术方案的拼接。另外,从属权利要求应该能构成独立完整的技术方案,相应地在说明书中有其明示的技术领域、技术问题和技术效果。

在布局时,从属权利要求应当多层次、全方位地布局,递进式地构造出多道防线,并在递进式的权利要求中逐步凸显相同侵权的保护范围与现有技术的分界线,从而避开现有技术，降低被无效的风险。此外，从属权利要求还可以包括诸如解释性权利要求、明确技术方案的应用场景、将日后出现的与发明无关的现有技术排除在外的权利要求。

该案中，从属权利是采用逐步引入技术特征和对上位技术特征的分层次下位化的方式布局多个从属权利要求，在扰流结构的位置、扰流结构的形成方式、各个定叶轮的连接结构、组合叶片的形态特征等方面有层次地呈现具体和下位的技术方案，将发明点往纵深方向层层推进。

六、说明书的撰写

笔者认为，权利要求重点在于记载解决技术问题的技术方案，那么说明书的撰写核心就在于如何讲好"技术问题的解决方案"的故事。

首先，说明书发明内容部分必须明确给出独立权利要求所限定技术方案所要解决的技术问题、具有的技术效果。

其次，说明书具体实施方式部分至少应当单独给出该独立权利要求的实施例，并详细描述权利要求技术特征的功能与作用。

最后，具体实施方式中的实施例是通过示例的方式解释权利要求保护范围，同时对权利要求所限定的技术特征给出定义域（内涵与外延）、功能与作用的说明。在论述中既可以通过对比性表述论述权利要求具有（突出的）实质性特点，也可以通过对原理的分析论述其具有创造性的（显著的）技术效果。

该案中，可以先从总体上介绍吸尘器电机的各功能模块的结构、功能、连接关系，以及吸尘器电机的工作原理，再对各功能模块逐一进行介绍。描述过程中，结合附图通过示例的方式解释独立权利要求和从属权利要求保护范围，同时对权利要求所限定的技术特征给出定义域（内涵与外延）、功能与作用的说明。

此外，说明书中的技术效果的撰写也非常重要，技术效果撰写示例如下：

> 通过使定叶轮组件包括同轴布置的多个定叶轮，多个定叶轮中相对应的叶片构成一连续的组合叶片，并且，至少一个组合叶片的型面上设有扰流结构，以使流体通道在气流流动方向上的不同位置的压力分布出现分层。这样可以分解流体通道中的涡流，使能量快速耗散，减少流体通道中涡流形成的湍流噪声，减轻吸尘器电机的震动，起到降噪作用。

笔者认为，技术效果的撰写应当考虑以下因素：

（1）技术效果是权利要求客观实际解决技术问题的事实基础，必须客观、具体、全面、真实、可信；

（2）技术效果（或实验数据技术效果）是用来检验解决方案是否行之有效，它是判断说明书充分公开的依据；

（3）技术效果还可用来证明促进科技进步的依据，即论述其具有创造性的依据；

（4）技术效果应当是权利要求所限定的技术方案所具有的且是其权利要求发明贡献点带来的。

七、说明书附图

说明书附图的作用在于用图形补充说明书文字部分的描述，更清楚、更完整地公开发明或者实用新型的内容。说明书附图应当全面体现出与权利要求书、说明书的关联关系，同时说明书附图之间应当体现出整体性、关联性和逻辑性。具体实现时，说明书附图还应当有一个表达的逻辑顺序关系，如由大至小、由整体到局部等，应当符合本领域技术人员的认知顺序。

此外，笔者认为，图纸是工程师的语言，说明书附图同说明书一样，旨在描述技术领域、背景技术、技术问题、技术方案、技术效果、技术原理、各种实施例。

八、结语

马克·吐温曾经说，"正确的语言"和"差不多正确的语言"之间的区别是闪电（lightning）和萤火虫（lightning bug）之间的区别，而撰写高质量的申请文件的专利代理师就是这群游走在闪电和萤火虫之间的人，只有保持初心，孜孜不倦，审时度势，运筹帷幄，才能帮助企业打造好专利这把利器，为企业保驾护航。

简单的技术方案如何在专利撰写文件中体现其创造性并兼顾保护范围

——计算机领域发明专利撰写案例

案例整理及评析人：张思佳

【专利基本信息】

发明名称：账号登录方法、装置、计算机设备和存储介质
申请号：202110742199.5
申请日：2021年06月30日
授权公告日：2022年10月14日

一、案例情况概述

该案的发明创造在于：用户在手机端登录有某社交账号，当用户在电脑端登录该社交账号时，会向该手机端发送登录确认信息，同时用户可以在手机端选择允许在电脑端显示的共享联系人，在用户通过手机端确认在电脑端登录该社交账号后，电脑端将登录该社交账号，并且在电脑端所显示的联系人，为用户在手机端选中的共享联系人，而未被选中的联系人将不会在电脑端显示。

专利代理师在对技术交底书进行解读之后，发现技术方案比较简单，未涉及复杂的底层技术，但具有比较明显的产品表现。基于此，专利代理师与发明人一起梳理出关键的产品形态，以期从可视化角度入手，在权利要求布局时突出发明点，争取较好的保护范围。

该案提交了申请文件之后，经过实质审查，审查员未下发审查意见，在未对权利要求进行修改的情况下，直接对本申请授予了专利权。

二、专利撰写技巧与总结

（一）明确产品形态，定位发明点

在充分了解了该案技术交底书中的技术方案后，专利代理师首先要做的事情就是定位发明点，明确该发明点能够解决的技术问题。发明点是对技术方案高度概括的表述，是解决技术问题的核心技术手段。至于如何定位技术方案的发明点，具体包括以下两个方面：

第一，可以通过检索查新，找到最接近的现有技术，并确认技术方案与最接近现有技术的区别点。具体到该案中，专利代理师检索到的最接近的现有技术是，用户通过电脑端登录社交账号时，可以通过登录有该社交账号的手机端的确认操作，允许电脑端登录，而并未公开对电脑端所显示的联系人的处理。因此，技术方案与最接近现有技术的区别可以锁定为，通过手机端选择允许在电脑端能够显示的联系人。

第二，针对具有产品形态的方案，结合对技术交底书和对技术方案的充分了解，梳理找到最能体现发明点的关键产品形态。一般来说，如果方案涉及的产品是应用程序，大概率会涉及页面变化或用户与产品的交互过程，则可以从方案中关键操作所涉及的显示数据的变化或者交互界面的变化，来梳理出方案中的关键产品形态。具体到该案中，最关键的产品形态为用户请求在电脑端登录社交账号时，在手机端会显示候选联系人，让用户选择出电脑端的可见联系人，确认用户允许电脑端登录之后，电脑端会显示选中可见联系人。至此，专利代理师已经基本可以确定出技术方案的关键产品形态，并清楚定位技术方案的发明点。

（二）多端布局，确定执行主体

对于多端交互的方案，专利代理师可以梳理方案，通过绘制交互流程图明确方案中所涉及的交互对象，结合定位的发明点，确定需要布局的端侧。具体到该案中，具体技术方案涉及手机端、电脑端及服务器之间的交互，从关键产品形态上来看，手机端和电脑端更能体现所定位的发明点，而服务器更多起到的是数据传输的作用，因此可以考虑针对手机端和电脑端进行多端布局。另外，在多端布局时，会涉及优先布局哪一端的问题，这就需要专利代理师结合申请人实际生产、制造或售卖的具体产品来分析考虑。如果申请人主要涉及的具体产品为手机端，则应该优先布局手机端的权利要求。

引申来看，对于有明确产品形态且底层技术也有明显改进的方案，还可以考虑从产品侧和技术侧两个维度进行专利布局。

由于产品侧权利要求具有特征清晰、易取证、容易抓侵权主体的优点，对于产品形态有明确改进的方案，可以优先考虑产品侧权利要求。在布局产品侧权利要求时，可以优先考虑单执行主体的布局方式，必要时可以考虑多执行主体的布局。

从方案改进角度来看，如果技术方案在产品侧和技术侧都有改进，则可以分别布局产品侧和技术侧的权利要求。在权利要求的布局方式上，产品侧权利要求和技术侧的权利要求，可以同时布局为独立权利要求，也可以将产品侧权利要求布局为独立权利要求，技术侧的权利要求布局为产品侧权利要求的从属权利要求，具体的布局方式，可以视技术侧的改进程度及与产品侧的依赖关系而定。在该案中，通过对改进点的评估，考虑到技术侧方案的改进是在产品侧改进方案的基础上实现的，最终采取的是将技术侧的权利要求布局为产品侧权利要求的从属权利要求的处理方式。

（三）梳理核心思路，明确方案逻辑

对于一个技术方案，在清楚定位其发明点之后，最重要的是以发明点为核心，梳理核心的技术思路。核心思路是始终贯穿整个技术方案的骨架，进而可以基于核心思路进行发散扩展，为"骨架"增添"血肉"，得到完整且丰富的技术方案组合。对于专利代理师而言，发散扩展的内容可以基于技术交底书直接梳理得到，也可以基于与发明人的交流、通过合理的扩展得到。

在该案中，首先可以明确涉及手机端和电脑端的交互，手机端为已经登录目标账号的终端，电脑端为需要手机端的用户授权登录该目标账号的终端。核心思路为：手机端在接收到电脑端的登录请求时，在手机端会显示与目标账号对应的候选联系人；用户再对候选联系人进行选择，确定在电脑端的可见联系人，然后手机端将允许登录信息反馈至电脑端，电脑端即可登录与手机端相同的目标账号，登录成功后在电脑端显示用户选择的可见联系人。

在方案的发散扩展时，可以从具体的实现细节来切入，在保证能够达到效果的前提下，扩展出多组能够支撑起整个核心技术的具体实现方案，进而确保在后续撰写说明书时，能够对权利要求中的上位概念有足够的支持，来提前规避权利要求的上位技术手段得不到说明书支持的问题。对于具有产品表现的技术方案，可以更多地考虑界面细节的扩展，具体可以包括界面元素的呈现方式，界面切换的触发动作，界面切换过程中的界面元素变化等。比如，在该案中，用户在手机端选择需要在电脑端显示的联系人时，提供的选择方式可以是一个一个选，也可以是让用户一键全选等。再比如，对于手机端如何进入联系人选择页面，可以根据电脑端是否为用户授权登录的终端，在手机端匹配不同的交互方案来实现。

（四）权利要求布局，兼顾新创性[1]和保护范围

1. 关于独立权利要求的撰写思考

首先，从要解决的技术问题出发，从技术特征集合中梳理出解决技术问题的必要技术特征。对于该案这类有产品形态的情况，在选择必要技术特征时，应当充分考虑技术特征的可视化程度，尽可能选择与发明点直接相关的可视化特征。具体到该案中，由于涉及具体的产品形态，合理地选择可视化特征，对于后期的侵权检测是至关重要

---

[1] 新创性，一般指新颖性和创造性。

的。那么，如何才能合理地选择可视化特征呢，以下提供了两种选择思路。第一种是选择用户可感知的特征，具体包括通过视觉、听觉、触觉、嗅觉、味觉等方式能感知的技术特征，如该案中所涉及的各种界面特征即为视觉特征；第二种是选择可直接被测量到的特征，如数据的发送、数据的接收、响应时间的长短等。对于一些技术侧的变化很难通过界面特征展示出来的情况，则可以从效果层面进一步分析，提取出易于检测的可视化特征进行专利布局。例如，某技术方案的底层技术改进，导致界面变化的响应速率从 5us 缩短到 3us，则可以通过响应时长这一能被测量到的可视化特征来进行方案布局。

其次，基于梳理出的必要技术特征，形成完整的技术方案，作为第一版的独立权利要求，至此实现了将零散的技术特征组合为一个完整的技术方案，针对第一版的独立权利要求，需要结合技术问题，再次核查是否存在非必要的技术特征，是否存在与其他特征不存在联系的孤立技术特征。

最后，从案件新创性入手，调整权利要求，突出核心发明点。具体的处理方式为：分析第一版的独立权利要求中每个特征对于发明点的贡献，与发明点关系较小的特征，可以调整为范围最大化的表述，与发明点直接相关的特征，结合技术方案相较于现有技术的新创性程度，视情况决定采用上位的表达还是细化的方案，调整得到第二版的独立权利要求。需要注意的是，对于上位的表达，需要充分考虑是否会包含本申请不能实现的方案，以及是否涵盖了现有技术的方案，对于以上情况，则需要采用更细化的技术手段。另外，对于上位的表达，要思考是否可以提供 2 个以上的下位实施例来支撑。基于此，针对手机端和电脑端分别形成了一套独立权利要求。其中，针对手机端的第一套独立权利要求，具体内容如下：

一种账号登录方法，其特征在于，应用于登录有目标账号的第一终端，所述方法包括：

接收第二终端的登录请求，所述登录请求中携带的登录账号与所述目标账号相同；

显示与所述目标账号对应的候选共享联系人标签；

响应对所述候选共享联系人标签的选中操作，确定所述第二终端登录所述目标账号的可见联系人；

将允许登录信息反馈至所述第二终端，所述允许登录信息携带有与所述可见联系人对应的联系人标识，所述允许登录信息用于使所述第二终端登录所述目标账号，并显示所述联系人标识对应的信息。

针对电脑端的第二套独立权利要求，具体内容如下：

一种账号登录方法，其特征在于，应用于第二终端，所述方法包括：

发送携带有登录账号的登录请求至第一终端，所述第一终端登录有目标账号，所述目标账号与所述登录账号相同；

接收所述第一终端基于所述登录请求反馈的允许登录信息；其中，所述允许登录信息携带有可见联系人对应的联系人标识；所述可见联系人，是所述第一终端响应对候选共享联系人标签的选中操作确定的联系人；所述候选共享联系人标签与所述目标账号对应；

基于所述允许登录信息，登录所述目标账号，显示所述联系人标识对应的信息。

2. 关于从属权利要求的撰写思考

如果将独立权利要求比喻为一辆"车"，在专利获权的过程中，从属权利要求对于独立权利要求，其关系就像是"车"的"备胎"。在经历审查意见答复之后，可能采取的是合并从属权利要求中的部分或全部技术特征到独立权利要求中的修改方式，这个时候将会发现，"备胎"是否好用，一定程度上会影响到最终的专利的保护范围，也就决定了换了"备胎"的"车"的最终价值。因此，对于从属权利要求，在布局时需要有一定的前瞻性。布局从属权利要求的考虑方向可以包括：

（1）上中下位多层次布局。上中下位多层次的布局方式可以体现在独立权利要求—中位从属权利要求—下位从属权利要求的关系上，也可以通过独属权利要求—从属权利要求—说明书实施例来体现，通过多层次的布局，能够为后续可能出现的审查意见答复提供有效支撑。其中，需要注意的是，最下位的技术方案，一般为技术交底书中提供的或是与发明人沟通确认后的最详细实施方式。具体到该案中，针对有产品表现的可视化案件，在布局从属权利要求时，还需要考虑界面细节的扩展，结合扩展的实施例，在布局中位权利要求时，可以尽可能涵盖更多的实施例，并在下位的从属权利要求或者说明书中布局扩展的方案，以实现对技术构思的全面保护。

（2）一条从属权利要求对应一个发明点。对于专利申请文件，其保护范围是以权利要求书来认定的，除了独立权利要求需要体现技术方案的核心发明点之外，对于从属权利要求，能够覆盖到方案的其他附加发明点，这一点也是非常重要的，避免仅仅在说明书中记载，却没有在权利要求中要求专利保护，导致技术捐献。

从技术方案的角度来看，每一条从属权利要求与其所引用的权利要求，结合构成一个技术方案。在确权过程中，是以单个技术方案作为一个整体的，如果将多个附加发明点布局在同一从属权利要求中，那么授权专利所保护的就只有同时包含多个附加发明点的技术方案，而对于仅包含一个附加发明点的技术方案，将得不到专利法的保护，会给申请人造成一定的损失。因此，在权利要求布局时，应当考虑针对每一个发明点，单独布局相应的从属权利要求。

（3）对于技术侧与产品侧相结合布局，注意技术侧与产品侧之间的关联。在布局技术侧权利要求时，可以分析可视化特征的变化是否带来技术侧的变化，将技术侧和产品侧相结合进行布局。对于附加发明点在产品表现上创造性较低的情况，可以挖掘该附加发明点在底层技术上的技术方案，将技术侧的权利要求，作为产品侧权利要求的从属权利要求，以增加方案的创造性。在撰写权利要求时，需要将技术侧权利要求与产品侧权利要求有机结合，形成完整的方案，避免技术特征的明显割裂。

基于上述考量，该案在部署从属权利要求时，首先考虑产品侧权利要求，在权利要求2布局了将进入手机端的候选人显示页面的具体方式，在权利要求3布局了将选择确认、取消共享联系人的方案，在权利要求4布局了将提供全选共享联系人的选择方式。其次考虑技术侧权利要求，在权利要求5布局了将手机端与电脑端的数据交互的底层逻辑。

同时，权利要求书中还布局了与方法对应的虚拟装置权利要求以及相应的产品权利要求，从而实现了从不同维度对技术方案的全面保护。

如何基于日常研发工作产出专利

——计算机领域发明专利撰写案例

案例整理及评析人：方高明　吴寿宏

【专利基本信息】

发明名称：相似问集合的评分方法、装置、计算机设备和存储介质

申请号：202011127938.1

申请日：2020年10月21日

授权公告日：2021年4月6日

该案专利申请撰写过程主要包括以下两个阶段。

（1）挖掘阶段。挖掘代理师应客户的专利管理人员邀请到客户公司，负责与研发人员面对面沟通技术方案，挖掘出可专利点，然后对可专利点进行检索评估，根据检索评估结果对可专利点进行完善，协助研发人员完成技术交底书，由客户再次确认并委托申请文件撰写。

（2）专利申请撰写阶段。撰写代理师负责根据交底书内容进行撰写专利申请文件，给客户（研发人员和专利管理人员）确认递交专利申请文件，进入实审阶段后，进行审查意见答复处理，最终获得授权。

一、专利挖掘阶段

（一）专利挖掘流程

专利挖掘流程主要包括：

（1）明主题、确人员、分小组、约时间；

（2）参会议、听介绍、记要点、提疑问、引方向、核要点；

（3）整要点、评新创、做标记、出清单；

（4）出交底、做委托、审文稿、走递交。

企业专利管理人员提出专利挖掘的需求，专利服务机构委派专利挖掘负责人；由专利挖掘负责人与企业专利管理人员了解本次挖掘的研发部门是哪些部门，主要是负责研发哪些产品、产品有哪些功能等，从而明确本次挖掘的主题，确定参与本次挖掘的相关人员。当涉及多个部门或一个部门多个不同模块时，可以采用分小组进行挖掘。专利挖掘负责人与企业专利管理人员约定专利挖掘会议时间。

专利挖掘过程中鼓励研发人员分享自己在研发过程中所遇到的问题、采用的解决方案和达到的效果，记录挖掘的要点，并针对研发人员所讲内容提出疑问，对要点进行复述以确认，并注意询问确认是否已经在产品或其他地方公开，避免已经被使用公开，造成影响。

专利挖掘会议结束后，按照技术问题、技术方案和技术效果整理创新点，检索评估各个创新点的新颖性和创造性，并做好创新性强弱程度标记，给出申请建议，出一份挖掘清单给研发人员确认。

根据评估结果选择创新性高的创新点，完善技术方案写成技术交底书，由委托的代理机构或专业人员处理成专利申请文件，并审核专利申请文件，确认后根据专利布局需求，递交申请文件等。

（二）具体挖掘过程

按照上述专利挖掘流程处理，引导研发人员讲解工作中遇到的问题，所采取的解决方案，以及所达到的技术效果。

该案的背景：提供一种智能客服，能够针对用户的问题自动识别，并回复相应的答案。

研发人员遇到的技术问题：为了全面、准确地识别用户语音的意图，通常会建立相似问语句库，相似问语句库中存储有服务者编写的相似问语句，如在"拒绝还钱"的意图下，会有"我没钱啊""过几天再还吧"和"我没工作"等。现有技术中添加相似问语句质量较差，无法准确识别语句意图，没有对相似问语句质量的准确检测方法。

解决方案：获取相似问语句集合，如"我爱中国""我很爱中国"等，采用向量编码器（如 bert、USE、NN 等）将相似问语句集合中各个相似问语句分别转换对应的向量；将得到的向量进行降维处理，如从 768 维（向量编码器自身的维度）降维 4 维、5 维等向量，得到降维的句向量；对降维得到的句向量进行拟合优度检验，得到该相似问语句集合的句向量分布属于期望分布的差异度；根据相似问数量评分函数得到该相似问语句集合的相似问语句数量的评分，以及差异度评分函数得到该相似问语句集合对应的差异度的评分；根据相似问语句的数量的评分和差异度的评分得到该相似问语句集合的评分。

技术效果：能够准确地检测相似问语句的质量。

挖掘代理师整理技术方案后，让企业专利管理人员确认并委托撰写。

二、专利申请撰写阶段

通常挖掘代理师和撰写代理师可以安排同一人处理，若挖掘代理师和撰写代理师非同一人，则挖掘代理师需将相关信息同步至撰写代理师，避免与研发人员重复沟通相同内容。

撰写代理师对技术交底书内容进行加工处理成专利申请文件，在加工过程中可能的工作包括与研发人员就交底内容进行更深入的沟通、进一步做查新检索、构思权利要求和说明书内容等，下面分别描述各工作的相关技巧。

（一）技术问题沟通

在撰写专利申请的初期阶段，专利代理师首先需要对技术交底书进行细致的阅读。这一过程中，代理师会遇到各种技术疑问，这些疑问通常可以分为以下两大类。

第一种，技术疑问如未知的技术术语、常规的现有技术等可以通过百度、AI 大模型等工具查询得到，如对"超参"的含义，避免一些常规的、通过代理师可以毫无疑义确定的技术疑问也请教发明人而浪费双方时间。

第二种，通常是与发明点强关联的技术疑问，需要在技术咨询中详细描述清楚问题，或者描述清楚代理师的理解以让发明人确认理解是否正确，这同样可以节省双方的时间。

另外，在发明人解答技术疑问之后，若还有进一步的技术疑问，可以通过电话、短信或者微信等方式联系，以节省沟通时间。

（二）权利要求布局

在理解完技术疑问，并确定清楚技术方案之后，先确定保护主题有哪些，然后再确定方法独立权利要求。首先撰写独立权利要求，在撰写独立权利要求时，必须基于核心发明点精准进行撰写，而对于核心发明点的确定，至少包括以下两种方式。

第一种，技术交底书中核心创新点部分的内容，通常就是该技术方案的核心发明点。

第二种，基于技术交底书中现有技术的技术问题、技术方案的重点内容及技术效果，通常可以确定出该技术方案的核心发明点。

因此，容易确定出该技术方案的核心发明点是"基于相似问语句数量和相似问语句分布的差异度对相似问语句集的评分"，那么，针对这一核心发明点撰写出独立权利要求 1 如下：

1. 一种相似问集合的评分方法，其特征在于，所述方法包括：

获取相似问集合，确定所述相似问集合中所包括的相似问语句的数量；

分别对各个所述相似问语句进行向量编码，得到各个句向量，确定各个所述句向量在所述相似问集合的语义空间中的目标分布情况；

将所述目标分布情况与预设的均匀分布情况进行比较，确定所述目标分布情况与所述均匀分布情况之间的差异度；

基于所述差异度和所述相似问语句的数量确定所述相似问集合的质量评分。

在撰写完成独立权利要求之后，进一步布局从属权利要求。布局从属权利要求的思路通常是布局发明点相关的内容，并且按照发明点从高到低的重要程度进行排序。该案例按照如下三个要点布局从属权利要求：

（1）从技术交底书的方案可知，"差异度中确定句向量的分布情况"这一步骤的重要程度最高，其次是"如何确定质量评分"，因此基于这一重要程度的排序，分别布局各个权利要求；

（2）布局拓展方案，或者与发明点弱相关的内容；

（3）通常情况下，针对每一个改进点或者是重要程度较高的改进点，至少需要布局 2 条从属权利要求，即布局一条中位概括的从属权利要求及下位的从属权利要求，以形成层层防护。

该案方法从属权利要求布局见表 1-1。

表 1-1　该案从属权利要求布局

布局的发明点	权利要求	具体布局思路
差异度中确定句向量的分别情况	权利要求 2	先对向量进行降维处理，再确定目标分布情况
	权利要求 3	向量维度数量的限定特征
确定质量评分	权利要求 4	分别根据差异度和相似问语句的数量确定两个评分，再根据两个评分确定质量评分
	权利要求 5	具体的根据两个评分确定质量评分的方式
其他发明点 1	权利要求 6	基于目标分布情况与均匀分布情况确定差异度
其他发明点 2	权利要求 7	模型训练过程

（三）说明书撰写

说明书应清楚、完整地公开发明的技术方案，以所属技术领域的技术人员能够实现为准。说明书一般包括技术领域、背景技术、发明内容、具体实施方式、说明书附图等。

1. 背景技术

技术交底书中的背景技术通常会写得过于详细，专利代理师针对技术交底书中的背景技术进行适应性删减和调整，使得申请文件中的背景技术介绍该技术方案的背景，并且不会过于详细而导致存在技术启示；同时，不得描述该发明也具有的缺点或者是该发明无法解决的问题。

2. 发明内容

在推导独立权利要求的有益效果时，需要有理有据、逻辑思路清晰，并且解决的技术问题与背景技术引出的问题一致。

3. 具体实施方式

撰写具体实施方式需要时注意以下问题：

（1）解释权利要求中各个技术术语、自定义词语的含义；

（2）当权利要求的保护范围较宽，其概括的特征不能从一个实施例中找到依据时，应当给出两个以上的不同实施例，以支持所要求保护的范围；

（3）实施例部分公开的详细程度，应该到所公开的最小的组成单元或步骤都是现有技术；

（4）在每一实施例的后面，对该实施例所能达到的整体技术效果进行描述。

4. 说明书附图

（1）将技术交底书中技术方案的附图均放入申请文件中；

（2）为了更清楚、更可视化地呈现技术方案，除了画出流程图之外，还可以画出交互图、时序图等。

三、专利申请答复阶段

该案走预审通道，针对审查员下发的第一次审查意见通知书进行答复之后，该案获得授权。

（一）第一次审查意见通知书

第一次审查意见通知书中引入对比文件1（CN106777232A）和对比文件2（CN110516752A），指出权利要求1至10均没有创造性。以该案权利要求1为例进行说明，该案权利要求1内容如下：

> 一种相似问集合的评分方法，其特征在于，所述方法包括：
> 获取相似问集合，确定所述相似问集合中所包括的相似问语句的数量；
> 分别对各个所述相似问语句进行向量编码得到各个句向量，确定各个所

述句向量在所述相似问集合的语义空间中的目标分布情况；

将所述目标分布情况与预设的均匀分布情况进行比较，确定所述目标分布情况与所述均匀分布情况之间的差异度；

基于所述差异度和所述相似问语句的数量确定所述相似问集合的质量评分。

对比文件1公开了一种问答抽取方法、装置及终端，对比文件1说明书第［0041］-［0170］段披露了如下内容：

［0095］图4所示的问答抽取方法可以包括以下步骤：［0096］步骤S401：对问答数据中至少一部分问句进行聚类，以得到问句聚类结果（相当于获取相似问集合）；［0097］步骤S402：统计所述每一组内的问句的频次以及所述每一组内的问句的数量（相当于确定所述相似问集合中所包括的相似问语句的数量）；［0098］步骤S403：基于所述每一组内的问句的数量对所述多个组进行排序，以及基于每一组内的各个类内所有问句的所述频次之和对所述每一组内的多个类进行排序；

［0104］具体实施中，由于问答数据中相同问句可以出现多次，而在聚类过程中采用的则是去重后的问答数据，因此，在对聚类后的问句进行排序时，可以考虑问句在问答数据中出现的次数，也就是问句的频次。故在步骤S402中，统计所述每一组内所有问句在问答数据中的频次，也就是每一问句在问答数据中出现的次数。同时统计每一组内所包括的问句的数量，然后在步骤S403中，利用每一组内所包括的问句的数量对所述多个组进行排序，每一组所包括的问句的数量越多，则该组的排序越靠前，该组对应的回答则会越早给用户（相当于基于所述相似问语句的数量确定所述相似问集合的质量）。在步骤S403中，还可以利用每一组内的各个类内所有问句的所述频次之和对所述每一组内的多个类进行排序。相应地，每一类内所有问句的所述频次之和越大，则该类的排序越靠前，该类对应的回答则会越早呈现给用户。

该案权利要求1与对比文件1的区别技术特征为：一种相似问集合的评分方法，分别对各个所述相似问语句进行向量编码得到各个句向量，确定各个所述句向量在所述相似问集合的语义空间中的目标分布情况；将所述目标分布情况与预设的均匀分布情况进行比较，确定所述目标分布情况与所述均匀分布情况之间的差异度；基于所述差异度和所述相似问语句的数量确定所述相似问集合的质量评分。

针对上述区别技术特征，对比文件2公开了一种聚类簇质量评估方法、装置、设备及存储介质，对比文件2说明书第［0053］段具体公开了以下内容：

[0053] 性能度量包括外部指标和内部指标两类。其中，外部指标可以认为是将聚类结果与某个预先设定的参考模型进行比较，例如，杰卡德（Jaccard）系数、FM指数（Fowlkes and Mallows Index，FMI）、兰德指数（Rand index）以及调整兰德指数（Adjusted Rand Index，ARI）是较为典型的外部指标。

上述各类指标表述了簇分布情况，即对比文件2公开了特征"将所述目标分布情况与预设的分布情况进行比较，确定所述目标分布情况与预设的分布情况之间的差异度，基于所述差异度确定所述相似集合的质量评分"，且该特征在对比文件2中所起的作用与其在该权利要求中所起的作用相同，都是用于量化相似集合的质量，即对比文件2给出了将该特征应用到对比文件以解决其技术问题的启示。

（二）审查意见答复

（1）专利代理师基于该申请权利要求1的技术方案和对比文件公开的技术方案，结合审查意见进行分析，分析结果见表1-2。

表1-2 该案权利要求1与对比文件的比较分析

该案申请的权利要求1	对比文件1	对比文件2	分析结果
获取相似问集合；相似问语句指的是意图相同，表达方式不同的语句	[0051]段"通过对问句的聚类可以将具备不同业务或不同关键词的问句划分至不同的组，以进行区分，以便于后续步骤利用问句聚类结果进行其他处理过程"	无	对比文件1对问句的聚类是按照不同业务进行划分，而权利要求1的相似问语句指的是意图相同，表达方式不同的语句
分别对各个相似问语句进行向量编码得到各个句向量，确定各个句向量在相似问集合的语义空间中的目标分布情况	基于问句数量对相似句集合排序	无	该区别技术特征不是惯用技术手段
将目标分布情况与预设的均匀分布情况进行比较，确定目标分布情况与均匀情况之间的差异度；基于差异度和相似问语句的数量确定相似问集合的质量评分	无	[0053]性能度量包括外部指标和内部指标两类。其中，外部指标可以认为是将聚类结果与某个预先设定的参考模型进行比较	对比文件2未公开该区别技术特征，且对比文件2中的各种外部指标与簇分布情况完全无关

专利代理师由上述分析可知,虽然该案走预审通道,但是考虑到权利要求 1 的技术方案与对比文件 1 及对比文件 2 在技术上存在较大区别,因此仅加入相似问语句的静态限定,在体现出更大区别的基础上可以争取保护更大的范围。修改后的权利要求 1 如下:

一种相似问集合的评分方法,其特征在于,所述方法包括:

获取相似问集合,确定所述相似问集合中所包括的相似问语句的数量;所述相似问语句指的是意图相同,表达方式不同的语句;

分别对各个所述相似问语句进行向量编码得到各个句向量,确定各个所述句向量在所述相似问集合的语义空间中的目标分布情况;

将所述目标分布情况与预设的均匀分布情况进行比较,确定所述目标分布情况与所述均匀分布情况之间的差异度;

基于所述差异度和所述相似问语句的数量确定所述相似问集合的质量评分。

(2) 专利代理师从以下三方面进行争辩。

① 比对特征时,可以举例说明以更清楚地陈述区别。

参照对比文件 1 说明书第 [0051] 段"通过对问句的聚类可以将具备不同业务或不同关键词的问句划分至不同的组,以进行区分,以便于后续步骤利用问句聚类结果进行其他处理过程"可知,对问句的聚类是按照不同业务进行划分,或者按照不同的关键词进行划分的。而修改后的权利要求 1,相似问集合中所包括的相似问语句指的是意图相同,表达方式不同的语句,相似问集合与对比文件 1 中对问句进行聚类得到的组是完全不同的。

为了便于理解,举例说明:对比文件 1 中将属于"投保"业务的问句划分为一类,将属于"理赔"业务的问句划分为一类,然而划分为某一业务("投保"或者"理赔")的各个问句可能包括有各种意图,并不能说明是意图相同的问句;对比文件 1 中将包含关键词 A 的问句划分为一类,将包含关键词 B 的问句划分为一类,然而包含某个关键词的各个问句也不能代表各个问句的意图相同,如"我要还钱""我不还钱",均包括了"钱"这一关键词,却是完全不同意图的问句。

② 虽然对比文件 1 可能公开某个特征,但是该特征在对比文件 1 和权利要求 1 所实现的作用是不同的。

参照对比文件 1 说明书第 [0104] 段"故在步骤 S402 中,统计所述每一组内所有问句在问答数据中的频次,也就是每一问句在问答数据中出现的次数。同时统计每一组内所包括的问句的数量。然后在步骤 S403 中,利用每一组内所包括的问句的数量对所述多个组进行排序,每一组所包括的问句的数量越多,则该组的排序越靠前,该组对应的回答则会越早呈现给用户"可知，对比文件1所表达的是某一组所包括的问句的数量越多，该组的问句是越多的用户所要问的问题，则该组的回答会越早呈现给用户。但是在此基础上，某一组的问句的数量越多，本领域技术人员仅仅可以得知该组的问句是越多用户所要问的问题而已，并不能说明该组的质量越高。也就是说，对比文件1并未公开基于所述相似问语句的数量确定所述相似问集合的质量，更没有公开基于所述差异度和所述相似问语句的数量确定所述相似问集合的质量评分。

③ 对比文件2未给出区别技术特征应用到对比文件1的技术启示，且区别技术特征不属于本领域的公知常识。

对比文件2中公开的各种外部指标均与簇分布情况完全无关，对比文件2未公开"将所述目标分布情况与预设的分布情况进行比较，确定所述目标分布情况与预设的分布情况之间的差异度，基于所述差异度确定所述相似集合的质量评分"，对比文件2也就不存在将特征应用到对比文件1的技术启示。

虽然将语句映射为向量的过程在语句处理领域中存在，但是在本领域技术人员对现有技术进行改进的过程中，为何要采用将语句映射为向量这一技术手段，在哪一个步骤之后采用这一技术手段，以及将这一技术手段与后续的步骤如何进行结合，均是本领域技术人员在改进过程中需要付出创造性劳动才能实现的，而在对比文件1中，并不存在需要将组内的问句与分布情况进行比较，因此本领域技术人员也就不会想到要将问句映射为向量，而在对比文件2中，也未给出将簇内各样本映射为向量，确定分布情况再与均匀分布情况进行比较的技术启示。

在对比文件1和对比文件2中，均未公开"分别对各个所述相似问语句进行向量编码得到各个句向量，确定各个所述句向量在所述相似问集合的语义空间中的目标分布情况"，而如何确定各个句向量在相似问集合的语义空间中的目标分布情况是需要本领域技术人员付出创造性劳动才能得到的。

进一步，对比文件1和对比文件2也均未公开"将所述目标分布情况与预设的均匀分布情况进行比较，确定所述目标分布情况与所述均匀分布情况之间的差异度"，而现有技术中包括有各种参照物，如对比文件2中所列举的各种内部指标和外部指标，而本领域技术人员在考虑采用目标分布情况与哪一种参照物进行比较，为什么选择将目标分布情况与预设的均匀分布情况进行比较，这也是需要付出创造性劳动才能得到的。

再进一步地，对比文件1和对比文件2也均未公开"基于所述差异度和所述相似问语句的数量确定所述相似问集合的质量评分"，虽然对比文件1公开了获取聚类得到的组的数量，但是如前所述，该聚类得到的组的数量并未公开用于确定该组的质量，并且本领域技术人员在考虑采用哪些数据得出相似问集合的质量，为什么选择目标分布情况与均匀分布情况之间的差异度，以及相似问集合的数量得出相似问集合的质量评分，这也是需要付出创造性劳动才能得到的。

四、结语

　　该案介绍了如何从日常研发工作中如挖矿一样挖掘专利,如何进行专利撰写布局及如何答复授权的技巧。因专利挖掘、撰写和答复是一个复杂而专业的过程,需要专利代理师具备深厚的专业知识、精湛的撰写技巧和答复技巧。创新企业可以借助专业人员的专业知识,根据自身需求对自身的知识产权进行较为全面的保护,避免创新无法及时得到保护。专利代理师可以通过专业的挖掘、细致的技术疑问处理、精准的权利要求撰写、有针对性的审查意见答复,有效地将日常研发成果转化为专利,为企业的创新发展提供坚实的法律保障。

如何基于专利侵权取证角度考虑进行可视化撰写

——计算机领域发明专利撰写案例

案例整理及评析人：李文渊

【专利基本信息】

发明名称：凭证生成方法、装置、计算机设备和存储介质

申请号：202110308646.6

申请日：2021年3月23日

授权公告日：2024年2月13日

一、什么是可视化撰写

侵权证明，是发挥专利价值的重要环节，因此专利权利要求中特征的取证难度成为评价专利价值的一个重要维度。特征的取证难度，即证明涉嫌侵权产品具有该特征的难易程度。可以理解，"外显"的特征因为能够被直接观察到，通过复现产品的使用场景，就能够证明特征的存在，取证难度低。因此，若专利中至少独立权利要求的特征采用"外显"的特征，就更容易发挥专利的价值。

狭义上讲，"外显"的特征，可以是肉眼可见的特征，还可以是其他容易被人感知的特征，如能够被听到或被触摸到的特征。除此之外，基于"外显"的特性，"外显"的特征还可以扩大理解，可以是容易被特定手段探测到的特征，如通过抓包软件抓取数据包以证明发送或收到什么样的数据，还比如时间、尺寸等都有专门的工具可以度量。

综上，构建权利要求时，在有条件的情况下，采用"外显"的特征构建，是从取证难度角度考量的一种撰写策略，我们可以称之为"可视化撰写"。

二、案例简介

从诉讼案例中学习撰写技巧，是一种利用后端反馈改善前端撰写的思路，因此，通过学习一些典型的诉讼案例，可以得到一些撰写启示。目前已经有很多案例证明了可视化撰写的可行性；而且专利总是撰写在前使用在后，撰写专利申请文件时，操作的自由度较大，一旦落笔成文，就已决定了后端可操作的余地。因此，基于日常代理的案例，从前端正向思考如何在撰写时做充分预案，以备在后端让专利发挥更大价值，也是一种可行的思路。

笔者本次选择的案例"凭证生成方法、装置、计算机设备和存储介质"，是专利代理师日常工作中遇到的一件常规的专利申请。因为该案的技术方案本身存在一些外显的特性，笔者撰写时在可视化撰写方面做了一些考量，借此案例撰文，谈谈可视化撰写的一些思路。

三、可视化撰写的条件

笔者认为，适合采用可视化撰写的，可以简单分为以下几种情形：

第一，若技术方案有外显的产品表现，且该产品表现体现了该技术方案的核心改进或核心改进的一部分，那么就可以考虑可视化撰写。特别要说明的是，笔者提到的外显的产品表现，是相关产品实际存在的产品表现，但其可能并未记录在技术交底书中。

第二，若一个技术方案有外显的产品表现，且该产品表现体现了交互改进，而核心发明点是技术改进，则可以就交互改进部分进行可视化撰写，还可以选择在同一专利申请文件中就技术改进部分另立权项，或者选择在另外的专利申请文件中就技术改进部分独立布局。

第三，若一个技术方案没有外显的产品表现，但技术方案涉及的特征基本可通过特定手段探测到，那么也可以考虑可视化撰写。

还有一类案件，技术方案看起来有很多外显的产品表现，但每一处产品表现都很常规，结合到一起也没有带来额外的效果，实质上核心改进都在底层。在此种情况下，只就底层技术改进进行布局，或者在体现核心发明点的前提下进行局部的可视化撰写，都是可行的。

回到该案，技术方案大致整理如下：传统技术中，将不同类型的单据合并生成凭证，需要先选择不同单据类型，再通过不同单据类型各自对应的模板，分别为每个单据类型配置不同的凭证信息，以合并生成凭证。若配置的单据信息较多，则生成凭证的效率较低。

该案中，通过界面操作，先确定源单据，配置源单据的基本信息，在基本信息中配置关联单据，配置源单据的源分录项，然后会自动根据逻辑关系确定出关联单据中与该源分录项对应的关联分录项的内容，最后基于源分录和关联分录即可生成凭证。相比传统技术，由于省略了单独对每个单据进行配置的操作，提高了生成凭证的效率。

相关界面图如图 1-1 所示。

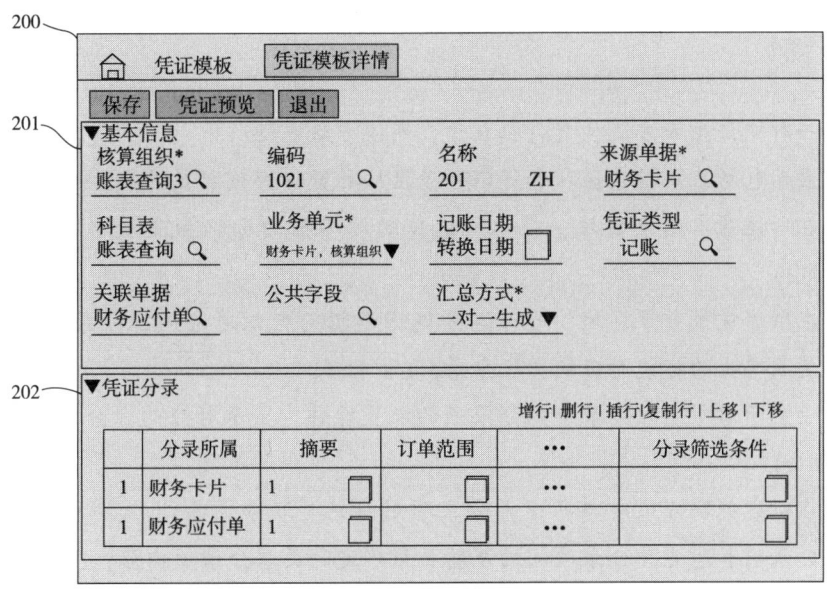

图 1-1　界面图

其中，源单据是"财务卡片"，关联单据是"财务应付单"。

观察界面图可以得知，该案中技术方案的主要步骤所涉及的关键数据，基本都可以在界面上直接观察到，如源单据、关联单据、基本信息、属于源单据的分录行及属于财务应付单的分录行，而且基于这些关键数据进行的操作本身也是外显的。因此，该案具备可视化撰写的条件。

四、可视化撰写的基本思路

传统的软件案撰写思路，一般是先交代输入数据，再对输入数据经过一系列中间处理，最终生成预期结果。而可视化撰写的思路，则与传统的软件案撰写思路有明显不同，其思路如下：将该方案涉及的产品假设为侵权比对产品，再现侵权比对产品通过外显的产品表现侵权的场景，以构建覆盖该场景的权利要求。简单来讲，就是将产品利用外显的产品表现解决某特定问题的构思形成权利要求。

参照该案的界面图，从可视化撰写的思路考虑，该方案提供了一种用于生成凭证的软件产品，将该软件产品假设为侵权比对产品，要证明其侵权，我们再现其使用过程如下。先提供一个凭证模板配置页面，其包含基本信息区域和凭证分录区域。基于用户的配置，可以在基本信息区域中显示所配置的源单据和关联单据。进而，在凭证分录区域中，就可以显示属于源单据的源分录以及属于关联单据的关联分录。进而，基于用户的操作，源分录中的源分录项的内容得以改变。相应地，关联分录中与源分录项对应的分录项的内容，也会基于两者之间的逻辑关系改变。最后，当用户点击保存，即可以基于凭证分录区域中显示的分录生成凭证。于是，该申请的独立权利要求可布局如下：

　　一种凭证生成方法，其特征在于，所述方法包括：
　　显示包括基本信息区域和凭证分录区域的凭证模板配置页面；（步骤1）
　　在所述基本信息区域，显示所选中的源单据的标识和关联单据的标识；（步骤2）
　　在所述凭证分录区域，显示与所述源单据的标识对应的源分录，以及与所述关联单据的标识对应的关联分录；（步骤3）
　　响应于对所述源分录中源分录项的配置操作，显示对应的源分录项内容；（步骤4）
　　在所述关联分录中与所述源分录项对应的关联分录项处，显示按照所述关联分录项和所述源分录项间的逻辑关系确定的关联分录项内容；（步骤5）
　　根据所述源分录和所述关联分录生成凭证。（步骤6）

五、可视化程度的评价

　　可视化程度，是指权利要求中的特征整体上"外显"的程度，其可以反映证明权利要求记载的方案被侵权的难易程度。可视化程度最高时，说明权利要求的所有特征均是"外显"的，很容易证明被侵权。可视化程度最低时，说明权利要求的所有特征均非"外显"的，难以证明被侵权。可以直接采用权利要求中外显的特征的比重，作为可视化程度的量化指标。

　　在该案中，将权利要求中的步骤添加步骤标记（即步骤1~步骤6），可以看出，步骤1~步骤4是完全"外显"的，所有特征都可以再现凭证模板配置页面的使用过程中被直接观察到。

　　步骤5和步骤6中，按照所述关联分录项和所述源分录项间的逻辑关系确定的关联分录项内容，以及根据所述源分录和所述关联分录生成凭证，这两处并不是直接可以观察到的特征，但可以间接证明。比如，可以通过枚举多种不同情况下生成凭证的过程，证明关联分录项内容是按照所述关联分录项和所述源分录项间的逻辑关系确定的，以及证明凭证是根据源分录和关联分录生成的。

　　因此，该案的权利要求的可视化程度相对较高，在对该专利进行价值评价时，可以在取证难度的维度上为该专利赋予较高的分数。

六、复盘案例，探究进一步可视化的可能

由于步骤5中的部分特征及步骤6中的特征并不是完全"外显的"，因此上述权利要求可以进一步改进，具体如下。

步骤5可以修改为：在所述关联分录中与所述源分录项对应的关联分录项处，显示与所述源分录项内容匹配的关联分录项内容，所述关联分录项内容和所述源。此时，按照源分录项和关联分录项的逻辑关系确定关联分录项内容，被更外显的特征"分录项内容符合所述关联分录项和所述源分录项的逻辑关系"替代，可以进一步提高权利要求的可视化程度。

步骤6可以修改为：响应于凭证生成触发事件，生成凭证，所述凭证包含所述源分录中的源分录项内容和所述关联分录中的关联分录项内容。此时，步骤6的特征完全是"外显"的，权利要求的可视化程度进一步提升。

然而，修改后的步骤5、步骤6，使用的特征与原步骤5、步骤6不同，在实质审查过程中，针对其检索到的对比文件就有可能不同，相应地，审查时的对比过程、分析思路、作出的结论以及提出的意见都有可能不同。依照经验，采用可视化撰写的权利要求，在实质审查时有可能会面临更大的挑战，因此可视化程度并非越高越好。

七、采用可视化撰写考虑的其他事项

（一）从属权利要求如何布局

采用可视化撰写的专利申请文件，布局从属权利要求时可以作出以下考虑：

首先，从属权利要求可以进一步布局可视化的权利要求。此时，从属权利要求可以是对独立权利要求中步骤的进一步细化，还可以是在独立权利要求基础上进一步补充的内容。从属权利要求进行可视化撰写的思路与独立权利要求并无太大区别，但需特别注意与独立权利要求之间在产品表现上的逻辑关系。

其次，从属权利要求可以进一步布局底层技术实现。由于独立权利要求中采用"外显"的特征构建权利要求，在涉及计算机程序的案件中，该"外显"的特征通常是结果式限定，可以对结果式限定的特征补充限定达成结果的过程。比如，可以限定某些数据是如何生成的。在该案中，生成凭证会有多种情形，可以在从属权利要求中——布局。

最后，需要注意"外显"的特征与底层技术特征之间的关系，避免产生逻辑问题。

（二）说明书如何布局

撰写说明书时，可特别关注以下几个问题：

（1）明确体现出所描述的是技术方案，而不是界面设计。针对涉及用户界面的技术方案，在描述技术方案时，可以认为与界面相关的特征是"借用"过来表述技术方案，通过数据的显示和或界面的交互，体现解决问题的整体思路，应避免仅描述纯界面内容。

（2）特别注意技术问题和技术效果。在描述技术问题和技术效果时，需特别注意技术性，通常基于数据显示和界面交互，可以从效率、安全性等角度考虑，避免从数据丰富、灵活性等角度考虑。

（3）附图很重要，附图中做好必要的附图标记，并在说明书中结合附图标记对附图作出必要的描述，以通过对界面及界面交互的描述，充分体现在交互上的改进。

（三）涉及用户界面时，可视化撰写的发明专利和外观设计专利的区别

两者有本质区别。外观专利保护的是富有美感的新设计，关注的是界面的构成及界面的排布等与"美感""设计"相关的元素；而可视化撰写的发明专利，它依然是发明，依然要形成技术方案，能够解决技术问题，达到相应的技术效果。具体涉及用户界面时，通过用户界面的交互及数据显示，来解决一些特定的技术问题。

例如在该案中，步骤1中，凭证模板配置页面包括基本信息区域和凭证分录区域，是因为要在同一个页面中配置基本信息和分录。步骤2中，在基本信息区域，显示所选中的源单据的标识和关联单据的标识，表达了配置源单据以及关联单据的交互。步骤3~5中，显示源分录及关联分录，通过对源分录中源分录项的配置，实现关联分录中与源分录项对应的关联分录项的自动配置，最终生成凭证。由于通过上述步骤节省了一些配置过程，交互上更加便捷，提高了生成凭证的效率，显然能够构成技术方案，解决技术问题，并达成技术效果。

八、结语

该案在进入实质审查后，并未下发审查意见就授权了，说明该案采用可视化撰写是可行的。根据经验，采用可视化撰写的，答复审查意见时可关注以下事项：

（1）修改独立权利要求时，在产品表现有一定创新的情况下，优先考虑增加"外显"的特征。若产品表现已经被完全公开，就需要考虑增加底层技术特征。

（2）在就针对独立权利要求的审查意见进行意见陈述时，如果独立权利要求采用的是"外显"的特征，描述的是产品形态，就不应引入不存在于独立权利要求的底层技术特征进行论述，避免论述的内容超出独立权利要求的限定。

综上，笔者借一个日常代理的案例，对可视化撰写做了一些浅显的探讨。实际工作中方案呈现多样化，不同方案都会有差异，可视化撰写的思路也会有差异，不宜局限于本文所撰内容。

如何将疑似创造性偏弱的技术方案打造为成功授权专利

——计算机领域发明专利撰写案例

案例整理及评析人：王天庆

【专利基本信息】

发明名称：一种视频展示方法、装置、电子设备及存储介质
申请号：202210445111.8
申请日：2022年4月26日
授权公告日：2024年3月1日

该案涉及在客户端进行视频展示的方法，属于具有产品表现的纯客户端的方案。该类案件由于贴近人们的生产生活，发明点可能被认为是惯用技术手段，导致该类案件的授权难度较大，或者授权需牺牲较大的保护范围，可能使申请人的利益受损。笔者在初次阅读该案的技术交底书时，也曾认为该案保护的内容较为常规，而通过与发明人进行深入交流后，就真正感受到其技术方案的价值。下面将以该案为例，阐述产品表现类的案件的撰写技巧及经验总结。

一、申请人提供的技术交底书

在申请人提供的技术交底书中，对发明创造涉及的技术内容作了如下介绍。

（一）背景技术内容

在今天的互联网短视频应用中，短视频的平台内作品慢慢在向中长视频的方向靠拢，在当下并没有一个功能去承载用户当下没有看完的视频，应该根据不同的方式呈现作品，让用户在当前没看完的作品上有效地标记，提高作品的有效播放和完播率。

根据现有技术，短视频平台仅仅是能够对作品作出点赞、收藏等标记，对于没有看完的作品，如果用户下次还想继续看，短视频平台并没有一个功能来做承接，中长视频平台也只能对普通的作品作一些稍后再看的标记，并不支持对不同类型的作品及其他形态的内容作出有效标记。用户很难对不同的作品作出有效的稍后再看标记。

（二）该发明技术方案的详细内容

该发明技术方案通过用户主动标记不同类型作品，以及系统识别被动中断播放的作品，对没有看完的作品进行了有效承接和收集，通过用户视频完播观看数据，可以有效确定作品的质量，也能够高效地承载当前用户没有时间看完但是下次还想看的诉求。

1. 为不同作品添加稍后再看功能

（1）普通作品的稍后再看功能。

功能位置：在普通作品的长按面板、分享面板。

功能路径：对普通作品进行稍后再看标记后，作品会被收入稍后再看功能内，并且下次点击时，会提示用户之前观看到的秒数，看用户是否需要一键跳转。如果用户选择不跳转，将从头播放。

（2）合集、小剧场作品的稍后再看功能。

功能位置：在合集或小剧场作品的长按面板、分享面板。

功能路径：合集、小剧场作品和普通作品的区别在于，可以标记到用户看到了第几集，并且基于该类型作品后续会更新的属性，用户可以把当前合集或者小剧场整体标记到稍后再看，也可以标记到其中的某一集，都会在更新时通过推送的方式提醒用户。

（3）直播作品、直播回放的稍后再看功能。

功能位置：直播间左下角的分享面板。

功能路径：对正在直播的作品进行稍后再看，系统会判断当前的直播内容是否支持直播回放，如支持，将会在直播结束后直接将该回放记录到稍后再看功能列表内，并会在直播回放生成时，给用户以推送提醒（直播回放后续也可以给用户生成精彩内容分类）。

对直播回放的作品进行稍后再看，直播回放会被收入到稍后再看功能内，用户在稍后再看页面内点击该回放，会提示用户之前观看到的秒数，看用户是否需要一键跳转。如果用户选择不跳转，将从头播放（直播回放后续也可以给用户生成精彩内容分类）。

2. 稍后再看功能

（1）稍后再看功能顶部分栏分为普通作品、合集小剧场作品和直播作品，支持用户横滑和点击切换。

（2）稍后再看功能，用户点击作品后，将进入上下滑视频模式，标题将展示当前作品位于稍后再看列表的第几位。

（3）在上下滑列内，左滑可以唤起小窗，支持用户实时预览当前稍后再看列表，点击小窗可以进行实时切换。

（4）对于已经完全浏览的作品，稍后再看功能内会显示已看完的标签，帮助用户区分于未看作品，用户也可以选择删除等操作，处理稍后再看功能内作品。

3. 该发明技术方案带来的有益效果

（1）能够有效提高用户对于未看完作品的有效标记，提高作品的有效播放和完播率。

（2）对于不同作品进行稍后再看的有效标记，进而能够带动直播的消费增长，增加用户的黏度，对于合集和小剧场视频的后续更新，用户也能够接收到实时提醒。

二、理解技术方案

在专利代理实践中，掌握交底书中技术方案的理解步骤，有时可以起到事半倍功的效果。笔者认为可以按照以下三个步骤理解交底书中的方案，步骤包括：理解技术领域（应用场景）、理解发明点、理解实施细节。需要说明的是，上述三个步骤的顺序不可发生变化，这是因为有些技术方案属于应用类的发明创造，如果不能全面理解应用场景，直接看相较于现有技术的改进，将削弱对案件创造性的感受，也不利于对实施细节的理解，即不清楚技术细节在做什么，以及为什么这么做。发明点与实施细节（用于布局从权）的关系是躯干和分支的关系，而如果一开始就逐字逐句斟酌交底书中的各处细节，可能导致思考的内容偏离核心发明点，在技术细节处停滞，甚至迷失于现有技术的细枝末节中。此外，带着问题去阅读技术交底书可以更快地让专利代理师的思路进入方案中。下面，我们依据上述三个步骤理解该技术方案。

（一）应用场景的确定

该案的应用场景与人们的生活息息相关，容易理解，属于互联网短视频的客户端应用程序。其中，视频涉及短视频，中长视频（合集、小剧场），直播视频等。

（二）发明点的确定

首先探索解决技术问题：从技术交底书记载的背景技术可以得知，短视频平台没有稍后再看的功能操作，中长视频平台有稍后再看的功能操作，因此将视频添加至稍后再看的动作属于已经存在的技术，后续检索也进一步佐证这一点。

进一步地，技术交底书中背景技术还提到：中长视频平台有做稍后再看的标记，但不支持不同类型的作品及其他形态内容的标记。就这点来说，虽然中长视频中有将中长视频添加到稍后再看的功能组件，但该功能组件中却没有其他类型视频，即现有技术中没有一个统一的入口来统一展示多种添加了稍后再看功能的视频。因此，该案的发明点在于提供了一种分类展示各类已添加稍后再看功能的视频的方法。

然而，正如在一开始介绍的那样，该案贴近人们的生产生活，有大量的例子可以与该案进行对比，从而影响该案的创造性。例一，常见的视频平台中有观看历史的功能，用户点击观看历史对应的控件后，可以在展示的页面中看到自己曾经浏览的视频。例二，常见的视频平台中有收藏功能，用户点击收藏控件后，可以展示作品类型、音乐类型、话题类型等各种内容的分类展示。与上述例子相比，该技术方案的新颖性和创造性体现在什么地方是需要和发明人进一步确认的地方。带着上述问题，笔者再一次和发明人进行沟通，得到如下结论。针对例一，观看历史是在用户无感知的情况下生成的。对于中长视频来说，用户一天浏览量不算太大，因此从观看历史中可以迅速找到想要继续观看的视频；而对于短视频来说，用户的浏览量是巨大的，从庞杂的视频中挑选出想要继续观看的视频，绝非易事。因此，该技术方案中稍后再看功能是用户主动触发的操作，即用户在观看视频的过程中，由于其他原因中断，下次想再继续观看该视频时，可以将该视频添加至稍后再看的功能中。上述主动的添加，体现了对视频内容的筛选，后续视频筛选的数量将大大减少。针对例二，收藏功能虽然也是用户主动添加的动作，但收藏一般是用户较为感兴趣的，后续还会二次观看甚至多次观看的。该技术方案中稍后再看是继续观看未浏览完毕的剩余内容，对视频的兴趣度还没有达到多次观看的地步，这也是稍后再看功能存在的意义。通过上述沟通和理解，再一次为发明人能够细腻地体察用户心理并设计出匹配的产品默默称赞，如何将上述细小微妙的设计表达出来，专利代理师责任重大。最终，发明点确立为分类展示各类别的已添加稍后再看功能的视频。

（三）实施细节的理解和处理

由于专利申请文件是技术性与法律性相结合的文件，其中，技术性体现在技术交底书中所记载的技术方案上，法律性则体现在对技术交底书记载的技术方案的归纳，概括出一般原理和规律，形成上位的表达方式，从而扩大技术交底书所记载的技术方案的保护范围。在上位表达上，专利代理师可以从技术方案的实施步骤及每个实施步骤上具体词语的词性进行筛选和转换，在步骤上体现了对非必要技术步骤的筛选，在词性上体现了对名词、动词、形容词等的筛选和转换。

例如，该案技术交底书中提到，稍后再看功能顶部分栏分为普通作品、合集小剧场作品、直播作品，支持用户横滑和点击切换。实际是对稍后再看功能的进一步细化，其中，普通作品、合集小剧场作品、直播作品功能在于区分具体的类别，可以使用分类标签进行上位表达。分类标签的作用在于便于用户快速确定再次观看视频的视频范围。其中，横滑可以用滑动指令进行表达，点击可以用触发操作进行表达，该处体现了对不同类别视频的切换方式。基于上述内容所起到的作用不同，可以分开布局不同的从权。再例如，技术交底书中提到，稍后再看功能，用户点击作品后，将进入上下滑视频模式。其中,上下滑视频的模式可以使用预设滑动方向进行上位表达。

除了技术交底书中文字记载的内容,专利代理师还可以从技术交底附图及方案本身探究方案的来龙去脉,如用户如何将正在观看的目标视频添加至稍后再看的功能中;除了用户主动将目标视频主动添加至稍后再看功能,还有其他需要添加的情况吗?例如,视频应用的退出操作也会触发添加操作,即将退出前正在播放的目标视频添加到稍后再看的功能中。基于此布局从属权利要求的附加技术特征。

三、撰写权利要求

权利要求是专利申请文件的核心组成部分,在专利申请、审批及授权后的专利侵权诉讼等方面都起着重要的作用。为了更好地保护申请人的发明创造,在撰写权利要求书时,专利代理师通常从以下几个角度来考虑权利要求的撰写。首先,确定保护的主题。在确定保护主题时,通常应当考虑将来可能存在的侵权主体及在诉讼中如何更容易地确定侵权主体,以确定权利要求的主题名称和权利要求的撰写形式。其次,需要确定保护的范围。每个权利要求均为一个完整的技术方案,其各自的保护范围由独立权利要求记载的技术特征、各从属权利要求引用关系及附加技术特征所确定。最后,所撰写的权利要求应当清楚、简要地限定要求专利保护的范围。

具体来说,该案属于有产品表现的方案,应尽量用可视化特征描述,且可视化特征是以机器视角描述。可视化特征为终端使用者可以直接感知到或通过简单技术手段可以检测到的特征,能够在维权阶段容易取证。

(一)独立权利要求

权利要求书是一份专利申请文件的核心。独立权利要求因其保护范围比该独立权利要求的各个从属权利要求的保护范围宽,因此在一份权利要求书中,独立权利要求有着更为重要的地位。

具体对于该案来说,发明点与现有技术的差异较小,常规的撰写策略中可能会通过引用较多的细节特征,刻画与现有技术相区别的技术特征,间接限定了方案的保护范围,以期获得专利的授权。笔者认为,在选择的描述用语含义明确的情况下,采用简要的语言描述,有利于突显发明点的内容。例如,在一幅空白的画布中,仅有少量线条的美术作品相较于密集线条中的美术作品,前者的一个线条的弯曲特征对整体的影响要比后者一个线条的弯曲特征对整体的影响大很多。其中,简要的语言描述具体表现为选择本领域技术人员公知的技术术语,或者采用读者阅读词语后大多数理解无歧义的术语。

基于此,该案的独立权利要求1内容如下:

一种视频展示方法，其特征在于，包括：

响应于短视频应用中再看功能的界面进入指令，在所述再看功能的展示界面上分类展示目标视频，其中，所述目标视频为根据所述目标视频的视频类型预先添加至所述再看功能的播放列表中的视频。

在上述权利要求1中，技术特征短视频应用限定了技术方案的应用场景，技术特征再看功能体现了与传统的收藏功能或观看历史功能所区别的功能，通过触发再看功能进行添加，体现了与传统的观看历史中用户无感知地加入视频的区别。较为关键的是，该案中的"分类展示目标视频"与静态限定中的"根据目标视频的视频类型预先添加"进行呼应，体现了现有技术中仅有中长视频的稍后再看的功能，而没有对各种视频类型在稍后再看的功能中进行集中展示的技术方案，体现了对现有技术的改进。

此外，该案采用了可视化撰写策略中的先描述结果后描述后台处理的撰写方式，即"响应于短视频应用中再看功能的界面进入指令，在所述再看功能的展示界面上分类展示目标视频"体现了前端的操作及对应的呈现结果，"所述目标视频为根据所述目标视频的视频类型预先添加至所述再看功能的播放列表中的视频"属于后台处理的特征。上述权利要求通过描述外部可见的技术特征，以利于维权阶段的取证。

（二）从属权利要求

在审查程序、无效宣告程序、侵权诉讼或者专利转让、许可中，从属权利要求有重要的价值。因此，撰写从属权利要求时应当考虑的问题包括：选择附加技术特征，构建有层次的保护范围，合理运用权利要求之间的引用关系。

基于上述原则，该案布局了相关的从权，考虑到篇幅问题，从权部分可以通过专利号进行下载阅读。此外，该案的说明书部分描述了大量的实施例及说明书附图部分描述了大量的场景附图，便于读者的理解及对权利要求进行解释，感兴趣的读者也可以通过专利号进行下载阅读。

如何撰写 GUI 类发明专利

——计算机领域发明专利撰写案例

案例整理及评析人：张朝欣

【专利基本信息】

发明名称：虚拟资源处理方法、装置、电子设备及存储介质

申请号：202110600790.7

申请日：2021 年 5 月 31 日

授权公告日：2022 年 8 月 12 日

图形用户界面（Graphical User Interface，GUI）又称图形用户接口，是指采用图形方式显示的计算机操作用户界面。[1] 图形用户界面的引入是为了应对命令行界面（Command-line Interface，CLI）的陡峭学习曲线。[2] 与需要通过键盘输入文本或字符命令来完成相应操作的命令行界面相比，用户在图形用户界面中看到的都是如窗口、图标、按键等图形对象，用户可以通过鼠标等输入设备与图形用户界面中的图形对象进行交互，更加便捷地控制计算机等电子设备完成相应操作。

随着移动互联网的兴起和智能终端的快速发展，图形用户界面渐渐深入人们生活的方方面面，而一个好的图形用户界面往往可以提升用户对产品的使用效率和操作体验，提升产品在相关市场内的竞争力，这使得越来越多的企业在图形用户界面研发上投入大量的人力物力。然而，GUI 直观、简易等特性，也导致 GUI 类创新容易被竞争者模仿和抄袭，这种行为既损害相关企业的利益，又打击相关企业对 GUI 类创新的投入积极性。习近平总书记指出："创新是引领发展的第一动力，保护知识产权就是保护创新。"因此，有必要对 GUI 类创新这类智力成果进行知识产权保护。[3]

GUI 作为人机交互的通道，其能够实现接收用户输入的数据、控制指令以及输出用户输入内容的运行结果，GUI 的可专利性也逐渐得到了广泛认可，涉及 GUI 的发明专利申请也逐年增多。GUI 的底层技术相对成熟，目前大部分 GUI 类创新在于用户交

---

[1] 杨钦,徐永安,翟红英.计算机图形学[M].北京:清华大学出版社,2005.

[2] Computer Science Wiki. GUI[EB/OL]. (2021-09-13)[2024-05-18]. https://computersciencewiki.org/index.php/GUI.

[3] 张龙钢.图形用户界面(GUI)的外观设计专利保护研究[J]法制与经济,2015(8):39-42.

互方式、商业方法等方面上的改进，在技术手段本身上的创新并不是很多，因而 GUI 类创新相对容易在专利审查或无效宣告阶段面临被驳回或被宣告无效的挑战。如何撰写 GUI 类创新的发明专利申请，使有价值的 GUI 类创新可以更好地获得专利权的保护，是一个值得深入研究的课题。笔者通过整理及评析案件"虚拟资源处理方法、装置、电子设备及存储介质"（以下简称"该申请"）申请文件的撰写过程，浅谈涉及 GUI 类创新的发明专利申请文件撰写要点，给出相应的申请文件撰写建议。

一、案例概况

该申请涉及互联网技术领域，主要是在用户观看直播的过程中，在待发放资源的数值膨胀到目标值时会推荐新的直播间，在用户访问新的直播间后，待发放资源的数值会继续膨胀至最大值，以解决目前直播平台的服务器提供的直播资源利用率不高的问题。该申请于 2021 年 5 月 31 日提交，经过一次审查意见答复，审查意见通知书未提出影响该申请新创性的对比文件，于 2022 年 8 月 12 日授权公告。

客户提供的技术交底书中对拟申请发明专利（以下简称"拟申请"）的方案作了如下介绍。

传统的电商直播间，主播可以采用发红包等方式提升直播间人气，但红包发放完毕之后，留存在直播间的观众数量就会有明显的下降，不能持续地提升观众在直播间的留存时间；另外，传统技术往往是在直播结束后显示包括有推荐直播间信息的直播间推荐页面来实现直播间推荐。

拟申请的方案是在平台侧向直播间的观众发放膨胀红包的基础上与商家侧进行结合，由商家和平台一起提供预算发放膨胀红包。

拟申请的方案的业务逻辑如图 1-2 所示，通过增加商家的补贴与平台的补贴结合，一起做成膨胀玩法。拟申请的方案让观众可以有更多的机会发现商家的直播间，让更多观众留存在商家的直播间内，总体提升电商观众直播观看时长。

针对用户侧，包括如下步骤：

步骤 1：用户进入某个直播间后即获得一张膨胀券，膨胀券的金额随着用户观看直播的时长持续膨胀，吸引用户留下来观看直播，封顶为 10 元。

该膨胀券的膨胀逻辑，在用户刚进入直播间后，分以下几个阶段：

① 第一阶段：金额快速膨胀，从 1 元快速变为 6.6 元；

② 第二阶段：金额慢速膨胀，固定时间变化为某一个值；

③ 第三阶段：金额封顶，到 10 元即封顶，用户点击后可领取。

用户在第三阶段之前离开直播间后，记录膨胀券的状态。

用户在第三阶段之前不可领取该膨胀券，若点击领取该膨胀券，则弹窗提示该直播间的观看时间不足，膨胀券还未封顶，再看一会儿即可领取。

步骤2：在膨胀券的金额达到封顶金额10元后，显示推荐直播间弹窗，其中展示主播设置了膨胀券的直播间，并展示"去以下直播间继续膨胀，可膨胀至20元"的提示信息，以及"放弃膨胀、立即领取"的领取控件。

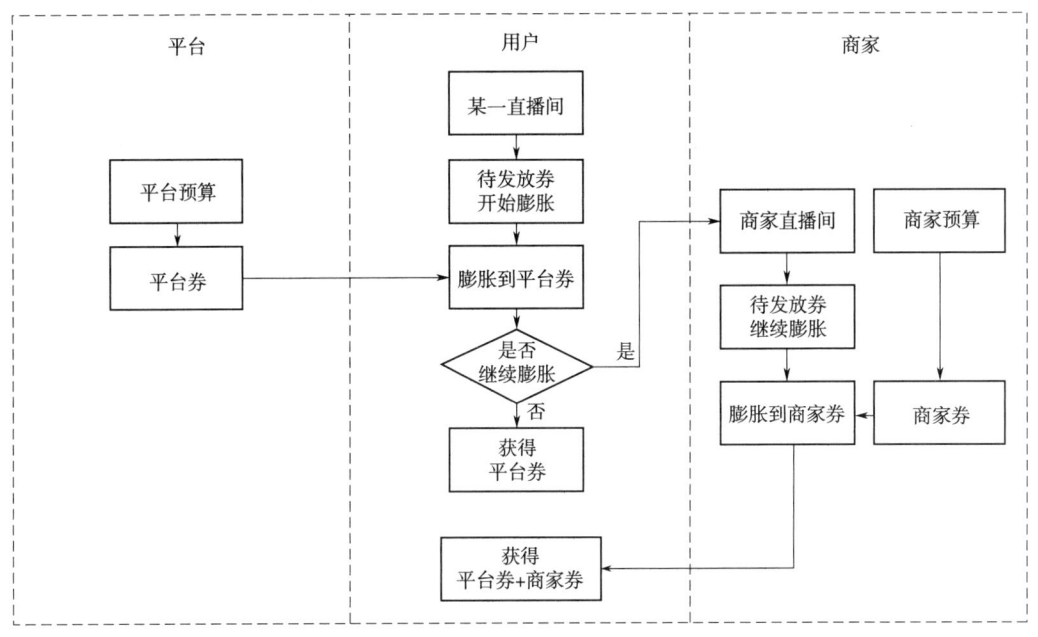

图1-2 拟申请的方案涉及的业务逻辑图

具体的交互逻辑如下：

用户若点击"放弃膨胀、立即领取"的领取控件，则领取该10元优惠券；

用户若点击推荐直播间中的任一直播间，则跳转至用户点击的直播间，并且显示继续膨胀弹窗；用户点击继续膨胀弹窗中的"看直播继续膨胀"，则膨胀券继续膨胀，并缩小显示为挂件形式。

膨胀券继续膨胀采用的膨胀逻辑与上述步骤1中的膨胀逻辑类似，在此不再赘述。

当膨胀券的金额继续膨胀到该直播间的封顶金额20元后，则显示膨胀券领取弹窗，用户在该膨胀券领取弹窗上可以领取该膨胀券。

当膨胀券的金额未膨胀到该直播间的封顶金额20元，用户离开该直播间后去其他直播间，通过挂件展示膨胀停止状态。

在用户点击该"继续膨胀"按钮，若膨胀券直播间正在直播，则继续回到膨胀券直播间，膨胀券继续膨胀；

在用户点击该"继续膨胀"按钮，若膨胀券直播间未在直播，则采用消息提示框提示：主播已下播，等主播下次开播后可继续膨胀。

拟申请的方案涉及的GUI状态变化图如图1-3所示。

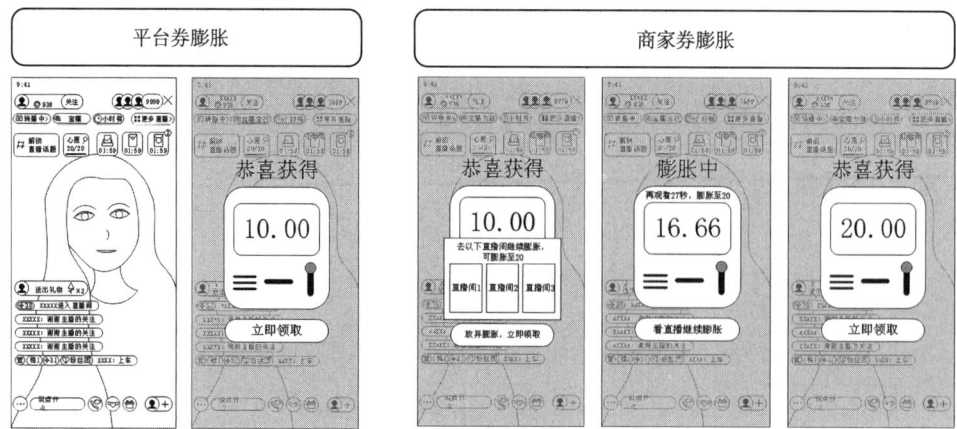

图 1-3　拟申请的方案涉及的 GUI 状态变化图

二、申请文件的撰写要点

（一）要满足发明专利客体审查的要求

在 GUI 类创新不违反法律、社会公德或者妨害公共利益的情形下，GUI 类创新能否被发明专利保护，首先取决于 GUI 类创新是否满足发明专利保护客体的规定，即是否属于《专利法》第二十五条第一款第（二）项规定的不授予专利权的客体，以及是否满足《专利法》第二条第二款规定的发明三要素的要求。❶❷❸

根据技术交底书中的描述，能够确定拟申请的方案所基于的现有方案，以及其存在的缺陷。在现有方案中，在对直播间进行推荐时，往往是在当前直播间直播结束后显示包括有推荐直播间信息的推荐页面来实现向用户推荐直播间，引导方式比较单一。

为了解决现有方案存在的缺陷，发明人在整体上提出了一个平台和商家一起发放膨胀红包的玩法，即平台在指定直播间发放膨胀红包，该膨胀红包的金额可膨胀至平台设定的金额，在观众在指定直播间内满足领取该膨胀红包的条件时，观众可以跳转至商家发放膨胀红包的商家直播间，通过观看商家直播间使膨胀红包的金额继续膨胀至该商家设定的金额，提高了用户点击进入推荐直播间的意愿和频率，使得服务器提供的直播资源得到有效利用。基于此，笔者个人认为拟申请似乎部分涉及商业规则方面的改进方法（以下简称"涉商方法"），单纯以该涉商方法为主题的发明专利申请，容易存在因涉及智力活动的规则和方法而不授予专利权的风险。基于上述分析，笔者

---

❶　崔丽艳,甘文珍.如何撰写涉及 GUI 的发明专利申请[J].中国发明与专利,2016(8):104-107.
❷　《专利法》第二十五条第一款第（二）项规定,智力活动的规则和方法,不授予专利权。
❸　《专利法》第二条第二款规定,发明,是指对产品、方法或者其改进所提出的新的技术方案。

建议专利代理师有必要将涉商方法进行技术化处理，也即将涉商方法转换为相应的技术方案，以便在发明专利申请文件中清楚地表明发明创造的技术性，从而增加获得专利授权的机会。

在将涉商方法转换为相应的技术方案之前，我们需要明确《专利法》对技术方案的定义。《专利审查指南》的第二部分第一章规定：技术方案，是指对要解决的技术问题所采取的利用了自然规律的技术手段的集合。技术手段通常是由技术特征来体现的。可见，将涉商方法转换为相应的技术方案的核心思路是挖掘出实施该涉商方法涉及的技术手段，并确定要解决的技术问题。

从技术交底书可以看出，实施拟申请提出的涉商方法需要涉及 GUI 的控制，具体涉及电子设备根据用户通过输入设备输入的控制信号，控制设备界面的显示作出相应改变。其中，GUI 的控制显然符合《专利法》中技术性的内涵，这也使得拟申请提出的涉商方法具备被转换为相应的技术方案的可能性。对此，笔者建议专利代理师可以站在用户侧的视角，采用计算机领域的技术用语，将实施该涉商方法涉及的 GUI 控制描述出来，以转换为相应的技术方案。另外，针对涉商方法中涉及的非技术表述，笔者建议专利代理师也要基于其所涉及的计算机数据或处理过程，以及结合其所起到的作用进行合适的技术化处理。例如，笔者将拟申请中的"券"转换为"资源、虚拟资源"，将拟申请中的"券的金额"转换为"虚拟资源的数值"。

基于上述思路，笔者将拟申请提出的涉商方法在整体上转换为如下方法：用户输入进入指定直播间的控制指令；终端根据控制指令，控制终端界面显示指定直播间；指定直播间中显示有资源图标；资源图标中的虚拟资源的数值随终端显示指定直播间的时长而不断增加，直至达到平台端设定的阈值；在虚拟资源的数值增大到平台端设定的阈值时，控制终端界面显示商家直播间的访问入口；用户可以通过访问入口向终端输入进入商家直播间的控制指令；终端根据控制指令，控制终端界面由显示指定直播间切换至商家直播间，并继续显示资源图标，资源图标中可获取的虚拟资源的数值会继续增大到商家端设定的阈值。

该方法通过采用上述技术手段，使得可以通过控制终端由显示指定直播间切换至商家直播间，来增加可获取的虚拟资源的数量，有效提高了终端展示商家直播间的次数，解决了服务器的直播资源利用率不高的技术问题，并达到了使服务器提供的直播资源可以得到有效利用的技术效果。因此，该方法属于《专利法》第二条第二款规定的技术方案。

（二）要找准专利申请的核心发明点

在 GUI 类创新满足发明专利保护客体之外，还需要判断 GUI 类创新是否满足《专利法》第二十二条规定的授予专利权的条件。[1] 由于 GUI 的底层技术相对成熟，大部分涉及 GUI 类创新在技术上的创新程度并不会特别高，这意味着 GUI 类创新并不是能够轻易通过发明专利申请的创造性审查，以获得专利权的保护。

核心发明点是指在一个发明创造中最为关键和重要的部分，是整个发明创造技术方案的核心和关键所在。笔者认为，找准专利申请的核心发明点，有助于在撰写专利申请文件过程中突出发明创造对现有技术作出的技术贡献，从而满足在发明专利申请的创造性审查过程中对技术贡献的要求；另外，核心发明点还可以作为构建发明创造的必要技术特征的基础，帮助专利代理师排除非必要技术特征的干扰，构造出保护范围大小适中的权利要求。

如何找准专利申请的核心发明点，笔者建议专利代理师可以结合创造性判断通常采用的"三步法"，在撰写前基于技术交底书的内容，以及结合对技术方案的理解进行充分检索，定位出专利申请相对于现有技术的实质性区别，并尝试采用技术交底书提及的概念来概括该实质性区别的内涵，作为专利申请的核心发明点。

对于该案，笔者检索到对比文件 1 作为最接近的现有技术，对比文件 1 公开了一种虚拟资源处理方法、装置、电子设备和存储介质，涉及直播技术领域，其技术方案所要解决的技术问题是"如何丰富直播间对虚拟资源的发放方式"，该方法包括：在第一账号的直播间中，显示待转移至第二账号的虚拟资源的初始数值；根据所述第二账号在所述直播间的观看时长，调整并显示所述虚拟资源的膨胀数值，其中，所述膨胀数值以所述初始数值为基础，随着所述观看时长的增加而动态增加直至达到第一预设数值，所述第一预设数值为待转移至所述第二账号的虚拟资源的最大值。

可见，对比文件 1 已经公开了拟申请中"用户输入进入指定直播间的控制指令；终端根据控制指令，控制终端界面显示指定直播间；指定直播间中显示有资源图标；资源图标中可获取的虚拟资源的数值随终端显示指定直播间的时长而增大，直至达到平台端设定的阈值"的技术方案。

对此，拟申请相对于对比文件 1 存在的区别技术特征至少包括：虚拟资源的数值达到平台端设定的阈值时，在虚拟资源的数值增大到平台端设定的阈值时，控制终端界面显示商家直播间的访问入口。用户可以通过访问入口向终端输入进入商家直播间的控制指令；终端根据控制指令，控制终端界面由显示指定直播间切换至商家直播间，该商家直播间继续显示资源图标，资源图标中可获取的虚拟资源的数值会继续增大到商家端设定的阈值。

以上区别技术特征所解决的技术问题为如何多样化地引导用户访问推荐的直播间。

笔者基于上述区别技术特征进行了补充检索，检索到对比文件 2，对比文件 2 公开了一种直播间的切换方法、装置、电子设备和存储介质，涉及直播技术领域，其技术

---

[1] 《专利法》第二十二条第一款规定，授予专利权的发明和实用新型，应当具备新颖性、创造性和实用性。

方案所要解决的技术问题是"如何让用户快速便捷地进行直播间的切换",该方法包括:将所述直播推荐列表推送至观众客户端,以使所述观众客户端在当前观看界面中的预设位置显示所述直播推荐列表中各所述直播间标识对应的直播间相关信息;接收所述观众客户端的直播间切换指令,所述切换指令携带有第一直播间标识,所述第一直播间标识是从所述直播推荐列表中包含的所述多个直播间标识中选择的;所述观众客户端将所述当前观看界面切换至与所述第一直播间标识对应的直播间。

可见,对比文件2虽然公开了观众客户端向用户推荐直播间,观众客户端跳转至用户选择的推荐直播间。但是,对比文件2并没有公开"在虚拟资源的数值增大到平台端设定的阈值时,控制终端界面显示商家直播间的访问入口,以及访问该商家直播间会使显示的虚拟资源的数值继续增大到商家端设定的阈值"的技术方案,即对比文件2没有公开拟申请触发推荐直播间的时机,以及访问推荐的直播间会产生的结果。同时,对比文件2也未给出将该技术方案应用于对比文件1以解决技术问题的技术启示,即使在对比文件1的基础上结合对比文件2也不能得到该区别技术特征涉及的技术方案。

上述区别技术特征能够实现更加多样化地引导用户访问推荐的直播间,提高了推荐的直播间的访问次数和访问时长,使得服务器提供的直播资源得到有效利用,具有显著性进步。因此,该区别技术特征不是所属领域技术人员的常规技术手段。基于上述分析,笔者将该区别技术特征涉及的人机交互确定为拟申请相对于现有技术的实质性区别。

接下来,专利代理师可以通过思考发明人设置该区别技术特征涉及的人机交互的意图,如思考发明人为什么要这样设置、这样设置有什么好处等,来充分考查该区别技术特征所体现的人机交互的内涵。可以看出,在该区别技术特征所体现的人机交互中,发明人实质上是引入了一种虚拟资源的奖励机制,在用户知道其可以通过停留在推荐直播间中获得比原先更多数量的虚拟资源时,用户可能会更愿意访问该推荐直播间并停留一段时间。基于此,笔者尝试采用技术交底书提及的概念来概括该区别技术特征所体现的人机交互的内涵,总结出了如下核心发明点:

在用户待领取的膨胀券膨胀完成时推荐直播间,利用访问推荐的直播间会使膨胀券继续膨胀至更高金额的奖励条件,引导用户访问推荐的直播间并停留一段时间。

(三)独立权利要求要体现核心发明点

从专利保护的角度来讲,专利申请文件中的权利要求书毫无疑问是最为重要的。[1]独立权利要求是权利要求书中的核心内容,其重要性更是不言而喻。独立权利要求是

---

[1] 王宝筠,那彦琳.专利申请文件撰写实战教程:逻辑、态度、实践[M].北京:知识产权出版社,2021:5.

衡量专利价值和有效性的重要标准，应得到专利代理师的高度重视和精心设计。

一般来说，独立权利要求中的技术特征越少、技术特征限定的概念越上位，其所要求保护的技术方案就越泛化；而独立权利要求所要求保护的技术方案越泛化，其与现有技术相比的区别点就越不明显，对现有技术作出的技术贡献就越低，通过创造性审查的可能性也会随之降低。

由于 GUI 类创新在技术上的创新程度普遍不是很高，笔者认为撰写涉及 GUI 类创新的独立权利要求的保护范围不宜过于宽泛，应当在不出现非必要技术特征的情况下，尽可能地体现发明创造的核心发明点，避免审查员在审查时直接将独立权利要求体现的发明点认定为公知常识，使独立权利要求在准确描述专利申请核心技术方案的基础上，能够在获得专利授权与合理保护范围之间寻求平衡。

下面评析如下的独立权利要求（版本一的独立权利要求）：

> 一种虚拟资源处理方法，其特征在于，所述方法包括：
> 用户在第一虚拟空间中获得的虚拟资源不断增多；
> 在所述虚拟资源的数量增大到一定数值时，显示第二虚拟空间；
> 用户在所述第二虚拟空间中获得的所述虚拟资源继续增多。

版本一的独立权利要求是基于拟申请的技术方案撰写的独立权利要求。可以看出，版本一的独立权利要求可以覆盖到拟申请的技术方案，似乎使拟申请的技术方案得到了保护。但是，读者不妨了解或回忆一下一款十分经典的闯关类游戏《保卫萝卜》。在这款游戏中，玩家在一张地图（相当于"用户在第一虚拟空间"）中收集游戏金币（相当于"获得的虚拟资源不断增多"），并收集足够的游戏金币（相当于"所述虚拟资源的数量增大到一定数值"）才可以解锁下一个地图（相当于"显示第二虚拟空间"）；玩家在下一个地图（相当于"用户在所述第二虚拟空间中"）继续收集游戏金币（相当于"获得的所述虚拟资源继续增多"）。可以看出，版本一的独立权利要求所要求保护的技术方案过于泛化，使得该技术方案缺乏新颖性，更别说通过后续的创造性审查了。换句话说，版本一的独立权利要求并没有很好地体现拟申请的核心发明点。

如何在独立权利要求中体现核心发明点，笔者建议专利代理师在找准专利申请的核心发明点的前提下，尝试采用如下思路：首先拆解体现核心发明点的关键要素；其次撰写体现关键要素的技术特征；最后将技术特征整合为独立权利要求。下面，笔者以该案为例，介绍上述思路的具体操作过程。

1. 拆解体现核心发明点的关键要素

笔者建议专利代理师可以从核心发明点中提炼出能够准确反映其内容的关键字眼，作为体现核心发明点的关键要素。对此，笔者基于上述的思路，从核心发明点"在待领取的膨胀券膨胀完成时推荐直播间，利用访问推荐的直播间会使膨胀券继续膨胀至更高金额的奖励条件，引导用户访问推荐的直播间并停留一段时间"中提炼出关键字眼，拆解得到如下关键要素："直播场景""待领取的券""膨胀""膨胀完成""推荐直播间""继续膨胀""更高金额"。

2. 撰写体现关键要素的技术特征

笔者建议专利代理师基于关键要素所涉及的计算机数据或处理过程，结合其所起到的作用，将关键要素转换为计算机领域的技术用语，撰写出体现关键要素的技术特征。对此，笔者基于上述的思路，撰写出如下体现关键要素的技术特征。

笔者通过技术特征"直播界面"来体现"直播场景"；通过技术特征"待转移至当前账户的虚拟资源"来体现"待领取的券"；通过技术特征"虚拟资源的数值随当前账户进入直播间的时长增加"来体现"膨胀"；通过技术特征"虚拟资源的数值达到第一预设数值"来体现"膨胀完成"；通过技术特征"显示推荐直播间的访问入口"来体现"推荐直播间"；通过技术特征"虚拟资源的数值以第一预设数值为基础随当前账户进入推荐直播间的时长增加"来体现"继续膨胀"；通过技术特征"虚拟资源的数值达到待转移至当前账户的虚拟资源的最大值"来体现"更高金额"。

3. 将技术特征整合为独立权利要求

笔者建议专利代理师通过结合描述专利申请涉及的人机交互的过程，建立各用于体现关键要素的技术特征之间的连接，实现将用于体现关键要素的技术特征整合为独立权利要求，以通过该独立权利要求描述出专利申请的核心技术方案。

对此，笔者基于上述的思路，撰写出如下独立权利要求（版本二的独立权利要求）：

> 一种虚拟资源处理方法，其特征在于，所述方法包括：
> 在直播界面中显示待转移至当前账户的虚拟资源的数值；
> 根据所述当前账户进入当前直播间的时长，调整所述虚拟资源在所述直播界面中的数值随所述当前账户进入当前直播间的时长增加；
> 在所述虚拟资源在所述直播界面中的数值到达预设数值，显示推荐直播间弹窗，在所述推荐直播间弹窗中显示至少一个推荐直播间的访问入口；
> 根据当前账户对推荐直播间的访问入口的点击指令，控制直播界面由显示当前直播间切换至显示所述推荐直播间；
> 根据所述当前账户进入推荐直播间的时长，调整所述虚拟资源在所述直播界面中的数值由所述预设数值为基础，随所述当前账户进入推荐直播间的时长增加，直至虚拟资源的数值达到待转移至当前账户的虚拟资源的最大值。

（四）要立足取证角度描述技术特征

根据《专利法》第六十四条的规定，对于获得官方授权的发明专利，权利要求是判断专利权的保护范围的基础。❶ 在涉及发明、实用新型的专利侵权案件中，为判断被诉侵权产品是否构成侵权，应首先确定专利权的保护范围，然后将被诉侵权技术方案与专利技术方案进行比对，以确定被诉侵权技术方案是否覆盖了专利技术方案的全部技术特征。

大多数 GUI 类创新往往具有实际产品形态，其涉及的技术特征大多数可以直接或间接反映在用户与计算机互动的载体中，载体一般为显示屏。在司法实践中，涉及计算机程序的发明专利侵权案件的当事人主张被诉侵权产品构成专利侵权的，应当至少在现象上证明被诉侵权产品具备了涉案专利限定的全部功能，并通过操作演示说明被诉侵权产品具有实施了涉案专利保护的方法流程的可能性。❷ 这也意味着，专利代理师在撰写涉及 GUI 类创新的权利要求时，应尽可能使用更有利于获得证据的方式来描述 GUI 类创新涉及的技术特征，从而有效降低举证难度，便于更加直观地比对被诉侵权产品是否落入权利要求的保护范围。

在此，笔者建议专利代理师在实际撰写权利要求时，可以在脑海内设想 GUI 类创新所涉及的计算机产品的操作演示过程，撰写出描述该操作演示过程向外界呈现的可感知特征，来实现立足取证角度撰写涉及 GUI 类创新的权利要求。其中，可感知特征可以是指人类感官感知得到的技术特征，也可以是指通过工具测量得到的技术特征。在实践中，专利代理师可以通过直接对显示结果或操作结果进行限定来体现发明点，以代替传统中通过描述计算机的数据处理流程来体现发明点。例如，可以将版本二的独立权利要求中的"根据所述当前账户进入当前直播间的时长，调整所述虚拟资源在所述直播界面中的数值随所述当前账户进入当前直播间的时长动态增加"调整为"在直播界面中显示虚拟资源的第一数值；所述第一数值随着所述当前账户进入当前直播间的时长而动态增加"；同理，将"根据所述当前账户进入推荐直播间的时长，调整所述虚拟资源在所述直播界面中的数值以预设数值为基础，随所述当前账户进入推荐直播间的时长动态增加"调整为"在直播界面中显示虚拟资源的第二数值；所述第二数值以所述预设数值为基础，随着所述当前账户进入所述目标直播间的时长而动态增加"。

另外，笔者还建议专利代理师可以直接描述与发明点有关的显示内容或操作过程，而不是操作演示过程的实际显示内容或操作过程。例如，在拟申请的技术方案的操作

---

❶《专利法》第六十四条第一款规定,发明或者实用新型专利权的保护范围以其权利要求的内容为准,说明书及附图可以用于解释权利要求的内容。

❷（2018）京民终 498 号民事判决书在涉及计算机程序的发明在侵权诉讼中举证责任的一般适用中指出,在审理涉案侵权纠纷中,可以依据如下原则进行提交证据责任的移转,直至举证责任的分配:当搜狗科技公司及搜狗信息公司至少在现象上证明被诉侵权产品具备了涉案专利限定的全部功能,并通过操作演示说明被诉侵权产品具有实施了涉案专利保护的方法流程的可能性时,可以认为搜狗科技公司及搜狗信息公司尽到了初步的证明义务。

演示过程，终端是显示推荐直播间弹窗，并在推荐直播间弹窗中显示推荐直播间的访问入口。由于"推荐直播间弹窗"这个技术特征与拟申请的核心发明点无关，基于此，可以将版本二的独立权利要求中的"显示推荐直播间弹窗，在所述推荐直播间弹窗中显示至少一个推荐直播间的访问入口"调整为"显示至少一个推荐直播间"；同理，将"根据当前账户对推荐直播间的访问入口的点击指令，控制直播界面由显示当前直播间切换至显示所述推荐直播间"调整为"响应于对所述推荐直播间的选择操作，将所述当前直播间切换为所述选择操作选择的目标直播间"。

有读者会有疑问，上文中通过直接对显示结果或操作结果进行限定是否属于《专利审查指南》不鼓励使用的功能性限定？笔者认为，由于GUI的底层技术相对成熟，生成或提供GUI的元素的方法或过程往往是相对成熟技术或者是已知的技术；也就是说，通过直接对显示结果或操作结果进行限定，本领域普通技术人员可以通过阅读权利要求即可直接、明确地确定实现上述功能或者效果的具体实施方式，不属于功能性限定。❶

笔者按照上述思路，对版本二的独立权利要求作出适当调整，撰写出如下的独立权利要求（相对较好的独立权利要求）：

一种虚拟资源处理方法，其特征在于，所述方法包括：

在直播界面中显示待转移至当前账户的虚拟资源的第一数值；所述第一数值随着所述当前账户进入当前直播间的时长而增加；

若所述第一数值达到第一预设数值，则显示至少一个推荐直播间；

响应于对所述至少一个推荐直播间的选择操作，将所述当前直播间切换为所述选择操作选择的目标直播间，并在所述直播界面中显示待转移至所述当前账户的虚拟资源的第二数值；所述第二数值以所述第一预设数值为基础，随着所述当前账户进入所述目标直播间的时长而增加，直至达到第二预设数值；所述第二预设数值为待转移至所述当前账户的虚拟资源的最大值。

三、结语

本文通过整理及评析案例"虚拟资源处理方法、装置、电子设备及存储介质"申请文件的撰写过程，浅谈涉及GUI类创新的发明专利申请文件撰写要点，给出相应的

---

❶ 《最高人民法院关于审理侵犯专利权纠纷案件应用法律若干问题的解释(二)》第八条规定,功能性特征,是指对于结构、组分、步骤、条件或其之间的关系等,通过其在发明创造中所起的功能或者效果进行限定的技术特征,但本领域普通技术人员仅通过阅读权利要求即可直接、明确地确定实现上述功能或者效果的具体实施方式的除外。

申请文件撰写建议。

针对要满足发明专利客体审查的要求,笔者建议,若 GUI 类创新为涉商方法,专利代理师可以站在用户侧的视角,采用计算机领域的技术用语,将实施涉商方法涉及的 GUI 控制描述出来,以将涉商方法转换为相应的技术方案。另外,针对涉商方法中涉及的非技术表述,专利代理师也要基于其所涉及的计算机数据或处理过程,以及结合其所起到的作用进行合适的技术化处理,以便在发明专利申请文件中清楚地表明发明创造的技术性。

针对要找准专利申请的核心发明点的要求,笔者建议,专利代理师可以结合创造性判断通常采用的"三步法",在撰写前基于技术交底书的内容,以及结合对技术方案的理解进行充分检索,定位出专利申请相对于现有技术的实质性区别,并尝试采用技术交底书提及的概念来概括该实质性区别的内涵,作为专利申请的核心发明点,以助于在撰写专利申请文件过程中突出发明创造对现有技术作出的技术贡献。

针对独立权利要求要体现核心发明点的要求,笔者建议,专利代理师在找准专利申请的核心发明点的前提下,可以尝试采用如下思路:首先拆解体现核心发明点的关键要素;其次撰写体现关键要素的技术特征;最后将技术特征整合为独立权利要求,以使涉及 GUI 类创新的独立权利要求在准确描述该申请核心技术方案的基础上,能够在获得专利授权与合理保护范围之间寻求平衡。

针对要立足取证角度描述技术特征的要求,笔者建议,专利代理师在实际撰写权利要求时,可以在脑海内设想 GUI 类创新所涉及的计算机产品的操作演示过程,撰写出描述该操作演示过程向外界呈现的可感知特征,来实现立足取证角度撰写涉及 GUI 类创新的权利要求,便于更加直观地比对被诉侵权产品是否落入权利要求的保护范围。

以上就是笔者就涉及 GUI 类创新的发明专利申请文件撰写要点所提出的申请文件撰写建议,希望能够对读者在撰写涉及 GUI 类创新的发明专利申请文件时提供些许帮助与指导。

金奖发明专利是如何炼成的

——计算机领域发明专利撰写案例

案例整理及评析人：邓云鹏

【专利基本信息】

发明名称：监护设备及其生理参数处理方法与系统

申请号：201310419886.9

申请日：2013年9月13日

授权公告日：2017年10月24日

获奖情况：获第二十四届中国专利奖金奖

随着中国经济的转型和升级，信息技术得到了快速发展，相关领域的专利申请量也逐年攀升。与之相应的，近些年国家知识产权局制定的《专利审查指南》对软件专利的审查标准的修改也在不断调整。如何将涉及计算机程序的发明专利申请（以下简称"软件专利"）在撰写阶段就打好基础，在符合法律法规和指南的基础上最大程度地为创新主体争取更大权益，成为一个热点问题。

笔者以深圳迈瑞生物医疗电子股份有限公司（以下简称"迈瑞公司"）获得中国专利奖金奖的授权专利为例，结合华进知识产权多年来积累的软件专利撰写经验，剖析在撰写阶段的一些注意事项及技巧。

一、客体问题

软件专利与常见的机械、电子或者材料类专利不同，其所要求保护的方案可能被认为不属于专利所保护的客体。虽然申请方案看起来是通过计算机程序这一技术手段来实现的一系列步骤，如果该方法步骤不是为了解决技术问题，如行政管理或者娱乐体验等问题，只是通过计算机这一通用技术手段实现，则会被下发审查意见，甚至被驳回。对于这种情况，需要找到问题跟技术直接关联的结合点。以通常会遇到的管理效果差、可玩性低、界面不美观等问题为例，可以将其转换为聚焦到信息推送不准确、服务器需要频繁响应等技术侧的问题。

该申请涉及医疗领域的软件，除了上述软件领域通用的问题外，还面临疾病的诊断和治疗方法这一客体问题。疾病的诊断和治疗方法是指以有生命的人体或者动物体为直接实施对象，进行识别、确定或消除病因或病灶的过程。出于人道主义的考虑和社会伦理的原因，医生在诊断和治疗过程中应当有选择各种方法和条件的自由，因此对这一类方案不授予专利权，也就是存在客体问题。

具体来说，一项与疾病诊断有关的方法如果同时满足以下两个条件，则属于疾病的诊断方法，不能被授予专利权：①以有生命的人体或动物体为对象；②以获得疾病诊断结果或健康状况为直接目的。如果请求专利保护的方法中包括了诊断步骤或者虽未包括诊断步骤但包括检测步骤，而根据现有技术中的医学知识和该专利申请公开的内容，只要知晓所说的诊断或检测信息，就能够直接获得疾病的诊断结果或健康状况，则该方法满足上述条件②，不能被授予专利权。

为了说明该申请的应用场景，避免被认为是疾病的诊断和治疗方法，该申请特别在说明书中描述完整体方案及技术效果后，加入了如下说明："需要说明的是，上述生理参数处理方法，并非以获得诊断结果或健康状况为直接目的所提出的技术方案，通过该方法也不能对生理信号进行处理直接获得诊断结果，而是对已知的处理过程的控制，避免错误报警。也就是说，上述生理参数处理方法，是对已有的处理过程加入一些控制因素，而这些控制因素本身并不能获得诊断结果或健康状况，因此这些控制因素本身并非疾病的诊断和治疗方法。"通过该说明，能够清晰地明确该申请是对通用生理信号进行处理控制，不以获得诊断结果或健康状况为目的。

当然，是否属于疾病的诊断和治疗方法是以权利要求保护的方案本身来评判，说明书中有澄清性的描述并不会起决定性作用，但是在有些发明专利申请中，清晰地知道边界并在撰写时选取合适的角度或者保护范围划定到"适可而止"的阶段对申请是否能避开客体问题至关重要。这就要求专利代理师在撰写申请过程中时刻注意这个要点，在说明书中有相关描述说明已经注意到可能的问题，同时也避免审查员发出相关审查意见给申请人带来程序上的负担。

需要注意的是，现行的《专利审查指南》第二部分第一章4.3.1.2规定不属于诊断方法的发明包含了"全部步骤由计算机等装置实施的信息处理方法"，即不将"全部步骤由计算机等装置实施的信息处理方法"直接认定为疾病诊断方法，因计算机等具有信息处理能力的装置实施的涉及诊断的信息处理方法，一般是为了提高信息处理的准确率，提供的结果只是概率值，通常只能为医生准确诊断疾病和制定治疗方案提供参考。

二、权利要求的撰写

权利要求是确定专利保护范围的内容，因此其撰写显得尤为重要。例如，应考虑单一侵权主体问题，在多端交互（如多个客户端与服务器交互）的技术方案中，权利要求中需具备单侧方法权利要求以便在主张权利时，可以找单一民事主体维权。对于单侧方法权利要求，以申请人产品所在一侧及创新点主要体现的那一侧为重点，因此在撰写前需了解申请人的具体产品是什么。由于软件专利权利要求撰写需要注意的事项很多，华进知识产权在多年的经验积累中归纳了四万多字的撰写指引，本文仅以该申请所涉及的相关要点为例进行说明。

（一）权利要求建议布局方法权利要求和产品权利要求

软件专利的特殊性在于，软件看不见摸不着，而依据《专利法》所保护的是"不得为生产经营目的制造、使用、许诺销售、销售、进口其专利产品，或者使用其专利方法以及使用、许诺销售、销售、进口依照该专利方法直接获得的产品"。软件实际上是控制计算机执行的一系列步骤，一般也不会产出实体产品而是输出数据或者控制信号等，因此，如果仅仅以方法权利要求来保护软件类发明，局限性就相当明显，即仅仅能保护"不得使用其专利方法"，将软件专利的保护范围"产品化"显得特别重要。在该申请的申请日时实施的指南，对软件专利的产品权利要求限制还是比较多的，因此该申请的权利要求仅布局了方法（权利要求1~9）、模块构建的系统（权利要求10~18）及监护设备（权利要求19）。

现行的《专利审查指南》对软件专利的保护范围"产品化"进行了大幅放宽，我们一般建议在权利要求项数允许的情况下，布局除了方法权利要求之外，可以包括程序模块构建的装置、计算机设备、计算机可读存储介质和计算机程序产品等多类型的产品权利要求，例如：

一种语音识别方法，其特征在于，……

一种语音识别装置，其特征在于，……

一种计算机设备，其特征在于，……

一种计算机可读存储介质，其上存储有计算机程序、指令，其特征在于，该计算机程序、指令被处理器执行时实现权利要求1至N项中任意一项所述的方法的步骤。

一种计算机程序产品，包括计算机程序、指令，其特征在于，该计算机程序、指令被处理器执行时实现权利要求1至N项中任意一项所述方法的步骤。

（二）建议从机器视角撰写权利要求

权利要求应使用机器视角撰写，避免从用户角度描述，即不能出现可以将人作为主语的动作描述。

以下以一错误案例为例："一种视频通话发起方法，其特征在于，包括：用户在微信应用程序中选中联系人会话消息，点击进入会话窗口；在会话窗口点击功能按钮，显示菜单界面；在菜单界面中点击视频通话按钮，向选中的联系人发起视频通话请求。"上述权利要求的描述是从人的角度描述的，很显然维权时我们不能去主张普通消费者使用时的动作侵犯我们的方法权利要求。因此，应当修改为从机器视角描述："一种视频通话发起方法，其特征在于，包括：响应于对即时通讯应用程序中联系人会话消息的触发操作，进入会话窗口；响应于对所述会话窗口中功能控件的触发操作，显示功能菜单；响应于对所述功能菜单中视频通话控件的触发操作，向所述联系人发起视频通话请求。"基于修改后的权利要求，我们就可以主张设备制造商或是软件提供商侵权，也就是机器运行过程侵权。

具体到该申请中，请求保护"一种生理参数处理方法"，提出申请时其权利要求如下：

> 一种生理参数处理方法，其特征在于，包括如下步骤：
> 获取主生理信号，并对所述主生理信号进行分析获得所述主生理信号的信号质量指数；
> 获取从生理信号，并对所述从生理信号进行分析获得所述从生理信号的信号质量指数；
> 根据所述主生理信号的信号质量指数和所述从生理信号的信号质量指数，对处理所述主生理信号获得生理参数的过程进行控制；及输出所述生理参数。

上述权利要求中，每一步都是机器角度在描述机器执行的动作，没有导入使用人员即用户的动作，如人工去设置主生理信号或从生理信号，或者选取哪些生理参数等。

另外，方法独立权利要求所限定的步骤应该是基于程序产品实际运行所涉及的步骤，而不应包含数据准备过程，如不应该包含预先存储参考值，人工选择参数等。其原因在于，包含数据准备步骤的独立权利要求即使获得授权，后续也难以主张权利，即产品在销售时有可能并不具备这些特征，只有在用户使用产品时才做这些数据准备动作。数据准备步骤可以放到从属权利要求中，应注意的是，数据准备过程尽量采用静态描述以及开放式写法。

例如，提供了一种使用神经网络对图像进行分类的方法，具体技术方案是先使用样本图像对神经网络进行训练，得到训练好的神经网络模型，将待分类图像输入到预先训练好的神经网络模型中，输出图像类型。由于在进行图像分类时所使用的神经网络模型是预先训练好的，因此在撰写独立权利要求时应写使用训练好的神经网络模型进行图像分类的过程，独立权利要求不应包含训练步骤，也就是说，训练步骤可以理解为是数据准备过程。若训练本身是区别于现有技术的，可采用开放式写法写到从属权利要求中。例如，2. 根据权利要求1所述的方法，其特征在于，所述神经网络模型的生成方式包括：……

（三）权利要求与公式

该申请中有不少公式，对于公式是否需要写入权利要求，需要根据具体情况来讨论。一般来说，涉及公式算法的技术方案，独立权利要求中不建议出现公式，应该从公式中找出之所以能解决技术问题的原理，抽象成自然语言并在权利要求中描述。若必要，则最下位的从属权利要求才可出现公式，即在独立权利要求的公式原理与具体公式之间还需要架构多层方案。

例如，对于公式 $y=ax$，可以描述成"y 与 x 成正比"，或者"y 随着 x 增长而增长"等形式，中位描述为 y 与 x 成一阶函数关系。对于难以抽象成原理的公式，也可以采用一种开放式写法来限定。如上例中，可以描述成"y 所满足的关系式包含 a 与 x 的乘积"。对于技术交底书中给出的一个公式，尽可能引导发明人扩展更多的公式形式。

涉及公式算法的技术方案，通常情况下，权利要求中提及某个参数时，通常应通过术语来区分不同的参数，若非必要，不应在参数后面带上参数对应的符号，以避免对权利要求造成不必要的限定。例如，通常写成"××参数"，而不是"参数 S"。除非方案特别复杂需要带上参数对应符号才能描述清楚。

通过上述简单的例子，我们可以理解如果在权利要求中直接写入公式会限定非常具体，从而影响专利的保护范围。通过自然语言的归纳，厘清公式的基本原理，可以获得更加理想的保护范围。具体到该申请中，有相当多复杂的公式。例如，这些公式本身并不是发明的核心，但是对理解该发明的具体应用场景非常有帮助，也是充分公开该发明和体现该发明技术含量的重要部分。对于这些公式，需要在理解的基础上，明确公式在整体方案即这个大权利要求逻辑框架中所处的位置，并放置在对应权利要求特征在说明书的部分进行详细描述。

三、背景技术

在撰写软件发明专利的背景技术部分时，专利代理师需要深入理解发明的技术领域，并且能够清晰地描绘出该技术领域的现状及存在的问题。这部分内容对于展现发明的技术背景和价值很重要，因为它为审查员提供了一个评估发明新创性参照点。

虽然背景技术较为重要，但也并不是"知无不言、言无不尽"，我们一般建议背景技术的缺陷"点到即止"，无须过度分析，避免看完背景技术就能推测出该专利申请需要保护的方案，给人创造性不足的印象。也不建议在背景技术中直接指出因为现有技术缺乏什么而导致其存在技术问题。例如，在背景技术中描述传统的技术方案中因为没有对信号进行预增强处理，从而造成信号损耗大，传输距离近，而发明点正好在于对信号进行了预增强处理。如果背景技术中直接写成因为现有技术缺乏对信号进行预增强处理而带来问题，则会导致根据背景技术就容易想到该案的发明点，从而可能影响该案的创造性评价。只需要直接写"传统的技术方案存在信号损耗大且传输距离近的问题"即可。

该申请的背景技术写得十分简练："对人体生命体征信号进行处理获得生理参数具

有广泛的用途。然而，这些生命体征信号经常受到诸如噪声、伪迹等的干扰造成生理参数出现错误。以监护设备为例，心律失常的错误估计会导致相关的误报警，这些误报警降低了病人和医护人员对仪器的满意度，更为严重的是医护人员对监护设备报警的信任度降低，从而可能忽略真正的危急情况，大大削弱了监护效果。"通过简短的文字引出上位概念的生理参数用途广泛，且容易受干扰出错，并用一个具体的例子说明错误报警带来的问题，这样既不用浪费太多时间在背景技术上，也避免重要案件在不同国家地区申请时有的国家地区将背景技术认为是申请人承认的现有技术（如在美国是 Applicant Admitted Prior Art，AAPA）。

四、发明内容

一般的，发明内容应回应想要解决的技术问题，这个技术问题通常与背景技术中指出的问题一致。另外还应当至少包括独立权利要求对应的内容，如该申请中三组权利要求中的独立权利要求对应的方案都放入了发明内容。考虑到不同国家区域对发明内容的解释，一般中国专利申请也对发明内容从简，该申请中从属权利要求的方案就没有放入发明内容部分。

发明内容部分的有益效果是基于独立权利要求技术方案中的技术特征推导得出的有益效果，能对应背景技术中所提出的技术问题，且是技术上的效果。有益效果部分应避免直接断言能够达到声称的有益效果，而是结合权利要求中的特征和特征之间的关系，用逻辑推导的形式得出有益效果。例如，在该申请中，通过分析借助从生理信号来辅助对主生理信号的处理，得出相对于依靠单个生理信号进行处理的方式，信息源更广，特别是在单个生理信号的信号质量较差时，借助从生理信号来辅助可以避免出现误报警和漏报的情况。

对于创造性仅通过少数特征来体现的方案，有益效果部分可以强调整体技术方案能够达到的效果。因软件专利本身是强调方案的整体性，如果仅指出因为某个步骤或某少数特征才导致的有益效果的话，可能让审查员产生偏见，具体针对某个步骤或少数特征去检索相关的文献，从而发出没有创造性的审查意见。建议将细化的推导过程，即某个步骤或某少数特征在方案中的应用，与其他特征的相互作用关系写到具体实施方式中，体现其整体性。

五、具体实施方式

作为一般性原则，说明书具体实施方式是专利文件中描述发明方案的主体部分，在软件发明专利中，说明书具体实施方式需要详细描述技术方案，包括软件的架构、模块、接口、数据流、算法和代码片段等。这些描述应该足够详细，以便于技术人员能够实施发明，应该清晰地表明每个技术问题是如何通过发明的技术方案得到解决的，这有助于展现发明的创新性和技术进步。需要确保说明书中使用的术语一致，并且与权利要求书中的术语相匹配，术语的定义应该清晰、准确，避免歧义。

具体来说，首先，具体实施方式应穷尽技术交底书中的内容，除非是技术交底书中错误的或者对该申请方案发明点有不利影响的内容，否则技术交底书中所有的内容应在具体实施方式中能够得到体现。一方面是为了满足充分公开的要求，另外在未来的审查过程中，可能需要借助这些内容来阐述权利要求的新颖性和创造性。个别情况下一些细微的技术交底书中的特征点可能需要被加入权利要求中去争取授权，而且正因为是技术交底书中的内容，哪怕缩小了保护范围的权利要求未来也有可能涵盖市面上真实产品的方案。出于保密的原因，本文不能详细对比最初迈瑞公司提供的技术交底书和申请文本的区别，但是从申请文本具体实施方式部分中对公式的解释甚至类似代码的详细描述可以看出，技术交底书的内容已经尽力做到了"颗粒归仓"。当然，如果技术交底书涉及适合用商业秘密保留的部分技术特征，则作为专利代理师应当提出建议，并和申请人讨论确定，特别是在加工工艺类专利申请中。

其次，具体实施方式的描述应具备一定的逻辑架构。按照权利要求布局框架，首先描述方法独立权利要求实施例及其有益效果，再逐步展开描述方法从权对应的实施例及有益效果（该申请第［0026］-［0031］段）。方法独权实施例需要有对应的流程图，再根据从权所限定的技术方案的复杂性及各从权之间的结合关系设计对应不同实施例的流程图，必要时，设计一个最优选最具体的实施例，或者是能够至少设计与发明产品最贴近的一个具体的实施例；若涉及多端交互，则需要有多端交互的完整实施例。

再次，具体实施方式应在形式上和实质上均支持权利要求：①具体实施方式应起码在形式上要支持权利要求，即权利要求中出现的内容在具体实施方式中能够找到相同的内容；②在描述每一个与方法权利要求中对应的步骤之后应另起一段详细描述该步骤的具体实施方式，在描述步骤的具体内容时，应对步骤中出现的所有特征进行说明，特别是在具体实施方式部分第一次出现的特征，对于步骤中提及的术语（包括名词、动词等）都要有相应的定义和解释，并进行举例说明；③权利要求中涉及的功能性描述或功能性特征，至少需要提供两种以上的具体实现方式来支持。具体到该申请中，可以清晰地看到上述的逻辑，如借助该申请的附图2、附图3及相应说明详细描述步骤S110（对主生理信号进行分析获得主生理信号的信号质量指数）。

复次，具体实施方式应采用通俗易懂的文字表达，每一段应以句号结束。对于每一段，应注意进行分句，避免都是逗号到底而导致阅读体验不佳。应注意每段文字内容过长导致阅读困难，应多分段，且注意段与段之间的逻辑关系。

最后，软件发明专利说明书的具体实施方式一般还有附图，这些附图可以是流程图、系统图、界面图等图示，这些图示需要足够清晰，以帮助理解发明的工作原理和实施方式。

六、结语

在撰写软件发明专利的过程中，专利代理师需要与申请人紧密合作，充分理解发明的技术细节，并且根据《专利法》的要求和审查实践来优化专利申请文件的撰写。通过精心的撰写和策略性的规划，争取最大化地保护软件发明的知识产权，为申请人提供强有力的专利保护。

审查意见答复

案例九

如何答复发明专利申请的创造性审查意见

——计算机领域发明专利申请答复案例

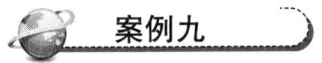

案例整理及评析人：张丹妮

【专利基本信息】

发明名称：关系图生成方法、装置、计算机设备和存储介质

申请号：201911224310.0

申请日：2019年12月4日

授权公告日：2023年12月12日

一、案例基本信息

（一）该案基本信息

该案涉及名称为"关系图生成方法、装置、计算机设备和存储介质"的发明专利申请（以下简称"该申请"）。

原始独立权利要求的主要内容：获取待分析项目的字节码文件集合，字节码文件集合包括至少一个字节码文件；对字节码文件集合进行过滤得到目标字节码文件集合；对目标字节码文件集合中的字节码文件进行分析得到目标对象，对目标对象的继承关系进行分析得到继承关系集合；根据继承关系集合获取目标对象的实现类；对实现类对应的字节码文件进行解析得到目标实现方法集合；对目标实现方法集合进行分析得到目标实现方法集合中目标实现方法的调用关系；根据目标实现方法和调用关系生成方法调用关系图，对方法调用关系图进行展示。

（二）对比文件 1 的基本信息

对比文件 1 是名称为"一种查看 java 字节码时显示方法调用关系图的方法"的专利文献。

主要内容：步骤一，对 jar 文件进行解压，对其中的 class 文件进行反汇编，生成对应的代码文本文件；步骤二，对代码文本文件进行文本分析，解析出所有类中的所有方法，并将每个方法设定为一个拓扑结构中的节点；步骤三，对每个方法中的方法调用代码进行分析，找到调用的方法，并在拓扑图中建立关联；步骤四，根据拓扑图，将每个节点在图像中用统一的图形绘制，并联接节点；步骤五，在图像中为每个节点图形加入鼠标点击触发事件处理函数，当用户点击图形时，处理函数自动打开方法所在的文件并跳到方法定义对应的行号。

二、案例答复过程

（一）审查员在第一次审查意见中的观点

审查员在第一次审查意见中认为该申请的权利要求 1~10 不具备《专利法》第二十二条第三款规定的创造性。

针对该申请的权利要求 1 的主要观点：

（1）对比文件 1 的步骤一中，对 jar 文件进行解压，对其中的 class 文件进行反汇编，生成对应的代码文本文件（对应于该申请中获取待分析项目的字节码文件集合，本领域技术人员可以毫无疑义地确定字节码文件集合包括至少一个字节码文件）；

（2）对比文件 1 的步骤二中，对代码文本文件进行文本分析，解析出所有类中的所有方法，并将每个方法设定为一个拓扑结构中的节点（本领域技术人员可以毫无疑义地确定在解析所有类中的所有方法及调用关系时必然存在继承关系，因此对应于该申请中对所述目标字节码文件集合中的字节码文件进行分析得到目标对象，对所述目标对象的继承关系进行分析得到继承关系集合；根据所述继承关系集合获取所述目标对象的实现类；对所述实现类对应的字节码文件进行解析得到目标实现方法集合）；

（3）对比文件 1 的步骤三中，对每个方法中的方法调用代码进行分析，找到调用的方法，并在拓扑图中建立关联（对应于该申请中对所述目标实现方法集合进行分析得到所述目标实现方法集合中目标实现方法的调用关系）；

（4）对比文件 1 的步骤四中，图形绘制是通过操作系统的绘图接口（windows 的 GDI，DX，linux 的 KDE，GNOME，Android 的画布 Canvas）或者浏览器接口在计算机显示器上将步骤 3b 中的拓扑图渲染出来（对应于该申请中根据所述目标实现方法和所述调用关系生成方法调用关系图，对所述方法调用关系图进行展示）。

针对该申请的权利要求2~10的观点：权利要求2~3的附加技术特征、权利要求6中的部分附加技术特征已在对比文件1中公开。根据用户输入信息对数据进行筛选、根据筛选结果删除不需要的数据是本领域中惯用技术手段。对比文件1中已公开可对节点进行操作，而忽略、隐藏均为常用操作。因此，在其引用的权利要求不具备创造性时，权利要求2~6也不具备创造性。相应地，权利要求7~10也不具备创造性。

（二）专利代理师针对第一次审查意见的答复思路

技术方案比对：在该申请说明书的基础上，专利代理师经过分析后，认为该申请和对比文件1的重要区别在于，该申请针对同一软件项目可以基于用户的需求生成个性化的方法调用图，而对比文件1针对同一jar文件只能生成统一的拓扑图，从而导致对比文件1和该申请在解决的技术问题、采用的技术手段、达到的技术效果上均不同。并且，除此之外，该申请生成方法调用图和对比文件1生成拓扑图在技术细节上也有所不同。专利代理师基于上述分析确定独立权利要求的修改思路和审查意见的答复点。

修改后的权利要求1如下：

一种关系图生成方法，所述方法包括：

获取待分析项目的字节码文件集合，所述字节码文件集合包括至少一个字节码文件；

基于用户录入的字节码文件名，对所述字节码文件集合进行过滤得到目标字节码文件集合；

对所述目标字节码文件集合中的字节码文件进行分析得到目标对象，对所述目标对象的继承关系进行分析得到继承关系集合；所述目标对象包括接口、抽象类和实现类；

根据预设代码关键字从所述继承关系集合中过滤接口和抽象类，得到实现类；

对所述实现类对应的字节码文件进行反编译得到实现方法集合，基于用户录入的实现方法名，对所述实现方法集合进行过滤得到目标实现方法集合；

对所述目标实现方法集合进行分析得到所述目标实现方法集合中目标实现方法的调用关系；

根据所述目标实现方法和所述调用关系生成方法调用关系图，对所述方法调用关系图进行展示。

审查意见的答复要点如下。

(1) 强调该申请的个性化和对比文件1的通用性，以突出该申请的创造性。

针对同一字节码文件集合，对比文件1针对不同的用户都是直接获取其中所有的

class 文件来进行后续操作，对于不同的用户获取到的 class 文件都是一样的，而该申请中不同的用户可以录入不同的字节码文件名，该申请对于不同的用户得到的目标字节码文件集合是不同的。该申请能够将用户当前不关心的字节码文件过滤掉，有助于后续生成个性化的方法调用关系图。

针对同一方法集合，对比文件1针对不同的用户都是直接获取其中所有方法来生成拓扑图，对于不同的用户最终生成的拓扑图都是一样的，而该申请中不同的用户可以录入不同的实现方法名，该申请对于不同的用户得到的实现方法调用图是不同的。该申请能够将用户当前不关心的实现方法过滤掉，有助于进一步生成个性化的方法调用关系图。

（2）指出该申请和对比文件在其他技术细节上的区别，以进一步增强该申请的创造性。

对比文件1的方案中也没有涉及接口、抽象类、继承关系的相关信息。对比文件1是在对字节码文件进行反汇编之后，再进行一些额外的数据处理得到所有类中的所有方法。而该申请是在对字节码文件进行反编译之前，先找出实现类对应的字节码文件，对实现类对应的字节码文件进行反编译即可得到实现方法集合。该申请先从目标字节码文件集合中确定实现类对应的字节码文件再进行反编译得到实现方法集合，能够减少反编译的工作量，提高实现方法集合的获取效率。

（3）从该申请整体技术方案来有逻辑地推导整体技术效果，以进一步增强该申请的创造性。

在方法调用关系图的整个生成过程中，通过两次基于用户需求的过滤不仅能够降低后续的数据处理压力，加快方法调用关系图的生成速度，而且能够保障最终生成的方法调用关系图是与用户一一对应的，是个性化的，在方法调用关系图的整个生成过程中，先筛选出实现类，再对实现类对应的字节码文件进行反编译就可以快速得到待过滤的实现方法集合，有助于加快方法调用关系图的生成速度。

（三）该申请的审查结果

该申请经过第一次审查意见答复即获得授权。

三、案例延伸思考

（1）在答复审查意见时，尽量找出该申请和对比文件在技术手段上的相反之处，并通过强调该申请因与对比文件相反的技术手段而达到的技术效果。

展示该申请和对比文件在技术手段上的相反之处，多采用语义上相反的词语来描述该申请采用的技术手段和对比文件采用的技术手段，以突出该申请和对比文件的区别，帮助审查员理解。例如，采用动态和静态、自动和人工、之前和之后、个性化和通用化、全局和局部等反义词组来描述该申请和对比文件的区别。

展示该申请因与对比文件相反的技术手段而达到的技术效果，以突出该申请因采用自己的技术手段可以达到但是对比文件无法达到的技术效果，进而自然而然提高该申请的创造性。

（2）在推导该申请的最终有益效果时，强调各个技术特征各自对最终技术效果的贡献。

将该申请的独立权利要求拆解，依次阐述拆解得到的各组技术特征通过什么手段达到什么效果及对最终技术效果有什么帮助，通过技术效果的层层递进来最大化最终有益效果，以实现1+1>2的效果。

案例十

如何利用整体性原则答复创造性审查意见

——家电领域发明专利申请答复案例

案例整理及评析人：袁榕　付静媛

【专利基本信息】

发明名称：尘杯及带有该尘杯的手持吸尘器
申请号：202010227889.2
申请日：2020年03月27日
授权公告日：2022年9月20日

创造性是专利申请能否获得专利权的最重要的实质条件之一，也是审查程序中不易把握、争议最大的问题，其复杂性体现在《专利法》所定义的创造性判断标准具有很强的抽象性，将如此抽象的概念具体化到每个案子的审理中，使其体现出客观、公正，判断规则的确立实则不易，其不仅涉及法律概念的理解，也涉及具体操作层面的可行性问题。

《专利审查指南》在"创造性"判断原则部分指出，在评价发明是否具备创造性时，不仅要考虑发明的技术方案本身，而且还要考虑发明所属技术领域、所解决的技术问题和所产生的技术效果，将发明作为一个整体看待。此外，在"三步法"的第三步"判断要求保护的发明对本领域的技术人员来说是否显而易见"中也指出"在判断过程中，要确定的是现有技术整体上是否存在某种技术启示"。

下面笔者将结合具体案例，探究关于利用整体性原则进行创造性答复的思路。

该案例的发明专利申请请求保护一种家用电器，具体涉及手持吸尘器及其中的尘杯，其附图如图1-4所示。其独立权利要求1请求保护的技术方案如下：

1. 一种尘杯，其特征在于，包括：

杯体，所述杯体具有杯体本体和可开启地扣合在所述杯体本体上的底盖，所述杯体本体内设有过滤组件，所述过滤组件固定在所述杯体本体内；

锁扣，设在所述杯体本体上，所述锁扣用以锁定在吸尘器上，所述锁扣具有与所述吸尘器锁定的第一状态和释放所述吸尘器的第二状态；

开盖开关，设在所述杯体本体上，或设在所述底盖上，所述锁扣处于所述第一状态时，即所述锁扣将所述杯体锁定在所述吸尘器上时，触发所述开盖开关，所述杯体本体与所述底盖解除扣合，用户能够进行倒灰操作；

释放开关，设在所述底盖上，所述底盖扣合在所述杯体本体上时，所述释放开关具有锁定位和释放位，在所述锁定位，所述锁扣处于所述第一状态，在所述释放位，所述释放开关使所述锁扣由第一状态切换至第二状态。

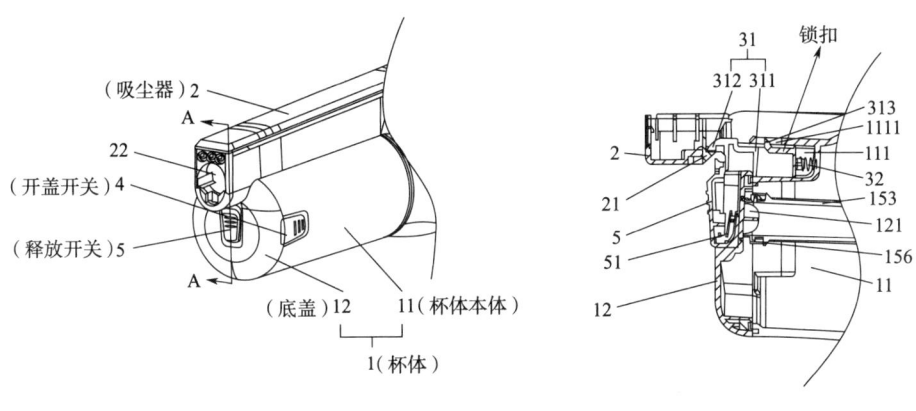

图 1-4　该申请的附图

在实质审查过程中，审查意见提供了两篇对比文件，该两篇对比文件都属于吸尘器技术领域。

其中，对比文件 1 作为最接近的现有技术，公开了权利要求 1 的大部分特征：尘杯包括尘杯杯体和可开启地扣合在杯体本体上的尘杯盖，杯体本体内设有过滤组件，所述过滤组件固定在所述杯体本体内；尘杯盖安装槽中设置有按钮和弹性件，按钮的一端设置按钮卡钩（即锁扣），按钮卡扣能够使尘杯与手柄进风段可拆卸连接（即锁扣用以锁定在吸尘器上）。按钮卡扣具有锁定的第一状态和释放的第二状态。在尘杯盖的另一侧设置有尘杯盖扣合盖，尘杯盖扣合盖（即开盖开关）开设有扣合盖卡槽，对应的，在尘杯杯体的前端设置有尘杯盖卡凸，尘杯盖卡凸与扣合盖卡槽配合，从而实现尘杯盖与尘杯杯体的开合式连接，方便倒灰操作。按钮设置在尘杯盖的尘杯盖安装槽中，尘杯盖扣合在杯体本体上时，按钮具有锁定位和释放位，在锁定位，按钮卡扣处于所述第一状态，在释放位，按钮使按钮卡扣由第一状态切换至第二状态。对比文件 1 的附图如图 1-5 所示。

套用三步法的时候，审查意见中给出如下的结论，即对比文件 1 已经公开了独立权利要求 1 的大部分技术特征，该申请独立权利要求 1 相较于对比文件 1 至少具有如下区别技术特征：锁扣设在杯体本体上。

对比文件 1 已经公开了锁扣设置在尘杯盖上，且其在对比文件 1 中的作用与该申请中的作用相同，那么在此基础上，对锁扣的位置进行调整，将其从尘杯盖上调整至杯体本体上属于该领域技术人员常规选择。因此权利要求1技术方案相对于现有技术是显而易见的，不具备创造性。

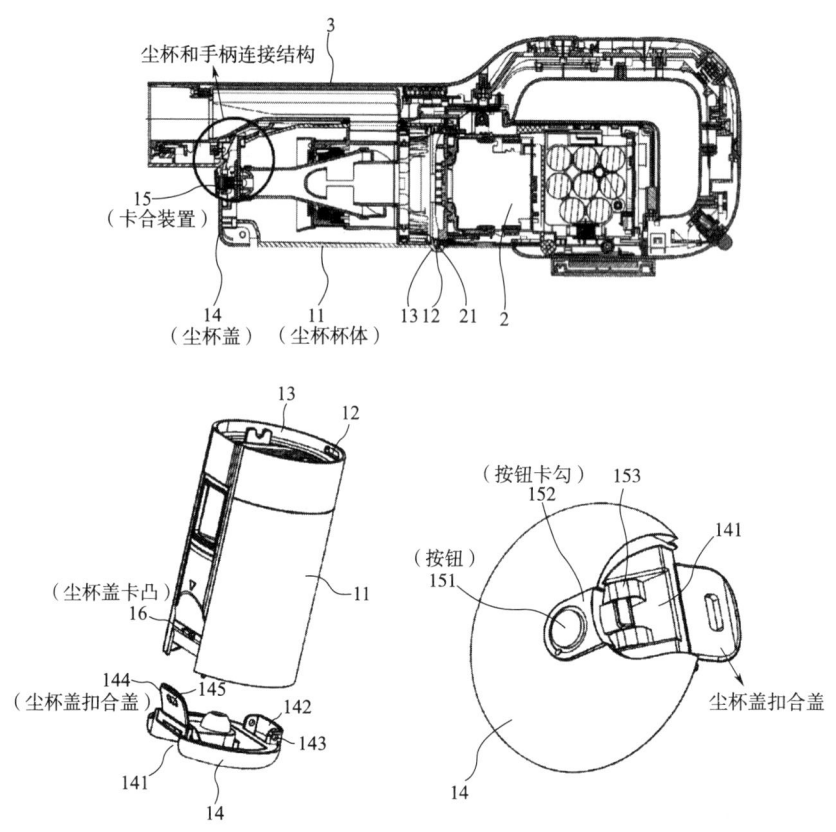

图1-5　对比文件1的附图

对此，笔者认为，审查意见并未严格遵循"整体性"原则，并针对"整体性"原则从不同角度进行了探究。

一、技术方案的各组成特征之间整体考虑

技术特征是指具有独立功能且能对整体技术方案产生独立技术影响的技术单元或技术单元集合。技术方案是一个或多个技术特征的有机集合。

一项技术的技术方案应当作为整体进行把握，其中的每个技术特征都是技术方案的有机组成部分，是彼此联系的，不应将技术特征割裂开进行单独分析，尤其是不应当将所谓的区别技术特征与技术方案的其他部分割裂开进行分析。

现代社会技术发展迅速，将一个技术方案中的所有技术特征进行逐个分解后，每个技术特征基本都能在现有技术中找到；同时由于计算机检索技术的应用，针对专利申请中的每一技术特征，也大概率都可以检索到其被某一对比文件中公开。因此，如

果不考虑这些特征之间的关系，如它们彼此之间是否存在协同技术效果，进而考虑特征分解是否恰当，就会得出几乎所有的发明创造都没有创造性这个谬论。

在审查意见中，是将锁扣位置和该申请独立权利要求1中其他的特征进行分割，并分别进行评述，进而得出锁扣从尘杯盖上调整至杯体本体上属于本领域技术人员常规选择的结论。

然而，笔者在分析该申请及现有技术之后发现，虽然锁扣位置这一技术特征单独拎出时较为常规，但在该申请的独立权利要求1的方案中，锁扣的位置并非孤立存在，将锁扣设置于杯体本体上，同时将释放开关设置于底盖上，开盖开关设置于杯体或底盖上，才能保证当锁扣处于与吸尘器锁定的第一状态时，不会束缚底盖的位置，进而影响底盖的打开，最终才能实现在杯体安装于吸尘器的条件下开启底盖释放灰尘。

也即锁扣的位置，结合释放开关和开盖开关的位置，以及各部件间的连接结构，才能够实现在杯体安装于吸尘器的条件下开启底盖释放灰尘，这也正是该申请区别于现有技术的一点。在审查意见中，忽略锁扣位置这一技术特征和其他技术特征间的联系，单独对锁扣位置进行评述，未能从整体上把握本申请的创造性，低估了该申请的创造性。

二、技术问题、技术方案、技术效果和技术领域整体考虑

一项技术应当作为整体进行把握，不应当只考虑其技术方案，还应当结合其技术领域、要解决的技术问题和取得的技术效果进行整体考虑。实践中，如审查意见所示，对技术方案的关注比较集中，而对技术问题、技术效果（对应于技术问题）等其他因素往往忽略其重要性。

《专利审查指南》中指出"要从最接近的现有技术和发明实际解决的技术问题出发"，因为在实际科研和技术工作中，当发明人还处在对比文件1所反映出的技术水平时，发明人只知道要解决的技术问题或技术任务，尚不知道有什么样的技术手段可以解决技术问题。因此发明人必然以这样一个技术问题为出发点，在大量的已有技术中寻找可以解决其技术问题的技术手段，发明人会特别关注那些旨在解决同样技术问题的已有技术方案，如果寻找到了，发明人就会从中得到技术启示，将该现有技术结合对比文件1，而获得权利要求的技术方案。

其中，对于某技术问题具体寻求解决之道时，通常的思索顺序是从自己最熟悉的事物向生疏的事物之间延展。如果本领域技术人员根据对比文件所公开的解决相同的问题，起到相同作用，但结构稍有差异的技术手段，能够依据本领域的公知常识或常规技术手段进行调整以获得该申请的技术方案，同样可以认为对比文件中结构略有不同的技术手段给出了相应的技术启示。差别较大的技术领域，由于领域的隔阂，所属

技术领域的技术人员难以在该领域中进行深入探索，即便存在问题相同，起到的作用相同，且结构相同的技术手段，本领域技术人员恐怕也无从知道，或者即使听说过，在遇到实际问题时也难以想起。

该申请的背景技术明确记载了，现有技术存在的问题是，打开尘杯盖时，需要先将尘杯组件整体从整体上拆卸下来，才可以将底盖打开，操作较为烦琐。正是基于该技术问题，该申请的独立权利要求1提供了一种既可以在尘杯未拆下时进行倒灰，又可以将尘杯拆下后进行倒灰的方案。

具体地，该申请的独立权利要求1中，通过锁扣的位置，结合释放开关和开盖开关的位置，以及各部件间的连接结构（技术方案），解决现有技术中必须先将尘杯拆下才能打开底盖倒灰，整体操作烦琐的问题（技术问题），实现了可以在尘杯未拆下时进行倒灰，又可以将尘杯拆下后进行倒灰（技术效果）。笔者认为，在该申请中，上述的技术问题、技术方案和技术效果三者息息相关，属于一个整体。但审查意见中，忽略了本申请的技术问题和技术效果，仅对技术方案进行重点评述，甚至违背整体性原则，对技术方案中部分特征（释放开关和开盖开关的位置，以及各部件间的连接结构）单独评述，并对另一单一特征（锁扣位置）进行单独评述，在该过程中，也并未考虑上述这些技术特征所组成的技术方案与本申请技术问题（如何实现既可以在尘杯未拆下时进行倒灰，又可以将尘杯拆下后进行倒灰）之间的联系，导致技术方案与技术问题的割裂，显然是失之偏颇的。

三、专利申请和现有技术均应当分别整体考虑

在审查过程中，不仅对所申请的发明申请做整体上的把握，同时，对于现有技术也应当整体把握，表现为对每一份对比文件中披露的技术方案、技术领域、技术问题及技术效果的整体考虑、对技术方案中各技术特征的整体考虑，同时还表现在将检索到的几份对比文件之间的整体考虑，重点考虑这几份对比文件之间是否有技术上的障碍、是否有相互远离的教导，以及是否存在原理上的冲突和不必要的重复等方面。例如，对比文件1中可能根本就不需要也不可能使用区别技术特征，即：整体考虑不仅应贯穿于该申请或单个对比文件，还应贯穿于对比文件全体，各对比文件应形成完整的证据链，不得相互矛盾。

同时，不仅从整体上确定现有技术的水平和发展趋势，还应当从整体上考虑现有技术之间是否给出启示，而不是简单判断技术特征所起的作用是否相同，否则将得到不恰当的结论。

在对比文件1中，直接在尘杯盖上设置了卡合装置，卡合装置中的按钮与该申请中释放开关类似，按钮上的按钮卡钩与该申请中的锁扣类似。很显然，在对比文件1中，按钮卡钩属于按钮的一部分，二者是同一零件；也即在对比文件1中，实现锁定

和操作解锁的结构是一体化设计的,属于一个整体。基于此,本领域技术人员没有动机将上述完整的结构拆分,并将其中一部分结构的位置(也即按钮卡钩的位置)进行调整。若按照审查意见中提到的,锁扣的设置位置属于本领域技术人员的常规选择,那么按照常理,即使调整其设置位置,也是整体调整按钮的位置,而非将一个完整的零件拆分为两部分后,对其中一部分进行调整,更何况,将该完整的零件拆分后,其原有的功能可能都无法正常实现。可见,从对比文件1自身出发,审查意见中将对比文件1完整的技术方案割裂,也是违背整体性原则的。

  由上述案例探究创造性判断的"整体性"原则,即三步法的正确使用的前提是准确理解发明构思,从整体上理解专利申请,通过考虑整体把握因素,对专利申请的创造性判断避免了"只见树木,不见森林"的机械僵化的操作方式,可以从宏观的角度上审视某项具体发明在整个技术发展的历史中的作用和地位,从而作出符合该具体发明申请日之前现有技术客观情况的恰当结论。

案例十一

如何处理审查意见更换对比文件的情况

——电力监控领域发明专利申请答复案例

案例整理及评析人：夏宁欣

【专利基本信息】

发明名称：电缆振动监测装置和系统
申请号：202011567278.9
申请日：2020年12月25日
授权公告日：2023年12月8日

该申请经过三次答复，每通审查意见指出的缺陷均是全部权利要求不具备《专利法》第二十二条第三款规定的创造性。一般而言，就创造性问题从一通发到三通，会给专利代理师释放出该申请大概率会因创造性缺陷而被驳回的信号。这种情况在心理上，会考验专利代理师的态度和耐心；而且在专业上，一方面会考验专利代理师对于N通审查意见中的不变因素，也即该申请的发明构思是否有深刻的理解，另一方面考验专利代理师对于N通审查意见中的变化因素，即每通审查意见使用的对比文件和审查逻辑是否存在对获权有利的解读。另外，该申请还涉及外文对比文件，也增加了一定的答复难度。下面基于该申请的每通审查意见，笔者将阐述在答复过程中的一些答复思考，以供读者参考。

一、案例详情

（一）该申请的原始发明构思

该申请主要是通过电缆振动监测装置附着在振动电缆的表面，对振动电缆的振幅进行监测，以解决背景技术中提到的无法监测电缆振幅的问题。其中，电缆振动监测装置内部放置有两个相对设置的极板，其中一个极板通过弹性组件与振动电缆连接。当振动电缆发生振动时，弹性组件会随之压缩或者拉伸，其中一个极板也会随之移动，导致两个极板之间的间距发生变化。间距发生变化，会导致两个极板所形成的电容值发生变化,而变化的电容值可以用于测得振动电缆的振幅。上述结构如图 1-6 所示。

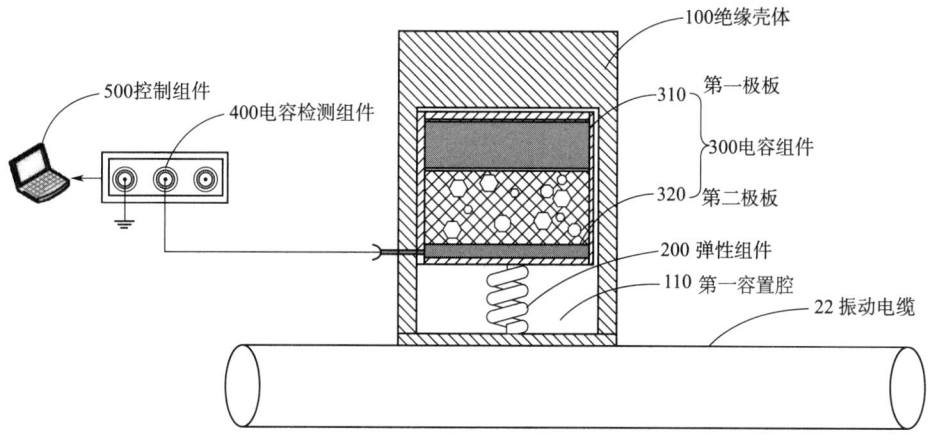

图 1-6 该申请的结构示意图

(二)审查过程

该申请经过三通审查意见,审查过程见表 1-3。

表 1-3 该申请的审查过程

时间	审通	评述方式	审查结论
2022 年 5 月 7 日	一通	对比文件 1+常规技术手段	全无创造性
2022 年 12 月 14 日	二通	对比文件 2+常规技术手段	全无创造性
2023 年 3 月 24 日	三通	对比文件 3+常规技术手段	全无创造性

二、一通审查及答复思考

(一)对比文件 1 的发明构思

一通中对比文件 1 方案的主要结构示意图如图 1-7 所示,也是一种电缆振动监测装置。

对比文件 1 中背景技术提到的技术问题是:因电缆振动的形式可能多样化,而目前只能监测电缆的纵向振动或者横向振动,比较单一。对比文件 1 的发明构思是:既然电缆可能在横向与纵向都会有振动,那沿电缆的纵向,在电缆的表面上设置一个测量电极,同时在纵向上再固定一个与该测量电极相对设置的纵向加压电极。

这样,如果电缆发生纵向移动,测量电极也会跟着纵向移动,该测量电极与位置固定的纵向加压电极之间的距离就会发生变化,两者形成的电容量也会发生变化,变化的电容量可用于监测电缆的纵向振动。电缆横向振动的监测方式也是同理。其中，可以在电缆外围包裹支架，从而通过支架分别在纵向和横向上固定纵向加压电极和横向加压电极。

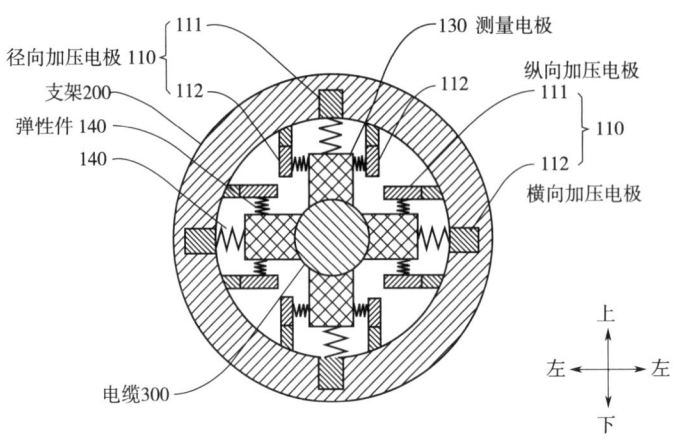

图 1-7 对比文件 1 的结构示意图

（二）审查逻辑

将该申请的原始发明构思与对比文件 1 的发明构思进行对比，相信读者还是能感受到一些相似之处的，该相似之处也是一通审查逻辑背后的出发点，可以用一句话概括，即"都是将电缆振动传递至电容的一个极板，造成电容两个极板之间的间距发生变化，通过随间距变化的电容值监测电缆振幅"。

在这样"先入为主"的相似之处的影响下，如果弱化甚至忽略该申请与对比文件 1 在装置构造相关技术特征上的差异，可能容易导致该申请没有创造性的结论。实际上一通审查意见也是这么评述的，该申请中的绝缘壳体被认为相当于对比文件 1 中的支架 200（被认为都是起到包裹支撑的作用），该申请中的弹性组件被认为相当于对比文件 1 中的弹性件（被认为都是起到缓冲作用），而该申请中与电容相关的极板自然被认为相当于对比文件 1 中的加压极板。至于该申请与对比文件 1 之间剩下的区别技术特征，则被认为是常规技术手段。

（三）答复时相关的思考

针对发明技术领域或者用途，对比文件 1 与该申请的发明技术领域或者用途均相同，都是监测电缆振动。针对解决的技术问题，对比文件 1 中背景技术提到的是如何实现多维度振动测量，该申请中背景技术提到的是如何监测电缆的振幅；也即，对比文件 1 中的技术问题在该申请中技术问题的基础上更加具体，对比文件 1 中方案能实现多维度振动测量，自然而然能监测电缆振幅。针对技术效果，该申请说明书大部分记载的内容都是发明构思的原理性部分所作的说明，而发明构思的原理性部分恰是该申请与对比文件1之间比较相似的地方。由此，对比分析需先着眼于技术特征上。进一步地，因发明构思的原理性部分比较相似，更要着眼于装置构造相关的技术特征上，构建答复思路时要考虑"扬长避短"。

在对比该申请与对比文件1在技术特征上的差异时，可以先从整体再到局部。以最能直接感受的区别，也即电缆振动检测装置与电缆之间的连接关系为例。对于整体，可以看出对比文件1中的装置包裹住了整个电缆，而该申请中的装置只是与电缆的部分表面接触。对于局部，该申请的绝缘壳体开设有开口，弹性组件的一端穿过该开口连接振动电缆，弹性组件的另一端连接第二极板。而在对比文件1中，支架没有开口，且电缆本身需要直接连接测量电极。上述整体与局部也是一体的，正是因为该申请中绝缘壳体开设有开口，弹性组件才可以从开口伸出，以与电缆的部分表面接触。

虽然该申请中对于只与电缆部分表面接触的相关方案记载很少，实际答复中笔者还是将此作为了一个重要切入点，利用该区别重新构建该申请的发明构思。按照《以案说法——专利复审、无效典型案例指引》❶一书中对发明构思的解释，"发明构思一般是指在发明创造的完成过程中，发明人为解决所面临的技术问题在谋求解决方案的过程中所提出的技术改进思路"。因此，重新构建发明构思，可以先构建面临对比文件1会存在怎样的技术问题。

相较于将整个电缆包裹住，只接触电缆部分表面，在监测上会更加灵活便利。例如，目前电缆可以分为架空电缆与地下电缆，对于地下电缆而言，让地下电缆露出部分表面以与监测装置连接，显然要比让地下电缆被监测装置环绕包裹，要容易得多。再如，如果多根电缆缠绕或者集束在一起，这种情况想包裹住单根电缆显然也很难，而让电缆露出部分表面与监测装置连接，显然更容易。由此，可将该申请相对于对比文件1所要解决的技术问题定义为"如何解决电缆振动监测装置使用时需包裹整个电缆而带来的不够灵活便利的问题"，而面临该相应的技术改进思路可以是"通过弹性组件的一端连接电容的一个极板，整个电缆振动监测装置通过弹性组件的另一端连接电缆，通过弹性组件传递电缆的振动"。由此，整个电缆振动检测装置只需通过弹性组件的另一端接触电缆。

基于重新确定的该申请发明构思，可以重新比对该申请与对比文件1的技术特征和技术效果，将技术领域、技术问题、技术特征、技术效果四者有机结合在一起，避免落入审查中使用三步法对技术方案进行简单分割、拆分理解的审查逻辑中。该申请与对比文件1还有其他的些许区别，整体答复还是以发明构思为切入点，对一通审查意见进行逐一正面答复。

---

❶ 国家知识产权局专利复审委员会.以案说法——专利复审、无效典型案例指引[M].北京：知识产权出版社,2018:183.

三、二通审查及答复思考

（一）对比文件 2 的发明构思

二通中对比文件 2 方案的主要结构示意图如图 1-8 所示，是一种振动传感器。

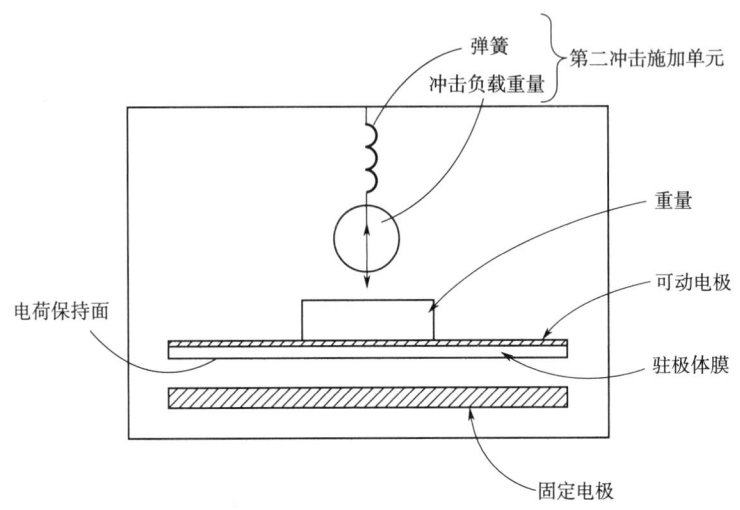

图 1-8　对比文件 2 的结构示意图

对比文件 2 中的背景技术提到目前可以在一个可移动电极上设置重物，另一个电极固定不动，当发生振动时，会带着重物移动，从而重物会带动相应电极移动；这使得两个电极间的间距改变，导致两个电极对外呈现的电压相应改变。通过监测电压改变，即可监测振动。对比文件 2 中背景技术提到的技术问题是：由于有时需要监测低频微小振动，而低频微小振动还不足以让重物移动，从而难以检测低频振动。而对比文件 2 的发明构思是：通过弹簧连接冲击负载重物，这样振动能被感知到。随着振动的持续，弹簧连接冲击负载可以积蓄振动能量，使得冲击负载重物的运动幅度越来越大，直至冲击负载重物可以冲击与可动电极连接的重物，从而电容量会发生变化，变化的电容量可用于监测振动。

（二）审查逻辑

二通审查意见中认为对比文件 2 中公开了冲击施加单元与待测的振动源连接，从而能够想到该申请中将冲击施加单元与线缆连接，并且进一步能够想到通过在冲击施加单元设置开口，冲击施加单元从开口伸出与线缆的部分表面连接。其他的区别技术特征，则被认为是常规技术手段。

可以看出，一通答复对审查过程还是产生了影响，二通在尝试寻找这样的一篇对比文件，即"用于传递振动的弹性组件可以伸出开口与线缆的部分表面连接，且整体方案也是通过传递振动，改变极板之间的间距，通过变化的电容值监测振动"。

（三）答复时相关的思考

对比文件 2 是一篇日文对比文件，外文对比文件可以有很多帮助理解的作业方式，如寻找同族专利或者使用受理局官网自带的翻译功能等。对于外文对比文件，审查中大概率会出现对技术特征理解偏差的情况，对比文件 2 也是如此。前面提到的对比文件 2 发明构思，其相关内容在对比文件 2 中实际上只有很少的记载，笔者更多地是对对比文件 2 作了有利于自身答复的解读。

对比文件 2 虽然也是在检测振动，因需要感知低频振动，更多可能应用于对容易出现低频振动的大型目标，如大型建筑或者大型设备等，从而对比文件 2 应用的技术领域与该申请不同。对比文件 2 所要解决的技术问题是"如何检测低频振动"，而该申请所要解决的技术问题是"如何更灵活便利地监测电缆振动"，也不相同。

至于技术特征上的区别，比较明显的是，对比文件 2 中的冲击施加单元的作用是感知振动，并通过冲击的方式传递振动，该申请是通过弹性组件与电缆直连的方式传递振动。对比文件 2 与该申请之间技术特征的不同，也是来源于发明构思的不同。对比文件 2 为了能够感知低频振动，所以才用能够积蓄振动能量的弹簧悬挂冲击负载重物。这样，虽然振动频率低，但每次有振动都会被感知到，弹簧还能够积蓄振动能量，使得冲击负载重物的运动幅度越来越大，直至持续冲击重物可以对可动电极进行间接冲击。

而该申请通过弹性组件直接从开口伸出，接触振动电缆传递振动即可。围绕对比文件 2 的发明构思，在对比文件 2 的基础上，不太可能且也没有必要通过对冲击施加单元设置开口，以让冲击施加单元从开口伸出与线缆的部分表面连接。如果是弹簧一端连接的冲击负载重物伸出开口，不可能让冲击负载重物去冲击线缆。如果是弹簧另一端伸出开口，本来这一端就起到悬挂冲击负载重物，以让位于壳体内的冲击负载重物感知整个装置低频振动，伸出去与线缆连接就没法悬挂，去感知整个装置的低频振动，这些都与对比文件 2 的发明构思相违背。至于技术效果，在前面各项均不同的前提下，对比文件 2 与该申请带来的技术效果自然也不同。上述发明构思上的差异，也是二通答复时的主要切入点。

四、三通审查及答复思考

（一）对比文件 3 的发明构思

对比文件 3 的申请日是在 1994 年，扩大申请日范围以寻找对比文件，也一定程度显示了审查中驳回该申请的决心。当然，再次更换对比文件，也从侧面印证了该申请在创造性上可能具有较大的争辩空间。三通中对比文件3方案的主要结构示意图如图1-9所示，是一种振幅传感器装置。

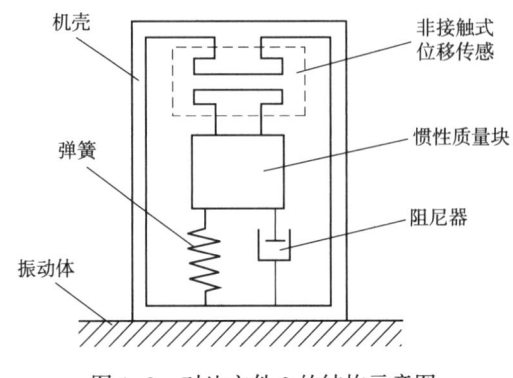

图1-9 对比文件3的结构示意图

对比文件3中背景技术提到的技术问题是：如何扩大振幅传感器对于振动信号的振动频率检测范围。对比文件3的发明构思是：在机壳内部集成随着机壳振动的一个电极板，而该电极板相对设置的另一个电极板，与惯性质量块连接。当振幅传感器放置在被测振动体上时，机壳会随之振动，其中一个电极板会随着机壳振动而振动；而与惯性质量块连接的另一个电极板，则会因为惯性质量块的惯性而趋近于不动，这样两个电极板间的间距就会因随机壳振动的电极板的运动而发生变化。由此，可以检测出电容变化量，并用于检测振幅。

（二）审查逻辑

三通审查意见中认为对比文件3中公开了其中一个电极板与弹簧连接，同时也是一个壳体把弹簧和两个电极板包裹起来。因为对比文件3中壳体是与振动体直接接触，审查意见中认为在对比文件3的壳体中设置开口，让弹簧伸出来再与振动体连接，是容易想到的。

可以看出，一通答复对审查过程还是继续有影响，二通使用的对比文件2因为弹簧的一端连接着冲击负载重物，另一端连接着壳体悬挂冲击负载重物以感知低频振动，不太可能在壳体上设置个开口，让弹簧伸出来与振动体连接。所以三通在尝试寻找这样的一篇对比文件，即"壳体包裹着弹簧和两个电极板，其中弹簧的连接关系可以相对于对比文件2中的弹簧更自由些，可以伸出壳体与振动体连接，从而变形成为该申请的方案"。对比文件3中也是通过传递振动改变电极板之间的间距，从而通过变化的电容量检测振幅，这与该申请、对比文件1、对比文件2都是类似的。

（三）答复时相关的思考

虽然审查中审查员一直希望找到这样的对比文件，但用对比文件3评述该申请的创造性依然存在困难。对比文件3与对比文件2一样，也是用于大型目标的振幅监测，如地震监测、车辆、船舶和飞行器的振动监测，从而对比文件3应用的技术领域与该申请不同。在前提到，对比文件3是为了解决"如何扩大振幅传感器对于振动信号的振动频率检测范围"的技术问题，该技术问题主要是通过惯性质量块解决的，通过对惯性质量块赋予不同的重量，而不同的重量会使得振幅传感器整体具有不同的自振频率，从而可测量很宽频率范围的振动信号。而该申请所要解决的技术问题是"如何更灵活便利地监测电缆振动"，两者需解决的技术问题不相同。

至于技术特征上的区别，对比文件3中的弹簧是连接惯性质量块，并对惯性质量块起到支撑作用。而该申请中弹簧组件是连接极板和电缆，起到传递振动的作用，对比文件3中因其中一个电极板集成在机壳上，机壳本身是起到传递振动的作用。最重要的是，该申请的方案中没有惯性质量块。正是因为该申请与对比文件3的发明构思不同，该申请不需要解决"如何扩大振动频率检测范围"的问题，自然不会在方案中设计惯性质量块。

至于审查意见中提到可以在对比文件3的机壳上设置个开口，让弹簧伸出开口与下面的振动体连接，以得到该申请的方案。这可能是一种不太能成立的评述，本来对比文件3中弹簧就要起到支撑惯性质量块的作用，并需要通过改变惯性质量块的质量，来调节振幅传感器的自振频率。如果弹簧伸出机壳与振动体连接，振动势必会传导至惯性质量块，那惯性质量块还能继续作为拥有自振频率且相对静止的振动参考系？正是因为审查中不断尝试基于对比文件，向该申请方案靠拢，而忽略各自本身的发明构思，才会产生这样不太成立的评述。至于技术效果，在前面各项均不同的前提下，对比文件3与该申请带来的技术效果自然也不同。上述差异均主要来自发明构思上的差异，这是三通答复时的主要切入点。

五、结语

面对不停更换主要对比文件的多通审查意见，该如何进行答复，笔者简要总结如下三点作为参考。

（1）每通审查意见更换对比文件，相当于每通答复均是答复一通，不变的是要有耐心，以及针对该申请发明构思要有深刻理解。多通答复反而可以反向利用，每次答复都向审查员传递一次该申请发明构思，让审查过程深受影响。受此影响，审查员为达成创造性驳回，审查时检索对比文件的检索动作和审查的审查逻辑可能就会变形，显露更多的可答复点。

（2）该申请的发明构思不局限于背景技术提出的技术问题，在很多时候原申请关于技术问题和技术效果的记载可能也很少，这时需要去围绕该申请与对比文件间技术特征上的差异，去重新构建发明构思。笔者认为这个过程就像在原申请形成山脉中开凿一条隐秘隧道，之所以称之为隐秘隧道，实际上就是开凿时要扬长避短，要关注创造性高度。

（3）面对外文对比文件，因审查过程大概率也会产生理解偏差，可以在合理的前提下，对外文对比文件作有利于自身答复的解读。中文对比文件因审查中可能带来的"断章取义"及原始记载有时未必清楚，亦可以如此。

如何在答复审查意见中利用附图来阐述区别技术特征

——智慧公交领域发明专利申请答复案例

案例整理及评析人：黎远红

【专利基本信息】

发明名称：密集目标检测方法、装置、存储介质及计算机设备
申请号：202010199855.7
申请日：2020 年 3 月 20 日
授权公告日：2023 年 3 月 21 日

该案涉及《专利法》第二十二条第三款中创造性的问题，在第一次审查意见通知书中，审查员提供了与该申请功能相同且结构相似的深度学习模型，认为其与该申请中实现技术方案时所使用的网络模型的结构相同。在答复审查意见时，考虑由于网络模型的结构相似，仅从文字上陈述二者的区别不够直观，无法实现有效区分。因此，通过利用技术特征对比图来对该申请与对比文件的技术特征进行区分的方式，来阐述与对比文件的区别，考验专利代理师在模型结构相似时，除了简单的文字上陈述区别之外，如何利用说明书附图对模型结构进行对比，以清楚、有条理地阐述该申请与对比文件的区别。基于此，本文重点阐述了该案的答复过程及专利代理师的深层思考。

一、案例详情

（一）该申请的技术方案

研读该案的背景技术可以发现，在智能驾驶领域的"智慧公交"领域经常要对公交的客流量进行统计，传统采用物理检测方法进行客流量统计的方式，当乘客数量较多、乘客站位密集时，容易造成误检或漏检的情况，从而导致公交客流计数不准确。针对传统方法存在的问题，该申请提出了一种有助于在密集场景对目标进行准确检测的密集目标检测方法。在获取到待处理图像的初始特征的情况下，先通过迭代进行包含卷积及空洞卷积的特征提取的方式得到至少两个不同层级的图像特征，基于不同层级的图像特征进行深度特征提取，得到各图像特征对应的各深度特征，再基于各深度特征，以及深度特征对应的图像特征的前一层级图像特征进行融合，得到各深度特征对应的融合特征，最后在融合特征的基础上进行目标检测，通过结合不同层级的图像特征及深度特征，使得用于进行目标检测的语义特征信息更加丰富，进而提高密集场景下的目标检测结果的准确性。

（二）审查过程

在第一次审查意见中，审查员指出了权利要求1~权利要求10不符合《专利法》第二十二条第三款的规定，具体如下。

（1）针对权利要求1，对比文件1公开了一种YOLOv3网络结构，YOLOv3是一个目标检测网络，因此相当于公开了一种密集目标检测方法。根据YOLOv3网络的结构图可知，其涉及通过多个层级的图像特征分别进行特征提取，得到多个层级的图像特征各自提取的深度特征，并将每一层级图像特征与前一层级图像特征融合等内容，其与权利要求1的区别技术特征在于：根据初始特征进行迭代特征提取以得到至少两个不同层级的图像特征。这是本领域技术人员容易想到的，因此在对比文件1的基础上结合本领域的惯用手段得到该权利要求的技术方案，对本领域技术人员来说是显而易见的。

（2）权利要求2、权利要求3、权利要求5~7为本领域的惯用手段。

（3）针对权利要求4，其是对权利要求3进一步限定，其附加技术特征构成了与对比文件1的进一步区别，但是审查员认为其技术特征被对比文件2公开，且在对比文件2中所起的作用与其在该申请中作用相同，都是为了提高特征提取的准确性，因此给出了将对比文件2中所公开的技术特征应用于对比文件1中的技术启示。

由审查意见通知书中的内容可知，审查员的总体导向为：对比文件1已经公开了该申请中权利要求1中的大部分技术特征，且区别技术特征是容易想到的，针对从属权利要求，除了权利要求4之外，其余从属权利要求中的技术特征都被认定为本领域的惯用手段，针对权利要求4，审查员在认定其与对比文件1的区别技术特征的基础上，提供有对比文件2，认定对比文件2中公开有权利要求4中的区别技术特征。

通过分析审查意见可知，该案中的权利要求4的附加技术特征为审查员认定的与对比文件1的区别技术特征，但审查员认为，对于包含权利要求4的技术方案，只要结合对比文件1、对比文件2中的技术特征及本领域的惯用手段，就能够得到。因此，可以考虑从权利要求4入手来确定该案与对比文件1及对比文件2的区别技术特征并进行答复。

进一步地，对比包含权利要求4的技术方案和对比文件1、对比文件2可知，其中的具体的特征提取处理的方式与对比文件1、对比文件2中并不相同，权利要求4进行特征提取的处理方式为包含卷积及空洞卷积的特征提取处理，但是在对比文件2中公开有一种与该案相近的、包含空洞卷积的特征提取处理的方式。因此，考虑从实现特征提取处理的网络模型的结构不同，来阐述与对比文件 2 的区别，而在阐述与对比文件 2 的区别时，由于是相近的结构，仅从文字上陈述二者的区别不够直观，无法实现有效区分，可以考虑结合说明书附图，通过技术特征对比图来对该案与对比文件 2 中的特征提取处理的方式进行区分。

二、答复思路

《专利法》第二十二条第一款规定，授予专利权的发明和实用新型应当具备新颖性、创造性和实用性，且第二十二条第三款指出：创造性，是指与现有技术相比，该发明具备突出的实质性特点和显著的进步。《专利审查指南（2010 年）》第二部分第四章 3.2.1.1 对于突出的实质性特点给出了进一步的判断标准，即"三步法"判断：①确定最接近的现有技术；②确定发明的区别技术特征和发明实际解决的技术问题；③判断要求保护的发明对本领域的技术人员来说是否显而易见。

其中，对区别技术特征的确定和分析的过程尤为重要，在申请文件与对比文件存在一些相同技术特征，且仅从文字上陈述申请文件与对比文件中的技术特征的区别，不能够有效区分的情况下，可以利用附图来阐述区别技术特征。具体到该案中，在审查意见通知书中提供了对比文件 1 和对比文件 2，通过分析审查意见，可以确定权利要求 4 为与对比文件 1 和对比文件 2 的区别技术特征，且由于权利要求 4 中实现特征提取处理的网络模型的结构，与对比文件 2 中公开的实现特征提取处理的网络模型的结构相似。因此，考虑通过对比两个网络模型的结构来对该案与对比文件 2 中的特征提取处理的方式进行区分。下面对该申请中分析区别技术特征的过程以及利用说明书附图阐述区别技术特征的方式进行说明。

（一）分析区别技术特征的过程

1. 确定对比文件 1 中公开的技术特征

对比文件 1 公开了一种 YOLOv3 网络结构，如图 1-10 所示，图中的 T1 代表第一层级图像特征提取的深度特征，T2 代表第二层级图像特征提取的深度特征，Temp1 代表 T1 与前一层级图像特征融合得到的第一融合结果，Temp2 代表 T2 与前一层级图像特征融合得到的第二融合结果。

由此可知，对比文件 1 公开的特征有：获取待处理图像的初始特征，根据初始特征进行特征提取得到第一层级图像特征，对第一层级图像特征进行特征提取得到第二层级图像特征；针对第一层级图像特征，将第一层级图像特征提取的深度特征 T1 和初始特征融合得到第一融合结果 Temp1；针对第二层级图像特征，将第二层级图像特征提取的深度特征 T2 和第一层级图像特征进行融合得到第二融合结果 Temp2，进而根据每一层级图像特征对应的融合特征进行目标检测，得到目标检测结果。

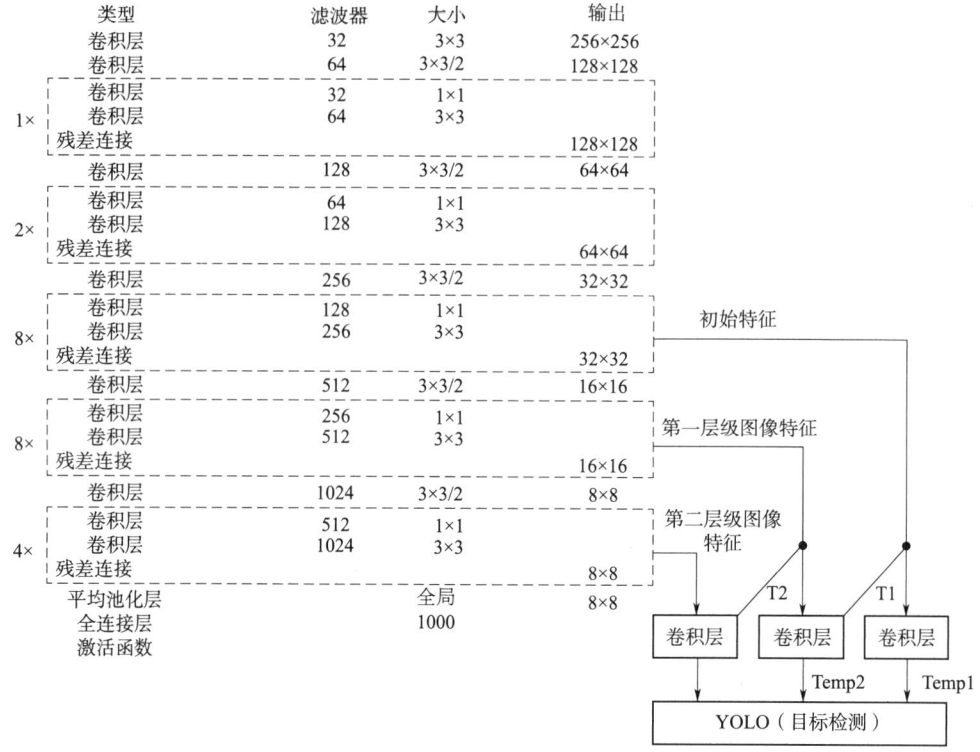

图 1-10　对比文件 1 的 YOLOv3 网络结构示意图

2. 对比该申请的权利要求 1 与对比文件 1，确定独立权利要求补充区别技术特征的方向

该申请的权利要求 1 公开的是一种密集目标检测方法，并具体公开如下技术特征：获取待处理图像的初始特征，根据初始特征进行迭代特征提取以得到至少两个不同层级的图像特征，分别提取各图像特征对应的各深度特征，基于各深度特征，以及深度特征对应的图像特征的前一层级图像特征进行融合，得到各深度特征对应的融合特征，分别对各融合特征进行目标检测，基于各融合特征的目标检测结果得到待处理图像的目标检测信息。

对比可知，对比文件 1 和该申请的权利要求 1 相比，均涉及获取初始特征、对初始特征进行特征提取得到多个层级的图像特征、对多个层级的图像特征进行融合，得到多个融合特征，利用多个融合特征来进行目标检测，而主要区别在于，对比文件 1 中并未公开该申请的权利要求 1 中的"根据初始特征进行迭代特征提取以得到至少两个不同层级的图像特征"。因此，可以考虑对进行迭代特征提取的方式进行细化，来突出该申请与对比文件 1 的区别。

在该申请中，权利要求 3 和权利要求 4 为对进行迭代特征提取方式的细化，可以考虑从权利要求 3 和权利要求 4 中补充技术特征至权利要求 1 中来突出与对比文件 1 的区别。其中，权利要求 3 公开的是，进行迭代特征提取的方式为迭代进行包含卷积及空洞卷积的特征提取处理，权利要求 4 公开的是，具体的包含卷积及空洞卷积的特征提取处理的方式，对比文件 1 中都并未涉及。

3. 结合与对比文件 2 的对比来确定区别技术特征

审查意见通知书中还提供了对比文件 2，其公开了结合空洞空间金字塔结构的目标检测模型确定方法，并具体公开了进行包含空洞卷积的特征提取处理，因此需要进一步对比权利要求 3 和权利要求 4 是否被对比文件 2 公开。

对比文件 2 公开有一种结合空洞空间金字塔结构的目标检测模型确定方法，包括如下步骤：S10，将输入特征图分别输入 k 个空洞卷积层分支，分别在各个空洞卷积层分支对输入特征图进行空洞卷积操作，得到各个空洞卷积层分支输出的输出特征图，其中 k 个空洞卷积层分支为并行的，且各个空洞卷积层分支具有不同扩张率；S20，将输入特征图与 k 个空洞卷积层分支输出的输出特征图进行融合，构造空洞空间金字塔结构；S30，将所述空洞空间金字塔结构融入基于卷积网络的目标检测模型。

对比可知，对比文件 2 和该申请的权利要求 4 一样，均涉及利用空洞卷积进行特征提取处理，而主要区别在于：对比文件 2 中公开的是将输入特征图分别输入到具有不同扩张率的 k 个空洞卷积层分支，分别在各个空洞卷积层分支对输入特征图进行空洞卷积操作，而该申请的权利要求 4 中公开的是，将当前特征进行至少两次分支处理，每次分支处理除了空洞卷积处理之外，还需要进行卷积处理，且每次分支处理包含的卷积处理次数各不相同。因此，可以将权利要求 4 的附加技术特征确定为该申请与对比文件 1 和对比文件 2 的区别技术特征，且由于权利要求 4 引用权利要求 3，因此修改的方式可以是将权利要求 3 和权利要求 4 的附加技术特征补充至权利要求 1 中。

在审查意见通知书中陈述所补充的权利要求 3 和权利要求 4 的附加技术特征为区别技术特征时，针对对比文件 1，由于审查意见通知书中指出，对比文件 1 中并未公开该申请的权利要求 1 中的"根据初始特征进行迭代特征提取以得到至少两个不同层级的图像特征"，且所补充的权利要求 3 和权利要求 4 的附加技术特征为对进行迭代特征提取的方式的细化，因此可以毫无疑义地确定对比文件 1 中并未公开所补充的权利要求 3 和权利要求 4 的附加技术特征。针对对比文件 2，其公开有通过 k 个具有不同扩张率的空洞卷积层进行空洞卷积操作，以进行特征提取处理，这与所补充的技术特征中的通过对当前特征进行至少两次包含卷积处理及空洞卷积处理的分支处理，以进行特征提取处理的方式具有一定较高的相关度，都使用了空洞卷积来进行特征提取，但是具体在每个分支处理时，与对比文件 2 相比，该申请中每次分支处理时还进行了卷积处理，且每次分支处理包含的卷积处理次数各不相同，即在实现特征提取处理时所使用的分支的网络结构不相同。由于主要区别在于实现特征提取处理时所使用的分支的网络结构不相同，若仅从文字上陈述网络结构的区别，可能不能够有效区分。因此，可以考虑提供技术特征对比图，通过比对对比文件2中实现特征提取处理时所利用的网络模型的结构，与该申请的从权利要求4中补充的实现特征提取处理时所利用的网络模型结构不同，来阐述补充技术特征后的权利要求1（以下简称"新权1"）的区别技术特征。

需要说明的是，由于不同的说明书对权利要求的支持情况不同，所以对权利要求的修改力度也不同，该案中，涉及对权利要求的修改均是在结合了该申请实际的说明书撰写情况给出的修改建议或者答复方向。

（二）阐述区别技术特征

结合前面分析该案与对比文件2的区别技术特征部分所述，可以考虑提供技术特征对比图，通过比对对比文件2中实现特征提取处理时所利用的网络模型的结构，与该申请的从权利要求4中补充的实现特征提取处理时所利用的网络模型的结构不同，来阐述新权1的区别技术特征。

具体来说，由对比文件2中的说明书附图中的附图2（图1-11）可知，在对比文件2中所涉及的是，采用4个并行的、具有不同扩张率（扩张率=1、扩张率=2、扩张率=3、扩张率=4）的空洞卷积层的分支，分别对输入进行处理，再将输入与4个分支的输出特征图进行融合，以得到融合后特征。而如图1-12所示，该申请的权利要求4中涉及的分支处理，除了包含空洞卷积处理之外，还包含卷积处理，且每次分支处理包含的卷积处理次数各不相同，具体来说，左边分支的处理方式为先进行一次卷积处理再进行一次空洞卷积处理，而右边分支的处理方式为先进行两次卷积处理再进行一次空洞卷积处理，通过对比两个模型结构的结构示意图可以更直观地说明从该申请的权利要求4中补充的内容与对比文件2中在实现特征提取时所进行的处理实际并不相同。

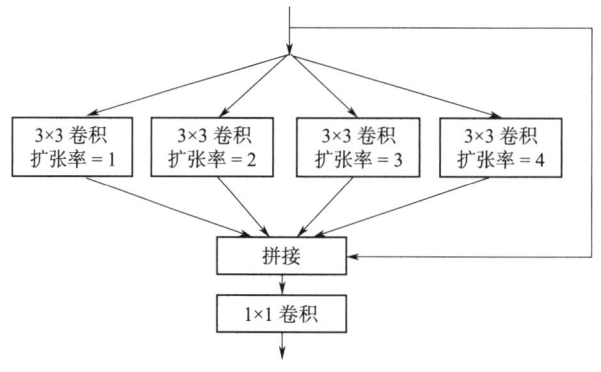

图1-11　对比文件2的附图2

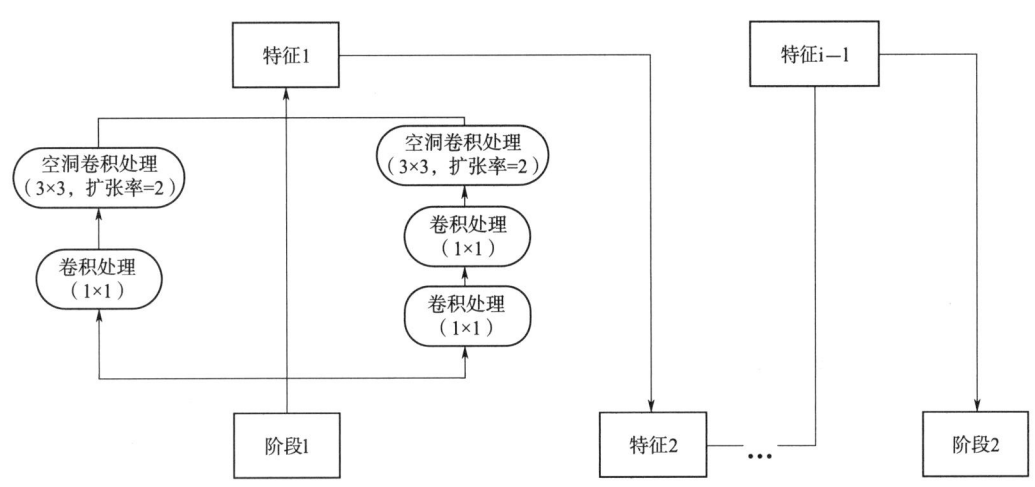

图 1-12　从该申请的权利要求 4 中补充的内容所涉及的分支处理示意图

具体审查意见答复中针对新权 1 的区别技术特征分析参考如下。

与对比文件 2 中仅进行包含空洞卷积的特征提取处理不同，新权 1 的区别技术特征中所进行的是包含卷积及空洞卷积的特征提取处理，即先进行卷积处理再进行空洞卷积处理，两者所采用的处理方式并不相同，且在新权 1 的区别技术特征中，所涉及的是对初始特征进行迭代特征提取以得到至少两个不同层级的图像特征，对比文件 2 中并未涉及进行迭代特征提取，也并未涉及设置不同预设次数的迭代次数以获得相应的图像特征。且由对比文件 2 中的图 1-11 可知，在对比文件 2 中所涉及的是，采用 4 个并行的、具有不同扩张率的空洞卷积层的分支，分别对输入进行处理，再将输入与 4 个分支的输出特征图进行融合，以得到融合后特征，而如图 1-12 所示，新权 1 的区别技术特征中所涉及的分支处理除了包含空洞卷积处理之外，还包含卷积处理，且每次分支处理包含的卷积处理次数各不相同，两者所进行的处理并不相同，具体来说，左边分支的处理方式为先进行一次卷积处理再进行一次空洞卷积处理，而右边分支的处理方式为先进行两次卷积处理再进行一次空洞卷积处理，因此对比文件 2 并未公开新权 1 的区别技术特征。

此外，该申请中所提出的包含卷积及空洞卷积的特征提取处理与对比文件 2 中所涉及的空洞卷积模块有本质区别，该申请中所提出的包含卷积以及空洞卷积的特征提取处理中有两个分支对输入分别按照需要进行空洞卷积和特征提取，再进行融合，而并不是对比文件 2 中的直接将空洞卷积处理的结果与输入进行融合，该申请中的包含卷积及空洞卷积的特征提取处理，对底层信息也需要进行特征融合，相较于对比文件 2，该申请中所采用的方式，最终两分支进行融合后的特征感受也更大，融合信息更丰富，更有助于检测。

在分析新权 1 的区别技术特征时，除了文字陈述之外，还引入技术特征对比图来对该案中的包含卷积及空洞卷积的特征提取处理的方式，与对比文件2中的包含空洞卷积的特征提取处理的方式进行对比，可以理解的是，与仅从文字上陈述二者的区别相比，通过利用技术特征对比图来对该案与对比文件2的技术特征进行区分，能够直观地体现该案与对比文件2的区分，实现有效区分，且结合技术特征对比图和文字陈述一起说明的方式，与仅用文字陈述的方式相比，更有说服力。

最终，采用上述修改和答复方式，该案经过第一次审查意见答复之后，走向授权。

三、结语

基于上述分析提供给知识产权从业者一些审查意见答复上的启发，就是要在意见陈述书中有效利用附图。

（一）利用附图将该申请的权利要求1与对比文件进行对比

具体至少可以包括以下几个方面的对比。

1. 整体技术方案对比

整体技术方案对比，具体来说是在申请文件的权利要求1的整体技术方案与对比文件的整体技术方案存在差别的情况下，为了便于审查员更清楚地理解和界定申请文件的权利要求1的技术方案和对比文件1的本质，可以利用附图对申请文件的权利要求1的技术方案和对比文件1的技术方案分别进行整体说明，来对申请文件的权利要求1的技术方案和对比文件1的技术方案进行对比。

2. 部分技术特征对比

部分技术特征对比，具体来说是将申请文件中的技术特征，与对比文件中相关联的技术特征进行对比，以突出申请文件和对比文件的区别。在审查意见答复过程中，对比文件作为最接近的现有技术，通常与申请文件具有一些相同技术特征，仅从文字上陈述二者的区别，不能够有效区分，此时可以考虑提供附图进行部分技术特征对比。

3. 应用场景对比

应用场景对比，具体来说是在申请文件的权利要求1的技术方案与对比文件的技术方案的应用场景不同的情况下，可以提供能够体现具体应用场景区别的应用场景对比图，来对申请文件的权利要求1的应用场景和对比文件1的应用场景进行对比。

（二）结合实际比对需求选择附图

在实际作业过程中，需要结合实际比对需求来选择附图，可以利用的附图通常可以通过以下方式获得。

1. 直接利用原申请文件中的附图

在审查意见通知书中所提供的对比文件通常为专利申请文件，对于专利申请文件而言，为了更好地说明专利申请文件的技术方案，在专利申请文件中通常会提供有各类说明书附图，如专利的应用环境图、应用场景图、流程示意图等。可以理解的是，专利申请文件中的说明书附图，是对技术方案最准确且直观的说明，在进行审查意见答复时，直接利用原专利申请文件中的说明书附图，结合文字来进行说理，一方面可以避免对技术方案的二次概括，进而确保附图内容的准确性；另一方面，可以节省绘制附图的时间以提高审查意见答复的效率。

比如，在整体技术方案对比时，在未修改申请文件的权利要求1或修改方式主要为静态限定、解释说明等的情况下，由于并未对申请文件的权利要求1中的处理流程进行修改，可以直接使用申请文件中提供的与权利要求1对应的流程示意图作为附图。又比如，在需要对部分技术特征进行比对时，若申请文件中存在与该部分技术特征相关的流程图、时序图、结构图等，可以直接使用申请文件中提供的附图进行比对。再比如，在需要对应用场景进行比对时，若在申请文件中提供有应用环境图、应用场景图等，也可以直接使用。

2. 结合陈述内容绘制相关附图

在进行审查意见答复时，可以优先考虑利用申请文件中的说明书附图，在申请文件中的说明书附图不能满足需求时，可以考虑结合陈述内容绘制相关附图。

比如，在整体技术方案对比时，在修改申请文件的权利要求1，补充有技术特征的情况下，由于对申请文件的权利要求1中的处理流程进行了进一步限定，通常无法直接使用申请文件中提供的与权利要求1对应的流程示意图作为附图，因此，需要结合修改内容来绘制体现权利要求1的整体技术方案的附图。

举例说明，若修改前的权利要求1为包括步骤A、步骤B、步骤C，且权利要求2为其中的步骤C包括步骤C1、步骤C2，则在将权利要求2补充至权利要求1中，形成修改后的权利要求1的情况下，申请文件中与权利要求1对应的流程示意图（步骤A—步骤B—步骤C）通常无法直接使用，需要结合修改内容（将步骤C替换为步骤C1—步骤C2）来绘制体现权利要求1的整体技术方案（步骤A—步骤B—步骤C1—步骤C2）的流程示意图。

毫无疑问，在意见陈述书中增加附图，在一些场景下可以提高与审查员的沟通效率，以使得审查员可以结合附图和文字说明，较为直观地了解申请文件与对比文件的区别。因此，专利代理师在答复审查意见时，可以考虑利用技术特征对比图来对申请文件与对比文件的技术特征进行区分，以引导申请文件走向授权。

驳回复审

案例十三

从复审成功撤销驳回决定反思色谱分析类发明专利申请的撰写及答复

——色谱分析领域发明专利申请复审案例

案例整理及评析人：向薇

【专利基本信息】

发明名称：高效液相色谱分析拉莫三嗪的方法
申请号：202110421962.4
申请日：2021年4月20日
授权公告日：2023年12月22日

一、案例背景

三金集团湖南三金制药有限责任公司（以下简称"申请人"）于2021年4月20日向国家知识产权局提出发明名称为"高效液相色谱分析拉莫三嗪的方法"的发明专利申请（以下简称"该申请"）。该申请先后收到三次审查意见通知书，对此，申请人对原权利要求进行了修改并作出意见陈述，然而该申请最终还是被驳回。驳回决定认为，该申请与对比文件1的区别技术特征，如流动相pH、检测波长、洗脱方式等色谱条件及检测对象均为本领域的常规技术调整，因此在对比文件1和对比文件2（作为公知常识证据）的基础上结合本领域的公知常识，得出权利要求的技术方案对本领域技术人员来说是显而易见的，该申请不具备创造性。

2023年9月，申请人就该申请的驳回问题向华进知识产权的专利代理团队（以下简称"华进专利团队"）咨询救济策略，经过沟通，华进专利团队接受委托并于2023年11月02日向国家知识产权局提出复审请求。2023年11月17日国家知识产权局根据前置审查意见书的意见撤销驳回决定，并于2023年11月30日发出《授予发明专利权通知书》。

二、该案看点

色谱分析作为生化分析类专利的一大分类，技术点大多集中于色谱条件的设置，包括流动相、洗脱程序、色谱柱类型、柱温、流速、监测方式等。该申请在实质审查阶段中经过三次审查意见答复，修改后的权利要求已经涵盖了上述所有色谱条件的设置相关的技术特征，然而依然未获得审查员的认可。在此种情况下，如何对该申请的创造性进行争辩是复审请求需要面对的关键难题。

三、办案策略

2023年9月，华进专利团队接受委托后，迅速对该申请的基本情况进行分析并与申请人进行了技术要点的讨论，主要围绕该申请的研究目的、关键考察的技术点、相比较对比文件1所能够实现何种更优的技术效果等进行讨论，并最终确认，虽然单就该申请的色谱条件而言，对比文件1所公开的方案均有所涉及，但是均与之存在一定的差异，复审请求争辩的重点在于能否充分证明并说服审查员，此差异并非驳回决定中认为的"常规技术调整"，即证明该申请所能够取得的技术效果相比较对比文件1是有明显提升的或不可预期的。

办案过程概述如下。

（一）技术方案内容

首先，该申请和对比文件1、对比文件2的技术方案内容如下。

（1）该申请的原权利要求1。

一种高效液相色谱法分析拉莫三嗪有关物质的方法，其特征在于包括如下检测条件：

色谱柱采用十八烷基硅烷键合硅胶柱；

流动相：以甲醇为流动相A；pH值4.2-5.0的0.2%~0.8%三乙胺溶液为流动相B；采用梯度洗脱，梯度洗脱程序如表1-4所列。

表1-4 梯度洗脱程序

时间/分钟	流动相A/%	流动相B/%
0	34	66
25	34	66
50	90	10
55	90	10

续表

时间/分钟	流动相 A/%	流动相 B/%
60	34	66
70	34	66

（2）对比文件 1（HPLC 法测定拉莫三嗪片的含量，陈司汉等，北方药学，第 11 卷第 7 期，第 2-3 页）公开的技术方案。

对比文件 1 公开一种高效液相色谱法分析拉莫三嗪有关物质的方法，并具体公开了：色谱柱采用十八烷基硅烷键合硅胶柱；流动相：以甲醇为流动相 A；pH 值 4.0 的 0.5% 三乙胺溶液为流动相 B；采用等度洗脱；检测波长为 265nm、色谱柱柱温为 40℃、流速范围为 0.8ml/min；有关物质为拉莫三嗪、杂质 B、拉莫三嗪和杂质 B。

（3）对比文件 2（分析化学，朱开梅等，第 305 页，西安交通大学出版社）作为公知常识证据，具体公开了等度洗脱和梯度洗脱各自的优点和缺点所在。

（二）复审争辩策略

基于技术方案的对比分析，梳理后的复审争辩策略如下。

（1）肯定该申请的技术效果。对于技术效果，驳回决定认为，原说明书并未记载试剂样品的检测，故不能说明对实际样品检测时可以检测出多少物质及各物质的分离情况。对此，通过补充文献或已授权专利证明，混合对照品的分离情况能够反映实际样品的分离情况，进而说明该申请的技术效果切实可行。

（2）说明该申请的技术效果相比现有技术是不可预料的。对此，驳回决定认为，原说明书并未说明相对于现有技术而言取得了何种预料不到的技术效果。首先，强调"预料不到的技术效果"的参照物应为对比文件 1，而非该申请说明书记载的内容，即说明不是必须有对比例才能证明预料不到的技术效果；其次，通过仔细查阅原说明书，发现该申请实际对色谱柱进行了考察，且不同的色谱柱的分离效果不同；再次，客观上而言，该申请能够实现拉莫三嗪中 6 种杂质的分离，这是传统方法和对比文件 1 均未实现的；最后，补充实验数据证明对比文件 1 并不能实现该申请的技术效果。

此外，在梳理过程中还发现，驳回决定中还存在两处事实认定错误：

（1）将活性成分拉莫三嗪认定为有关物质；

（2）将该申请说明书第 54-135 段内容考查的拉莫三嗪和杂质 B、C、E 的分离，判定为现有技术已经公开的拉莫三嗪和杂质 B、C、D 的分离。

上述事实认定错误涉及该申请的技术方案和技术效果，结合这些事实认定错误，可以尝试从根本上否定驳回决定中关于创造性的认定——对于技术方案和技术效果的准确认定是以"三步法"判断创造性的基础，在驳回决定对该申请的技术方案和技术效果均存在事实认定错误的情况下，显然不可能客观地判定该申请的创造性高度。

（三）审查结果

按照上述答复要点进行意见陈述后，最终审查员接受了华进专利团队的代理观点，在前置审查中撤销了驳回决定。

四、案例启示

生化分析类专利均是基于特定的分析仪器展开研究，如液相色谱、气相色谱、光谱等，其技术方案具有共性，主要体现均是对分析仪器的设置参数进行考查，并在仪器参数范围之下寻找能够实现目标物优化分离的小范围参数。以该申请涉及的色谱分析类专利为例，其技术方案的技术点就大都集中于流动相、洗脱程序、色谱柱类型、柱温、流速、监测方式等色谱条件的设置。因此，生化分析类专利难以有开拓性的创新技术出现，实审过程中，审查员也比较倾向于给出仪器参数的设置均是常规选择的审查结论。此类案件类似于《专利审查指南》中的"选择发明"，相应内容为"选择发明，是指从现有技术公开的宽范围中，有目的选出现有技术未提及的窄范围或者个体的发明。在进行选择发明创造性的判断时，选择所带来的预料不到的技术效果是考虑的主要因素"。因此，对于生化分析类专利，如何证明技术方案的技术效果的不可预期性是反驳"常规选择"以及提升该申请创造性的关键所在。

基于此，在进行生化分析类案件的专利申请时，建议：

（1）充分挖掘专利申请所能够取得的优势，比如分离的组分更多、分离度更高、检测时间更短、检测结果更准确等；

（2）对于影响专利申请技术方案的效果实现的关键参数进行充分考查，并在原申请文件中记载相应的实验数据，证明参数的优选及非常规性。

案例十四

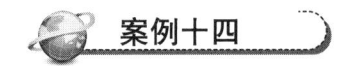

如何在复审程序中澄清驳回决定中存在事实认定错误

——机电领域发明专利申请复审案例

案例整理及评析人：樊倩

【专利基本信息】

发明名称：一种活塞式固相合成系统及合成方法
申请号：202210681746.8
申请日：2022 年 6 月 15 日
授权公告日：2024 年 3 月 29 日

一、案例背景

该案申请人委托华进专利团队于 2022 年 6 月 15 日向国家知识产权局提出了名称为"一种活塞式固相合成系统及合成方法"的发明专利申请（以下简称"该申请"），审查员经过审查认为，该申请相对于对比文件 1、对比文件 2 及常规技术手段的结合不具备创造性，并以此为理由作出了驳回决定。

驳回决定所针对的权利要求 1 如下：

1. 一种活塞式固相合成系统，其特征在于，包括缸体、固相反应柱和活塞板，所述活塞板与所述缸体内壁密封滑动连接，所述固相反应柱设在所述缸体与所述活塞板的顶面形成的腔体内；

所述缸体还具有供试剂进入所述缸体内的进液口，所述活塞板具有位于所述进液口下方的第一位置，以及位于所述进液口上方的第二位置，当所述活塞式固相合成系统处在合成模式，所述活塞板在所述第二位置与所述固相反应柱之间往复运动且速度可调，所述活塞板用于使所述试剂往复浸没所述固相反应柱中的填料；

所述缸体位于所述固相反应柱上方的部分还具有至少一个通气口，所述通气口用于向所述缸体内通入惰性气体或排出废气，所述惰性气体用于为合成反应提供惰性环境，或者用于将反应完的试剂排出所述缸体及干燥所述固相反应柱和所述缸体内壁；

所述通气口包括与惰性气体供气装置连通的第一通气口和与废气回收管路连通的第二通气口；

所述活塞式固相合成系统还包括控制器和与所述控制器电连接的直线驱动机构，所述活塞板的底面固定连接在所述直线驱动机构的运动部上，所述控制器用于控制所述活塞板以预设次数和/或预设速度在所述缸体内往复运动。

该申请的权利要求1的活塞式固相合成系统具体如图1-13A和图1-13B所示，其中固相反应柱包括上筛板（6）、下筛板（8）及设在所述上筛板和所述下筛板之间的填料（7），图1-13A为活塞板位于进液口下方的第一位置时的示意图，图1-13B为活塞板位于进液口上方的第二位置时的示意图。

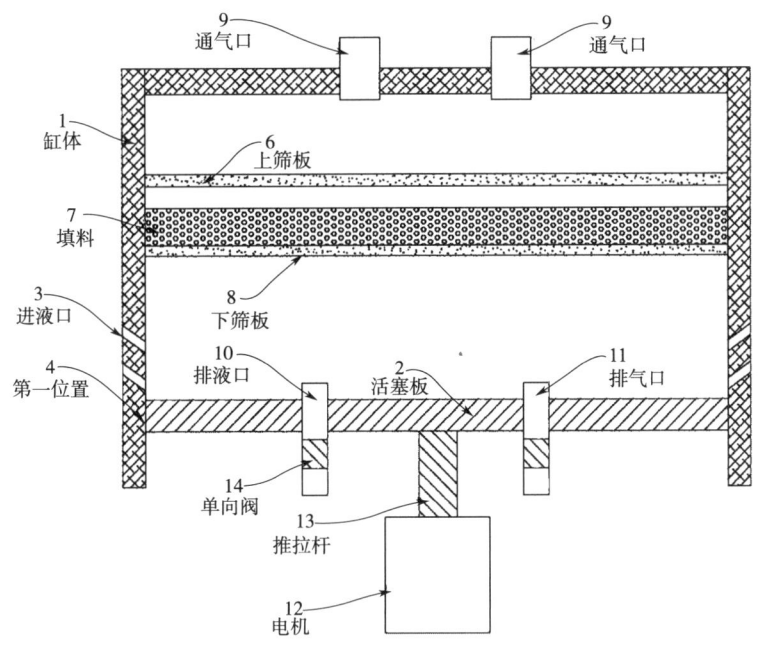

图1-13A　活塞板位于进液口下方的第一位置时的示意图

如图1-14所示，对比文件1（CN214344591U）公开了一种液压驱动式动态层析装置，所述装置包括缸体部分、柱体部分、联动活塞部分、缸体供液系统和系统固定支撑部分。缸体由上活塞板分隔成上下两个空间，通过向缸体上活塞板上腔体泵入工作液体，下压的柱塞杆带动柱体内的下活塞板向下运动，起到压实柱床作用；或是向缸体内上活塞板下腔体泵入工作液体，向上抬升柱塞杆带动柱体内的下活塞板向上运动，提起下活塞板直至离开柱体，便于装柱、拆卸和维护下柱塞板操作；当柱内填料膨胀时，下柱塞板即带动缸体上活塞板向上运动，顶开压力调节阀，从回流液口排出工作液体卸压。液压联动使柱体受压可以实时动态传递、反馈和调整，层析柱不易超压或失压，柱床受压持久、稳定，不易造成事故。

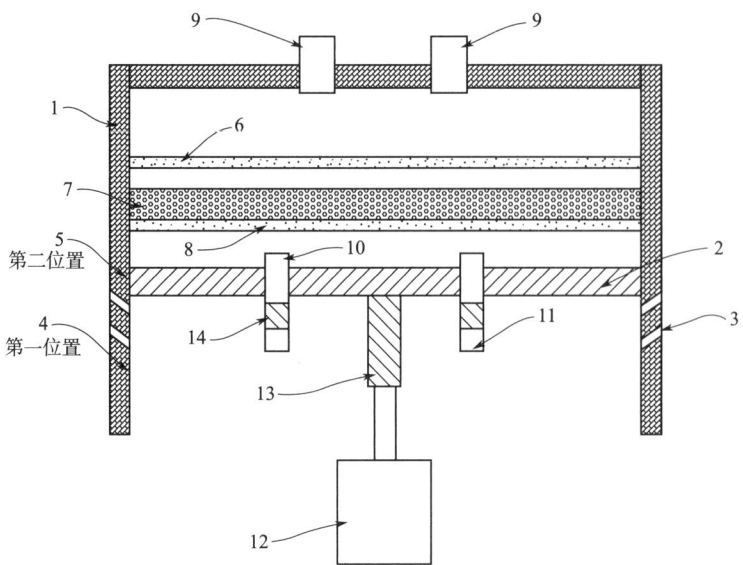

图1-13B 活塞板位于进液口上方的第二位置时的示意图

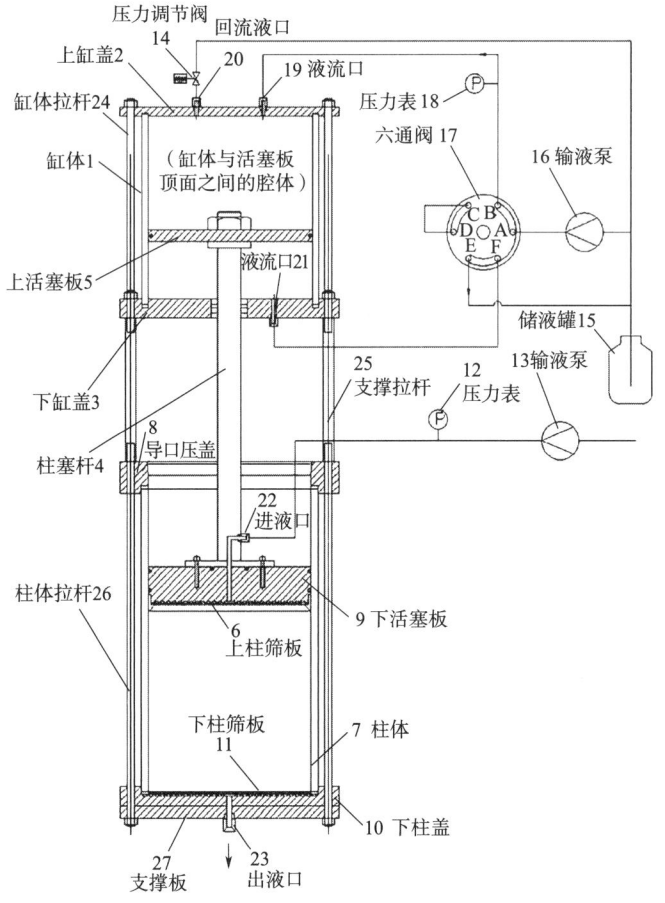

图1-14 对比文件1的液压驱动式动态层析装置

如图 1-15 所示，对比文件 2（CN104531501A）公开了一种应用于 DNA 合成仪的加压排液装置，包括合成基板 1、合成柱 4、加压胶垫 3、加压板 2、外部惰性气源及通气接头 5，所述合成基板 1 上设有合成柱 4；所述合成基板 1 的周边向上延伸出凸缘 1a，所述凸缘 1a 与所述合成柱 4 平行，且高度稍高于合成柱 4 的高度；所述凸缘 1a 上设置有所述加压胶垫 3；所述加压胶垫 3 设置在所述凸缘 1a 上，加压板 2 通过加压胶垫 1a 与所述合成基板 1 密封；所述通气接头 5 设置在所述加压板 2 上，连通外部惰性气源与合成柱 4 上方，还包括用于对加压板 2 及加压胶垫 3 加压进而使加压胶垫 3 与所述合成基板 1 密封的加压排液驱动装置。

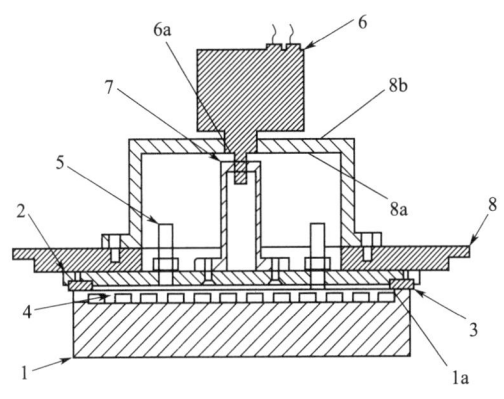

图 1-15 对比文件 2 的加压排液装置

驳回决定认为，权利要求 1 相对于对比文件 1 和对比文件 2 及本领域常规技术手段的结合不具备创造性。具体理由是：对比文件 1 的柱体部分（包括柱体 7、下活塞板 9、下柱盖 10 和下柱筛板 11）即该申请的固相反应柱，还认为上柱筛板 6、下柱筛板 11 相当于该申请的固相反应柱，固相反应柱设在缸体与活塞板的顶面形成的腔体内；液流口 19 即供试剂进入缸体内的进液口；柱体 7 上端由下活塞板 9 密封即活塞板与缸体内壁密封滑动连接；下活塞板 9 下表面设有导流结构设计，使液流可以从进液口 22 进入并快速分配至上柱筛板 6 表面，即活塞板用于使试剂往复浸没固相反应柱中的填料；对比文件 1 公开了一种活塞式固相合成系统。对比文件 2 公开了在活塞式固相合成系统中设置通气口向缸体内通入惰性气体，给出了通气口用于向缸体内通入惰性气体或排出废气的技术启示。

二、案例分析

华进专利团队对申请文件及对比文件的技术方案作了深入分析，发现驳回决定中有关对比文件 1 和对比文件 2 公开的内容及与该申请中结构的对应关系存在多处事实认定错误，见表 1-5，这些事实认定错误也导致创造性的判断结论错误，以至于法律适用错误。

表 1-5　有关对比文件的事实认定分析

序号	权利要求 1	对比文件 1	对比文件 2	驳回决定	对比分析
1	活塞式固相合成系统	液压驱动式动态层析装置	—	相同	不同 理由：该申请是进行合成反应的系统，具有合成模式，试剂与固相反应柱中填料接触发生合成反应；对比文件 1 是一种层析装置，层析分离就是从液相中分离出单种或多种目标化合物，不发生合成反应，因此并非固相合成系统
2	所述缸体还具有供试剂进入所述缸体内的进液口（试剂需要与柱体填料接触和反应）	上缸盖 2 上设有第一液流口 19	—	相同	不同 理由：该申请的进液口用来通入反应试剂，试剂与填料直接接触发生合成反应，若以与柱体填料发生反应的试剂为参考，对比文件 1 中第一液流口 19 是用来通入工作液体，该工作液体是用来推动联动活塞部分运动以调节柱体内压力，工作液体并不与柱体内的填料接触，对比文件 1 中进液口 22 是用来将流动相通入柱内的入口，在柱层析中流动相才是与填料直接接触的液体，因此进液口 22 才可以对应该申请的进液口
3	所述固相反应柱设在所述缸体与活塞板的顶面形成的腔体内	上柱筛板 6 和下柱筛板 11，联动活塞部分包括柱塞杆 4、上活塞板、上柱筛板 6、下活塞板 9，附图 1	—	相同	不同 理由：结合图 2 可知，对比文件 1 中缸体与活塞板的顶面形成的腔体在上活塞板 5 和上缸盖 2 之间，上柱筛板 6 和下柱筛板 11 明显不在该腔体内；即使以下活塞板 9 对应活塞板，从图 2 可知上柱筛板 6 和下柱筛板 11 都在下活塞板 9 底部，并非位于下活塞板 9 的顶面的腔体内
4	所述活塞板用于使所述试剂往复浸没所述固相反应柱中的填料	所述的下活塞板 9 下表面设有导流结构设计，使液流可以从进液口 22 进入并快速分配至上柱筛板 6 表面，在操作运行时，事先应在柱体 7 内装好合适高度的填料	—	相同	不同 理由：该申请的试剂可以均匀承载在活塞板顶面，并且可以随活塞板的往复运动而反复浸没填料，试剂可以间歇性接触填料；对比文件 1 中从进液口 22 进入的流动相与填料是持续性接触的，不存在间歇性接触的情况，不会随联动活塞部分的往复运动而往复浸没柱体中的填料

续表

序号	权利要求1	对比文件1	对比文件2	驳回决定	对比分析
5	所述通气口包括与惰性气体供气装置连通的第一通气口和与废气回收管路连通的第二通气口，所述惰性气体用于为合成反应提供惰性环境，或者用于将反应完的试剂排出所述缸体以及干燥所述固相反应柱和所述缸体内壁	—	通气接头5设置在所述加压板2上，连通外部惰性气源与合成柱4上方，通过通气接头向合成柱上方通入惰性气体，合成柱上方形成气压将合成柱内的残余液体排出或者控制合成柱内试剂的反应速度等	相同	不同 理由：对比文件2的惰性气体是直接通入合成柱内的，其作用是为合成反应提供惰性环境、排出柱内残余液体、控制柱内试剂反应速度，并未公开还有排出废气的通气口，由于直接通入反应柱，惰性气体不能充斥于反应柱以外的缸体，因而不能用于干燥缸体内壁，也无法实现排出废气
6	所述活塞板的底面固定连接在所述直线驱动机构的运动部上，所述控制器用于控制所述活塞板以预设次数和/或预设速度在所述缸体内往复运动	—	通过电磁驱动机构与加压板2连接可以带动加压板上下运动	相同	不同理由：对比文件2没有公开进液口结构，而且加压板2不是活塞板，加压板2位于反应柱的上方，该申请活塞板则位于反应柱下方，加压板2只是用来压紧密封板和密封胶垫的结构，不能等同于该申请的活塞板

基于以上分析，华进专利团队就以上多处事实认定错误为切入点，并在复审请求书中结合附图展示的方式进行详细论述。该申请在前置审查阶段即被撤销驳回，之后顺利获得授权。复审请求书中主要的论述理由概括如下。

（1）有关对比文件1公开的内容，驳回决定存在多处事实认定错误；二者解决的技术问题、达到的技术效果完全不同，对比文件1的层析装置与该申请的活塞式固相合成系统不是同类设备，与该申请的发明构思不同，因而本领域技术人员不会在对比文件1的基础上作出改进来获得活塞式固相合成系统。

（2）有关对比文件2公开的内容，驳回决定同样存在多处事实认定错误；对比文件2中利用通入惰性气体的压力控制合成柱内试剂反应进程，其属于该申请的背景技术中所述的依靠气压控制试剂流动和合成的现有技术，而且对比文件2的装置仅是合成仪的加压排液装置，并非活塞式固相合成系统，该申请的固相合成系统则利用活塞板的往复运动控制试剂与反应柱填料的接触从而控制反应进程，明显不同于对比文件2，因此对比文件2对于该申请不存在技术启示。

（3）审查员引用的对比文件1和对比文件2都不是活塞式固相合成系统，传统技术中常规的技术手段则是如该申请的背景技术中提及的"电磁阀+气压"组合方式控制试剂流动和合成，可见该申请采用的技术手段明显不同于本领域常规技术手段。

三、该案例看点

（一）深入理解技术方案，准确把握发明构思

华进专利团队通过深入理解该申请、对比文件1和对比文件2的技术内容，并结合附图厘清了各个技术方案中部件的位置、连接关系及工作原理，在此基础上确定了驳回决定中存在多处事实认定错误，并结合各个技术方案解决的技术问题以及达到的技术效果进一步从整体上分析了发明构思的不同。

（二）借助机械结构示意图论述，便于理解，行文更加清晰生动

该案属于涉及机械结构的案件，申请文件、对比文件中都存在大量附图，特别是在对比文件1的技术方案略为复杂的情况下，如何在分析时便于审查员理解技术实质，增强论述理由的说服力，也是需要专利代理师花费心思的。该案中，华进专利团队对该申请、对比文件1的主体结构示意图所包括的各个部件都进行了标注，且针对缸体与活塞板顶面之间的腔体也专门作了标注，并以附图形式放入复审请求书正文，结合图形展开分析，图文并茂，非常便于理解。尤其是对于审查员的理解误区，借助图形更容易对比分析和快速定位。

四、延伸思考

（1）关于创造性的答复，无论是针对实审阶段审查意见通知书，还是复审阶段提复审请求或答复复审通知书，关键点在于准确理解技术方案，找准发明实质是什么，从技术领域、技术问题、技术手段、技术效果多角度分析，从而在与对比文件进行比对时才更容易看清二者本质的区别，也便于发现审查员理解的误区。

（2）可以根据技术领域的特色制定相应的答复策略，如机械领域的案子结构较为复杂时，不妨对附图做些标注，结合附图展开说理，图文并茂有助于各方理解，也能够增强论述的说服力；技术方案涉及处理流程较长的方法时，可以简单绘制一些流程图，结合流程图的形式进行说理；有些方法描述的内容较为抽象，抽象术语满天飞，不仅沟通起来费劲，还有可能达不到应有的使审查员真正理解方案的目的，此时也可以列举一些实际场景，将抽象方法代入实际场景进行论述，等等。总之，审查意见的答复形式可以是丰富多样的，要学会"因地制宜"。

案例十五

如何在复审程序中利用关键技术特征来克服创造性缺陷

——家电领域发明专利申请复审案例

案例整理及评析人：邓琴

【专利基本信息】

发明名称：门体结构、冰箱及门体结构的装配方法
申请号：201710476519.0
申请日：2017年6月21日
授权公告日：2021年6月4日

一、技术方案简介

目前市场上带显示屏的冰箱门体的制作方式为，先在门体与玻璃板之间的空间内进行发泡，然后在玻璃板上安装显示屏。但是，经发泡后的玻璃板表面会产生较大的变形，因此在后安装于玻璃板上的显示屏会在玻璃板形变应力的作用下，触控效果及显示效果均受到影响，长时间使用会出现触控失效等不良现象，使得显示屏的安装不良率及报废率也相应较高。并且，显示屏粘贴于玻璃板上，玻璃板粘贴于门体上，当需要更换和维修显示屏时，会影响到门体，不便于更换和维修显示屏。

名称为"门体结构、冰箱及门体结构的装配方法"、申请号为201710476519.0的发明专利申请（以下简称"该申请"）涉及一种门体结构、冰箱及门体结构的装配方法，该方法首先对门体进行发泡作业，然后将带有显示屏的玻璃板与发泡门体固定连接，并通过注塑于玻璃板上的螺丝筒柱穿设于发泡门体上的挂设孔中，从而将玻璃板固定挂设在发泡门体上。这种方法玻璃板不参与发泡，可以确保设于玻璃板上的显示屏具有良好的显示效果及触控效果，同时对于同一门体结构仅需更换设置有显示屏的玻璃板，便可较为方便地进行显示屏的维修和更换。

二、实审过程

第一次审查意见通知书（以下简称"一通"）于2019年3月20日发出，审查员

认为该申请的权利要求1~10相对于对比文件1（CN106642895A）与对比文件2（CN2811884Y）的结合不具备创造性。

申请人于2019年8月2日提交了答复一通的意见陈述书，根据说明书记载将玻璃板上螺丝筒柱的具体结构加入权利要求1中，得到新的权利要求1，强调对比文件2没有公开螺丝筒柱的具体结构。

第二次审查意见通知书（以下简称"二通"）于2020年1月7日发出，审查员没有接受一通答复的意见，认为修改后的权利要求1~10相对于对比文件1和对比文件2的结合仍然不具备创造性。

申请人于2020年3月23日提交了答复二通的意见陈述书，根据说明书记载将螺钉具有螺帽的具体结构加入权利要求1中，得到新的权利要求1，强调对比文件2中的孔与该申请中的挂设孔不同，对比文件2中的凸台与该申请中的螺丝柱不同。

驳回决定于2020年6月15日发出，审查员没有接受二通答复中陈述的理由，以权利要求1~10相比对比文件1和对比文件2的结合不具备创造性为由，驳回了该申请。

三、复审情况

申请人于2020年9月30日提出了复审请求，在复审请求中放弃了一通及二通答复的修改，基于说明书及附图的记载，将针对发泡门体如何固定玻璃的关键技术特征螺钉预埋件加入权利要求1中，从技术方案的整体出发进行了答复。

复审决定于2020年11月11日发出，复审和无效审理部接受了复审请求的理由，决定撤销驳回，退回实审部门继续审理。

国家知识产权局于2021年6月4日发出专利证书，该申请获得授权，授权的权利要求即复审请求提交的文本。

在提出复审请求时，首先回顾一通和二通的答复，发现对比文件1和对比文件2看似公开了该申请的某些细节的特征，导致在一通和二通的答辩过程中被审查员带入了具体细节的区别中进行争辩。但是，从整体进行分析，对比文件1和对比文件2都没有公开通过螺钉与螺丝筒柱及螺钉预埋件三者配合来连接发泡门体与玻璃板的技术方案，然而在一通和二通答复中忽略了这一整体连接方式上的不同，也忽略了玻璃板为光滑结构不易连接，发泡门体内部需要进行发泡处理内部容易被发泡材料填充不易穿设连接件，这两种特殊结构在进行连接时无法直接按照常规的螺钉固定方式，需要进行一定的技术创新与改进，忽略了该申请与对比文件的实质区别。因此在复审答复时放弃了一通和二通的修改方式，将与螺钉连接相关的螺钉预埋件这一关键特征加入权利要求1中，重新梳理该申请与对比文件的不同，强调该申请对于连接发泡门体和玻璃板这两种特殊结构而作出的技术贡献。

具体来说，对比文件1公开的玻璃门触控显示屏中，将显示屏组件用密封胶粘贴在玻璃面板上，然后将玻璃面板与显示屏组件装配到发泡门体上，并通过结构胶连接玻璃面板与发泡门体，最后通过螺钉连接显示屏组件与发泡门体中的预埋盒，进一步连接显示屏组件及玻璃面板与发泡门体，完成玻璃门触控显示屏的安装。其中，玻璃面板与发泡门体之间通过结构胶黏合，并非通过螺钉、螺丝筒柱及螺钉预埋盒的配合来进行装配连接，与该申请中玻璃面板和发泡门体的配接方式完全不同。

该申请修改后的权利要求1与对比文件1相比，至少具有以下区别技术特征。

（1）所述玻璃板上设置有多个螺丝筒柱，每一所述螺丝筒柱具有螺孔；所述发泡门体上开设有多个挂设孔，每一所述螺丝筒柱穿设于一所述挂设孔；所述发泡门体与所述玻璃板通过若干螺钉螺接，每一所述螺钉螺接固定于一所述螺丝筒柱的螺孔。

（2）所述发泡门体包括门壳、门胆及螺钉预埋件，所述门壳和所述门体相对设置，所述螺钉预埋盒设置于所述门壳与所述门胆之间，所述挂设孔包括分别开设于所述门壳和所述门胆上的第一子孔和第二子孔，所述螺钉预埋盒内形成有连通于所述第一子孔和第二子孔的固定腔，所述螺丝筒柱通过所述第一子孔伸入所述固定腔，所述螺钉通过所述第二子孔伸入所述固定腔且与所述螺丝筒柱螺接。

基于上述区别技术特征，权利要求1实际要解决的技术问题是"如何保证冰箱触控门体的触控及显示效果，且方便更换玻璃板及显示屏"。

关于技术启示的考量，审查员在实审过程中主观地认为螺钉连接两个部件为本领域较为普遍的常规设置，没有意识到对于玻璃板和发泡门体这两种特殊的结构而言，仅仅通过常规的螺钉是无法实现连接固定的，忽略了在特殊应用场景中上述区别技术特征所作出的贡献。

例如，对比文件1中通过固定胶黏接玻璃面板与发泡门体，也就是传统配接玻璃面板与发泡门体的方式。因此，通过对比文件1也可以看出，本领域技术人员面对如何装配玻璃面板的技术问题时，因为玻璃面板表面非常光滑，不方便进行卡接或螺接等，通常采用的是胶粘的方式。而该申请提供的门体结构中，打破常规安装玻璃面板的方式，在玻璃面板的一侧设置螺丝筒柱，然后通过螺钉与螺丝筒柱配合的方式来装配玻璃面板，以方便后续修理更换，这种装配玻璃面板与发泡门体的方式并非显而易见。

而且可以理解，发明构思决定了发明进行技术改进的途径和最终形成的技术方案的构成。从发明构思的角度考虑，对比文件1与该申请两者的技术方案在本质上有很大区别，本领域技术人员在阅读对比文件1之后，并没有动机彻底抛弃对比文件1的技术方案，再去探索不同于对比文件1的解决方案，即现有技术并未给出发现上述特定技术问题的启示。

另外，对比文件2公开了一种电冰箱，包括冰箱门和显示面板，显示面板装在冰箱门上部的凹部，冰箱还包括卡配合装置和紧固装置，卡配合装置和紧固装置分别位于显示面板的相对两侧。在装配过程中，先将显示面板通过卡配合装置卡设于凹部内，然后通过紧固装置固定显示面板的另一端,便可完成显示面板的安装。其中,紧固装置包括紧固件,紧固件插入冰箱门并与显示面板螺接,以通过紧固件连接显示面板与冰箱门。而该申请中,螺钉用于连接玻璃板与发泡门体,对比文件2中紧固件的作用与该申请中螺栓的作用并不相同。

由此可知,对比文件2中通过紧固件连接冰箱门与显示面板,对比文件2中的发明人所面对的问题为如何安装显示面板与冰箱门,并非如该申请中的发明人所面临的问题为如何安装玻璃板与发泡门体,本领域技术人员通过对比文件2能得到的技术启示仅仅为如何安装显示面板与冰箱门,对比文件2并不能给出技术启示使本领域技术人员想到采用螺钉来装配玻璃板与发泡门体。而且,对比文件2公开的电冰箱的门体仅具有显示功能,并非可以触控的冰箱门,所以对比文件2的电冰箱中没有设置玻璃板,也不需要将玻璃板与门体进行连接,不存在与该申请相同的技术背景,也无法给出相应的技术启示。

如果将该申请的区别技术特征从技术方案中剥离出来单独审视,通过螺钉连接两个部件,在技术上实现并无难度。但将区别技术特征放在权利要求1的整个技术方案中,其并不是螺钉、螺丝筒柱及螺钉预埋件的随意设置,而是根据可触控冰箱门体的功能需求和整体布局进行设置,且带来相应的有益效果。

具体来说,该申请权利要求1提供的技术方案中,面对如何安装玻璃面板与发泡门体的技术问题时,想到了采用螺钉安装玻璃面板与发泡门体的方法,并具体在玻璃面板的上设置螺丝筒柱,同时在发泡门体的门壳和门胆之间设置螺钉预埋件,通过螺钉预埋件在发泡门体上预留安装螺钉的位置,最后将螺丝筒柱伸入螺钉预埋件的一端,且螺钉从另一端伸入螺钉预埋件便可与螺丝筒柱进行螺接,达到通过螺钉连接玻璃面板与发泡门体的目的,将技术构思转化为了具体的实施例,发明人在想到技术构思,且将技术构思采用特定的技术手段来实现的过程中均付出了创造性劳动。

四、结语

该案复审阶段专利代理师发现,实审过程中都是在围绕较为常规的技术特征进行创造性讨论,忽略了玻璃板为光滑结构不易连接,发泡门体内部进行发泡处理后内部被发泡材料填充不易穿设连接件,没有抓住玻璃板和发泡门体的特殊性及两者的连接存在技术障碍,忽略了区别技术特征在特定领域作出的技术贡献。专利代理师在复审答复过程中强调传统的玻璃板安装方式为黏接,重新梳理该申请的研发思路,体现该申请相比传统方式在特定的应用领域对技术问题的贡献,引导审查员站位于相应技术背景重新判断新创性,使得该申请顺利授权。

案例十六

高端制造企业如何进行海外专利布局

——电子烟领域海外专利布局案例

案例整理及评析人：刘诚

【专利基本信息】

发明名称：电子烟及其雾化组件的制造方法

布局的国家、区域：中国、美国、欧洲

近年来，随着高科技产业产品的知识含量不断提升，高科技产业厂商之间的竞争日益激烈。因此，企业对诸如研发、申请、管理、交易和诉讼等专利相关活动的重视程度也在逐年增加。然而，在进行专利活动时，企业常常面临着困境：一方面，尽管进行专利研发并获得专利，大多数专利并不能带来额外收入，有时甚至难以收回成本；另一方面，如果不申请专利，企业可能面临技术或产品被指控侵权的风险，同时也缺乏在专利诉讼或与其他厂商进行策略联盟谈判中的谈判筹码。因此，许多企业即使在资源有限的情况下，仍会投入有限预算进行专利活动。然而，这也带来了两个问题：一是如何在有限预算下获得有效的专利；二是如何更有效地利用这些专利。因此，如何有效规划专利布局成为关键问题。下面，笔者以电子烟相关技术的中国及海外专利布局保护为例进行探讨。

一、中国及海外专利布局

（一）专利技术方案简介

2015年10月，电子烟龙头企业M公司委托华进专利团队代理发明名称为"电子烟及其雾化组件的制造方法"的同一天递交的一组申请（发明+实用新型+PCT）。该组专利申请的背景技术中提到，现有的电子烟雾化器的加热体为弹簧状的发热丝，其制作过程为将线状的发热丝缠绕在一导液绳上。烟液存储器中的烟液通过导液绳两端吸附到导液绳上，然后被发热丝加热雾化。然而，这种类型电子烟的烟液完全靠导液绳从两端来吸取然后雾化，由于导液绳端部的面积有限，所以烟液吸附效率较低，因而当使用大功率的发热丝时，就会出现导液绳供液不足，出现干烧现象，甚至产生焦味，严重影响使用体验。为此，发明人创造性地提出了将发热元件至少部分地设置于吸液元件的内部，从而使得多孔陶瓷构成的吸液元件内部充满了烟液，因此整个发热元件完全与烟液接触，雾化效果得到了较大改善。

（二）中国专利布局

该组专利申请中的中国发明申请（申请号 CN2×××××××××5）的独立权利要求 1 如下：

> 1. 一种电子烟（100），其特征在于，包括：
> 储液器（150），用于存储烟液；
> 雾化组件（160），包括：
> 吸液元件（164），与所述储液器（150）相连，所述吸液元件（164）的材料为多孔陶瓷，所述吸液元件（164）具有用于吸收烟液的吸液面（1642），及雾化表面（1652）；及
> 发热元件（166），所述发热元件（166）嵌入所述吸液元件（164）的内部，所述发热元件（166）的边缘与所述雾化表面（1652）内切，所述发热元件（166）用于将所述吸液元件（164）所吸附的烟液转化为烟雾；及
> 电源组件（280），与所述雾化组件（160）相连，用于给所述发热元件（166）提供电源。

该专利申请的附图如图 1-16 所示。

该中国发明申请经过两次审查意见后，仅仅对权利要求做了形式上的调整即获得授权（CN1××××××4B）。另外，由于发明授权时的保护范围与前期授权的实用新型（CN2××××××8U）不一致，因此并未放弃已获得授权的实用新型专利权。

（三）美国专利布局

同日申请的 PCT 申请（PCT/CN2×××/×××××1）于 2017 年 12 月进入美国（US1×
×××××7）和欧洲专利局（EP1×××××××7）。

美国专利申请（US1××××××7）于 2019 年 10 月收到内容为限制性要求（Restriction Requirement）的第一次审查意见，并于 2020 年 2 月收到非最终的第二次审查意见

(Non-Final)。在 Non-Final 中，美国审查员认为该美国专利申请的权利要求 1 相对于对比文件 US2×××××××××2（Hon）不具备新颖性。

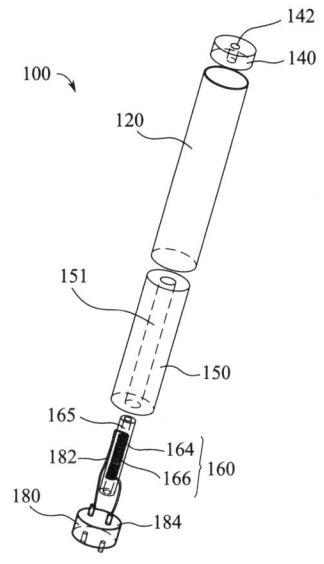

图 1-16 该专利的与权利要求 1 对应的附图

经华进专利团队仔细分析，如图 1-17 所示，US2×××××××××2（Hon）公开了一种具有通道 31 的电子烟，该通道 31 穿过储液部 3。如图 1-18 所示，从 Hon 的附图中可以清楚看出，发热元件 5 穿设于吸液元件 6 的通道内，因此 Hon 并没有公开发热元件 5 嵌入所述吸液元件 6 的内部。另外，由于发热元件 5 穿设于吸液元件 6 的通道内，因此 Hon 也没有公开发热元件 5 的边缘与雾化表面相切这一核心区别技术特征。

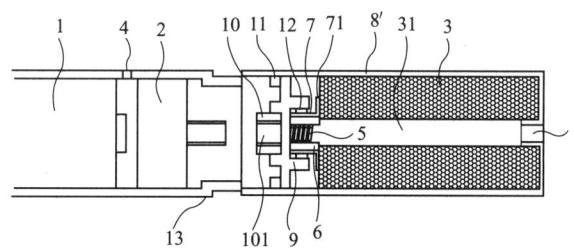

图 1-17 对比文件（Hon）中的附图 1

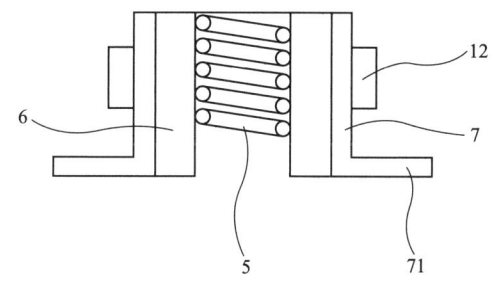

图 1-18 对比文件（Hon）中的附图 3

最终，US1××××××7号美国申请在未对权利要求1做任何实质性修改的前提下，于2020年9月获得授权，授权号为（US1××××2B2），以下简称"美国母案"。

美国专利法规定申请人可根据母案提出继续申请（Continuation Application）、部分继续申请（Continuation-in-part Application）和分案申请（Divisional Application）。这三类申请的提出都必须满足下列条件：

（1）提出申请时，母案或者该母案的任一个继续申请必须为悬而未决（pending）的状态；

（2）继续申请与母案申请的发明人至少有一个是相同的；

（3）继续申请的说明书应当依据母案的申请文本。

其中，继续申请与母案具有相同的公开内容，并且要求该母案的优先权，除了以上均需要满足的条件以外，继续申请的提交还需要满足该条件：其权项必须完全被母案的公开内容支持。

部分继续申请在母案的公开内容的基础上可以增加新的内容，如是在原始申请的申请日之后作出的改进，或克服在先申请公开不充分的问题等。部分继续申请的权项中由母案公开内容所支持的主题可以获得母案的有效申请日，但是权项中的新增内容不能获得该母案的有效申请日，其有效申请日为该部分继续申请的提交日。

分案申请与母案具有相同的公开内容，但是权项涉及的保护主题与母案不同。当美国审查员发现一件申请具有的权项涉及两个以上发明，且不满足可允许的一些特例时，美国审查员会发出限制性（Restriction Requirement）的审查意见，要求申请人选择其中一组发明以继续审查程序，并要求撤回涉及未选择的发明的权项。针对这些撤回的权项，申请人可以选择在母案处于悬而未决的状态期间提交分案申请。

2020年8月，M公司针对母案提出了第一继续申请（US1××××3），该第一继续申请的独立权利要求1如下：

1. 一种电子烟（100）的雾化组件（160），包括：

吸液元件（164），与所述储液器（150）相连，所述吸液元件（164）的材料为多孔陶瓷，所述吸液元件（164）具有用于吸收烟液的吸液面（1642），及雾化表面（1652）；及

发热元件（166），所述发热元件（166）嵌入所述吸液元件（164）的内部，所述发热元件（166）的边缘与所述雾化表面（1652）内切，所述发热元件（166）用于将所述吸液元件（164）所吸附的烟液转化为烟雾。

电子烟一般由雾化组件和电源组件两部分组成，其中雾化组件一般是一次性使用的可替换的耗材，而电源组件可以长期使用。相比较于母案，第一继续申请的主题从电子烟变成了雾化组件，从而省略了储液器和电源组件等特征，进一步扩大了保护范围。而

且由于雾化组件是可以单独制造和售卖的，因此第一继续申请的侵权对象从电子烟整体的制造商扩大到了雾化组件这一单独零件的制造商，从而涵盖了产品的上下游供应链。

该第一继续申请的审查过程中，虽然审查员也检索了与母案不一样的对比文件来质疑该案的创造性，但经过华进专利团队的精心准备和专业答辩，最终以递交时的权利要求1获得了授权（US1××××××2B2）。

2020年8月，M公司针对母案提出了第二继续申请（US×××××××5），该第二继续申请的独立权利要求1如下：

1. 一种电子烟（100）的雾化组件（160），包括：
吸液元件（164），所述吸液元件（164）的材料为多孔陶瓷，所述吸液元件（164）具有用于吸收烟液的吸液面（1642），及与所述吸液面（1642）相对的雾化表面（1652）；及
发热元件（166），所述发热元件（166）嵌入所述吸液元件（164）的内部，所述发热元件（166）用于将所述吸液元件（164）所吸附的烟液转化为烟雾；
其中所述吸液元件（164）的具有雾化表面（1652）一侧的导热效率高于吸液面（1642）一侧的导热效率。

相比较于母案和第一继续申请，第二继续申请的保护重点不再局限于"发热元件的边缘与雾化表面相切"这一区别技术特征，而是转移到"吸液元件分层设计"这一另外的区别技术特征，这有可能是申请人监控到竞争对手的产品发生了变化的缘故。

专利的前瞻性和产品的滞后性决定了大部分申请时候的专利技术方案和最终市场上广泛应用的产品技术方案有一定的区别。这种情况将导致很多专利授权后往往涵盖不了太多市面上的产品。但如果申请人能够充分利用美国继续申请制度，就可以时刻监控市场产品动态，一旦发现有和母案授权时的权利要求涉及的技术方案有区别的产品上市，则可以迅速申请一件继续申请，并将该继续申请的权利要求写成完全涵盖该市场产品形态。如果该继续申请授权，那么再用该继续申请去维权的难度则小得多。换言之，一个好的专利不是仅仅涵盖自己产品的专利，而是能涵盖更多竞争对手产品的专利。

第二继续申请经过一次审查意见后，顺利获得授权（US1×××××××8B2）。

2022年8月，M公司依据第二继续申请提出了第三继续申请（US1××××××8），该第三继续申请的独立权利要求1如下：

1. 一种雾化组件的制造方法，包括：
提供定位件，所述定位件包括固定柱；
将发热元件呈螺旋状缠绕在所述固定柱的周围；
将缠绕有所述发热元件的固定柱放入模具中，在所述发热元件的表面注

塑第一层陶瓷材料，然后固化；

从固化的第一层陶瓷材料中取出所述固定柱，及

烧结固化的第一层陶瓷材料，从而得到由多孔陶瓷构成的吸液元件和嵌入在所述吸液元件内部的发热元件。

相比较于母案，第三继续申请的主题从产品变成了方法。从侵权判定的角度来看，方法类权利要求和产品类权利要求其实各有利弊。制造方法类的权利要求的保护范围延伸至由该方法所直接获得的产品。虽然在判定方法权利要求侵权时确实存在取证上的难度，但并不是完全无法解决，尤其是在美国专利诉讼中的证据开示（Discovery）程序中，美国专利诉讼的原告可以详细询问被控侵权产品的设计、制造、销售细节，包括要求审阅研发、测试、生产和利润核算等相关文件和记录。目前全球95%以上的电子烟产品出自中国，中国产出的近70%则来自深圳。当侵权产品在第三国生产，而权利人仅在本国有涉及生产工艺的方法专利而在第三国没有相应专利时，方法权利要求的延伸保护可具有一定的"域外效力"。也就是说，权利人可禁止将在第三国生产的产品进口到本国，即使该产品在第三国是合法生产的。综上，在选择适当的权利要求类型时，申请人需要综合考虑其创新成果的特点、市场需求、竞争对手的行为等多个因素，以制定出最有效的专利保护策略。

第三继续申请在审查过程中没有收到任何审查意见而直接获得授权（US1××××××8B2）。

（四）欧洲专利布局

与美国母案同族的欧洲专利申请（EP1×××××××7）于2017年12月开始在欧洲专利局进行审查。欧洲审查员于2019年1月发出第一次审查意见（补充检索报告）。在第一次审查意见中，欧洲审查员引用了总计15篇对比文件来质疑该欧洲专利申请的新颖性和创造性。但在华进专利团队的争辩下，EP1×××××××7号欧洲专利申请最终在未对权利要求1做任何实质性修改的前提下，于2020年1月获得授权，授权号为（EP3×××××3B1），以下简称"欧洲母案"。

2019年11月，M公司针对欧洲母案提出了第一分案（EP1×××××××9），其独立权利要求1与美国第一继续申请（US1×××××3）相一致。

欧洲审查员在审理欧洲第一分案时，仅仅指出了某几项从属权利要求存在不支持的形式性缺陷。在删除一些重要性不高的从属权利要求后，第一分案顺利获得授权（EP3×××××7B1）。

根据中国《专利审查指南》的规定，针对中国申请，申请人只能在母案授权之前提交分案。对于已经提交过分案申请，申请人需要针对该分案申请再次提出分案申请的，再次提交的分案申请的递交期限仍以母案申请的授权日为限。但是和中国的情况

不一样，针对欧洲申请，只要是早先欧洲申请（earlier application，不管是最早的母案还是已经是分案）处于 pending 的状态，就可以提交新的分案。

2020 年 8 月，M 公司针对第一分案（EP1××××××9）提出了第二分案（EP2××××××6），其独立权利要求 1 与美国第二继续申请（US1××××××5）较为接近。由于欧洲审查员在审理欧洲第二分案时并未检索到影响该申请的新创性的对比文件，因此第二分案也很快获得授权（EP3×××××7B1）。

由于欧洲母案的授权版本中已经包含了雾化组件的制造方法的权利要求，因此 M 公司没有继续针对方法权利要求再提出新的分案。

（五）中国及海外专利布局演进

图 1-19 显示了"电子烟及其雾化组件的制造方法"这一发明专利在中国、美国、欧洲三地的布局演进图。

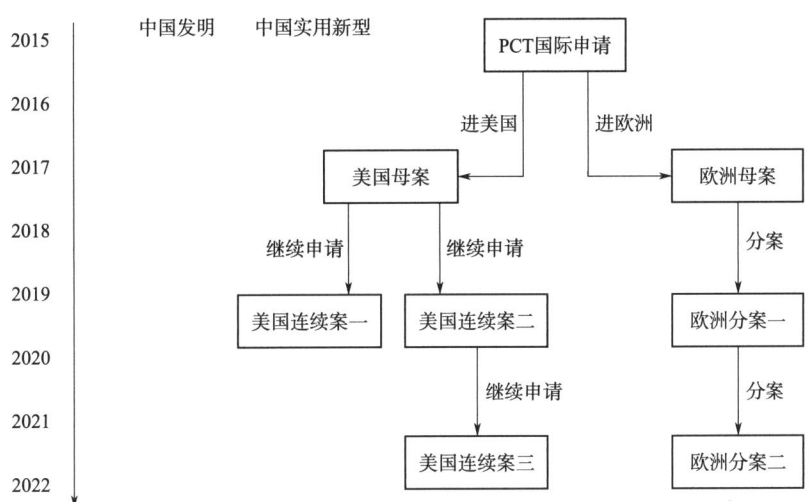

图 1-19 "电子烟及其雾化组件的制造方法"专利的中国及海外布局

由图 1-19 可知，M 公司针对某一重要产品，在电子雾化产品重点销售市场和生产基地，即中国、美国和欧洲三地总共布局了 10 件授权专利，以保障重点产品不会被抄袭和仿制，既提高产品竞争力，也针对竞争对手浇筑了上下游、多方位、多角度的技术壁垒。

二、结语

通过上述案例，笔者尝试从技术、商业、成本等多个维度对企业在美国、欧洲等国家或地区进行海外专利布局提出以下建议。

（1）母案申请的权利要求保护范围并不是决定性的。专利局通常都会通过新颖性和创造性驳回理由来拒绝较宽范围的权项，以要求申请人尽可能地缩小权项的范围。

而当申请人已经有一款特定的产品具有即时的商业潜能，对于申请人来说比较明智的做法是在审查过程中先将权项范围缩小尽快获得专利以覆盖该特定的产品，然后提交一个继续申请以继续寻求更宽的保护范围或者不同的保护范围。

（2）对于非常重要的专利，当母案因创造性等原因快被驳回的时候，可以考虑提交一件继续申请，对权利要求稍做修改，也许就会峰回路转，柳暗花明。

（3）如果市场产品方案不确定，那就在母案授权前提交一件继续申请，创造继续布局的条件，避免因母案授权或被驳回而丧失继续申请的时间窗口。待市场上有确定产品方案的时候，再针对该产品进行新的继续申请布局，力争涵盖该产品方案。

总之，美国、欧洲等国家或地区的专利制度相当完善且灵活，从顶层设计方面对市场参与者的技术创新起到了很好的保护和支撑，这也使得美国、欧洲专利具有较高的经济价值。通过合理利用美国继续申请制度和欧洲分案制度，可以使企业的美国、欧洲专利作用和效果最大化，并在专利侵权证据收集时候有的放矢、在专利侵权判定中心中有数。另外，美国继续申请和欧洲分案可以作为在时间轴上的纵向专利布局的一种方式，通过对技术和产品演变的合理预期与判断，进行更有效的专利布局。

如何有效运用 PCT 申请优先权恢复及 PCT 国际检索单位书面意见

——PCT 国际申请案例

案例整理及评析人：钦静

【专利基本信息】

PCT 申请号：PCT/CN2022/××××××

PCT 申请日：2022 年 8 月 11 日

优先权日：2022 年 6 月 11 日

对于创新主体的海外专利布局，优先权期限是至关重要的时间节点，一旦错过该期限，海外专利申请将陷入被动局面，极难获得授权。该案中创新主体与专业的知识产权服务机构精诚合作，有效运用 PCT 申请优先权恢复规定，分析目标国家、区域恢复优先权的适用标准，制定恢复优先权方案并顺利实施。同时通过国际检索单位书面意见的正面结果和国内专利的授权结果加速海外专利申请审查进度，达到了合理挽救优先权、积极提速海外专利申请的"双佳"效果。

某大型国有企业的项目团队（以下简称"客户项目团队"）在国内专利布局后，开始进行海外专利布局准备，经过多轮评估，在 2022 年 6 月底，筛选出拟进行海外专利布局的国内专利申请。此时客户项目团队却遇到一个极大的困难，该专利国内申请日为 2021 年 6 月 11 日，12 个月优先权期限已于 2022 年 6 月 11 日届满。对于创新主体的海外专利布局，优先权期限是至关重要的时间节点，一旦错过该期限，海外专利申请极难获得授权。

此时，客户项目团队立即与华进专利团队取得联系，指出该专利的海外布局极其重要，并提出了两个诉求：①确保国外专利申请恢复优先权，争取国外专利申请获得授权；②加快海外专利申请审查进度。华进专利团队接到客户项目团队的诉求后，立即查阅案件情况并了解该专利海外布局的目标国家或地区。通过沟通，客户项目团队希望进入的国家或地区包括美国、欧洲地区、日本、澳大利亚、南非。

经过分析，华进专利团队提供了恢复优先权及加速海外专利申请审查进度的解决方案。

一、恢复优先权

虽然 12 个月优先权期限届满，但是根据 2022 年版《专利合作条约实施细则》的第 26 条之二.3、第 49 条之三.2 规定，PCT 申请可以在优先权期限届满日之后，但在自该优先权期限届满日起的 2 个月期限内，请求恢复优先权（该案的请求恢复优先权期限为 2022 年 8 月 11 日），PCT 申请受理局及指定局对于优先权恢复是否接受及恢复适用标准则根据相应国家或地区的法律规定各异。针对客户项目团队的目标国家或地区，相关恢复优先权要求如表 1-6 所示。

表 1-6 相关国家或地区恢复优先权要求

国家和地区	恢复优先权期限	是否接受优先权恢复 作为 PCT 受理局	是否接受优先权恢复 作为 PCT 指定局	是否接受优先权恢复 巴黎公约直接进入	恢复适用标准
中国	优先权期限届满之日起的 2 个月内	√	√*	√**	作为 PCT 受理局和指定局：非故意或适当注意（但作为指定局接受恢复仅适用于 2024 年 1 月 20 日及之后通过 PCT 进入中国的专利申请）
美国	优先权期限届满之日起的 2 个月内	√	√	√	非故意
欧洲	优先权期限届满之日起的 2 个月内	√	√	√	适当注意
日本	优先权期限届满之日起的 2 个月内	√	√	√	合理理由+适当注意（适用于优先权期限在 2023 年 4 月 1 日之前届满的专利申请）；非故意（适用于优先权期限在 2023 年 4 月 1 日及之后届满的专利申请）
澳大利亚	无规定期限	√	√	√	适当注意、不可抗力、人为过失或错误（企业须提前注意或监控了期限，仅因企业个人或代理律师的过失或错误，类似适当注意标准）

续表

国家和地区	恢复优先权期限	是否接受优先权恢复 作为PCT受理局	是否接受优先权恢复 作为PCT指定局	是否接受优先权恢复 巴黎公约直接进入	恢复适用标准
南非	巴黎公约：无 PCT：优先权期限届满之日起的2个月内	√	√	×	作为PCT受理局和指定局：非故意或适当注意
英国	优先权期限届满之日起的2个月内	√	√	√	非故意

注：*根据《专利法实施细则》，2024年1月20日起PCT进入中国的专利申请，如PCT国际阶段批准恢复优先权的，则中国作为指定局接受PCT国际阶段的恢复优先权决定。2024年1月20日前PCT进入中国的专利申请，中国作为指定局仍不接受PCT国际阶段的恢复请求。

**根据《专利法实施细则》，2024年1月20日起，如有正当理由，在优先权提出期限届满后2个月内（即优先权日起14个月内）可请求恢复优先权。2024年1月20日前，中国不允许请求恢复优先权。

根据以上要求，可看出在规定的优先权恢复期限内，中国申请人可以以中国国家知识产权局为PCT受理局在PCT国际阶段请求恢复优先权。但后续PCT进入各国家或地区，对应国家或地区作为指定局是否接受优先权恢复结果不一，恢复适用标准差异也较大，恢复适用标准主要分为"非故意"（unintentional）和"适当注意"（due care）。"非故意"标准较为宽松，一般仅需简单陈述申请人因为非故意原因错过期限，请求恢复优先权；而"适当注意"标准则要求申请人已尽到合理注意义务，仅因不可抗力事件、管理系统计算错误等原因导致错过期限，该标准较为严苛，且需要提供充分证据进行证明，欧洲、日本（适用于优先权期限在2023年4月1日之前届满的专利申请）、澳大利亚均适用"适当注意"标准。针对客户项目团队计划海外布局的专利申请优先权期限过期，华进专利团队认为较难满足"适当注意"标准，那么客户将丧失进入欧洲、日本、澳大利亚可能性，海外专利布局损失较大，尤其是丧失整个欧洲市场，因此华进专利团队再次对欧洲主要国家（英国、法国、德国）优先权恢复要求进行了筛选和分析，增加了英国的恢复适用标准（英国可以接受非故意标准的优先权恢复），并建议如下二方案。

方案1：在2022年8月11日前在中国提交PCT国际申请，并请求以非故意理由恢复优先权，后续PCT进入可接受非故意标准的美国、南非、英国。

方案2：在2022年8月11日前，以巴黎公约方式恢复优先权进入美国、英国。

结合华进专利团队提供的解决方案，客户项目团队确定了综合方案：由于美国专利申请迫在眉睫，决定以巴黎公约方式尽快启动美国专利申请并请求恢复优先权；同时在2022年8月11日前提交PCT国际申请并请求恢复PCT申请优先权，待收到准予恢复优先权决定后办理PCT进入英国、南非手续。

根据以上方案，案件海外专利布局顺利进行，美国专利申请于2022年8月9日提交，PCT国际申请于2022年8月11日提交，PCT国际申请优先权和美国专利申请优先权均顺利予以恢复，PCT申请进入南非和英国也正常受理，相关时间轴如图1-20所示。

图1-20 该专利申请的海外专利布局时间轴

二、加速海外专利申请审查进度

针对美国专利申请，由于国内专利申请已经授权，华进专利团队建议基于国内专利申请的授权结果向美国专利商标局提出专利审查高速路（简称"PPH"）请求。PPH是专利审查机构之间开展的审查结果共享的业务合作，旨在帮助申请人的海外申请早日获得专利权。目前中国已经与包括美国、日本、英国在内的30多个国家或地区签署了PPH合作项目。通过提出PPH请求，美国专利商标局很快下发第一次审查意见通知书，并经过答复顺利克服驳回理由，于2023年7月18日授权。

针对该PCT申请进入南非，虽然南非与中国并未建立PPH合作，但由于PCT国际检索单位书面意见中该PCT申请所有权利要求均具备新颖性、创造性和工业实用性，华进专利团队经过与国外律师沟通，确定可以依据PCT国际检索单位书面意见的正面结果请求加速南非专利申请审查进度，南非专利申请于2023年6月28日授权。

针对该PCT申请进入英国，同样参考美国加速方式提出PPH请求，英国专利申请于2023年8月30日授权。

至此，除了恢复优先权之外，该案的同族美国、英国、南非专利申请均在约1年时间，通过分别有效利用PPH（美国、英国）、PCT国际检索单位书面意见（南非）加速审查方式快速授权，该专利申请的海外专利布局顺利完成，达到了合理挽救优先权、积极提速海外专利申请的"双佳"效果。

对于中国创新主体来说，在完成中国专利申请后，应尽早考虑海外专利布局需求，提早做好海外专利布局计划，及时监控优先权期限，避免因误期导致海外专利布局陷入被动局面。一旦错过 12 个月优先权期限，创新主体应及时保留误期的相关证据，并尽快联系专业的知识产权服务机构，根据海外布局的国家或区域，分析了解当地恢复优先权的可能性，有效运用 PCT 申请优先权恢复规定，确定恢复优先权的策略。此外，创新主体在海外专利布局中，还可以调查了解当地专利申请的加速审查政策，根据案件情况选择合适的加速审查方式，为海外专利布局提速增效。

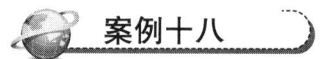

案例十八

如何应对美国专利申请审查中的专利客体适格性驳回意见

——计算机软件领域美国发明专利申请案例

案例整理及评析人：罗沪光 方昊佳 旋杰豪

【专利基本信息】

发明名称：确定胰岛素注射量的方法、计算机存储介质和设备
美国专利号：US11929159B
美国专利申请日：2018年11月23日
美国专利权授予日：2024年3月12日

一、案例说明

（一）美国专利法关于专利客体适格性的法律和判断规则

《美国法典》第35篇第101章（35U.S.C.§101）规定了可申请专利的发明客体：工艺方法、机器、制造产品和物质组成。此外，美国在多年的判例中，也逐渐形成了不可申请专利的例外，包括抽象概念、自然法则和自然现象。美国专利商标局在2019年发布的《专利客体适格性指南》（PEG）中确定了Alice-Mayo测试，作为判断专利客体适格性的基本规则。

根据Alice-Mayo测试（如图1-21所示），若某项发明属于工艺方法、机器、制造产品和物质组成，需进一步确认其是否指向司法例外（judicial exception）（步骤2A）。司法例外包括抽象概念、自然法则和自然现象。其中，抽象概念又包括心理活动、数学概念等。由于计算机程序专利往往包括算法或涉及商业模式等思维活动，因此常涉及抽象概念问题。

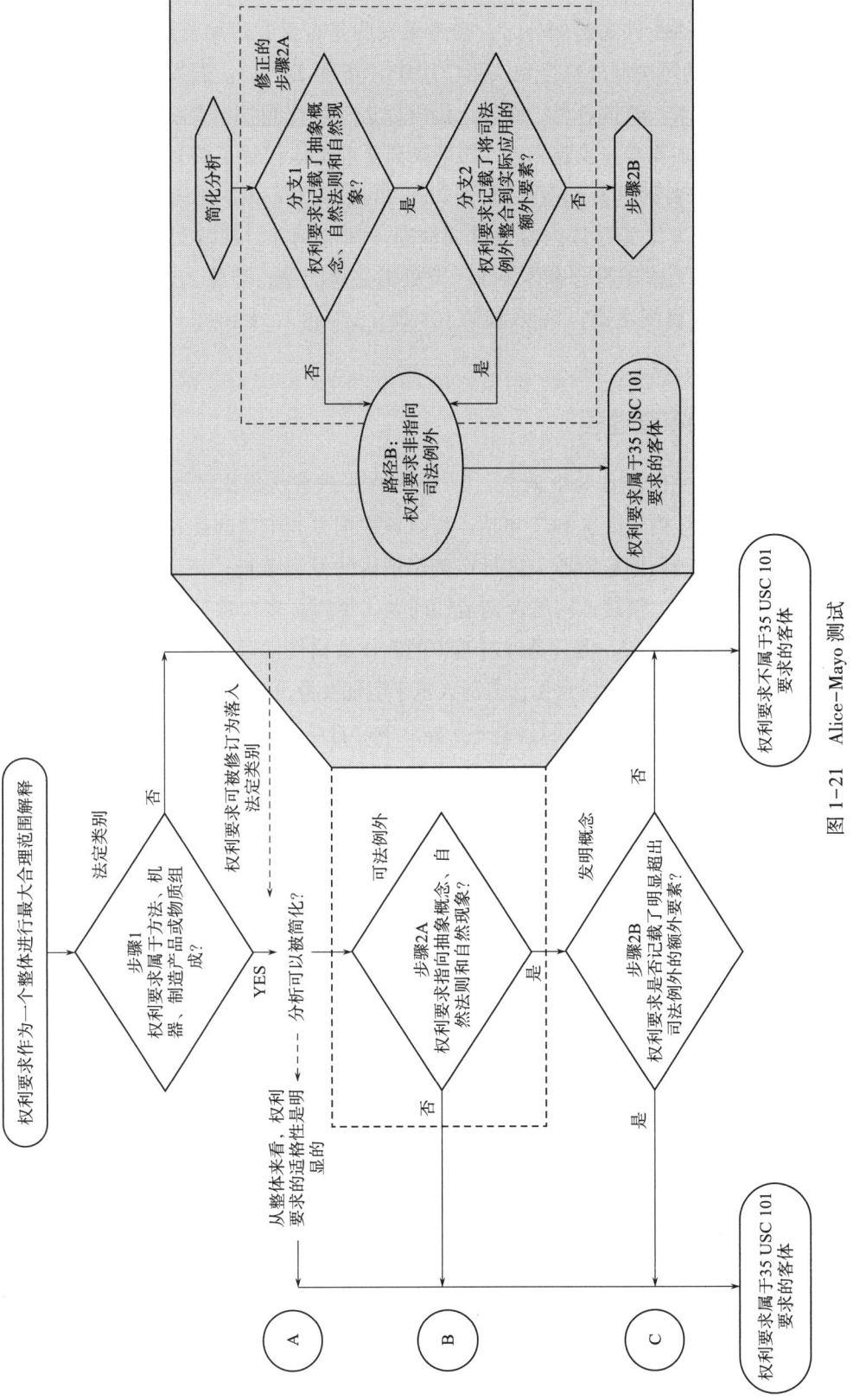

图1-21 Alice-Mayo测试

在评价发明是否指向司法例外时,需考量发明是否含有附加要素(additional element),以将记载的司法例外整合到实际应用中(步骤2A-1)。若发明非指向司法例外,则符合客体要求。若指向司法例外,仍可以进一步评判权利要求是否记载了明显超过司法例外的附加要素(步骤2B)。如果权利要求整体记载了明显超过司法例外的附件要素,即附加要素具有创造性概念(inventive concept)❶,则该权利要求符合客体要求。如果权利要求的整体内容没有明显超出司法例外,即权利要求中没有创造性概念,则该权利要求不符合客体要求。此处需注意的是,步骤2B中涉及的创造性概念并不等同于《美国法典》第35篇第103章(35U.S.C.§103)下的非显而易见性(non-obviousness)。

(二)该案的审查过程

上海市第六人民医院作为申请人,于2018在中国首次递交了该件发明的专利申请,并在优先权期限内递交了PCT申请,要求该中国专利申请的优先权。2019年,该PCT专利申请进入美国国家阶段,进行在美国地区的专利审查。该美国专利申请围绕专利客体适格性问题、清楚性问题及创造性问题,经历了多次意见陈述[包括再审程序(RCE)]后获得授权。尤其是针对其中的客体适格性问题,面对美国当地严苛的审查标准及审查员提出的驳回意见,申请人基于引证及意见陈述,最终说服审查员。

简单来说,该美国专利申请针对一种基于半监督学习的胰岛素皮下注射的方法,该方法通过构建基于有监督学习的血糖预测模型和基于半监督学习的胰岛素治疗方案预测模型来实现胰岛素治疗方案的自动分析生成。该方法涉及模型的训练,如血糖预测模型、胰岛素注射量预测模型,以及基于训练的模型结合患者信息来预测患者在各个时刻的血糖含量及所需的胰岛素注射量。相较于传统的人工胰腺的控制方法,即以连续葡萄糖监测系统得到的实际血糖结果为输入来得到所需的胰岛素注射量,该发明无须患者使用监测仪器进行实时血糖监测,同时由于预测过程考虑了患者的个体差异,因此预测结果更加准确。

该案在通过PCT进入美国国家阶段时递交的独立权利要求1如下(译文):

一种胰岛素注射量确定方法,其特征在于,包括以下步骤:
通过计算机装置获取目标用户的特征信息以及当前时刻的血糖含量;
基于所述目标用户的特征信息、所述目标用户的当前时刻的血糖含量、预先确定的血糖预测模型以及预先确定的胰岛素注射量预测模型,通过计算机装置确定所述目标用户在各时刻的胰岛素注射量;以及
通过计算机装置输出确定的所述目标用户在各时刻的胰岛素注射量。

---

❶ 参见《美国专利审查手册》中关于客体适格性的审查规定(MPEP §2106.05(d))。

美国专利商标局在第一次审查意见通知书中仅指出创造性问题缺陷，而在第二次审查通知书中提出客体适格性问题，即审查员认为该发明构成不可授权的司法例外，即自然规则、自然现象或抽象概念的，同时没有记载更多内容，因此权利要求所针对的发明不符合美国专利法关于专利保护客体的规定。具体来说，审查员认为，该发明针对的权利要求包括了组织人类活动的方法，但缺少实际应用，权利要求中的附加要素仅用来指示计算机装置执行司法例外及增加了非实质的方案外行为（extra solution activity），如获取特征信息仅是数据搜集行为。

对此，申请人对权利要求1进行了修改，加入"在目标用户不佩戴连续血糖监测设备的情况下，基于确定的胰岛素注射量对目标用户进行注射"。同时，申请人指出，除了审查员所认定的抽象概念外，修改后的独立权利要求1还记载了"在目标用户不佩戴连续血糖监测设备的情况下，基于确定的胰岛素注射量对目标用户进行注射"这一附加要素，因此权利要求整体上已将司法例外整合到实际应用中，因此符合专利授权的客体适格性要求。

随后，审查员再次发出审查意见，认为修改后的权利要求依然指向司法例外，申请人修订加入的特征"在目标用户不佩戴连续血糖监测设备的情况下，基于确定的胰岛素注射量对目标用户进行注射"属于方案外行为。对此，审查员进一步从说明书的记载寻求佐证，"对于最后使用该血糖预测模型和胰岛素注射量预测模型的病人而言，可以在无须佩戴连续血糖监测设备进行检测实验的情况下，可得到较为准确的胰岛素注射量，即便于胰岛素注射量的确定"，即本发明本身并不要求必须包括"确定注射量"的应用。基于此，审查员进一步认定上述修订的技术特征属于方案外行为。此外，审查员另引用PEG中关于客体适格性的章节[2106.04(d)(2)]，认为该美国专利申请中的给药步骤不是特定的，而只是"应用"司法例外的一种泛化方式的指示，因此给药步骤没有将心理分析步骤整合到实际应用中。

对此，申请人在接下来的意见陈述中提出，审查员孤立地评价了权利要求中附加要素的主题适格性，而非将权利要求作为一个整体来考虑来判断是否属于"一个抽象概念、物理现象或自然法则的特定应用，而非抽象概念、物理现象或自然法则本身"[1]。同时，申请人强调，针对"在目标用户不佩戴连续血糖监测设备的情况下，基于确定的胰岛素注射量对目标用户进行注射"，由于确定的胰岛素注射量与实际的给药操作直接相关，因此该给药操作构成了将司法例外整合到实际应用的附加要素（MPEP 2106.04(d)(2)）。

此外，申请人进一步强调，《专利客体适格性指南》中提供了用于判断"限制要素"（limitations）是否仅仅是方案外行为或仅仅指示使用领域的指引。根据这些指引，

---

[1] 参见美国司法案例 Diehr, 450 U. S. at 188-178.

当在心理分析步骤之前进行给药步骤的情况中，给药步骤可能是执行该司法例外的必要前提，因此构成方案外行为。而如果给药步骤是在心理分析步骤之后，且利用了心理分析步骤中得到的信息，则该给药操作应用了该司法例外。类似地，在该美国专利申请的权利要求 1 中，通过获取、确定和输出确定的胰岛素注射剂量来确定注射剂量，从确定注射剂量的步骤中获得的信息被用于在"在目标用户不佩戴连续血糖监测装置的情况下将胰岛素注射剂量给予目标用户"的步骤中以改变注射到目标用户体内的胰岛素量。因此，"注射确定的胰岛素剂量"这个限制要素不是方案外行为，而是将抽象概念整合到实际应用中。

经以上陈述，审查员最终接受了申请人的意见。在克服案件中其他缺陷后，该美国专利申请得到了授权。

二、案例评析

计算机程序专利客体适格性问题是比较复杂的问题，既是当下理论上研究的热点，也是实务中的难点和重点。尤其在美国地区，从时间线来看，关于计算机程序专利客体适格性的衡量标准经历了过山车式的动荡调整。例如，在 2014 年 KSR V. Alice 案最终判决之前，宽松的审查标准滋生了大量的计算机程序相关专利，其中不乏大量简单的保护商业模式的案件。而在此案例之后，无论是学术上还是实务上依然在客体适格性的判断标准上存在争议和调整，直到 2019 年《专利客体适格性指南》中确定了 Alice-Mayo 测试后，才从理论上基本固定了尤其针对计算机程序专利的客体适格性评价标准。

从各国家或地区对比来看，在判断专利可授权客体方面也存在较大差异。例如，以笔者观点并以该案在中国进行申请为例，"确定注射剂量"本身即构成技术特征，符合中国专利法律法规中关于"技术性"的要求，因而无须作进一步如"给药操作"的限定。此外，即使在同一国家或地区，即便有明确的法律依据和判断规则，依笔者实务观察，不同的审查员之间对专利客体适格性的判断标准也不尽相同。

虽然美国在 2019 年确立了 Alice-Mayo 测试用来判断专利客体适格性问题，但在具体操作层面仍具有不小的标准拿捏上的差异，以及存在不少带有一定模糊性且值得讨论的地方。例如，关于在 Alice-Mayo 测试中重点强调的"明显超过（amount to significantly more）""整合到实际应用（integration into a practical application）"等，虽然官方给出了相应的解释及相应的典型案例❶，但是从实际来看，无论是专利申请人、行业学者还是美国专利商标局内部之间都似乎对其有着不同的理解，这也就造成了在实务操作中，常发生具有相似情形的不同专利申请得到不同的专利审查结果的情况发生。

---

❶ 参见《美国专利审查手册》关于客体适格性的审查规定（MPEP §2106.04）.

该美国专利申请中所涉及的疾病治疗正是《专利客体适格性指南》中列举的用来分析和判断客体适格性的示例。《专利客体适格性指南》对此给出了较多判断客体适格性的要点。例如，一种证明 Alice-Mayo 步骤 2A 中将司法例外整合到实际应用的方式是，发明中的附加要素应用了该司法例外以实现对疾病或医疗状况的特定治疗或预防。此外，若要达到"治疗"或"预防"这两个因素，权利要求中的限制要素必须明确记载对疾病或医疗状况具有特定治疗或预防效果的行为。如果该限制要素实际上并没有提供治疗或预防措施，如只是表明该司法例外预期用途或使用领域，则无法将司法例外整合到实际应用。又如，治疗或预防限制要素与司法例外必须有密切直接关系，即权利要求所记载的司法例外与后续的治疗或预防操作之间必须有直接的因果逻辑。例如，在基于构成司法例外的算法模型得到的血糖水平并基于该血糖水平使用胰岛素对病人进行治疗的案例中，其中治疗与血糖水平之间具有符合规律的因果联系，因此治疗动作可以将司法例外整合到实际应用。再如，《专利客体适格性指南》给出提示，在判断附加要素是否构成方案外行为时，需关注该附加要素的目的，即判断该附加要素是服务于司法例外（如为司法例外提供准备），还是使用司法例外产生的结果以将司法例外整合到实际应用。同时，在判断附加要素是否构成方案外行为时，还应结合使用领域和环境因素等。

该案中，申请人在充分理解《专利客体适格性指南》对客体适格性的判断规则和本质的基础上，在意见陈述过程中充分利用《专利客体适格性指南》所提供的指引，从而成功说服审查员。该案具有一定的代表性，其情形可以横向扩展到很多基于计算机程序实现的在各领域中的应用。例如，基于各种算法获取参数、基于仿真获取测验结果，并利用这些参数、测验结果来进一步进行后续的控制、预防等行为。因此，该案可以作为此类案件的一个参考，尤其是在实质审查阶段，可以参照其修订方式及答复理由，以加快审查进度及授权概率。

三、对策和建议

结合前面的介绍，可以看出，在处理具体案件时，不仅需从理论上理解相应的法律法规，尤其是 Alice-Mayo 测试，更需紧扣美国专利商标局给出的指引和案例，以此在撰写专利申请文件及答复审查意见两个阶段作出更为精准的选择和应对。

在准备申请文件时，应明确记载可能超出司法例外本身的实际应用，即记载可以将司法例外整合到实际应用的附加要素。例如，基于人工智能算法得到的数据控制车辆的自动驾驶、基于数据变换得到的参数进行医疗图像生成等。此外，要考虑不同国家在实务方面的差异，如在中国，"一种预测产品寿命的方法"可以构成合格的专利保护客体，而在美国，该主题很可能因整个方法属于抽象的思维活动，缺少实际应用而被拒绝。

同时，应规避潜在的附加要素被认定为"方案外行为"风险。不仅要考虑发明是否包含了实际的应用行为，同时也要考虑该应用行为的目的，即与司法例外的关系。只有利用了司法例外，将司法例外整合到实际应用的行为才可以构成合格的附加要素，从而使得权利要求整体并非指向司法例外。

在审查阶段，涉及司法例外的计算机程序案件往往会收到美国专利商标局发出的客体适格性驳回。作为应对，申请人应围绕Alice-Mayo测试中是否将司法例外整合到实际应用（步骤2A-2），以及是否记载显著超出司法例外的特征（步骤2B）进行权利要求修改和意见答复。这两个关键要素在实际使用时，虽有一定的交叉，但二者仍有区别。例如，仅会在步骤2B阶段考虑权利要求特征是否公知或常规的问题，换言之，在步骤2A阶段，即使权利要求包括公知元素，仍可能将司法例外整合到实际应用中。而如果权利要求没有通过步骤2A测试，如在步骤2A中附加要素被认定为非实质的方案外行为，则仍可以在步骤2B阶段进一步尝试争辩该附加要素具有发明概念，显著超出了司法例外本身。

最后，对于中国申请人而言，往往选择在中国提交首次申请，继而要求该中国申请的优先权向海外提交申请，或以PCT的方式进入海外。因此，在准备该中国申请时，即需考虑好中国和海外关于客体适格性法律和实务方面的差异，充分完善申请文件，以避免在布局海外申请时缺少对申请文件作进一步调整的基础。例如，在准备中国专利申请文件时，需做好充分披露，如技术方案详细的实现过程、发明所应用的技术环境等，以及记载必要的超过司法例外本身的具体应用等。

如何通过加快审查程序尽早获得海外专利申请授权

——美国、欧洲、日本、韩国、巴西、澳大利亚专利加快审查方式简析

案例整理及评析人：陈美丹

近年来，许多国内申请人在进行海外专利布局时，出于商业需要、抢占海外市场先机等原因，希望尽早获得专利申请授权，一些国家的专利局也对申请人的需求提供了一些加快审查程序，申请人可以考虑通过采用合适的加快审查方式和程序，加快专利审查的进程。本文将针对常见的一些国家的加快方式做简要介绍和分析。

一、案例分析

许多中国申请人在进行海外专利布局时会选择进入美国。在美国申请发明专利，一般情况下需要2~3年的审查周期，根据个案的复杂程度或其他因素的影响，也经常会有超过3年才发出第一次审查意见的情况。美国专利审查机构制定了相关的专利加快审查程序，主要有普通加快审查、优先审查、专利审查高速路等，在缩短专利审查周期方面有显著成效，现结合如下案例针对美国两种常见的加快方式进行分析。

（一）美国——优先审查加快

表1-7中的三个案例为美国专利通过优先审查加快方式进行的加快。案件情况如下：申请人主张了中国专利优先权，同族中国发明专利未授权或中国专利为实用新型，且无其他同族专利审查结果，申请人想要尽快获得授权，选择了适合的加快方式——优先审查，在申请同时即提交优先审查请求。

表1-7 美国专利通过优先审查加快的例子

申请号	申请日	优先权审查请求日	优先审查通过日	一通发文日	授权发文日	从优先审查通过到收到一通	从优先审查通过到收到授权
18/430,638	2024年2月1日	2024年2月1日	2024年3月20日	无	2024年4月18日	—	1个月

续表

申请号	申请日	优先权审查请求日	优先审查通过日	一通发文日	授权发文日	从优先审查通过到收到一通	从优先审查通过到收到授权
18/433,533	2024年2月6日	2024年2月6日	2024年3月21日	无	2024年4月9日	—	19天
18/616,234	2024年3月26日	2024年3月26日	2024年4月30日	2024年6月12日	2024年7月18日	约1.5个月	约2.5个月

表1-7中的案例1和2的美国专利都是无任何审查意见发文即授权，从优先审查通过到收到授权通在1个月内；案例3为有审查意见的情况，从优先审查通过到收到审查意见约1.5个月，到授权约2.5个月，加快效果显著。

（二）美国——审查高速路（PPH）加快

如表1-8所示，该案例为美国专利通过审查高速路（PPH）加快方式进行加快的，案件情况：申请人主张了中国发明专利优先权且已授权，无其他同族专利审查结果，申请人想要尽早获得美国专利授权，从节约费用等综合因素考虑后，选择基于已授权的中国发明专利提出PPH请求，该案没有正式的一通发文，只有审查员的非正式官文通知，从PPH通过到收到审查意见约2个月时间，到收到授权通知约2.5个月，有明显的加快效果。

表1-8 美国专利通过审查高速路（PPH）加快的例子

申请号	申请日	PPH请求日	PPH通过日	审查意见发文日	授权发文日	从PPH通过到收到审查意见	从PPH通过到收到授权
18/434,051	2024年2月6日	2024年2月6日	2024年3月7日	2024年5月2日	2024年5月20日	2个月	2.5个月

根据以往代理案件的经验，美国专利通过优先审查或PPH路径下进行的加快，可以有效减少审查意见次数，节约答复审查意见成本，一通后即可授权或无审查意见即授权的情况会大大提高。

二、各国加快审查方式汇总

基于前述案例，为方便申请人选择合适的加快审查策略，现针对一些具体国家发明专利申请加快审查的若干途径作如下简要介绍。

（一）美国

表 1-9　美国加快审查方式

加快审查方式	请求时机	申请分析
普通加快审查（Accelerated Examination，AE）	提交申请时请求	（1）条件： ① 独立权利要求不超过 3 个，权利要求总数不超过 20 个，不存在多项从属权利要求，各权利要求必须符合单一性的要求； ② 申请人必须无条件同意会晤（如审查员认为必要时）； ③ 须先进行审查前的可专利性检索，需提交预检索声明（Statement of pre-examination search），并向专利局提交检索情况和加快审查支持文件。检索须覆盖权利要求的所有特征，对权利要求进行最大范围的解释，且须尽到信息披露的义务等； ④ 不适用 PCT 进入美国国家阶段的申请，如 PCT 途径的申请案需选择加快，可通过旁路申请（by pass）来实现，或对在审案件提出 RCE 请求，以适用 AE 程序； （2）加快程度：适用加快审查程序的，基本上会在决定适用该程序之日起 3 个月内收到第一次审查意见，预计自申请日起 12 个月内收到最终审查决定； （3）利弊： ① 利：官费较低，且能够有效地加快专利的审查速度； ② 弊：要求较高，申请人可能需承担委托美国外所进行检索的高昂的检索律师费；审查过程中答复审查意见的时间短且无法延期，可能需要与审查员多次的会晤
优先审查（Track One 途径）priority examination	提交申请时请求；或在提交继续审查（RCE）时	（1）条件： ① 独立权利要求不超过 4 个，权利要求总数不超过 30 个，且不存在多项从属权利要求； ② 对于 Track one 的请求，目前官方限制受理数量为每年 1 万件； ③ 专利申请提出 Track one 后，如申请过程中提出 RCE 请求，其 RCE 将无法继续享有加快的效果，必须重新提出加快请求； ④ 不适用 PCT 进入美国国家阶段的申请，如 PCT 途径的申请案需选择加快，可通过旁路申请来实现，或对审查中的案件提出 RCE 请求，以适用 Track one 加快程序； （2）加快程度：预计在自申请日起 12 个月内，甚至 6 个月内可收到最终审查决定； （3）利弊： ① 利：要求较为宽松，加快审查的速度快； ② 弊：官费较高，每年有数量的限制
基于申请人年龄或有健康问题的优先审查	在第一次审查意见发出前提出	（1）条件： 申请人年龄大于 65 岁，或者其健康状况无法完成正常申请程序中的相应行为，需提交身份年龄证明或者医师诊断等可证明健康状况的证明； （2）加快程度：全过程加快

续表

加快审查方式	请求时机	申请分析
审查高速路（PPH）	提交美国专利申请之后，第一次审查意见发出之前提出	（1）条件： ① 对应的在先申请为与美国专利商标局签署 PPH 协议的专利局（如中国专利局等），在后申请进入美国专利商标局；PCT 进入美国专利商标局阶段的申请，或者要求同一优先权的专利家族经过实审后有授权的情形； ② 在先审查决定（或 PCT 国际检索单位、国际初步审查单位的书面意见或审查报告）中至少有一项权利要求经审查被认为具有可专利性/可授权，且与进入美国的权利要求有对应关系 （2）加快程度：没有明确的审理期限，但大约在 1~4 个月决定是否准予适用 PPH，准予适用的，自此起约 3 个月内就会对该专利申请进行审查 （3）利弊： ① 利：无官费，且能够一定程度上加快专利审查的速度； ② 弊：需要修改美国专利申请的权利要求保护范围与 OEE 已经授权的范围相等或更小，因此，需要申请人在专利保护范围和加快审查之间进行权衡；需要提交在先审查局（OEE）审查结果（英译文）/对比文件，可能产生额外翻译费 （4）建议：如果申请人已经获得正面的在先审查结果，并且对该审查结果所涉及的权利要求的保护范围也比较满意，那么，PPH 加速审查程序将是合适的选择

（二）欧洲

目前，欧洲发明专利申请的加快审查方式主要有请求提前进入处理、欧洲专利申请加快审查程序（Programme for Accelerated Prosecution of European Patent Applications，PACE）加快程序、专利申请高速路（PPH）、放弃 Rules 161（1）及 162 EPC 通知、放弃 Rule 70（2）& 70a EPC 通知等。

表 1-10　欧洲加快审查方式

加快审查方式	请求时机	申请分析
请求提前进入处理	PCT 进国家 31 个月期限届满之前	（1）条件： 满足第 159（1）条规定的要求时均可：缴纳申请费、提交翻译、申请文件的说明书以及缴纳检索费用。 （2）建议：一般针对 PCT 申请提前进入欧洲阶段，若距离 PCT 国家 31 个月期限届满尚早，可以考虑在递交欧洲申请时就提交请求提前进入

续表

加快审查方式	请求时机	申请分析
PACE 加快程序	检索阶段的加速，收到检索报告前；审查阶段的加速，审查部门开始负责处理该专利申请后	（1）条件： 无限制条件； 检索阶段的加速：收到检索报告前，原则上可在递交申请或缴纳检索费时一并提起 PACE 请求； 审查阶段的加速：审查部门开始负责处理该专利申请后，原则上可在递交申请或提出审查要求并缴纳审查费时一并提起 PACE 请求； （2）加快程度：检索阶段提出 PACE 请求后，一般6个月内下发检索报告； 审查阶段提出 PACE 请求后，一般3个月内下发一通，答辩后3个月下发下一次审查意见； （3）利弊： ①利：无官费，提交请求比较简单； ②弊：答复期限无法延期，若请求延期或晚缴维持费，PACE 加快将失效； （4）建议：越早提出请求，节省的时间越多
审查高速路（PPH）	实质审查前，即在回复欧洲专利公约70（2）通知书之前，或放弃欧洲专利公约70（2）通知书的情况下发出检索报告之前	（1）条件： 对应的在先申请为在与欧洲专利局签署有 PPH 协议的专利局（例如中国专利局等），的国家/地区申请或 PCT 申请，已获得的该国/地区审查结果（或 PCT 国际检索单位、国际初步审查单位的书面意见或审查报告）中显示至少有一项权利要求被认为具有可专利性/可授权； （2）加快程度：审查周期可以缩短1~2年左右； （3）利弊： ①利：无官费，能够一定程度上缩短专利申请审查周期； ②弊：需要修改欧洲专利申请的权利要求保护范围与 OEE 已经授权的范围相等或更小，因此，需要申请人在专利保护范围和加快审查之间进行权衡； （4）建议：如果申请人已经获得正面的在先审查结果，并且对该审查结果所涉及的权利要求的保护范围也比较满意，那么 PPH 加速审查程序将是特别合适的选择
放弃根据 EPC 细则161（1）及162相关权利的通知（主动修改通知）Communication under Rules 161（1）and 162 EPC	新申请同时提出或收到主动修改通知之前	（1）条件： 无限制条件，一般适用 PCT 进入国家阶段的申请； （2）加快程度：可以节省6个月等待时间； （3）利弊： ①利：无官费，请求比较简单，可在递交申请时勾选； ②弊：放弃后，官方检索之前，将没有主动修改机会； （4）建议：如果申请人需要在检索前进行主动修改的话，我们一般建议申请人在提交欧洲专利申请的同时提交初步修改，然后勾选放弃161（1）及162通知

续表

加快审查方式	请求时机	申请分析
放弃根据 EPC 细则 70（2）& 70a 相关权利的通知（邀请申请人确认继续申请并缴纳实审费的通知）invitation to proceed further under Rules 70 (2) & 70a EPC	收到检索报告之前	（1）条件： 无限制条件，一般适用 PCT 进入国家阶段的申请； （2）加快程度：可以节省 6 个月答复检索报告时间，直接收到审查意见； （3）利弊： ① 利：无官费，提交请求较为简单； ② 弊：检索报告后即出具审查意见，若检索报告、检索意见不是完全正面情况下，仍然需要答复检索报告，对专利申请的实质进程的影响并不大；另外，若申请人收到审查意见后想要放弃答复，申请退费，只能退回 50% 审查费； （4）建议：通常不推荐申请人放弃 Rule 70（2）EPC 通知，但若申请人只考虑加快速度，需要直接进入审查程序的，可以提交请求

欧洲发明专利申请的审查周期较长，一般 2~5 年时间，甚至会更长，申请人可以根据自己的实际需求作出适当的加快选择，也可以选择多种加快途径结合的方式进行。

（三）日本

目前，日本发明专利申请的加快审查方式主要有早期审查、超早期审查、优先审查、专利审查高速路等。

表 1-11　日本加快审查方式

加快审查方式	请求时机	申请分析
早期审查制度	无具体时间限制	（1）条件： ① 该申请的申请人中全部是或部分是中小企业、个人、大学和公共研究机构的申请； ② 有相关的国外申请或已提出了国际申请（如有相应的中国申请）； ③ 已实施或即将实施（申请人或其被许可人正在实施或在早期审查请求提交后两年内计划实施的专利申请）； ④ 绿色技术申请； ⑤ 有关震灾复兴支援的申请（针对日本灾害的特殊规定）； ⑥ 亚洲据点化推进法案相关申请； （以上条件只要满足其中一个就可适用） （2）加快程度：早期审查请求批准后，2~3 个月左右下发第一次审查意见，最快约 6 个月审结 （3）利弊： ① 利：无官费，比较容易通过，且能够有效地加快专利的审查速度； ② 弊：如果选择第 2 条为加快理由，申请人须提交早期审查的情况说明，并对现有技术文献及其与本申请的对比进行阐释。会向审查员过早地披露相关文件，且分析费用较高；

续表

加快审查方式	请求时机	申请分析
早期审查制度	无具体时间限制	(4) 建议：如果符合第2条加快理由的，为节省费用，可以先简单分析现有技术提交，若无PCT国际检索报告，也可以先简单说明未检索出对比文件，只是一种加快方式，若审查员要求补充详细分析，可以再补充递交
超早期审查制度	已请求实质审查但尚未审查	(1) 条件： ① 符合有相关国外申请及正在实施或两年内预定实施该技术的要求； ② 超早期审查请求前4周以内的所有申请手续都须为在线提交，提出请求前的4周内或提出请求后存在以书面办理的手续的，不能获得超早期审查。 （需同时满足以上两个条件） (2) 加快程度：超早期审查请求批准后，1个月左右下发第一次审查意见，约2~3个月审结； (3) 利弊： ① 利：无官费，审查时间更短，加快效果显著； ② 弊：条件严格，所有文件必须在线提交，答复审查意见须30天内完成，且不能延期，一旦延期，超早期审查程序将终止
优先审查	申请公开后	(1) 条件： 在申请公开后，如第三人出于生产经营目的而实施了本申请的发明，或者申请人同实施者之间存在纠纷需要尽快解决，可请求对专利申请进行优先审查； (2) 加快程度：最快在4个月内就可能给出最终的审查决定； (3) 利弊： ① 利：加快时间比较明显； ② 弊：需提供较多证明文件
审查高速路（PPH）	第一次审查意见发出之前提出	(1) 条件： 对应的在先申请为与日本专利局签署有PPH协议的专利局（如中国专利局等），的国家、地区申请或PCT申请，已获得的该国、地区审查结果（或PCT国际检索单位、国际初步审查单位的书面意见或审查报告）中显示至少有一项权利要求被认为具有可专利性/可授权； (2) 加快程度：提出PPH请求后约3个月发出第一次审查意见，约7~9个月审结； (3) 利弊： ① 利：无官费，能够缩短专利申请审查周期，降低申请成本，提高申请授权的可预期性等； ② 弊：需要修改日本专利申请的权利要求保护范围与OEE已经授权的范围相等或更小，因此，需要申请人在专利保护范围和加快审查之间进行权衡； (4) 建议：如果申请人已经获得正面的在先审查结果，并且对该审查结果所涉及的权利要求的保护范围也比较满意，那么PPH加速审查程序将是合适的选择

对于在日本递交发明专利申请的中国申请人而言，早期审查及PPH途径是较易满足申请条件且为经常选用的加快方式，申请人可以根据实际情况选择合适的加快方式。

（四）韩国

韩国发明专利申请常见的加快审查方式主要有三轨制加快审查、绿色技术超快审查、审查高速路（PPH）等。

表1-12 韩国加快审查方式

加快审查方式	请求时机	申请分析
三轨制加快审查	一般在申请时提出	（1）条件： 需要提交官方指定的检索机构提供的现有技术检索报告； （2）加快程度：提出优先审查后一般3个月审结； （3）利弊： ① 利：加快时间显著； ② 弊：有官费，且需要提交官方指定的检索机构提供的现有技术检索报告
绿色技术超快审查	无具体限制	（1）条件： ① 申请的技术主题必须是"绿色"相关的分类，即获得政府援助或证明，或者是相关环境法律中认定的情况。2010年4月起，符合《低碳绿色增长基本法》规定援助政策的获得产品也可以申请超快速审查。 ② 提交官方指定的检索机构提供的现有技术检索报告。 （2）加快程度：通常在提出加快申请日起1个月内审结。 （3）利弊： ① 利：加快速度更快。 ② 弊：申请条件有所限制
审查高速路（PPH）	第一次审查意见发出之前提出	（1）条件： 对应的在先申请为与韩国专利局签署有PPH协议的专利局（如中国专利局等）的国家、地区申请或PCT申请，已获得的该国、地区审查结果（或PCT国际检索单位、国际初步审查单位的书面意见或审报告）中显示至少有一项权利要求被认为具有可专利性、可授权； （2）加快程度：提出PPH请求后约3个月发出一通，提出PPH请求后约6个月审结； （3）利弊： ① 利：能够一定程度上缩短专利申请审查周期； ② 弊：有官费，需要修改韩国专利申请的权利要求保护范围与OEE已经授权的范围相等或更小，因此需要申请人在专利保护范围和加快审查之间进行权衡； （4）建议：如果申请人已经获得正面的在先审查结果，并且对该审查结果所涉及的权利要求的保护范围也比较满意，那么PPH加速审查程序将是特别合适的选择

韩国发明专利审查周期一般1~2年，时间不算太长，提交加快审查一般会产生官

费,三轨制加快审查及绿色技术超快审查又有一定的条件限制,根据实践经验,提交韩国专利的中国申请人提交加快审查的案例不多,但是有需要的申请人,通常会选择PPH途径加快。

(五)巴西

巴西发明专利申请常见的加快审查方式主要有优先权审查、绿色技术、审查高速路(PPH)等。

表1-13 巴西加快审查方式

加快审查方式	请求时机	申请分析
优先审查 (priority examination)	申请已公开,已提实审	(1) 条件: 涉及未经授权的第三方侵权时,申请人必须向侵权方发送一份停止侵权信函并向巴西专利局提交一份副本并附上回执,并简要说明潜在的侵权行为; (2) 加快程度:从申请到授权时间约1~2年
针对绿色技术的优先审查 (Priority Examination for Green Technologies)	申请已公开,已提实审	(1) 条件: ① 仅针对绿色技术发明(涉及环保或可持续发展技术),如新能源科技、能源节约科技、工业废物处理科技; ② 独立权利要求不超过3个,权利要求总数不超过15个; (2) 加快程度:从申请到授权时间约2年
审查高速路(PPH)	申请已公开,已提实审,审查意见发出之前	(1) 条件: ① 巴西工业产权局(INPI)接受基于(由PPH协议国专利局发出的)结果良好的PCT国际初审报告(IPRP)递交的PPH请求; ② 为了满足PPH的要求,同族专利的首次申请须在任一协议国的专利局递交;PPH请求可基于任何协议国专利局发出的授权决定提出(至少一项或多项权利要求被认为可授权);目前协议国主要有中国、美国、欧洲、日本、韩国、奥地利、英国、新加坡、瑞典、丹麦、葡萄牙,2025年1月1日起增至27个国家; ③ 巴西工业产权局(INPI)每年受理PPH请求件数会有不同,比如2024年增至800件,每个专利领域件数也有限制;2025年1月1日起,受理PPH申请总量上调至3 200件,每个季度平均分配,即每个季度不超过800件,国际专利分类(IPC)同一部(Section)下每年接收PPH申请总量上调至1 000件,并取消每个申请人每周只能提交1件申请的限制;2025年第一季度INPI将不接收来自IPC分类号H04 (electric communication technique)的PPH申请,并将在每个季度重新评估以确定接收的技术领域; ④ 一旦进入PPH程序,如果申请人在第一次审查意见下发前提交主动修改或分案申请,申请将终止加快程序; ⑤ 如果申请人在第一次审查意见下发后递交分案申请,分案申请不进入加快程序,仅母案维持加快程序; ⑥ 申请人无法针对巴西专利局下发的PPH驳回决定提交上诉请求; (2) 加快程度:递交PPH请求至专利局下发最终决定大约需8个月

续表

加快审查方式	请求时机	申请分析
审查高速路（PPH）	申请已公开，已提实审，审查意见发出之前	（3）利弊： ① 利：加快效果显著； ② 弊：有官费，需要修改巴西专利申请的权利要求保护范围与OEE已经授权的范围相等或更小，因此需要申请人在专利保护范围和加快审查之间进行权衡； （4）建议：如果申请人已经获得正面的在先审查结果，并且对该审查结果所涉及的权利要求的保护范围也比较满意，那么PPH加速审查程序将是特别合适的选择。PPH每年受理件数有限，当年满足条件后，须尽早提交请求

巴西发明专利申请的审查周期较长，一般5~8年的时间，甚至会更久，对于在巴西递交发明专利申请的中国申请人而言，PPH途径是常见适用的加快方式。巴西工业产权局应对需求，对PPH的受理数量也在逐年增加，比如2024年增长至800件，2025年增长至3 200件，但是官方在每季度会重新评估接收PPH申请的技术领域，有些技术领域，可能由于请求的积压，官方在季度评估后将不接收PPH加快请求，比如2025年第一季度将不接收来自IPC分类号H04的PPH申请。

针对PPH请求受理数量或技术领域的限制，可能即使巴西专利满足了提交PPH的其他条件，但是由于当季度或当年PPH的受理数量已经达到上限或由于属于官方规定的当季度不接收PPH申请的技术领域而无法被受理。若出现此类情况，建议申请人可以在下一季度或来年一开始尽早提出加快请求，并关注每季度官方发布的技术领域的评估结果。

（六）澳大利亚

澳大利亚标准专利申请常见的加快审查方式主要有普通加快审查、澳大利亚—欧洲专利审查高速路（IP AU-EPO PPH、PCT-IP AU-EPO PPH）、全球专利审查高速路（Global Patent Prosecution Highway，GPPH）。

表1-14　澳大利亚加快审查方式

加快审查方式	请求时机	申请分析
普通加快审查	第一次审查意见下发之前	（1）条件： 申请加快需提供理由，一般可为执行权力或要将发明商业化，以下理由可以提出加速审查请求： ① 发明创造涉及绿色技术，即涉及环境友好或涉及环境保护的技术方案； ② 商业化考虑； ③ 侵权诉讼原因； ④ 许可原因；

续表

加快审查方式	请求时机	申请分析
普通加快审查	第一次审查意见下发之前	（2）加快程度：提交加快请求后，一般一两周左右能收到官方是否批准的通知；如批准，八周左右可以收到审查意见； （3）利：权利要求不需要与任何海外申请充分对应，只需要给出一个理由，无须提供具体细节； （4）建议：若申请人无其他任何海外申请，可以选择此种加速方式，选择上述其中一种合适的理由提交加速审查请求
澳大利亚—欧洲专利审查高速路（IP AU-EPO PPH PCT-IP AU-EPO PPH）	实审请求在提出PPH同时或之前提出，第一次审查意见下发之前	（1）条件： 　　相关申请已由欧洲专利局审查且至少有一项权利要求被认为具有可专利性/可授权； 　　或PCT工作成果-书面意见（WO）或可专利性国际初步报告（IPRP）（不能是澳大利亚专利局出具）； （2）加快程度：提交加快请求后预计1~3个月左右发出一通； （3）利弊： ①利：能节约大概9个月的时间收到一通； ②弊：需要修改澳大利亚专利申请的权利要求保护范围与相关的欧洲专利已经授权的范围相等或更小，因此需要申请人在专利保护范围和加快审查之间进行权衡； （4）建议：加速审查可以加快出具审查意见的速度，答复期限仍然与普通审查程序下的申请答复时限一样，都是12个月。因此，建议申请人收到审查意见后通过快速答复来达到后续加速审查的效果
全球专利审查高速路（GPPH）	实审请求在提出GPPH同时或之前提出，第一次审查意见下发之前	（1）条件： 　　GPPH协议国：奥地利、巴西、加拿大、智利、哥伦比亚、丹麦、爱沙尼亚、芬兰、德国、匈牙利、冰岛、以色列、日本、新西兰、挪威、秘鲁、波兰、葡萄牙、俄罗斯、新加坡、西班牙、韩国、瑞典、英国、美国； 　　其他在先审查局：北欧专利局、维谢格拉德专利局； 　　相关申请为GPPH协议国的专利局（在先审查局OEE）作出审查的申请/PCT申请，已获得的该国或地区审查结果（或PCT书面意见或审查报告）中显示至少有一项权利要求被认为具有可专利性/可授权； （2）加快程度：提交加快请求后预计1~3个月左右发出一通； （3）利弊： ①利：能节约大概9个月的时间收到一通； ②弊：需要修改澳大利亚专利申请的权利要求保护范围与OEE已经授权的范围相等或更小，因此需要申请人在专利保护范围和加快审查之间进行权衡； （4）建议：加速审查可以加快出具审查意见的速度，答复期限仍然与普通审查程序下的申请答复时限一样，都是12个月。因此，建议申请人收到审查意见后通过快速答复来达到后续加速审查的效果

由于中国和澳大利亚专利局之间暂无 PPH 项目，中国申请人大多以中国专利为优先权基础向澳大利亚申请专利，若无同族欧洲或 GPPH 协议国的申请或相应申请暂无满足条件的审查结果，申请人如希望澳大利亚标准专利申请加速，可以选择普通加快审查途径。申请人可以在提交申请同时提交实质审查请求及普通加快请求，不递交授权延迟请求，并在收到审查意见后快速完成答复，以达到加速审查的效果。

四、结语

通过上述各国加快审查途径的介绍和对比可以看出，每个国家各类加快审查的方式各有特点和利弊。在提交相应国家专利申请时，申请人可以根据自身的需求进行合理选择是否加快及合适的加快途径。

需要注意的是，因各国专利加快审查程序可能会不时变化，本文中的加快方式分析仅供参考，申请人需根据具体案子在申请时确认加快方式及要求是否满足加快请求。

专利确权篇

引 言

专利确权程序就是专利无效程序，根据《专利法》第四十五条之规定："自国务院专利行政部门公告授予专利权之日起，任何单位或者个人认为该专利权的授予不符合本法有关规定的，可以请求国务院专利行政部门宣告该专利权无效。"之所以规定专利授权后还要存在被专利无效程序挑战的可能性，是因为专利审查是一项非常复杂的技术与法律相交叉的工作，在有限的资源下，任何一个专利局都无法保障其授予的发明专利权是毫无瑕疵、具有极高质量的，更遑论还存在未经深入实质审查的实用新型专利和外观设计专利，因此设立一个专利授权后的纠正程序就尤其重要。任何社会主体都可以在受到侵权威胁时提起无效宣告请求，以维护自己的合法权益，专利权人也可以主动对自己的专利提起无效宣告请求，以修改权利要求，改正授权文本的错误，使得自己的权利更加稳定。

国家知识产权局在2023年全年共受理专利无效宣告请求8 739件，其中的发明专利、实用新型专利、外观设计专利无效案件分别为1 638件、3 894件、3 207件，无效案件同比增长23.2%。2023年无效宣告请求审结7 656件，其中的发明专利、实用新型专利、外观设计专利无效案件分别为1 439件、3 322件、2 895件，结案量同比下降2.8%。❶ 从上述数据来看，无论是发明专利，还是实用新型和外观设计专利，都有在无效程序中被挑战专利有效性的可能，任何专利侵权诉讼的被告都不应放弃这一有力的武器，专利权人在专利授权后也不可掉以轻心，不经审慎评估就贸然发起专利诉讼。截至2023年年底，国家知识产权局在十余年的专利无效审查中累计审结无效请求8.5万件，在这八万多件无效案件中，创设了许许多多的经典案例，引领了《专利审查指南》乃至《专利法》及《专利法实施细则》的修改完善，下面将介绍华进知识产权代理的四个经典无效案例。

---

❶ 国家知识产权局. 国家知识产权局2023年度报告[EB/OL].（2024-09-03）[2025-01-03]. https://www.cnipa.gov.cn/art/2024/9/3/art_3430_194458.html.

案例二十

外观设计确权案件中关于"设计空间"的考量

——"摩托车整车（SY110-2）"外观设计无效案

案例整理及评析人：郑彤

【案例基本信息】

专利号：ZL201430337764.0

外观设计名称：摩托车整车（SY110-2）

专利权人：广州三雅摩托车有限公司

无效宣告请求人：重庆克维思机械制造有限公司、重庆光宇摩托车制造有限公司、重庆瀛嘉机车有限公司

代理人：齐宏涛（北京华朗律师事务所）、郑彤（华进联合专利商标代理有限公司），代理广州三雅摩托车有限公司

一、案例背景

专利权人广州三雅摩托车有限公司（以下简称"三雅公司"）创立于1998年，系一家集摩托车和电动车研发、制造和销售于一体的大型高新技术企业。三雅公司自成立以来，坚持自主创新的发展理念，建立了行业领先的研发、制造、品质、营销体系，使得品质和技术始终处于国内先进水平，目前拥有200多件专利，并连续多次荣膺"全国用户满意产品""中国最具竞争力出口企业50强""制造业百强企业""第一批军用物资采购供应商""省级节能环保摩托车工程研究中心"等多项殊荣。

2014年9月12日，三雅公司就自主研发设计的摩托车向中国国家知识产权局提出外观设计专利申请，专利申请号为：201430337764.0，并于2015年5月13日获得授权，授权公告号为：CN303206969S（以下简称"涉案专利"）。涉案专利获得公告授权后，三雅公司将涉案专利外观设计运用于三雅公司摩托车产品中，推出了型号为R50的弯梁式摩托车，如图2-1所示。三雅公司的涉案专利产品凭借其卓越的品质和独创的设计，获得广大消费者的认可和喜爱。

图 2-1　涉案专利立体图

摩洛哥系三雅公司摩托车产品的主要出口国家之一。2015 年开始，三雅公司专利产品 R50 摩托车开始出口摩洛哥，经过三雅公司多年的宣传和推广，R50 摩托车逐渐获得了摩洛哥消费者的认可，销量逐年攀升，仅 2019 年一年，三雅公司的专利产品 R50 的摩托车在摩洛哥的销售量就接近两万五千台。

在三雅公司的 R50 摩托车产品逐步打开摩洛哥市场后，重庆多家摩托车生产商为获取不正当利益，在国内大量制造侵害涉案专利权的产品，并销售出口至摩洛哥，严重侵害三雅公司的利益。为此三雅公司于 2018—2019 年开启了维权之旅。

2020 年 9 月 27 日，三雅公司以侵害外观设计专利权为由，向深圳海关申请对重庆瀛嘉机车有限公司（以下简称"瀛嘉公司"）拟经深圳海关隶属大鹏海关出口的 420 台摩托车产品采取保护措施。2020 年 10 月 24 日，瀛嘉公司向深圳海关提供货物等值的担保金，请求海关放行其货物，拟继续出口涉嫌侵权产品。2020 年 10 月 26 日，三雅公司向广州知识产权法院申请诉前行为保全，请求责令瀛嘉公司立即停止从深圳海关向摩洛哥出口型号为 F50 的侵权摩托车产品。2020 年 10 月 28 日，广州知识产权法院在受理后的 48 小时内作出裁定，责令瀛嘉公司立即停止出口已被深圳海关扣留的型号为 F50 的侵权摩托车产品的行为。

为逃避侵权责任，涉嫌侵权厂家针对涉案专利先后提起了三次无效宣告请求，意图釜底抽薪，令三雅公司丧失维权的权利基础。2019 年 11 月 11 日，重庆克维思机械制造有限公司针对涉案专利提起了第一次无效宣告请求（案件编号：6W114346）；2020 年 7 月 10 日，重庆光宇摩托车制造有限公司针对涉案专利提起了第二次无效宣告请求（案件编号：6W115843）；2021 年 2 月 22 日，瀛嘉公司针对涉案专利提起了第三次无效宣告请求（案件编号：6W117692）。面对上述涉嫌侵权厂家发起的权利围剿，三雅公司均成功维持专利权有效，为维权之路扫清障碍。

2022 年 3 月 12 日，广州知识产权法院作出一审判决，认定侵权成立，并判令瀛嘉公司和被告二连带赔偿三雅公司经济损失人民币107万元。2023年7月3日，广东省高级人民法院作出二审判决，维持一审判决。至此，三雅公司的维权行动取得了全面胜利。

二、案例事实

涉案专利的外观设计图片如表2-1所示：

表2-1 涉案专利的外观设计图

主视图	后视图	俯视图	仰视图
左视图	右视图	立体图1	立体图2

简要说明如下：
（1）该外观设计产品的名称：摩托车整车（SY110-2）。
（2）该外观设计产品的用途：用于人代步。
（3）该外观设计的设计要点：形状。
（4）最能表明设计要点的图片或者照片：立体图1。

该案中，无效宣告请求人提交的最接近的现有设计（对比设计1）如表2-2所示。

表2-2 最接近的现有设计图

主视图	后视图	俯视图	仰视图

续表

左视图	右视图		立体图

无效宣告请求人主张：①涉案专利与对比设计 1 的相同点在于整体形状、结构比例相同；各个组成部分的结构形状及位置、尺寸比例也相同；②涉案专利与对比设计 1 具有相同的设计特征"车头上前大灯和前面板两侧的前转向灯分体设计"，多篇现有设计可以证明该设计特征未出现过，能够引起一般消费者的关注；③区别点为局部的细微变化，或本领域的惯常设计，对整体视觉效果不具有显著影响。

基于此，无效宣告请求人请求国家知识产权局宣告涉案专利全部无效。

三、办案策略

专利权人收到无效请求文件后，将该案委托华进知识产权处理。华进知识产权的律师团队（以下简称"华进律师团队"）在对案件材料进行细致分析后，初步认为该案无效请求的答辩具有相当的难度。

涉案专利与对比设计 1 在整体形状、结构比例及各组成部件的结构形状及位置、尺寸比例上确实非常近似。在证据明显不利于专利权人的情况下，华进律师团队创造性地提出"以我为主"的答辩思路，首先从正面详细介绍涉案专利的设计构思，其次结合大量反证证明现有设计状况，通过惯常设计和设计空间等概念的运用，着重论述涉案专利的改进是付出大量的创造性劳动才获得的，最后引入侵权诉讼的相关证据，对上述观点予以佐证。

在上述办案策略的指导下，华进律师团队撰写了答辩意见，并依据该意见在口头审理现场与对方当事人展开了激烈的庭审辩论，相关辩论意见的核心内容如下。

首先，关于涉案专利的设计构思。

涉案专利涉及一种弯梁式摩托车产品，其车身弯梁结构属于该类产品的惯常设计，出于基本功能要求，各个部件在整体上的相对位置关系及尺寸比例方面基本上相对固定；而前大灯、前转向灯、仪表盘、前面板、车身护罩、排气管罩等外饰件的具体形状表现出产品独特的外观，如多处设计为尖角利刃形状，线条连贯，具有

速度感、流线感；多处呈现阶梯式层状设计，具有立体层次感；前大灯为盾牌，前转向灯为剑刃，配合驾驶者形成带翼战士形态，各外饰件的设计特征相互呼应，形成了具有层次感、流线感及冷峻感的带翼战士的独特风格，如图2-2所示。

图2-2 涉案专利立体图

其次，华进律师团队提供大量的反证证明车身弯梁结构属于该类产品的惯常设计，各个部件在整体上的相对位置关系及尺寸比例方面基本上相对固定，如图2-3所示。

图2-3 弯梁摩托车的现有设计情况

再次，充分论述涉案专利与对比文件1无论从整体视觉效果还是细节设计均具有显著区别。

涉案专利的外观设计理念是给人在整体视觉效果上的速度感及立体感的战士风格，因此，为了体现速度感，在摩托车的多个部分具体设计中均使用了尖角、利刃的设计元素，为了体现立体感，多个部分的包覆壳体均使用了阶梯式层次设计，为了体现战士风格,将前大灯设计为盾牌形状,前转向灯设计为立体的剑刃形状,形成整体视觉上具有速度感及立体感的战士风格。对比文件1相应的大部分设计都较为圆润,也没有阶梯式层次设计,整体视觉效果较为圆润,与涉案专利存在显著的差异。

进一步论述了涉案专利与对比文件1在车头部分具体设计、前面板部分具体设计、车身侧面部分具体形状、车尾部分具体形状、车轮形状及支撑脚形状等方面均存在显著区别。

四、国家知识产权局观点及结论

在外观设计比对判断时,应基于知晓相同或相近种类产品的常见外观设计和一般消费者的认知水平,将外观设计放在涉案专利申请日之前一般消费者了解的现有设计背景中进行考查。

通过请求人和专利权人提交关于现有设计状况的证据材料,并结合一般消费者对该类摩托车产品的通常了解,可以确定车身弯梁结构属于该领域产品的惯常设计,出于摩托车的基本功能要求,摩托车的各个部件在整体上的相对位置关系及尺寸比例方面基本相对固定,通常无太多变化,该型摩托车的各组成部分具体设计特征的变化更容易引起一般消费者的关注。涉案专利与对比设计1在车头、前面板、车身侧面、车轮等部位的具体形状均不同,尤其涉案专利的仪表盘、后视镜、前大灯、前转向灯、后车体护罩、发动机外围护罩、排气管罩的设计特征相互呼应,对涉案专利的整体视觉效果具有主导性作用,这些部位的变化更容易引起一般消费者的关注。

综合分析涉案专利和对比设计的相同点和不同点,基于了解弯梁摩托车外观设计的一般消费者判断,二者差别对整体视觉效果具有显著影响。涉案专利符合2008年版《专利法》第二十三条第二款的规定,应予维持有效。

五、延伸思考

设计空间,又称设计自由度,是指设计人员对工业产品进行外观设计创作时能够自由创作的自由度。具体而言,是指在产品实用功能、技术条件、现有设计等因素制约下,设计师可进行设计的范围,即允许产品外观发生设计变化的设计内容。

《最高人民法院关于审理专利授权确权行政案件适用法律若干问题的规定(一)》(法释〔2020〕8号)第十四条第一款规定:"人民法院认定外观设计专利产品的一般消费者所具有的知识水平和认知能力,应当考虑申请日时外观设计专利产品的设计空间。设计空间较大的,人民法院可以认定一般消费者通常不容易注意到不同设计之间的较小区别;设计空间较小的,人民法院可以认定一般消费者通常更容易注意到不同设计之间的较小区别。"

对于前款所称设计空间的认定，人民法院可以综合考虑下列因素：①产品的功能、用途；②现有设计的整体状况；③惯常设计；④法律、行政法规的强制性规定；⑤国家、行业技术标准；⑥需要考虑的其他因素。

在外观设计确权案件中，应当充分考虑产品的实用功能、技术条件对产品外观整体视觉效果的影响，将设计空间的认定作为判断外观设计相同、实质相同及明显区别认定的一个前提性的认定步骤。具体来说应当基于现有设计状况构建客观参照系，进而评判产品设计自由度，客观分析现有设计所反映的设计理念和设计手法，若现有设计中设计单一，则可以认定其设计空间较小，若其设计变化较多，则可以认定其设计空间较大。

对于该案而言，涉案专利与对比设计的主要相同点属于该类产品的常见共性特征，而二者的主要差别点位于该类产品具有较大设计空间的外饰件部位，上述部位的变化更容易引起一般消费者的关注，综合二者的相同点和差别点，一般消费者会认为其差别对整体视觉效果具有显著影响。因此，涉案专利与对比设计1相比具有明显区别。

六、案例意义

某个设计特征是否为常见设计会很大程度地影响外观设计专利的对比判断，而现有设计状况是确定产品常见设计的重要依据。根据现有设计状况，可以分析得到各设计特征出现的频率和相似程度，从而确定哪个设计特征属于反映共性的内容或常见设计。

该案中，在无效宣告请求人的证据具有相当的威胁性的情况下，华进律师团队通过提交大量反证证明现有设计状况，争辩涉案专利与对比设计的主要相同点属于该类产品的常见共性特征，进而突出华进律师团队主张的区别点对整体视觉效果更具显著影响，最终使得该案专利权获得维持有效，为专利权人三雅公司的维权之路扫清障碍。

案例二十一

实用新型专利创造性判断中技术领域的影响

——"方便拆除垃圾盒的清洁机器人"实用新型专利无效案

案例整理及评析人：齐宏涛

【案例基本信息】

专利号：ZL201120010095.7
实用新型名称：方便拆除垃圾盒的清洁机器人
专利权人：深圳市银星智能科技股份有限公司
无效宣告请求人：广州艾罗伯特机器人技术咨询有限公司
代理人：周文会、马博文，北京华进京联知识产权代理有限公司，代理深圳市银星智能科技股份有限公司

一、案例背景

2017年4月，美国扫地机器人公司iRobot公司向美国国际贸易委员会（ITC）提起了"337调查"，其认为扫地机器人行业的11家公司侵犯了该公司的6件专利，从而掀起一场波及全球市场的扫地机器人"专利大战"。彼时，iRobot公司堪称扫地机器人行业的巨头，占据了美国85%左右的市场份额，在全球市场市场份额也达到60%。

iRobot公司主张的6件专利覆盖了扫地机器人的整体结构、障碍检测、手机远程操控等多个方面，涉及行业相关的绝大部分关键技术。作为占据全球60%市场份额的行业巨头，iRobot公司发起的大范围"专利攻击"在业内引起了广泛关注，全球相关厂家人人自危。被诉的11家公司中，包括深圳市智意科技有限公司、苏州莱宝电器有限公司、深圳市银星智能科技股份有限公司（以下简称"银星智能公司"）三家中国企业，以及Bissell、Hoover、皇家电器制造有限公司、bObsweep、Black & Decker等外国企业。在随后一年多时间的专利诉讼过程中，大多数家厂商早早与iRobot公司达成和解，主动缴纳许可费用。只有银星智能公司坚决"死磕"，在海内外市场同步"亮剑"，力图粉碎巨头的"围剿"。银星智能公司不仅通过提起专利无效宣告请求等方式在美国应诉，还迅速在国内开拓了"第二战场"，对iRobot公司发起专利侵权诉讼反击。

2017年11月24日，银星智能公司依据专利号为201120010095.7、名称为"方便拆除垃圾盒的清洁机器人"的实用新型专利（以下简称"涉案专利"），将iRobot公司诉至深圳市中级人民法院。2018年1月13日，iRobot公司的中国子公司广州艾罗伯特机器人技术咨询有限公司（以下简称"无效宣告请求人"）对银星智能公司的涉案专利，向中国国家知识产权局原专利复审委员会（现专利复审与无效审理部）提起无效宣告请求。

2018年11月30日，美国国际贸易委员会作出最终裁决，其中，涉案6件专利中，4件全部权利要求均被裁定不侵权或者无效，1件裁定构成部分侵权，另1件由iRobot公司主动撤回。几乎同时，2018年12月12日，中国国家知识产权局原专利复审委员会经审理，作出第38216号无效宣告请求审查决定，维持涉案专利全部有效，随即深圳市中级人民法院于2018年12月29日也作出一审判决，判定iRobot公司一方构成侵权。❶ 国内国外两个战场，银星智能公司可谓大获全胜。

银星智能公司之所以能够在巨头来势汹汹的"围剿"中"全身而退"，一方面是因为其产品在进入海外市场时做足了准备工作，规避了侵权风险；另一方面，银星智能公司当时在国内申请了近300件专利，其中60件是发明专利，手中握有反制对方的资本。诉讼所依据的虽非发明专利，但该实用新型专利的质量也在与iRobot公司的"对战"中得到了验证。由此可见，实用新型专利如果运用得当，也可以给当事人带来丰厚的价值回报。

二、案例事实

涉案专利名称为"方便拆除垃圾盒的清洁机器人"，其独立权利要求1内容如下：

1. 一种方便拆除垃圾盒的清洁机器人，包括清洁机器人主体及垃圾盒，所述清洁机器人主体上安装有电源模块、驱动模块、传感器模块、清洁模块以及控制模块，所述垃圾盒可拆卸地安装在主体上，其特征在于：所述垃圾盒包括使垃圾盒卡持在清洁机器人主体上的卡扣组件，所述卡扣组件包括与清洁机器人主体配合卡持部、弹性件、转轴及扣手位。

涉案专利说明书［0004］段记载："本实用新型所要解决的技术问题是根据背景技术中的需要，提供一种方便拆除垃圾盒的清洁机器人。"

涉案专利说明书［0012］和［0013］段记载："本实用新型的有益效果在于，本实用新型的垃圾盒的卡扣组件按照人体工程学设计，将垃圾盒从清洁机器人主体上移

---

❶ 该案最终以双方和解结案。

除时，只需将手指按住扣手位并往后拉即可实现。"

涉案专利说明书［0024］至［0027］段及图2-4和图2-5对其技术方案说明如下：

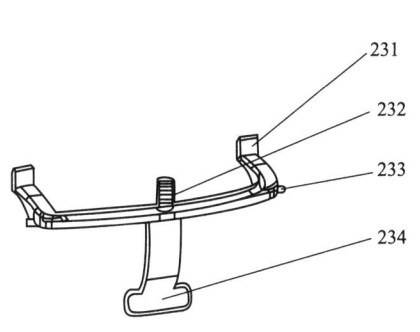 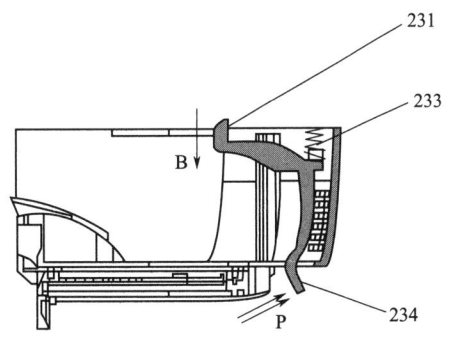

图2-4 涉案专利附图　　　　　　图2-5 涉案专利附图

垃圾盒20可拆卸地安装在清洁机器人主体10上，包括上盖21、底盖22、卡扣组件23及安装在上盖21与底盖22之间的吸尘风机24。

卡扣组件23包括与清洁机器人主体10配合的两个卡持部231、弹性件232（本实施例为弹簧）、转轴233及扣手位234。如图2-4、图2-5所示，在垃圾盒20安装在清洁机器人100上时，卡持部231穿过上盖21后卡持在清洁机器人主体10上并使垃圾盒20固定在清洁机器人主体10上，为了减少卡持部231与清洁机器人主体10之间的摩擦，所述卡持部231一侧呈弧形；弹簧232位于卡扣组件23与上盖21之间，用于使卡扣组件23复位；转轴233可旋转的安装在上盖21上；扣手位234位于底盖22外。在本实施例中，为了使用户在拆卸垃圾盒20时更省力，扣手位234的力臂设置成大于卡持部231的力臂，这里的力臂指的是扣手位234及卡持部231相对于转轴233的力臂。

下面对该实用新型垃圾盒的拆卸过程进行详细描述：

请参考图2-5，当用户用手指沿着方向P按扣手位234后，卡扣组件23的卡持部231沿着B方向运动并与清洁机器人主体10脱离卡持关系，然后再往后拉即可将垃圾盒20从清洁机器人10主体移除。

该案中，无效宣告请求人提交了7篇专利文件作为对比文件，无效请求理由包括权利要求1~6不清楚、缺少必要技术特征、相对于对比文件1~对比文件7不具备创造性，由于案件的核心争议点在于权利要求1的创造性问题，因此，本文仅介绍与权利要求1创造性争议的相关无效理由。

无效宣告请求人认为：

针对权利要求 1 的创造性，对比文件 1 公开了一种机器人表面处理装置，其中机器人表面处理装置 10 相当于清洁机器人，壳体 11 相当于权利要求 1 中的主体，集尘箱 30 相当于垃圾盒，并且集尘箱 30 同样是可移除、可更换的。电池组 18 相当于电源模块；右轮 12、右轮电机 13、左轮 14、左轮电机 15 相当于驱动模块，可编程控制器相当于控制模块。沿墙传感器相当于传感器模块。左侧刷 27l、右侧刷 27r 及可移除、可更换的中心滚筒清扫刷 26 相当于清洁模块。按钮 41 和一组弹簧加载锁定销 43 共同组成了卡扣组件，其能够使集尘箱 30 卡持在壳体 11 上。按钮 41 对应于扣手位，用于供操作者按压操作来解锁卡扣组件；弹簧对应于弹性件；锁定销 43 对应于卡持部。可见，对比文件 1 已经公开了卡扣组件包括卡持部、弹性件和扣手位。因此，相对于对比文件 1，权利要求 1 的区别技术特征在于：所述卡扣组件包括转轴。基于该区别技术特征，权利要求 1 所要解决的技术问题是：如何设计卡扣组件的具体结构来将垃圾盒可拆卸地卡持在清洁机器人主体上。

对比文件 2 公开了一种机械式限位装置，特别是一种能有效阻止抽屉自动滑出功能和确保工作安全可靠性的带拉手限位卡条的抽屉防滑出机构（相当于权利要求 1 的"卡扣组件"）。

图 2-6 和图 2-7 是对比文件 1 的图。具体而言，该抽屉防滑出限位机构包括抽屉拉手板 1（相当于权利要求 1 的"扣手位"）、锁钩板 2（锁钩板 2 具有左右钩板 19，相当于权利要求 1 的"卡持部"）、铰链 3（拉手板 1 和锁钩板 2 绕铰链 3 转动，相当于权利要求 1 的"转轴"）、弹簧 4（相当于权利要求 1 的"弹性件"）、抽屉面板 5 和限位块 6 等部件。工作时，只要将抽屉里推，左右钩板 19 的顶端斜劈状工作边 18 触及限位块 6，并作下压式滑动，直至限位块 6 进入卡扣边 28 内侧时在弹簧 4 张力作用下驱使左右钩板 19 向上回弹扣住，于是抽屉被牢牢锁定，不会滑出；当需要拉出抽屉时，只要随意拉抬抽屉拉手板 1 上的手控弯折边 8，便可驱使抽屉拉手板 1 整体克服弹簧 4 的张力绕铰链轴偏位、钩板 19 同步向下偏位，上凸状扣钩 17 离开限位块 6、于是抽屉解扣，便可拉出。可见，对比文件 2 公开了权利要求 1 的区别技术特征，并且对比文件 2 的上述技术手段在对比文件 2 中的作用与上述区别技术特征在权利要求 1 中的作用相同，都是提供具有转轴的卡扣结构以使抽屉（垃圾盒）可拆卸地卡持在主体上。因此，在对比文件 1 的基础上结合对比文件 2 以得到权利要求 1 的技术方案，对于本领域技术人员而言是显而易见的，权利要求 1 相对于对比文件 1 和对比文件 2 的结合不具有创造性。

无效宣告请求人还提交了对比文件 3、对比文件 5、对比文件 6、对比文件 7，主张这些对比文件也公开了上述区别特征，其中对比文件 3、对比文件 5、对比文件 6 公开的内容与对比文件 2 相似，对比文件 7 公开了一种干湿两用车库吸尘机，该吸尘机具有可拆卸的尘筒，并且尘筒可以通过锁定机构（请求人主张相当于卡扣组件）固定在机体上。

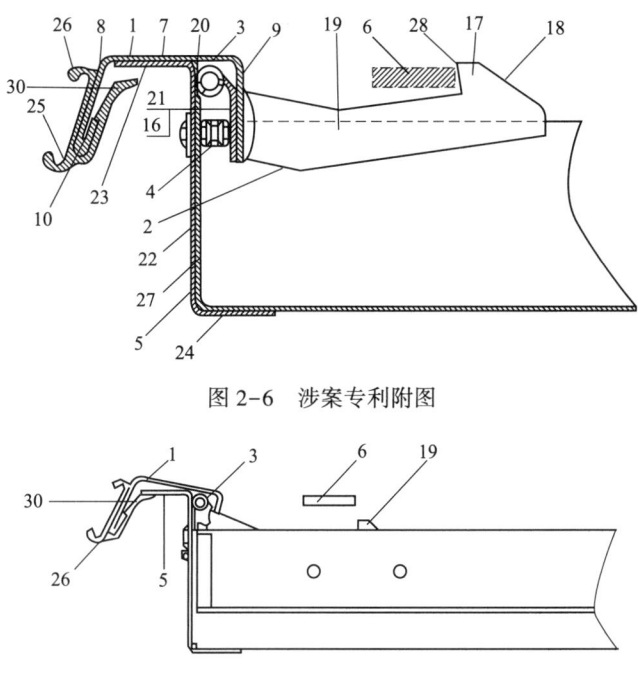

图 2-6 涉案专利附图

图 2-7 涉案专利附图

三、办案策略

专利权人收到无效请求文件后，将该案委托华进律师团队处理。华进律师团队在对案件材料进行分析后，初步认为对无效请求的答辩具有相当的难度。虽然从无效请求书来看，无效宣告请求人主张的区别特征不够全面，但即便予以纠正，在对比文件2、对比文件3、对比文件5、对比文件6中也有工作原理类似的技术手段存在，仅从事实认定角度抗辩区别特征并未公开恐非良策。几经思考后，华进律师团队决定将抗辩重点放在对比文件之间不存在结合启示上。之所以作如此考量，主要是基于涉案专利为实用新型专利这一背景。众所周知的是，根据2008年版《专利法》第二十二条的规定，实用新型专利的创造性高度要求是低于发明专利的，其并不要求具有突出的实质性特点和显著的进步。落实到具体的创造性判断规则，根据《专利审查指南（2010）》的规定，两者的创造性评价标准差异主要体现在对比文件的数量和技术领域。关于技术领域，《专利审查指南（2010）》第四部分第六章第4节"实用新型专利创造性审查"作如下规定：

对于实用新型专利而言，一般着重于考虑该实用新型专利所属的技术领域。但是现有技术中给出明确的启示，例如现有技术中有明确的记载，促使本领域的技术人员到相近或者相关的技术领域寻找有关技术手段的，可以考虑其相近或者相关的技术领域。

对上述规定的通常理解是，评价实用新型专利的创造性一般仅能使用相同技术领域的对比文件，仅在现有技术有明确启示的情形下，可以考虑相近或相关技术领域的对比文件，但发明不受此限。然而，有一种不同观点认为，无论针对何种专利，现有技术都必须有明确启示才可以考虑对比文件的结合，因此上述规定实质上将对比文件根据技术领域的不同划分为四类，即相同技术领域、相近技术领域、相关技术领域及上述三者之外的技术领域，只有前三者才存在评价实用新型专利创造性的可能，如果对比文件的技术领域与涉案专利不相同、不相近也不相关，是无论如何不能使用的。基于此种理解，在有些案件中，若是在技术比对上困难较大，专利权人会尝试将抗辩重点转向对比文件的技术领域。按照专利权人的设想，如将无效宣告请求人的关键证据论证为不相同、不相近也不相关的技术领域，即可将其直接排除在可结合的对比文件之外，使其创造性的无效理由缺少证据支持从而不能成立，岂不是达到了不战而屈人之兵的奇效。

然而，这种看似巧妙的答辩思路于实践中确很少发生效果，究其根本是《专利审查指南（2010）》配套措施的缺少所导致的。《专利审查指南（2010）》第四部分第六章第 6 节的上述规定虽然提及了技术领域对实用新型专利创造性判断的影响，但并未进一步定义相关或相近技术领域的含义，指南其余章节也从未给出这两个法律概念的解释。这一立法空白致使相关或相近技术领域的界定在实务中陷入了困境，其中，相关技术领域的争议更为突出。如前所述，无效宣告请求人的证据如非威胁较大，专利权人不会退而求其次转而攻击技术领域的差异，此时无效宣告请求人的证据理应至少公开了涉案专利的部分技术特征，仅从词语表面含义考量，难谓其与涉案专利毫不相关，故多数情形下，为避免后续程序的争议苛责，复审委合议组很少会支持专利权人的主张，仅以技术领域的差异将无效请求理由驳回。华进律师团队虽身经百战，亦不曾经历此类成功案例。

华进律师团队为了完善这一答辩策略，展开了广泛的在先案例检索工作，我国虽然并非判例法国家，但生效的在先判决或行政决定，其事实认定乃至法律适用意见，对于在后案件的审理仍具有相当强的指导意义。功夫不负有心人，经多方检索后，华进律师团队找到一份最高人民法院作出的（2011）知行字第 19 号行政裁定书，该裁定是一份专利行政案件的再审裁定，里面恰好涉及《专利审查指南（2010）》中所述的实用新型专利技术领域判断问题，该裁定相关内容如下：

> 技术领域，应当是要求保护的发明或者实用新型技术方案所属或者应用的具体技术领域，而不是上位的或者相邻的技术领域，也不是发明或者实用新型本身。涉案专利是名称为"握力计"的实用新型专利，判断其是否具有创造性，首先应当确定握力计所属的技术领域及相关和相近的技术领域。技术领域的确定，应当以权利要求所限定的内容为准，一般根据专利的主题名

称，结合技术方案所实现的技术功能、用途加以确定。专利在国际专利分类表中的最低位置对其技术领域的确定具有参考作用。相近的技术领域一般指与实用新型专利产品功能以及具体用途相近的领域，相关的技术领域一般指实用新型专利与最接近的现有技术的区别技术特征所应用的功能领域。涉案专利技术功能属于测力装置，具体用途为测人手的握力。

该再审裁定对于相近和相关技术领域的阐释，显然"弥补"了前述指南规定的立法缺失，尤其是其关于相关技术领域的定义，彻底驳斥了所谓相关是指"有所关联"的字面含义理解，明确将其定义为区别技术特征所应用的功能领域。对于何为"功能领域"，华进律师团队做了进一步解读，在专利行业，"功能"一词有其专属含义，根据《专利审查指南（2010）》第一部分第四章第4节"功能分类"规定："若技术主题在于某物的本质属性或功能，且不受某一特定应用领域的限制，则将该技术主题按功能分类。"由此可见，功能领域是指与特定应用领域无关的物的本身所处领域，相关技术领域是指区别技术特征本身所处领域。根据这一解读以及案件相关事实，华进律师团队撰写了答辩意见，并依据该意见在口头审理现场与对方当事人展开了激烈的庭审辩论。相关辩论意见的核心内容如下。

首先，根据《专利审查指南（2010）》规定可知，针对实用新型，技术领域应当是要求保护的技术方案所属或者应用的具体技术领域，而不是上位的或者相邻的技术领域。涉案专利是名称为"方便拆除垃圾盒的清洁机器人"的实用新型专利，判断其是否具有创造性，首先应当确定技术方案所涉及的技术领域以及相关和相近的技术领域。技术领域的确定，应当以权利要求所限定的内容为准，一般根据专利的主体名称，结合技术方案所实现的技术功能、用途加以确定。由此，涉案专利和对比文件1所属技术领域为清洁机器人领域。

而相近的技术领域一般指与实用新型专利产品功能及具体用途相近的领域，涉案专利与对比文件1所属领域均是清洁机器人领域，对比文件2、对比文件3、对比文件5和对比文件6请求保护的主题都是橱柜，很显然，橱柜与清洁机器人的功能和用途均不相近，对比文件2、对比文件3、对比文件5、对比文件6所属的技术领域不是本专利和对比文件1所属技术领域的相近技术领域。

而相关的技术领域一般指实用新型专利与最接近的现有技术区别技术特征所应用的功能领域。涉案专利与对比文件1的区别技术特征在于权利要求1中"所述垃圾盒包括使垃圾盒卡持在清洁机器人主体上的卡扣组件"及其组成。根据《专利审查指南（2010）》第一部分第四章第4节"功能分类"规定：若技术主题在于某物的本质属性或功能，且不受某一特定应用领域的限制，则将该技术主题按功能分类。可见，功能领域是指与特定应用领域无关的物的本身所处领域，因此，就该案而言，涉案专利与对比文件1的相关技术领域是卡扣组件领域。故，对比文件2、对比文件3、对比文件5、对比文件6所属的技术领域也不是涉案专利和对比文件1所属技术领域的相关技术领域。

综上，由于对比文件2、对比文件3、对比文件5、对比文件6的技术领域与涉案专利不相近也不相关，这些对比文件无法与对比文件1相结合评价本专利的创造性。

其次，根据《专利审查指南（2010）》上述规定，现有技术中有明确的记载，促使本领域的技术人员到相近或者相关的技术领域寻找有关技术手段的，可以考虑其相近或者相关的技术领域。退一步讲，即使认为对比文件2、对比文件3、对比文件5、对比文件6所属的技术领域属于涉案专利的相关技术领域，但是对比文件2、对比文件3、对比文件5、对比文件6并没有给出明确的技术启示，教导本领域技术人员可以将橱柜中锁定结构应用于清洁机器人中。相反，不仅没有明确的技术启示，还存在以下障碍：橱柜抽屉的结构与清扫机器人垃圾盒的结构及应用环境完全不同。抽屉的结构很简单，没有上盖，体积较大，而垃圾盒结构复杂，是一种封闭的盒装，体积很小，因此，垃圾盒需要将多个功能的模块集合到一个很小体积的壳体中，任何一种零件的安置都需要与其他组件进行巧妙配合，而抽屉则完全不需要面临上述问题，因此本领域技术人员很难想到从橱柜抽屉领域寻求技术启示。更重要的是，橱柜抽屉所处的使用环境和清洁机器人所工作的环境是不相同的，橱柜是固定的静态的家居用具，而清洁机器人的工作环境在动态移动中，对零件的设计需要考虑移动过程中的安全性和便利性。例如，清洁机器人在移动过程中会不可避免地与墙体或者其他物品发生碰撞，若将扣手位暴露于清洁机器人壳体外部，则很容易由于扣手位发生碰撞而产生垃圾盒的脱离，这将导致清洁机器人无法正常使用。正因于此，即使本领域技术人员看到橱柜领域的对比文件，如对比文件2，也不可能想到将其图所示直接暴露于抽屉的外部的拉手板1用于清洁机器人的垃圾盒设置中，这一选择超出了本领域技术人员的能力范畴。

四、原专利复审委员会观点及结论

涉案专利权利要求1要求保护的清洁机器人与证据1公开的机器人表面处理装置相比，区别技术特征在于本专利的卡扣组件包括卡持部、弹性件、转轴及扣手位，即卡扣组件的具体结构及由其结构决定的与机器人主体的连接关系。涉案专利说明书记载，该实用新型的垃圾盒的卡扣组件按照人体工程学设计，将垃圾盒从清洁机器人主体上移除时，只需将手指按住扣手位并往后拉即可实现（参见本专利说明书［0001］-［0013］段，附图2、附图4和附图6）。基于该区别特征，权利要求1实际要解决的技术问题在于，如何方便地拆卸垃圾盒。

关于上述区别技术特征：

首先，证据1机器人表面处理装置10中集尘箱30同样是便于移除和更换的（参见证据1说明书第7页第2段）；而且集尘箱30位于机器人表面处理装置10的顶部

（参见证据1附图3和附图6），在锁定位置时手柄32可以用作整个机器人表面处理装置10的提手（参见证据1说明书第7页第3段）。在证据1公开的机器人表面处理装置的基础上，本领域技术人员没有动机对集尘箱与装置主体的连接关系进行改进，以解决方便拆卸垃圾盒的技术问题。

第二，证据2公开了一种带拉手限位卡条的抽屉防滑出机构，由抽屉拉手板1、锁钩板2、铰链3、弹簧4等部件构成，通过拉抬拉手板1上的手控弯折边8可克服弹簧4的张力而使钩板19向下，从而将抽屉解扣和拉出（参见证据2说明书第6页最后一段，附图1和附图4）；证据3公开了一种滑动抽屉组件，包括抽屉释放手柄106a，当抽屉释放手柄106a处于抽屉释放位置时，卡扣构件108a与橱柜框架102a分离以允许抽屉打开（参见证据3说明书第0094段，附图23A和23B）；证据5公开了一种具有用于抽屉的定位装置的工具柜，固定组件40包括杠杆41、弹性夹持件42、桥接构件43、臂44以及槽230，槽230限定在扣手23的顶部并且向前壁延伸以容纳杠杆41和桥接件43，当抽屉的扣手被使用者向外摆动时，钩部从槽中脱出并且打开抽屉（参见证据5说明书第2栏第44-49行，附图4和附图5）；证据6公开了一种具有带卡扣装置的滑动式抽屉的柜子，抽屉30包括卡扣装置6，用于与抓持件14配合以便将抽屉30锁定在柜子10上，卡扣装置6包括杆60，杆60包括钩部61，卡扣装置6附接至板40，盖子50连接或固定在板40上，通过向前或向上拉动板40或盖子50可以使钩部61压向弹簧构件38从而允许抽屉打开或移出柜子10（参见证据6说明书第4页第4行—第5页第17行，附图2-7）。由此可见，证据2、证据3、证据5、证据6公开了杠杆结构的锁扣装置，但设置这些锁扣装置均是为了解决抽屉与柜子之间固定的技术问题，没有给出通过设置锁扣装置来实现容易拆卸的技术启示。而证据7公开了车库吸尘机，其尘筒2通过锁定机构4固定在机体1上，锁定机构4的结构和工作原理与本专利中的卡扣组件不同，并且解决的是将尘筒锁定到机体的技术问题，同样没有给出通过锁定装置来实现容易拆卸的技术启示。

因此，相对于证据1作为最接近的现有技术与证据2、证据3、证据5、证据6、证据7中任一篇的结合，本专利权利要求1的技术方案不是显而易见的，具备《专利法》第二十二条第三款规定的创造性。

五、案例意义

该案最终获得了专利权被全部维持有效的结论，应该是出乎专利权人的预期的，毕竟无效宣告请求人的证据具有相当的威胁性，是华进律师团队另辟蹊径的答辩思路，起到了出奇制胜的效果。无效决定虽未直接采纳技术领域不相关的答辩意见作为决定理由，但从其评述来看，显然是深受专利权人观点的影响，无效决定认为"证据2、证据3、证据5、证据6设置这些锁扣装置均是为了解决抽屉与柜子之间固定的技术问题，没有给出通过设置锁扣装置来实现容易拆卸的技术启示",事实上就是承认了两者技术领域之间的距离较远,纵然有相似的技术原理,仍不能认为具有明显的技术启示促使本领域技术人员将两者结合,从而获得涉案专利的技术方案。这一案件的答辩成功,为专利权人方创设了一种全新的无效答辩思路。

案例二十二

屡败屡战定能取胜

——广收许可费的发明专利无效案

案例整理及评析人：邓云鹏　旋杰豪　方昊佳

【案例基本信息】

专利号：ZL200510137677.0

发明名称：USB应用装置

专利权人：宜鼎国际股份有限公司

代理人：邓云鹏，华进联合商标代理有限公司，代理无效宣告请求人

一、案例背景

专利号为200510137677.0的中国发明专利（以下简称"涉案专利"）在获得授权后，先后被提起了七次专利无效请求，对应的编号分别为4W100500、4W100735、4W101446、4W101512、4W101842、4W102164、4W102271（部分无效请求未检索到无效审查决定，可能因为中途撤回了无效请求），到第七次也就是华进知识产权代理的最后一次无效请求时，该案专利才被全部无效。

涉案专利之所以被多人多次提出无效请求，是因为涉案专利的权利要求保护的技术方案被广泛应用在产业中，人们日常生活中用到的很多超短的USB信号收发器就使用了该技术。专利权人通过许可费的方式收取行业内多家从业者的权利金，因而成为"众矢之的"，被多次提起无效。通过表2-3中的海关备案信息，也可以看出专利权人对涉案专利的重视。

表2-3　涉案专利的海关备案信息

备案号	P2011—20963
审批意见	已审批、核准
备案状态	生效
备案有效期	2011年3月24日到2021年3月23日

二、案例事实

涉案专利的说明书的发明内容部分明确记载该发明所要解决的技术问题是："本发明的目的在于针对上述 USB 连接头及 USB 应用装置的构造缺点，设计出一种新颖的 USB 应用装置，不但可有效缩小 USB 应用装置的长度，又可增加 USB 应用装置的工作效率和功能，同时连接头的外壳层及 USB 模块外壳层选择相同材料，以一体成型方式形成，以简化 USB 应用装置的制造流程及降低制造成本"。

截至华进知识产权受托提出涉案专利的无效请求时，可以检索到两项无效审查决定（对应三次无效请求），相关信息如下表 2-4 所示。

表 2-4　无效审查决定

编号	4W100735	4W101446、4W101512
请求人	曹萍	第一请求人：深圳雷柏科技股份有限公司； 第二请求人：深圳雷柏电子有限公司
请求日期	2011 年 01 月 26 日	2012 年 03 月 05 日 2012 年 04 月 09 日
决定日期	2011 年 08 月 17 日	2012 年 11 月 21 日

经过上述多次专利无效请求后，涉案专利仍然有下述两项权利要求处于有效状态：

1. 一种 USB 应用装置，包括连接有一 USB 电子应用模块的连接头，其中，该连接头内包括一外壳层包围的承载板，该承载板的顶表面与该外壳层之间形成有一连接夹层，该承载板的顶表面设置有多个与该 USB 电子应用模块电连接的第一连接端子，该连接夹层与一相对应的 USB 连接座相互插接，USB 连接座插接于该连接夹层内时，该第一连接端子与多个设置于该 USB 连接座内的第二连接端子电连接，该连接头内部的承载板底表面与外壳层之间形成有一板底夹层，该承载板的底表面上设置有至少一电子组件，该板底夹层内设置有至少一与该承载板连接的支撑构造或前端保护层或该支撑构造与前端保护层的组合，该承载板的材料是塑料或聚合物。

2. 根据权利要求 1 所述的 USB 应用装置，其特征在于，该连接头的外壳层以一非金属材料制成，该 USB 电子应用模块内设有一应用电路板，该承载板是一电路板所制成的 PCB 承载板，该应用电路板与该 PCB 承载板以一体成型方式形成，该电子组件是一板底数据传输线路，该 USB 电子应用模块外包围有一模块外壳层，该模块外壳层与该连接头的外壳层以一体成型方式形成。

涉案专利的说明书的发明内容部分明确记载该发明的有益效果是："本发明的 USB

应用装置缩减了 USB 应用装置长度，增加了 USB 应用装置的工作效率和功能。同时通过单一连接头内增加设置有其他数据传输线路，提高了 USB 应用装置的信号传输频宽及传输速度，其保护塞可以直接插入承载板顶表面及外壳层所预留的连接夹层内，不仅可达到保护连接头之目的，也可有效缩小 USB 应用装置的整体体积。最后连接头的外壳层及 USB 模块外壳层选择相同材料，并以一体成型方式形成，简化了 USB 应用装置的制造流程及降低制造成本"。

三、办案策略

华进律师团队收到委托人无效涉案专利的意向后，即进行了全面的检索和分析。在查询到涉案专利已经被多次提起无效请求的背景下，通过分析之前的无效审查决定，发现最近的审查决定（2012年11月21日作出）虽然已经引用了较强的对比文件，且审查决定对未被无效的权利要求的陈述为"请求人未提及承载板的材料是塑料或聚合物的技术方案、该电子组件是一板底数据传输线路的技术方案不具备创造性的理由，因此，合议组对上述技术方案不予评述"，但是截至华进律师团队针对涉案专利提出无效请求时（2013年6月17日），上一无效决定请求人仍未提出新的无效请求，可见并非只要再提出请求即可轻而易举全部无效。为了保障委托人的利益，并不能仅仅沿用上一无效决定请求人所提供的证据，补充提出未被无效方案的无效理由即可，而是应该全面分析涉案专利并争取所有无效可能性。

经过全面分析讨论后，华进律师团队根据涉案专利申请日时实施的2000年版《专利法》及2002年版《专利法实施细则》的规定提出无效宣告请求，认为涉案专利存在不符合2000年版《专利法》及2002年版《专利法实施细则》相关规定的如下情形：

(1) 部分无效后权利要求1不符合2002年版《专利法实施细则》第二十条第一款的规定；

(2) 说明书（涉及部分无效后权利要求2）不符合2000年版《专利法》第二十六条第三款的规定；

(3) 部分无效后权利要求1不符合2000年版《专利法》第二十二条第二款的规定；

(4) 部分无效后权利要求1~2不符合2000年版《专利法》第二十二条第三款的规定。

因此，请求人请求原专利复审委员会宣告涉案专利全部无效。

（一）部分无效后的权利要求 1 不清楚，不符合 2002 年版《专利法实施细则》第二十条第一款的规定

2002 年版《专利法实施细则》第二十条第一款的规定：权利要求书应当说明发明或者实用新型的技术特征，清楚、简要地表达请求保护的范围。

在部分无效后的权利要求 1 的技术特征"该承载板的材料是塑料或聚合物"中，聚合物包括高聚合物及低聚合物，然而，塑料是高聚物中的一种，因此可以得知，聚合物包括塑料。由此可见，权利要求 1 限定了具有"包含"关系的技术特征，导致其保护范围不清楚。

因此，权利要求 1 所要求保护的权利范围不清楚，不符合 2002 年版《专利法实施细则》第二十条第一款的规定。虽然以该理由无效该权利要求可能性较低，但是作为文件本身的缺陷之一应当提出来，申请人在提出专利申请时需要对申请文件的质量进行严格审核，避免授权后产生此类缺陷。

（二）说明书公开不充分，不符合 2000 年版《专利法》第二十六条第三款的规定

2000 年版《专利法》第二十六条第三款规定："说明书应当对发明或者实用新型作出清楚、完整的说明，以所属技术领域的技术人员能够实现为准；必要的时候，应当有附图。摘要应当简要说明发明或者实用新型的技术要点。"

如前所述，涉案专利提出要解决"增加 USB 应用装置的工作效率和功能"这一技术问题，采用的技术手段为"该板底夹层 217 内部可用来设置至少一电子组件 24 或一板底数据传输线路，该电子组件 24 可设计为另一组可增加工作效率和功能的工作组件；而板底数据传输线则可增加传输功能，通过这个来增加 USB 应用装置 20 的工作效率和功能"（涉案专利的说明书的具体实施方式的第二段）。

然而，涉案专利的说明书中并没有记载是如何采用该电子组件 24 来增加工作效率和功能的，即，涉案专利的说明书中并没有记载电子组件 24 的具体电路结构，本领域技术人员根据涉案专利的说明书公开的内容，并不能得知如何解决"增加 USB 应用装置的工作效率和功能"的技术问题。USB 各版本最大传输速率及协议推出时间如下：

USB1.0：1.5Mbps（192KB/s）　　1996 年 1 月
USB1.1：12Mbps（1.5MB/s）　　1998 年 9 月
USB2.0：480Mbps（60MB/s）　　2000 年 4 月
USB3.0：5Gbps（640MB/s）　　2008 年 11 月

从 USB 的发展历史可知，每一代的升级都要花费较长时间，涉案专利的申请日为 2005 年 12 月 31 日，优先权日为 2004 年 12 月 31 日，介于 USB2.0 标准和 USB3.0 标准之间，通过 USB3.0 的标准可知，要实现传输速率的提高或者增加工作效率和功能，需

要很多非常具体的技术描述和改进方能实现，如下表2-5中USB3.0的针脚定义。

表2-5　USB3.0的针脚定义

针脚编号	颜色	信号名称（A接口）	Signal name（B接口）
1	红色	VBUS	
2	白色	D-	
3	绿色	D+	
4	黑色	GND	
5	蓝色	StdA_SSRX-	StdA_SSTX-
6	黄色	StdA_SSRX+	StdA_SSTX+
7	Shield	GND_DRAIN	
8	紫色	StdA_SSTX-	StdA_SSRX-
9	橙色	StdA_SSTX+	StdA_SSRX+

并且，从USB2.0到USB3.0并非简单增加线路并进行定义即可实现，还需更多关于电源管理、协议等技术细节资料，比如采用了三级多层电源管理技术、新的数据包路由传输技术、改进的数据编码方式等。由此可知，本领域技术人员按照涉案专利的说明书记载的内容，难以仅凭"增加一个控制电路或板底数据传输线路"这样一种泛泛的描述，解决其"增加工作效率和功能"的技术问题。相反，硬盘数据接口从IDE接口（40或80条线路，外部传输率达到100MB/s）升级为SATA（7条线路，数据传输率达到600MB/s）接口的数据线大大减少了，数据传输率反而增加了，也就是说，单凭增加几条数据传输线路是不能提高效率的，数据传输效率的高低不在于线路的多少，而在于具体的控制电路和相应的数据编码方式等，而涉案专利的说明书中正是缺少这方面的描述。并且，解决该技术问题的技术方案在部分无效后的权利要求2中有被专利权人要求保护，因此，涉案专利的说明书不符合2000年版《专利法》第二十六条第三款的规定。

以说明书公开不充分作为理由无效的成功案例不多，涉案专利虽然最终也并非因该理由无效，但是，通过上述说理过程可以明白，在申请专利时并非要解决的技术问题越多越好，要解决的问题越多，需要的技术特征也就越多，对应保护范围反而越小。同时，罗列一些本申请也解决不了的问题，反而会带来说明书公开不充分或者权利要求缺少必要技术特征的缺陷。

（三）部分无效后的权利要求1不具备新颖性，不符合2000年版《专利法》第二十二条第二款的规定

无效宣告请求人以下述对比文件作为涉案专利不具新颖性及创造性的证据。

以上表2-6中所有对比文件的公开日均在涉案专利的优先权日之前，可以用来评价涉案专利的新颖性及创造性。

表 2-6　对比文件的公开日期

简称	名称	公开日期
对比文件 1	公开号为 CN1501553A 的中国发明专利申请	2004 年 6 月 2 日
对比文件 2	公告号为 CN2572611Y 的中国实用新型专利	2003 年 9 月 10 日
对比文件 3	公告号为 CN2606398Y 的中国实用新型专利	2004 年 3 月 10 日
对比文件 4	公告号为 CN2616942Y 的中国实用新型专利	2004 年 5 月 19 日
对比文件 5	公开号为 CN1459694A 的中国发明专利说明书	2003 年 12 月 3 日
对比文件 6	公开号为 US2004/0153595A1 的美国专利说明书	2004 年 8 月 5 日

2000 年版《专利法》第二十二条第二款的规定：新颖性，是指在申请日以前没有同样的发明或者实用新型在国内外出版物上公开发表过、在国内公开使用过或者以其他方式为公众所知，也没有同样的发明或者实用新型由他人向国务院专利行政部门提出过申请并且记载在申请日以后公布的专利申请文件中。

权利要求 1 请求保护一种 USB 应用装置（20），包括连接有一 USB 电子应用模块（25）的连接头（21），如图 2-8、图 2-9、图 2-10，其中，该连接头（21）内包括一外壳层（213）包围的承载板（211），该承载板（211）的顶表面与该外壳层（213）之间形成有一连接夹层（215），该承载板（211）的顶表面设置有多个与该 USB 电子应用模块（25）电连接的第一连接端子（23），该连接夹层（215）与一相对应的 USB 连接座相互插接，USB 连接座插接于该连接夹层（215）内时，该第一连接端子（23）与多个设置于该 USB 连接座内的第二连接端子电连接，该连接头内部的承载板（211）底表面与外壳层（213）之间形成有一板底夹层（217），该承载板（211）的底表面上设置有至少一电子组件（24），该板底夹层（217）内设置有至少一与该承载板（211）连接的支撑构造（218）或前端保护层（219）或该支撑构造（218）与前端保护层（219）的组合，该承载板（211）的材料是塑料或聚合物。

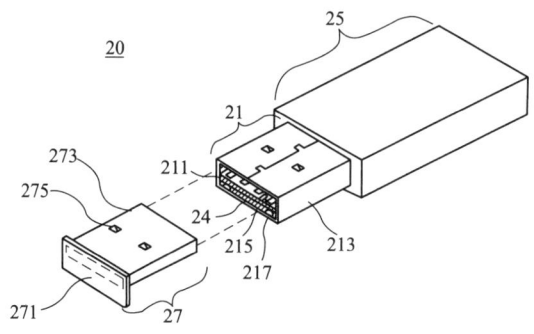

图 2-8　涉案专利的附图

涉案专利所要解决的技术问题是"本发明的目的在于针对上述 USB 连接头及 USB 应用装置的构造缺点，设计出一种新颖的 USB 应用装置，不但可有效缩小 USB 应用装置的长度，又可增加 USB 应用装置的工作效率和功能，同时连接头的外壳层及 USB 模块外壳层选择相同材料，以一体成型方式形成，以简化 USB 应用装置的制造流程及降低制造成本"。然而，权利要求 1 所要求保护的技术方案并不能解决"又可增加 USB 应用装置的工作效率和功能，同时连接头的外壳层及 USB 模块外壳层选择相同材料，以一体成型方式形成，以简化 USB 应用装置的制造流程及降低制造成本"的技术问题。因此，权利要求 1 所要求保护的技术方案能够解决的问题是"可有效缩小 USB 应用装置的长度"。

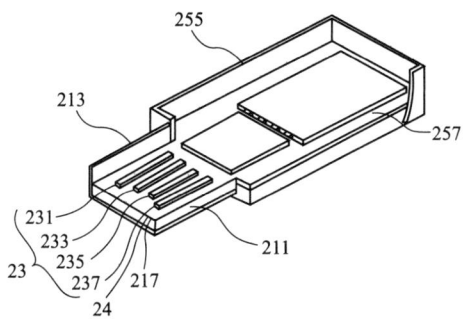

图 2-9　涉案专利的附图

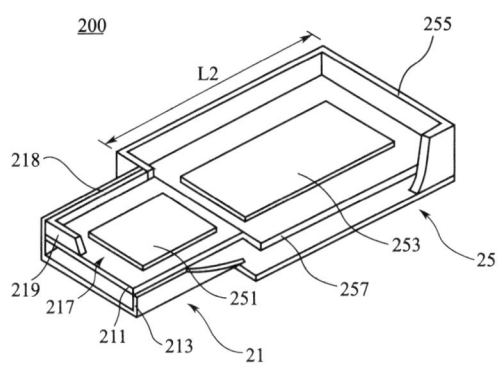

图 2-10　涉案专利的附图

对比文件 2 公开一种内置印制电路板的通用串行总线的插头，其解决的技术问题是"本实用新型的目的是提供一种内置印制电路板的通用串行总线的插头，该插头充分利用 USB 接口插头的内部空间，将传统位于其后端的印制电路板安置在其塑料芯的内部中空凹槽空间，使得利用该 USB 插头开发出来的一些相关产品结构紧凑，体积小型化；且该印制电路板的一面自带镀金导线（俗称：金手指），可取代传统结构中的连接端子，省却焊接工艺，既保证装配质量，又提高装配效率"。因此，对比文件 2 与涉案专利的技术领域相同，解决的技术问题相同。

对比文件 2 的技术方案与涉案专利的对比请参见表 2-7。

表 2-7　涉案专利的权利要求 1 与对比文件 2 对比表

涉案专利代表图	对比文件 2 代表图	对比分析
权利要求 1	一种 USB 应用装置（20），包括连接有一 USB 电子应用模块（25）的连接头（21）	一种内置印制电路板的通用串行总线的插头	对比文件 2 的说明书第 3 页第 4 段明确记载了"将通常位于该插头后面的印制电路板直接安置在塑料芯内部的中空凹槽内，创造性地使该插头与印制电路板合二为一，使本实用新型成为内置印制电路板的 USB 的插头"。由此可知，内置印制电路板完全可以相当于 USB 电子应用模块（25）
	该连接头（21）内包括一外壳层（213）包围的承载板（211），该承载板（211）的顶表面与该外壳层（213）之间形成有一连接夹层（215）	包括铁壳（1）与由塑芯上托（2）和塑芯下托（4）组成的塑料芯，该塑料芯中空凹槽里置放有一个印制电路板（3）	铁壳（1）相当于外壳层（213）；印制电路板（3）相当于承载板（211）；铁壳（1）与印制电路板（3）之间的间隙相当于连接夹层（215）
	该承载板（211）的顶表面设置有多个与该 USB 电子应用模块（25）电连接的第一连接端子（23），该连接夹层（215）与一相应的 USB 连接座相互插接，USB 连接座插接于该连接夹层（215）内时，该第一连接端子（23）与多个设置于该 USB 连接座内的第二连接端子电连接	该印制电路板（3）的上表面印制有四条平行排列的、符合 USB 规范的窄长形镀金铜片（6），直接作为其下表面印制电路的引出电极，用于与 USB 插座实现电信息传导的连接	窄长形镀金铜片（6）相当于第一连接端子（23）；USB 插座相当于 USB 连接座

续表

	涉案专利代表图	对比文件2代表图	对比分析
权利要求1	该连接头内部的承载板（211）底表面与外壳层（213）之间形成有一板底夹层（217），该承载板（211）的底表面上设置有至少一电子组件（24）	该印制电路板（3）的下表面上设置有电子元件（5），该印制电路板（3）和其上的电子元件（5）分别承载在塑芯下托（4）阶梯凹槽的上层槽（41）和下层槽（42）内	阶梯凹槽的下层槽（42）相当于板底夹层（217）；电子元件（5）相当于电子组件（24）
	该板底夹层（217）内设置有至少一与该承载板（211）连接的支撑构造（218）或前端保护层（219）或该支撑构造（218）与前端保护层（219）的组合	下层槽（42）是圆形或长圆形或椭圆形。该塑芯下托（4）的阶梯凹槽的上层槽（41）和下层槽（42）均可为其他多种形状，主要取决于印制电路板上的电子元件分布状况以及注塑模具的加工等因素	下层槽（42）的左右侧壁相当于支撑构造（218）；下层槽（42）的前端侧壁相当于前端保护层（219）（具体分析请参照下文）
	该承载板（211）的材料是塑料或聚合物	D2背景技术公开了塑芯下托30，说明书的具体实施方式第1段公开了该承载板为印制电路板（3）	塑芯下托30相当于塑料制成的承载板（211），而塑料是聚合物的一种，因此塑芯下托30公开了聚合物这一上位概念

对比文件2（说明书的具体实施方式的第二段及附图3，如图2-11所示）明确说明塑芯下托（4）是扁平状、设有阶梯凹槽（41、42）的矩形体，该塑芯下托（4）的阶梯凹槽的上层槽（41）为矩形槽，下层槽（42）是圆形或长圆形或椭圆形。由此可以得知，下层槽（42）是一个具有封闭侧壁的凹槽，如图2-11所示，下层槽（42）具有前端侧壁及与前端侧壁相连的左、右侧壁，前端侧壁及左、右侧壁共同支撑并连接收容于上层槽（41）的印制电路板（3）。

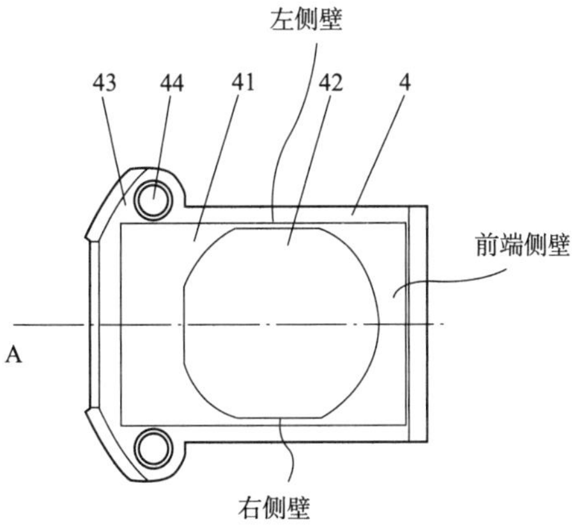

并且，涉案专利的第一实施例（说明书第6页第4端及附图，如图2-9、2-10所示）明确记载承载板（211）为PCB电路板，并由附图4看出支撑装置（218）及前端保护层（219）与PCB电路板是分开制造，并抵接在一起的。对比文件2中的印制电路板（3）和其上的电子元件（5）分别承载在

图2-11 对比文件2的附图

塑芯下托（4）阶梯凹槽的上层槽（41）和下层槽（42）内，由此可知，对比文件2中的印制电路板（3）也与下层槽（42）的前端侧壁及与前端侧壁相抵接。

因此，对比文件2中的下层槽（42）的左、右侧壁相当于涉案专利的支撑构造（218），下层槽（42）的前端侧壁相当于涉案专利的前端保护层（219）。

因此，对比文件2的技术方案与涉案专利的权利要求1所要求保护的技术方案相同，取得的技术效果也相同。因此，涉案专利的权利要求1所要求保护的技术方案相对于对比文件2，不具备2000年版《专利法》第二十二条第二款的规定的新颖性。

（四）部分无效后的权利要求1不具备创造性，不符合2000年版《专利法》第二十二条第三款的规定

2000年版《专利法》第二十二条第三款规定：创造性，是指同申请日以前已有的技术相比，该发明有突出的实质性特点和显著的进步，该实用新型有实质性特点和进步。

1. 部分无效后的权利要求1相对于对比文件1和对比文件2不具备创造性

对比文件1公开一通用串行端口的缆线的系列A的母连接头可连接于该公连接头（对比文件1说明书第31页至33页，附图18及附图2），其与涉案专利的技术领域相同，公开的技术特征较多（请参见表2-8），因此，对比文件1可以作为涉案专利的最接近的现有技术。

涉案专利的权利要求1与对比文件1相比较，其区别技术特征在于：

① 该连接头内部的承载板（211）底表面与外壳层（213）之间形成有一板底夹层（217）；

② 该承载板（211）的底表面上设置有至少一电子组件（24）；

③ 该板底夹层（217）内设置有至少一与该承载板（211）连接的支撑构造（218）或前端保护层（219）或该支撑构造（218）与前端保护层（219）的组合；

④ 该承载板（211）的材料是塑料或聚合物。

表2-8　涉案专利的权利要求1与对比文件1对比表

涉案专利代表图	对比文件1代表图	对比分析

续表

	涉案专利代表图	对比文件1代表图	对比分析
权利要求1	一种USB应用装置（20），包括连接有一USB电子应用模块（25）的连接头（21）	一种可连接于通用串行端口（USB）的母连接头的公连接头（60），可直接固定装置于一CF卡	CF卡相当于USB电子应用模块（25）；公连接头（60）相当于连接头（21）
	该连接头（21）内包括一外壳层（213）包围的承载板（211）	该公连接头60内包括外框（66）包围的第二承载器（64）	第二承载器（64）相当于承载板（211）；外框（66）相当于外壳层（213）
	该承载板（211）的顶表面与该外壳层（213）之间形成有一连接夹层（215）	第二承载器（64）的顶表面与外框（66）之间形成一第二空间（66a）	第二空间（66a）相当于连接夹层（215）
	该承载板（211）的顶表面设置有多个与该USB电子应用模块（25）电连接的第一连接端子（23）	该第二承载器（64）的顶表面设置有多个与CF卡电连接的金属接点（62）	金属接点（62）相当于第一连接端子（23）
	该连接夹层（215）与一相对应的USB连接座相互插接	第二空间（66a）与可连接于通用串行端口（USB）的母连接头相互插接	母连接头相当于USB连接座
	USB连接座插接于该连接夹层（215）内时，该第一连接端子（23）与多个设置于该USB连接座内的第二连接端子电连接	母连接头的第一承载器插接于该第二空间（66a）内时，金属接点（62）与母连接头的金属接点（22）电连接	母连接头的金属接点（22）相当于USB连接座内第二连接端子
	该连接头内部的承载板（211）底表面与外壳层（213）之间形成有一板底夹层（217）	—	—
	该承载板（211）的底表面上设置有至少一电子组件（24）	—	—
	该板底夹层（217）内设置有至少一与该承载板（211）连接的支撑构造（218）或前端保护层（219）或该支撑构造（218）与前端保护层（219）的组合	—	—
	该承载板（211）的材料是塑料或聚合物	—	—

涉案专利的连接头内部的承载板（211）底表面与外壳层（213）之间形成有一板底夹层（217），以收容电子组件，从而缩减 USB 应用装置的长度（涉案专利的说明书第 6 页第 2 段）；并且板底夹层（217）内设置有至少一与该承载板（211）连接的支撑构造（218）或前端保护层（219），以强化板底夹层（217）的结构强度，从而起到保护电子组件的作用（涉案专利的说明书第 6 页第 4 段）。因此，相对于对比文件 1，本发明实际解决的技术问题是：提供一种可缩短 USB 应用装置的长度、并起到保护电子组件作用的连接头。

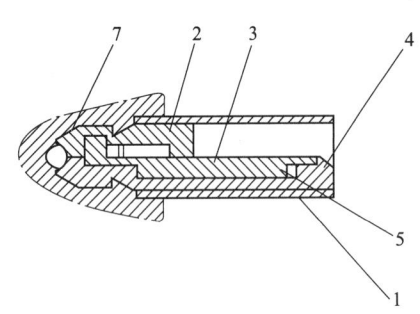

图 2-12 对比文件 2 的附图

对比文件 2（说明书第 7 页的具体实施方式部分的第 1 段及第 2 段及附图，如图 2-12、图 2-13、图 2-14）公开一种内置印刷电路板的通用串行总线 USB 接口的插头【相当于涉案专利的连接头】，其包括铁壳（1）【相当于涉案专利的外壳层（213）】及由塑芯上托（2）和塑芯下托（4）组成的塑料芯，由塑芯上托（2）和塑芯下托（4）组成的塑料芯里设有中空凹槽，该塑料芯中空凹槽里置放有一个印制电路板（3）【相当于涉案专利的承载板（211）】，该印制电路板（3）的下表面上设置有电子元件（5）【相当于涉案专利的电子组件（24）】，且该印制电路板（3）和其上的电子元件（5）分别承载在塑芯下托（4）的阶梯凹槽【相当于涉案专利的板底夹层（217）】的上层槽（41）和下层槽（42）内。在该印制电路板（3）的上表面印制有四条平行排列的、符合 USB 规范的窄长形镀金铜片（6）【相当于涉案专利的第一连接端子（23）】【同时涉案专利的第一连接端子（23）也被对比文件 1 的金属接点（62）公开】。该塑芯下托（4）的阶梯凹槽的上层槽（41）为矩形槽，上层槽（41）用于收容印刷电路板，下层槽为（42）是圆形或长圆形或椭圆形。并且，下层槽（42）的形状可以为其他形状，主要根据电子元件（5）的分布情况等因素。

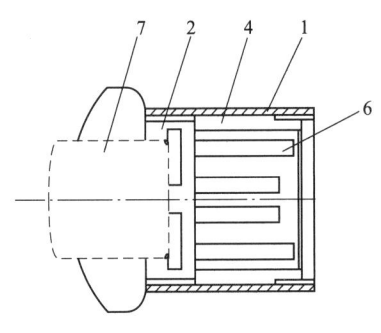

图 2-13 对比文件 2 的附图

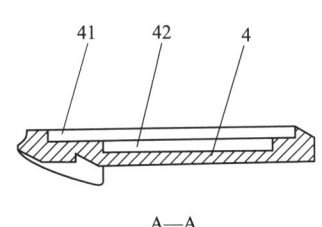

图 2-14 对比文件 2 的附图

阶梯凹槽的上层槽（41）用于收容印刷电路板（3）【相当于涉案专利的承载板

(211)】，下层槽（42）【相当于涉案专利的板底夹层（217）】用于收容印刷电路板下表面的电子元件（5）【相当于涉案专利的电子组件（24）】，其与涉案专利中的作用相同。下层槽为（42）是圆形或长圆形或椭圆形，本领域技术人员由此可知下层槽的左、右侧壁相当于涉案专利的支撑构造（218），下层槽（42）的前端侧壁相当于涉案专利的前端保护层（219），同样是为了稳固支撑印刷电路板（3），防止其变形，并保护电子元件（5）。

对比文件2背景技术公开了塑芯下托30，相当于公开了涉案专利的塑料制成的承载板（211），而塑料是聚合物的一种，因此塑芯下托30公开了聚合物这一上位概念。

由上述分析可知，对比文件2公开了涉案专利的区别技术特征A、B、C、D，且作用完全相同，因此，对比文件2给出了将区别技术特征应用于涉案专利中，以解决"提供一种可缩短USB应用装置的长度、并起到保护电子组件作用的连接头"技术问题的技术启示。

综上，在对比文件1的基础上结合对比文件2得到涉案专利的权利要求1所请求保护的技术方案对本领域技术人员来说是显而易见的。因此，权利要求1不具备突出的实质性特点及显著的进步，从而不符合2000年版《专利法》第二十二条第三款有关创造性的规定。

并且，涉案专利的权利要求1相对于对比文件1、对比文件2和公知常识同样不具备创造性。

2. 部分无效后的权利要求1相对于对比文件3（4W10152无效审查决定中的对比文件1）和对比文件2、公知常识不具备创造性

部分无效后的权利要求1的技术方案中，复审委员会案件编号为4W10152的生效无效审查决定确认，除"承载板的材料是塑料或聚合物"外，其余特征已经被公开或属于本领域技术人员容易想到的。至于"承载板的材料是塑料或聚合物"，此为本领域技术人员的公知常识，并且如前所述，已经被对比文件2公开。

因此，涉案专利的权利要求1相对于对比文件3和对比文件2或对比文件3和公知常识或对比文件2和公知常识不具备创造性。

（五）部分无效后的权利要求2不具备创造性，不符合2000年版《专利法》第二十二条第三款的规定

1. 部分无效后的权利要求2相对于对比文件2、对比文件4、公知常识不具备创造性

如前所述，对比文件2公开了权利要求2中"一种USB应用装置，包括连接有一USB电子应用模块的连接头，其中，该连接头内包括一外壳层包围的承载板，该承载板的顶表面与该外壳层之间形成有一连接夹层，该承载板的顶表面设置有多个与该

USB 电子应用模块电连接的第一连接端子，该连接夹层与一相对应的 USB 连接座相互插接，USB 连接座插接于该连接夹层内时，该第一连接端子与多个设置于该 USB 连接座内的第二连接端子电连接，该连接头内部的承载板底表面与外壳层之间形成有一板底夹层，该承载板的底表面上设置有至少一电子组件，该板底夹层内设置有至少一与该承载板连接的支撑构造或前端保护层或该支撑构造与前端保护层的组合"的特征。此外，对比文件 4 还公开了下述特征：

对比文件 4（说明书的具体实施方式及附图，如图 2-15 所示）公开一种 USB 存储器，其下盖（33）的前端凸伸有一连接部（21）【相当于涉案专利的连接头的外壳层】，整个下盖（33）采用塑料制成【相当于该连接头的外壳层是以一非金属材料制成】，该 USB 存储器内【相当于涉案专利的 USB 电子应用模块】设有一 PCB 板（30），【该 PCB 板（30）的存储 IC（40）所在的部分相当于涉案专利的应用电路板，该 PCB 板（30）的金手指（33）所在的部分相当于涉案专利的承载板，由对比文件 4 的附图 2 可知，PCB 板（30）是一整块印刷电路板，即，该应用电路板与该 PCB 承载板以一体成型方式形成】，该 PCB 板（30）的金手指（33）所在的部分收容于连接部（21）内，该 PCB 板（30）的存储 IC（40）所在的部分收容于下盖（33）内【由对比文件 4 的附图 2 可知，连接部（21）与下盖（33）一体成型，即，模块外壳层与该连接头的外壳层以一体成型的方式形成】。

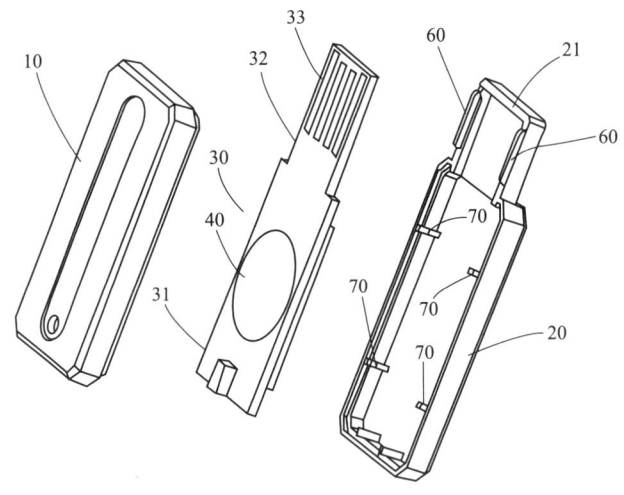

图 2-15　对比文件 4 的附图

对比文件 4 虽然没有公开涉案专利的"该电子组件是一板底数据传输线路"，但是，对比文件 2 说明书第 4 页第 12 行有公开"下表面印制电路"，并且该下表面的印制电路是与符合 USB 规范的线路连接的，也就是对比文件 2 的"下表面印制电路"是用于传输数据的线路，相当于公开了涉案专利的"该电子组件是一板底数据传输线路"。

由此可知，在对比文件2的基础上结合对比文件4得到涉案专利的权利要求2所请求保护的技术方案对本领域技术人员来说是显而易见的。因此，权利要求2不具备突出的实质性特点及显著的进步，从而不符合2000年版《专利法》第二十二条第三款有关创造性的规定。

并且，涉案专利的权利要求2相对于对比文件2、对比文件4和公知常识同样不具备创造性。

2. 部分无效后的权利要求2相对于对比文件1、对比文件2、对比文件4、公知常识不具备创造性

如前所述，对比文件1结合对比文件2公开了权利要求2中"一种USB应用装置，包括连接有一USB电子应用模块的连接头，其中，该连接头内包括一外壳层包围的承载板，该承载板的顶表面与该外壳层之间形成有一连接夹层，该承载板的顶表面设置有多个与该USB电子应用模块电连接的第一连接端子，该连接夹层与一相对应的USB连接座相互插接，USB连接座插接于该连接夹层内时，该第一连接端子与多个设置于该USB连接座内的第二连接端子电连接，该连接头内部的承载板底表面与外壳层之间形成有一板底夹层，该承载板的底表面上设置有至少一电子组件，该板底夹层内设置有至少一与该承载板连接的支撑构造或前端保护层或该支撑构造与前端保护层的组合"的特征；对比文件4公开了"该连接头的外壳层以一非金属材料制成，该USB电子应用模块内设有一应用电路板，该承载板是一电路板所制成的PCB承载板，该应用电路板与该PCB承载板以一体成型方式形成，该USB电子应用模块外包围有一模块外壳层，该模块外壳层与该连接头的外壳层以一体成型方式形成"的特征，对比文件2公开了"该电子组件是一板底数据传输线路"的特征。

由此可知，在对比文件1的基础上结合对比文件2、对比文件4得到涉案专利的权利要求2所请求保护的技术方案对本领域技术人员来说是显而易见的。因此，权利要求2不具备突出的实质性特点及显著的进步，从而不符合2000年版《专利法》第二十二条第三款有关创造性的规定。

并且，涉案专利的权利要求2相对于对比文件1、对比文件2、对比文件4和公知常识同样不具备创造性。

3. 部分无效后的权利要求2相对于对比文件3（4W10152无效审查决定对比文件1）、对比文件4（4W10152无效审查决定对比文件7）、对比文件5（4W10152无效审查决定对比文件2）、对比文件6（4W10152无效审查决定对比文件9）和对比文件2、公知常识不具备创造性

部分无效后的权利要求2的技术方案中，复审委员会案件编号为4W10152的生效无效审查决定确认，除"该电子组件是一板底数据传输线路"外，其余特征已经被公

开或属于本领域技术人员容易想到的。至于"该电子组件是一板底数据传输线路",此为本领域技术人员的公知常识,并且如前所述,已经被对比文件2公开。另外,"该电子组件是一板底数据传输线路"已经被对比文件3隐含公开,对比文件3在连接头11下方设置了电子元件,可以直接地、毫无疑义地确定连接头的下方设有板底数据传输线路,否则只有电子元件而没有板底数据传输线路是没有意义的,因此该特征已经被对比文件3隐含公开。

因此,涉案专利的权利要求2相对于对比文件2、对比文件3、对比文件4、对比文件5、对比文件6和公知常识不具备创造性。

四、原专利复审委员会观点及结论

合议组认为:虽然对比文件3中没有明确公开其接头符合USB规格,但是USB应用装置是本领域的公知常识,而且对比文件3中的电子应用装置如快闪存储器的微型存储记忆装置,通常也是USB规格的,因而在对比文件3中应用本领域公知的USB规格是本领域技术人员容易想到的;对比文件3中在接头11下方也设置了电子元件23,为了维持电路板下方空间的稳定性,本领域技术人员容易想到在该空间中设置支撑构造或前端保护层或两者的组合形式,这是本领域的惯用技术手段;对比文件3虽然没有公开电路板12的具体材质,但根据本领域的公知常识,印制电路板的制造材料包括有机树脂、增强材料、铜箔等,即使用塑料或聚合物的电路板也是本领域的公知常识。由此可见,上述区别技术特征是本领域的公知常识或者惯用技术手段,在对比文件3公开的技术方案的基础上,本领域技术人员容易想到应用上述公知常识或者惯用技术手段,从而得到权利要求1中包含特征"承载板的材料是塑料或聚合物"的技术方案,并且未产生预料不到的技术效果,因此,权利要求1中包含特征"承载板的材料是塑料或聚合物"的技术方案相对于对比文件3和公知常识的结合不具有突出的实质性特点和显著的进步,不具备2000年版《专利法》第22条第3款规定的创造性。

对比文件4公开了一种便携式USB存储器,其上盖10和下盖20的材料可选用各种塑料或金属材料(参见对比文件4说明书第3页第5行),其中塑料材料具有绝缘作用,金属材料具有金属屏蔽的作用,两者都具有物理防护的作用。因此,在对比文件3公开的技术方案的基础上,本领域技术人员容易想到应用对比文件4公开的塑料材料制造连接头的外壳层,从而得到权利要求2中包含特征"该电子组件是一板底数据传输线路"的技术方案,并且上述技术方案未产生预料不到的技术效果,因此,权利要求2中包含特征"该电子组件是一板底数据传输线路"的技术方案相对于上述附件与公知常识的结合不具有突出的实质性特点和显著的进步,不具备2000年版《专利法》第二十二条第三款规定的创造性。

五、案例意义

该案最终获得了专利权被全部无效的结论,达到了委托人的目的。

从无效历程可以看出确实是屡败屡战,一方面专利无效是一个考验耐心的过程,发明专利经过实质审查后,一般不太容易再找到影响其新创性的对比文件,这就需要持续付出精力去检索更接近的对比文件,这既是一个苦活又是一个讲究经验技巧的事项,华进律师团队正是利用了之前的无效对比文件又检索到了更有价值的对比文件;另一方面,无效请求准备时需要非常细致,既考虑文件本身的缺陷,又需要注意权利要求保护方案的多种组合,针对每种组合提出对应的无效理由和证据,而不能忽视掉任意一种组合,否则可能再败。最后,以侵权诉讼和无效的视角来回顾专利文件的撰写时,有很多需要注意的地方,这就要求专利代理师不能只考虑如何授权,还应考虑如何准备未来主张权利和被提起无效请求时的应对。

形式缺陷与创造性缺陷组合无效策略的应用

——"业务使用的许可的检验方法和系统"发明专利无效案

案例整理及评析人：顾彩勇

【案例基本信息】

专利号：ZL01809893.2

发明名称：业务使用的许可的检验方法和系统

专利权人：美国 Q3 网络技术有限公司

无效宣告请求人：网件（北京）网络技术有限公司，康普通讯技术（中国）有限公司

代理人：齐宏涛，顾彩勇，李旭亮，罗平，北京华朗律师事务所，代理网件（北京）网络技术有限公司及康普通讯技术（中国）有限公司

一、案例背景

2020 年 9 月，美国 Q3 网络技术有限公司（以下简称"Q3 公司"）依据多件从某行业龙头企业转让得来的专利（US20050174959A1，US7609677B2，US7529715B2，US20030161267A1，US20040142697A1，US20050216425A1，US7457627B2，US8797853B2）在美国向多家知名网络通信企业（惠普，康普，网件，安移通，慧与，优科无线等）发起侵权诉讼。

与此同时，2020 年 10 月，Q3 公司依据其中一件专利（US8797853B2）的中国同族（ZL01809893.2）在山东济南中院向网件（北京）网络技术有限公司（以下简称"网件公司"）发起侵权诉讼，并在 2021 年年初，Q3 公司依据同一项该中国同族专利在上海知识产权法院向康普通讯技术（中国）有限公司（以下简称"康普公司"）发起侵权诉讼。

在国内国外两个战场，为应对 Q3 公司来势汹汹的侵权诉讼，网件公司和康普公司均对目标专利发起了专利无效宣告请求。在国内，2021 年 2 月下旬，网件公司和康普公司均委托北京华朗律师事务所针对上述中国同族专利（ZL01809893.2，以下简称

"涉案专利")向国家知识产权局提起无效宣告请求。

该案涉及多家知名通信企业，在行业内影响巨大。涉案专利为某企业近20年前申请的一项基础专利，其同族在多国获得授权并一直维持有效，该专利技术方案亦极为复杂。接受客户的委托之后，华进律师团队充分分析了涉案专利的技术方案、客户在美国提起专利无效所使用的证据及各国审查档案资料，并与客户及其美国律师团队进行了多次深入沟通，初步判断目前已有证据均未明确公开目标专利发明点，需要进一步深入检索新的证据事实，因此，该案专利具有相当大的无效难度。

华进律师团队开展了充分的无效检索，最终检索出多篇证据公开涉案专利的核心发明点之一。然而，上述证据均未明确公开涉案专利另一关键特征，该特征字面范围较大，但其在说明书中存在相应的实施例，华进律师团队判断，涉案专利相对于目前检索证据是否具备新颖性、创造性，依赖于该特征的实质保护范围。华进律师团队通过"形式缺陷+新创性缺陷"的组合无效策略，在庭审中迫使了专利权人在形式缺陷审查过程中以较大的范围解释了上述特征，同时迫使专利权人自认了该特征为非发明点，从而，在新创性审查过程中，弱化了上述特征对发明创造的贡献度。最终，国家知识产权局在华进律师团队检索的证据基础上，虽然认定上述特征为区别技术特征，但属于惯用技术手段，并宣告涉案专利全部无效。

二、案例事实

（一）涉案专利发明内容介绍

涉案专利请求保护一种业务使用的许可的检验方法和系统，其在背景技术中提及了三个方面的技术问题：

（1）技术问题1：H.323标准（面向线路的语音数据网络与面向分组的数据网络交汇处）缺少"确保的业务质量"的设计。

（2）技术问题2：diffserv网络，在访问节点处不包括"针对所申请的分组流的传输许可检验"。

（3）技术问题3：现有的RSVP协议许可方式，传输分组流是针对每个传输节点进行许可检验。

涉案专利的独立权利要求1内容如下：

> 检验使用业务的许可的方法，所述业务是在至少一个包含总传输容量的通信网络中被实现的，在使用期间，至少有一个属于该业务的、业务专用的业务量流被业务所属的访问节点以下面的步骤向通信网络传输。
>
> 1）在属于访问节点的访问控制功能处申请所述的使用，

2)由访问控制功能,在通信网络的内部传输节点,不经其他询问,检验是否许可已申请的对所述业务的使用。

此时,借助于以下的可供使用的容量来实施所述检验,

——考虑总传输容量求得的可供使用的容量;

——供向通信网络传输业务量流的访问节点支配的可供使用的容量。

上述权利要求限定的特征中,"至少一个属于该业务的、业务专用的业务量流被业务所属的访问节点以下面步骤向通信网络传输",相当于传输分组流基于不同的业务质量在访问节点处进行了区分,其解决了技术问题1。

"在属于访问节点的访问控制功能处申请所述的使用,由访问控制功能,在通信网络的内部传输节点,不经其他询问,检验是否许可已申请的对所述业务的使用,此时借助于以下可供使用的容量来实施所述检验",相当于在访问节点处由访问控制功能基于可供使用的容量来对上述传输分组流的申请进行许可检验,在内部节点上不再进行许可检验,其解决了技术问题2及技术问题3。

因此,涉案专利的发明构思在于,在访问节点处基于不同的业务质量区分不同的传输数据流,然后无须在内部节点,只需在访问节点处基于从该节点通向网络可供使用的容量来对上述传输数据流进行许可检验。其解决了背景技术中的"没有业务质量保证的设计","diffserv 在访问节点处没有设置传输许可控制"及"RSVP 预留协议需要在所有传输节点进行传输许可控制"的技术问题。

另外,构成该案关键争议焦点的特征为"考虑总传输容量求得的可供使用的容量",权利要求1未限定"如何考虑总的传输容量求得可供使用的容量的具体算法",但说明书实施例第6页表格(如图2-16所示)及说明书第7页基于一访问检验例(如图2-17所示),描述了 C_v 值与预留容量 C_{DN} 以及总传输容量 C_w 之间的不等式关系。

传输路径 W	容量 C_W	容量 C_{DN}
W_{12}	C_{W12} = 100 Mbps	C_{DN12} = 5 Mbps
W_{14}	C_{W14} = 10 Gbps	C_{DN14} = 3 Mbps
W_{24}	C_{W24} = 10 Gbps	C_{DN24} = 4 Mbps
W_{34}	C_{W34} = 10 Mbps	C_{DN34} = 6 Mbps

图 2-16　涉案专利说明书实施例第6页表格

可见,涉案专利的说明书,基于一个实施例,记载了可供使用的容量 C_v 的求得过程为:

① 由传输路径容量 C_w,针对某一特定业务 DN 确定出预留容量 C_{DN};

② 确定可供使用的容量 C_v,其需要满足与 C_{DN} 之间"不等式"的制约关系。

由上可见,涉案专利说明书中针对"考虑总传输容量求得的可供使用的容量"给出了具体的实施例,但是,该实施例求得"可供使用的容量"过程与权利要求限定的

"考虑总传输容量求得的可供使用的容量"并不存在明确的对应关系,如总传输容量是指传输路径容量 C_w 还是指预留容量 C_{DN},由 C_w 得到 C_{DN} 的过程表面上看是任意的,并没有具体的求得过程,由不等式关系得出的 C_v 值结果并非唯一的。

访问检验例如在下列可供支配的容量 C_V 基础上进行:

访问节点	可供支配的容量 C_V
ZK_1	C_{V1} = 2 Mbps
ZK_2	C_{V2} = 3 Mbps
ZK_3	C_{V2} = 1 Mbps

这样在例子中供所有访问节点 ZK_1 和 ZK_2 支配的容量 C_V,少于在传输路径W上为DiffServ网络DN预留的容量 C_{DN}。这与下面的优点联系在一起,即使每个可供支配的容量 C_V 完全耗尽时,为DiffServ网络预留的容量 C_{DN} 也没有在整个(!)通信网络KN的传输路径W上被访问节点ZK超过,因为:

- C_{DN12}(5 Mbps)>= C_{V1}(2 Mbps)+ C_{V2}(3 Mbps)
- C_{DN14}(3 Mbps)>= C_{V1}(2 Mbps)+ C_{V3}(1 Mbps)
- C_{DN24}(4 Mbps)>= C_{V2}(3 Mbps)+ C_{V3}(1 Mbps)

图 2-17 涉案专利说明书第 7 页基于一访问检验例

但是不可否认的是,"考虑总传输容量求得的可供使用的容量"与权利要求 1 中明确限定的"由访问控制功能,在通信网络的内部传输节点,不经其他询问,检验是否许可已申请的对所述业务的使用"具有因果关系的紧密联系,换言之,正是因为考虑总的传输容量而求得的可供使用的容量,才可以保证仅在访问节点处进行许可控制,无须在内部节点上进行资源许可控制,只要进入网络的业务使用容量小于该"可供使用的容量 C_v",网络内部所有节点均有足够的资源供该业务使用。

(二)最接近现有技术对比文件 7 的公开内容:

经过检索,华进律师团队检索得到的对比文件 6 及对比文件 7 均公开了涉案专利的发明点,以对比文件 7 为例,无效证据对比文件 7 公开了一种用于在 IP 网络上为延迟敏感量流提供业务质量的方法,并具体公开了(第 1 页最后 1 段,第 2 页第 1 段,第 6 页第 1 段及附图 1,如图 2-18 所示):

> 通过识别用于源和目的地边缘设备之间的互联网协议(IP)分组 5 传输的 IP 网络路径,并且为优先级语音量流虚拟地调配 IP 网络路径带宽,来为 IP 网络内的语音和其他延迟敏感传输提供业务质量保证。
>
> 基于所述 IP 网络路径上的剩余可用容量的新语音呼叫(和其他延迟敏感量流)的语音分组和准入控制的优先权保证了满足严格的延迟要求的高优先级语音(以及其他延迟敏感量流)。虚拟调配服务器用于 10 维护所述 IP 网络内每个路径段的带宽容量数据,并将所述带宽容量数据转发到传信网关。所

述传信网关根据 IP 网络路径的可用带宽容量来确定是接受还是拒绝附加的延迟敏感量流分量。所述传信网关然后向始发源边缘设备传信其决定接受还是拒绝。因此，提供了关于在 IP 网络上实时传输的可接受的延迟和抖动特性的业务质量保证，而不需要直接向建立了 IP 网络路径的各个 IP 路由器传信。

如果用于特定路径 255 的 IP 网络路由器 220 和物理层路由器运送段 225 不具有必要的带宽容量来满足确定的容量需求，则虚拟调配服务器 230 将瓶颈容量的部分分配给竞争该容量的分组电路网关对 215，并向相关联的传信网关 250 发送该分配的消息。虚拟调配服务器 230 还计算 IP 网络 205 内增加容量的需求，以满足当前和未来的 5 带宽需求。通过集中计算和确定所需的网络带宽调配并向带宽分配的 IP 网络 205 内的传信网关 205 发送消息，虚拟调配服务器 230 确定在任何一对分组电路网关 215 之间可以同时支持的语音呼叫的最大数量。

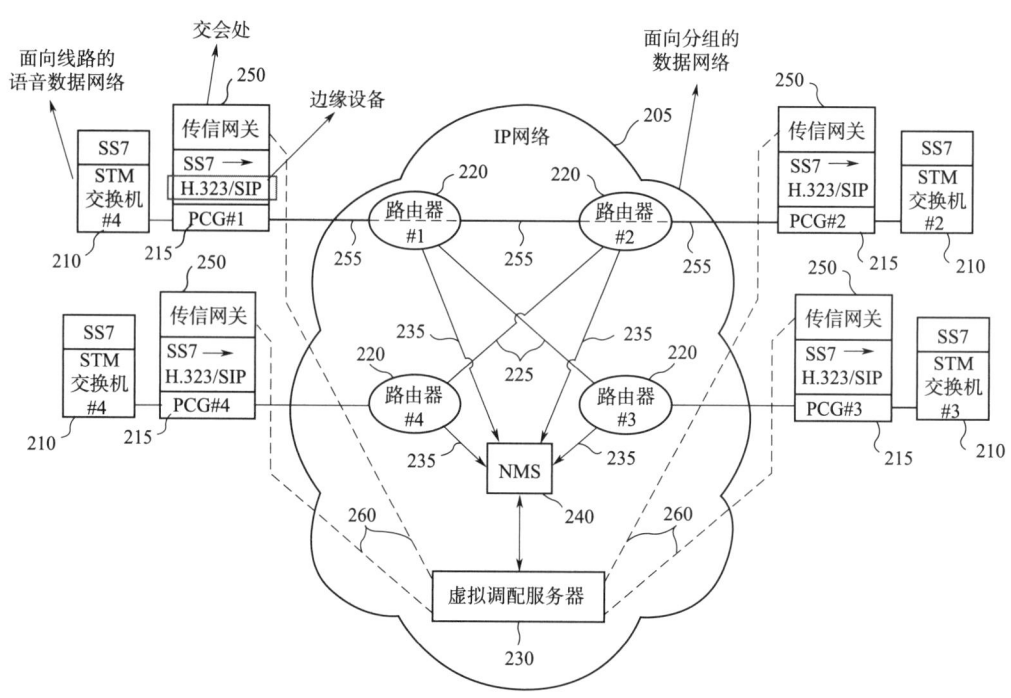

图 2-18　对比文件 7 公开内容

针对对比文件 7 公开的内容，其与权利要求 1 特征部分术语的对应关系如下：
（1）传信网关 250 对应于权利要求 1 中访问控制功能；
（2）分组电路网关边缘设备 215 对应权利要求 1 中的访问节点；
（3）IP 路由器 220 对应权利要求 1 中的内部传输节点；
（4）"支持的语音呼叫的最大数量"对应权利要求 1 中"可供支配的容量"。

基于对比文件7公开的内容可知，其中"所述传信网关根据IP网络路径的可用带宽容量来确定是接受还是拒绝附加的延迟敏感量流分量。所述传信网关然后向始发源边缘设备传信其决定接受还是拒绝"相当于"由访问控制功能检验是否许可已申请的对所述业务的使用"；"而不需要直接向建立了IP网络路径的各个IP路由器传信"相当于"在通信网络的内部传输节点，不经其他询问"；虚拟调配服务器计算得到任何一对分组电路网关边缘设备之间的支持的语音呼叫的最大数量，然后将可用容量消息发送给传信网关，由传信网关对访问数据流进行传输许可控制，因此，分组电路网关边缘设备上的传信网关收到的"支持语音呼叫的最大数量"相当于"供向通信网络传输业务量流的访问节点支配的可供使用的容量"。

由此可见，对比文件7已经公开了涉案专利的发明构思。

关于关键争议特征"考虑总传输容量求得的可供使用的容量"，华进律师团队主张了该特征已被对比文件7公开，主要基于对比文件7说明书第5页第17~21行记载：

> 根据本发明，虚拟调配服务器用于确定IP网络路由器220之间的每条路径上的容量需求，以满足分组电路网关215之间所需的带宽需求。每个网络元件（例如路由器220和物理层路由器运送段225）上的容量需求虚拟地在用于延迟敏感业务需求的可用带宽容量20内调配。根据本发明，带宽被认为是虚拟调配的，因为新连接呼叫的准入/拒绝不是在每个单独的路由器220处控制的，而是在分组电路网关边缘设备215处控制。只有在分组电路网关215为延迟敏感的语音帧或IP分组调配带宽之后，网络元件上的剩余带宽容量才可用于延迟不敏感的分组运送。或者，可以为延迟不敏感的量流预留每个IP 25网络路径上调配的最小带宽容量，剩余带宽分配给延迟敏感的量流使用。

可见，对比文件7公开了分组电路网关边缘设备215之间延迟敏感业务所需的带宽需求，其相当于可供使用的容量，该带宽可用容量的设置是为了保证语音数据流的业务质量，而该可用容量是通过对每个网络元件（例如路由器220和物理层路由器运送段225）上的容量需求（相当于总的传输容量）虚拟地在用于延迟敏感业务需求的可用带宽容量内调配得到的，基于此华进律师团队认定分组电路网关边缘设备215之间的带宽考虑到了总的传输容量。

结合前述涉案专利说明书关于该特征的记载，华进律师团队认识到对比文件7公开的"考虑总的传输容量求得的可供使用的容量"具体内涵与涉案专利说明书实施例关于该特征所描述的内容客观上具有本质的不同。之所以认为对比文件7公开了该特征，完全是基于权利要求1中上位的字面解释，只要考虑到总传输容量得到可供使用的容量即可，而无需考虑涉案专利说明书提及的可供使用的容量的具体算法。

但是，考虑到该特征与涉案专利发明点部分具有因果关系的紧密联系，而且专利权人一旦基于说明书实施例具体算法或者算法的思想以相对合理的方式来解释该特征明显区别于对比文件7公开的内容，并强调该特征对发明创造的技术贡献，则会使得该案的走向具有极大的不确定性，给无效前景蒙上一层阴影。

三、办案策略

当然，上述无效风险点是由华进律师团队通过研读涉案专利及证据单方面分析得出，考虑到涉案专利及大量外文证据技术方案的复杂性，专利权人方并不一定能够分析出华进律师团队预判的无效风险点。如果能够通过制定合理的无效策略，能够让专利权人将"考虑总的传输容量求得的可供使用的容量"解释得更大一些，或者一定程度弱化该特征的技术贡献度，便能消除或者大大降低华进律师团队基于检索证据分析得出的无效风险。

基于上述目的，在整个无效历程中，基于已有的检索证据，华进律师团队制定了如下的无效策略：

（1）提出形式缺陷+新创性缺陷组合的无效理由，以将"考虑总的传输容量求得的可供使用的容量"的解释与创造性评述在庭审中在不同阶段调查。

通常而言，形式缺陷并不足以无效一件案件，专利权人往往通过进一步澄清解释权利要求请求保护的技术方案，便能够克服该缺陷。而华进律师团队指出形式缺陷的目的在于在单独的庭审调查程序中让对方澄清"考虑总的传输容量求得的可供使用的容量"，避免在创造性论述过程中让对方解释相关特征，因为如果澄清权利要求保护范围放在创造性评述程序中，对方则很容易根据华进律师团队的事实认定以及评述思路的理由，有目的地进行解释澄清。

将该特征的解释与创造性调查分成两个程序，对方因为缺少围绕创造性争议点的澄清目的，使得权利要求保护范围澄清更多考虑到克服形式缺陷及专利本身的价值，如保护范围等等。

（2）在书面无效理由中，提出尽可能多的形式缺陷理由及新创性评述组合，且评述理由尽可能上位，以让华进律师团队关注的无效风险点湮没在大量的无效理由组合中，增加对方提炼华进律师团队核心无效思路的难度。

依据华进律师团队实务经验，在实务中，案件涉及的技术事实难度较大，而且请求方又提供了大量的证据、事实以及理由的情况下，专利权人方主观上并非站位于请求人的立场，其往往对案件事实，基于其立场仅进行了选择性理解；而且在如此大量且复杂的证据事实下，并且书面无效理由进行了相对抽象的比对下，专利权人方客观上也无法达到请求人方的理解程度，无法理解华进律师团队无效理由的深层次逻辑，更加无法掌握华进律师团队拟在庭审主张的最优证据组合以及具体的无效思路。

华进律师团队请求意见共递交9份证据，形成共72页的无效请求意见，在请求意见中华进律师团队主张（以独立权利要求1为例）：

① 权利要求1保护范围不清楚，不符合专利法第26条第4款。
② 权利要求1得不到说明书的支持，不符合专利法第26条第4款。
③ 权利要求1修改不符合专利法第33条的规定。
④ 说明书公开不充分，不符合专利法第26条第3款的规定。
⑤ 权利要求1相对于对比文件8重复授权，不符合专利法实施细则第12条第1款的规定。
⑥ 权利要求1相对于对比文件1或对比文件2或对比文件3或对比文件4或对比文件6或对比文件7等7份证据均不具备新颖性，不符合专利法第22条第2款的规定。
⑦ 权利要求1相对于（对比文件1+公知）或（对比文件2+公知）或（对比文件3+公知）或（对比文件4+对比文件5）；（对比文件4+公知）或（对比文件6+对比文件5）或（对比文件6+公知）或（对比文件7+对比文件5）或（对比文件7+公知）不具备创造性。

正如华进律师团队所预期的，至少在专利权人随后递交的书面答辩意见中并未关注到华进律师团队所关心的无效风险点。其在意见中仅结论性地指出，请求人指出的不清楚，不支持，公开不充分，重复授权等形式缺陷均不成立，同时简单提供了说明书的依据，但没有任何详尽的分析。而针对新创性，仅仅是简单列出了对比文件1～对比文件7公开的发明内容，然后声称没有公开权利要求发明点特征（不经内部询问），并未围绕"考虑总的传输容量求得的可供使用的容量"这一特征来论述涉案专利的创造性。

从专利权人书面意见，华进律师团队也发现，专利权人新创性答辩关注的争议焦点（不经内部询问）与华进律师团队在充分理解涉案专利及证据的情况下得出的无效风险点截然不同，而且，从对方的答辩来看，并没有将形式缺陷的答辩理由与创造性答辩联系起来，因此，华进律师团队能够预判到专利权人拟在庭审中的争辩重点，而且似乎没有动机将权利要求"考虑总的传输容量求得的可供使用的容量"范围解释得过小，相反，其在考虑到侵权诉讼，会将该范围尽可能解释成范围较大的字面含义。

（3）在庭审中，重点围绕"考虑总的传输容量求得的可供使用的容量"不清楚，得不到说明书的支持以及公开不充分有目的地设计了多个问题，迫使专利权人针对该特征作出了有利于创造性评述的解释。

为了在形式缺陷调查过程中迫使专利权人向着有利于华进律师团队的创造性评述的方向解释"考虑总的传输容量求得的可供使用的容量"，华进律师团队在庭审之前围绕该特征在形式缺陷问题中有目的地设计了多个问题。主要目标在于：第一，将该特征范围解释成字面含义；第二，弱化该特征的技术贡献度。

① 不清楚缺陷调查。

因为说明书实施例求得"可供使用的容量"过程与权利要求1限定的"考虑总传输容量求得的可供使用的容量"并不存在明确的对应关系，即：总的传输容量在实施例中存在两个可能的容量（传输路径容量 C_w 及预留容量 C_{DN}）对应关系，考虑到书面答辩意见中，专利权人并未将该特征解释与创造性联系起来，能够预判，专利权人从尽可能寻求更大保护范围的角度来解释该特征，为此，为迫使专利权人将该特征解释成更加上位的"总传输容量"，在庭审调查不清楚缺陷过程中，华进律师团队直接提出：

是否总传输容量特指说明书实施例中的传输路径 C_w 或者预留容量 C_{DN} 或者传输路径 C_w 和预留容量 C_{DN}？

专利权人明显只考虑到了涉案专利侵权诉讼，针对该特征的解释直接排除了我方相对具体的解释范围。专利权人在庭审中指出：

说明书实施例仅是给出了一个示例，总传输容量并不特指传输路径 C_w 或者预留容量 C_{DN} 或者传输路径 C_w 和预留容量 C_{DN}。在该实施例中，总传输容量可以是传输路径 C_w，也可以是预留容量 C_{DN}。在实际应用场景下，也可以是其他。

专利权人在庭审中对总传输容量的解释，正是华进律师团队所期待的，将权利要求的保护范围相对于实施例进行了上位化解释。

② 不支持缺陷调查。

尽管将权利要求范围解释较大，但不可否认的是，"考虑总传输容量求得的可供使用的容量"与权利要求1中明确限定的"由访问控制功能，在通信网络的内部传输节点，不经其他询问，检验是否许可已申请的对所述业务的使用"具有因果关系的紧密联系，换言之，正是因为考虑总的传输容量而求得的可供使用的容量，才可以保证仅在访问节点处进行许可控制，无须在内部节点上进行资源许可控制，只要进入网络的业务使用容量小于该"可供使用的容量 C_v"，网络内部所有节点均有足够的资源供该业务使用。因此，一旦将该特征认定为区别技术特征，极有可能将其视为发明点之一，从而增强了该特征对于创造性的意义。

考虑到专利权人没有动机将该特征解释成具体的实施例，在不清楚缺陷调查中，专利权人也确实将该特征进行了上位化解释，另外，涉案专利实质发明点在于"不经内部节点询问"。基于上述情况分析，华进律师团队能够预判，如果指出该上位概括得不到说明书的支持，专利权人为消除不支持缺陷，相对有效的答辩思路为该特征不属于发明点特征。为此，华进律师团队在庭审调查不支持缺陷过程中，华进律师团队提出相对有引导性的问题：

权利要求 1 限定的'考虑总的传输容量求得的可供使用的容量'的算法是否只能通过涉案专利的特定的不等式算法进行确定？如果是的话，权利要求明显概括了过大的保护范围。

专利权人针对该缺陷主张：

关于 C_{DN} 本专利说明书给出的仅是示例，各个传输路径的保留容量 C_{DN} 的划分以及由此分配各个访问节点可支配容量 C_v 的具体确定方式均属于现有技术，访问节点可支配的容量确定之后，并不会出现访问节点的可支配容量还有剩余而与该节点相关联的其他节点的容量已完全耗净的情况；本专利的发明点在于访问节点的访问控制功能基于访问节点可支配的容量来进行业务许可的检验，本专利公开文本权利要求中记载有"在考虑总传输容量（G）的情况下，由访问控制功能（ZF）经考虑求得的、可供支配的容量（C_v）来检验是否许可对所申请（NU）业务（DI）的使用"。

正如华进律师团队所期待的，专利权人明确认定"考虑总的传输容量求得的可供使用的容量"为非发明点特征，其具体算法属于现有技术，这大大弱化了该特征对涉案专利发明创造的技术贡献度。

③ 公开不充分缺陷。

因为涉案专利实施例中由 C_w 得到 C_{DN} 的过程并没有给出明确的划分标准，该算法具有恣意性，当然华进律师团队清楚 C_{DN} 的划分本来就是随意的，但是为了弱化该特征的创造性高度，华进律师团队特意提出公开不充分的缺陷，因为针对公开不充分，一般的答辩思路就是认定公开不充分的方案基于现有技术能够实施。因此，华进律师团队在庭审中指出：

首先，本专利说明书第 6 页具体实施方式第 2 段"从传输路径 W 的传输容量 C_w 为 Diffserv 网络 DN 保留容量 C_{DN}"，但是并没有进一步公开如何来确定保留容量 C_{DN}，其次，说明书第 7 页第 3~4 段以及第 8 页倒数第 2 段记载了所希望的业务质量 DGA 和所要求的业务质量 DGVs，但是并没有进一步公开如何根据 DGA 来确定 DGVs，这对于本领域技术人员来说是实现本发明必不可少的技术内容。因此，说明书没有对发明作出清楚、完整的说明，不符合专利法第 26 条第 3 款的规定。

对此，为克服公开不充分缺陷，专利权人答辩认为：

关于 C_{DN} 本专利说明书给出的仅是示例，各个传输路径的保留容量 C 的划分以及由此分配各个访问节点可支配容量 C_v 的具体确定方式均属于现有技术。

专利权人针对公开不充分的答辩与回应不支持问题类似，明确认定"考虑总的传输容量求得的可供使用的容量"具体算法属于现有技术，显然专利权人并不关注该特征对创造性高度的技术贡献度。

（4）在庭审确定华进律师团队最佳证据组合中，在"考虑总的传输容量求得的可供使用的容量"这一特征上，引用专利权人在形式缺陷调查阶段的自认，分析该特征已被对比文件7公开的理由。

在上述形式缺陷策略性提问下，专利权人对"考虑总的传输容量求得的可供使用的容量"不仅解释得非常上位，同时还认为该特征的具体实施过程属于现有技术，大大弱化了该特征对涉案专利发明创造的技术贡献度，从而为华进律师团队的创造性评述过程奠定了良好的基础。

华进律师团队在庭审中在分析"考虑总的传输容量求得的可供使用的容量"已被对比文件7公开时指出：

> 针对"考虑总的传输容量求得的可供使用的容量"，专利权人在前述形式缺陷调查阶段明确认定，"总传输容量"相对于说明书实施例中传输路径容量C_w或者预留容量C_{DN}是上位的解释，并且实施例中具体算法属于现有技术。
>
> 基于此，对比文件7公开了分组电路网关边缘设备215之间延迟敏感业务所需的带宽需求，其相当于可供使用的容量，该带宽可用容量的设置是为了保证语音数据流的业务质量，而该可用容量是通过对每个网络元件（如路由器220和物理层路由器运送段225）上的容量需求（相当于总的传输容量）虚拟地用于延迟敏感业务需求的可用带宽容量内调配得到的，由此可见，分组电路网关边缘设备215之间的带宽考虑到了总的传输容量。

专利权人在针对华进律师团队基于该特征的比对理由时指出：

> 对比文件7公开的"该可用容量是通过对每个网络元件（例如路由器220和物理层路由器运送段225）上的容量需求虚拟地用于延迟敏感业务需求的可用带宽容量内调配得到的"中网络元件容量并不对应"总传输容量"。

显然，专利权人针对该特征的答辩理由，基于其在形式缺陷中的自认，并没有任何说服力。

四、原专利复审委员会观点及结论

合议组最终作出了以对比文件7作为最接近现有技术的证据组合宣告涉案专利全部无效，针对权利要求1创造性的评述指出：

经过对比分析可知，权利要求1与对比文件7的区别在于，借助于以下的可供使用的容量来实施所述检验，考虑总传输容量求得的可供使用的容量，和供向通信网络传输业务量流的访问节点支配的可供使用的容量。上述技术特征表明执行检验的依据是访问节点支配的可供使用的容量，该容量是考虑总传输容量求得的，供向通信网络传输业务量流。对比文件7中执行准入/拒绝决定的依据是路径的可用带宽容量，即二者的区别在于检验/决定的依据不同。即权利要求1相对于对比文件1解决的技术问题是在业务接入的准入判定中如何选取另一种判定的依据。

针对上述区别特征，合议组认为：对于本领域技术人员而言，传输路径具有方向性，传输路径的容量消耗应考虑到双方向的使用，节点对使用业务的许可是针对该节点作为发送方，通过该节点接入相应链路的带宽使用量。传输路径至少包括两个传输节点，该传输路径上的可用带宽容量与两个传输节点的能力是相关联的，可以相互转化，节点可供使用的带宽容量必然是小于与其相关联的传输路径的可供使用的带宽容量，节点中存储有抑或可以获得传输路径的传输容量。虽然网络使用状态是实时变化的，但网络总的传输容量是在系统设置之初就设定好的，不论是传输路径的传输容量还是节点的传输容量都是在网络总的传输容量之下具体设置的。系统优化或升级后总传输容量有变化，传输路径的传输容量、节点可支配的传输容量亦有相应调整。对比文件7也表明可以基于例如路由器和物理层路由器运送段的每个网络元件上的容量需求在可用带宽容量内调配。网络中各个节点具体可支配容量的分配、确定属于本领域的公知技术。本专利说明书第6、7页记载了传输路径容量、路径保留容量、节点可支配容量的一个实例，仅示出分配的结果，并无具体的分配设置方法或原则，专利权人在口审时当庭也表示该内容并非唯一实施方式的限定，以Diffserv网络为例说明，但不限于该网络，本专利权利要求1中亦没有对如何确定节点可支配的容量作出具体限定，以与本领域公知的节点可支配容量的确定方式相区别。

综上，在对比文件7的基础上，本领域技术人员有启示能够想到采用已有的节点可支配的传输容量作为业务许可的判定依据从而获得权利要求1的技术方案，况且上述区别特征的运用也未能取得预料不到的技术效果，因此，在对比文件7的基础上结合本领域的惯用手段得到权利要求1的技术方案对本领域技术人员而言是显而易见的，权利要求1不具备突出的实质性特点和显著的进步，不符合专利法第22条第3款的规定。

虽然无效决定最终认定"借助于以下的可供使用的容量来实施所述检验，考虑总传输容量求得的可供使用的容量，和供向通信网络传输业务量流的访问节点支配的可供使用的容量"为区别技术特征，但主要是因为"可供使用的容量"的另一限定"访问节点处的可供使用的容量"未被公开。针对该特征的评述，合议组引用了专利权人在庭审过程中对该特征解释，即涉案专利实施例并非"访问节点处的可供使用的容量"的求得过程的唯一实现方式，权利要求也未对该求得过程作具体限定，从而弱化了该区别技术特征对发明创造的技术贡献度，最终认为该区别技术特征属于公知常识。

五、案例意义

该案通过"形式缺陷+新创性缺陷"的组合无效策略，将权利要求关键特征解释与创造性评述在庭审中不同阶段进行调查，同时在形式缺陷调查中有目的地向专利权人提出事先设计好的问题，迫使专利权人对关键特征进行了大范围的解释，同时弱化了该特征对发明创造的技术贡献度。最终，国家知识产权局在华进律师团队检索的证据基础上，虽然认定上述特征为区别技术特征，但属于惯用技术手段，并宣告涉案专利全部无效。

通常情况下，无效请求意见中指出形式缺陷，专利权人通过意见陈述便能够克服相应缺陷，因此，形式缺陷一般情况下不足以宣告一件案件无效。正因为如此，形式缺陷在无效确权程序中，并不受到无效宣告请求人的重视。然而，该案的处理过程，通过合理利用形式缺陷成功消除了创造性评述过程中的无效风险点，对于案件全部无效，起到了非常重要的作用。因此，在无效确权程序中利用形式缺陷无效理由制定无效策略，该案具有一定的借鉴意义。

商标获权及确权篇

引　言

"商标获权"是指通过商标注册程序依法获得商标专用权的过程，包括商标申请、驳回复审、异议等。商标获权的意义在于它赋予了商标所有人在特定商品或服务类别上的独占使用权，这意味着只有商标的所有者能够合法地在其商品或服务上使用该商标。这种排他专用权是商标获权的核心意义所在。

"商标确权"则是指通过行政或司法程序确定商标权稳定有效的过程，包括商标无效宣告、撤销等程序。商标确权的意义在于解决商标权的争议，确认商标权的合法性，并为商标所有人提供更深层次的法律保障。商标确权不仅可以帮助确认商标权稳定有效，保证商标功能的正常发挥，还可以帮助清理无效的或不再使用的商标，防止商标资源的浪费，从而提高商标管理的有效性。

商标获权及确权共同构成了商标法律保护的基础。没有有效的商标获权流程，商标所有人无法获得专有权；没有健全的商标确权机制，商标的专有权就无法得到长久的维护和确认。因此，两者都是商标制度中不可或缺的部分。以2023年为例，国家知识产权局共受理各类商标评审案件申请41.09万件，共审理签发各类商标评审案件37.34万件。[1] 在多年的实践中，部分经典且极具参考意义的商标授权确权案例在起到示范引领作用的同时，有力推动了商标领域法律法规的发展和完善。

此外，对于需要进行海外及中国港澳台地区商标布局的中国企业，还需要充分考虑目标国家或地区的商标制度和法律环境，采取多元化、独特的商标设计和利用国际商标注册体系等方式，实现品牌在全球范围内的保护和发展。

以下精选了一些华进知识产权代理的具有代表性的商标获权及确权案例，并对其中的要点进行了评述。希望通过这些案例的分享，能够为企业处理海内外商标事务提供有益的参考和借鉴。

---

[1] 国家知识产权局. 2023年中国知识产权保护状况[EB/OL]. (2024-04-30)[2025-01-03]. https://www.cnipa.gov.cn/art/2024/4/30/art_91_192134.html.

共创智慧成果　助力科技创新——华进知识产权服务案例汇编

案例二十四

图文组合商标近似认定的裁判规则浅析

——"鲲禹 KWING 及图"商标驳回复审案

案例整理及评析人：王芹

【案例基本信息】

商标注册号：66097233

案件类型：驳回复审

裁定日期：2023 年 10 月

申请人：美的集团股份有限公司

一、案例介绍

2022 年，美的集团股份有限公司（以下简称"美的集团"）委托华进知识产权代理"鲲禹"系列商标注册。

美的集团拟保护的商标（以下简称"复审商标"）包括中文、英文、图形三种要素，而对商标各独立构成要素分别进行审查是商标实质审查阶段的主要标准及原则。在前期检索阶段，华进知识产权的商标代理团队（以下简称"华进商标团队"）提前预判该组合商标将受到图形要素的影响驳回，并向美的集团作了充分的风险提示及解决预案。最终国家知识产权局引证十个在先的鱼尾图形商标予以驳回，见表 3-1。美的集团不服驳回决定，委托华进商标团队向国家知识产权局提起复审。

华进商标团队从商标审查的目的入手，论证商标构成要素近似不等同于商标近似，突出强调复审商标为图文组合商标，图形是构成文字所指代的固有事物形象，起到修饰、强化品牌形象的用途，非商标要部。结合中国消费者的认知习惯，论证商标整体及文字要部比对上的差异足以区分来源。最终国家知识产权局审查认定，复审商标与在先十件引证商标在文字构成、呼叫等方面尚可区分，未构成近似商标，对复审商标在全部核定项目上的注册予以初步审定。

表 3-1 复审商标与引证商标

复审商标	引证商标
鲲禹 KWING	企海飞腾 QiHaiFeiTeng / SKYWHALE 飞鲸 / WHALECOM 鲸商管理 / CAS / CAS / 等图形商标

复审商标顺利克服近似障碍在全部商品上获权，另一重要原因在于，美的集团前期与华进商标团队充分沟通，在提交注册前已充分知晓驳回风险，并提前作出了相应预案，所以在核心商标面临十件障碍商标的情况下，仍能从容不迫启动驳回复审，最终通过抗辩整体尚可区分成功克服近似障碍，在非常重要的维修服务类别获得初步审定。

二、案例思考

（一）涉组合商标的近似审查现状

在商标授权确权案件中以《商标审查审理指南》为主要审理依据。对于组合商标，《商标审查审理指南》规定：

（1）商标文字或外文或图形部分相同或者近似，易使相关公众对商品或者服务的来源产生混淆的，判定为近似商标；

（2）两商标或者其中之一由两个或者两个以上相对独立的部分构成，其中显著部分近似，易使相关公众对商品或者服务的来源产生混淆的，判定为近似商标；

（3）商标包含他人在先具有较高知名度或者显著性较强的图形商标，易使相关公众认为属于系列商标而对商品或者服务的来源产生混淆的，判定为近似商标。

当执行第（1）项的分要素审查规则时，仅需参考《商标审查审理指南》列举的近似情形进行分别判断，相对客观，标准较为明晰；而当执行第（2）项的"显著部分"和第（3）项的"知名度"审查规则时，往往需要考量的因素非常多，标准更加复杂。

实践中，为保障商标审查审理各环节法律适用统一和标准执行一致，提高审查效率，往往审查员会更倾向于对组合商标执行机械的分要素审查标准，从而导致组合商标的驳回率高于单要素商标，而这也是实务中建议申请人在注册组合商标时，对主要要素拆分注册的原因。这在一定程度上增加了申请人的获权成本，并且在后续的三年不使用撤销应对中，受"一人多标"❶行为认定标准影响，将导致部分注册商标被撤销。

（二）涉组合商标的商标侵权裁判规则

在涉及组合商标的商标维权实务中，被控侵权标识往往包含了组合商标中的某一部分。在判断被控侵权标识是否构成近似时，不仅应与组合商标的整体进行比对，还应与组合商标的主要部分进行比对，继而判断是否导致相关公众产生混淆。对于有汉字的图文组合商标来说，该组合商标最为显著的实质部分是汉字，单独使用图文组合商标不具显著特征的图形部分一般不构成侵犯商标权。

"红太阳公司与江汽公司确认不侵犯注册商标专用权纠纷案"❷中，法院认为，组合商标实行整体注册、整体保护的原则，在进行侵权对比时应将组合商标的整体或商标的主要部分与他人商标进行比较。涉案文字加图形的组合商标，文字内容及文字意义显著性强。因此，在同类商品上单独使用组合商标的图形部分，相关公众对商品来源不会产生混淆的，不构成侵害注册商标专用权。

"上海永和公司诉神木天下永和店侵害商标权纠纷案"❸中，二审法院认为该案主张权利的注册商标虽然为"永和豆浆+稻草人图形+YON HO"组合商标，而被控侵权标识为"永和豆浆+圆形图"组合或"永和豆浆"文字，两者从整体外观具有一定的区别。但"永和豆浆"文字经使用后具有高知名度，"永和豆浆"文字部分因有着较高的使用频率而具有较强的识别力，在快餐市场上与权利人已经形成了固定的联系，一般消费者只要看到"永和豆浆"文字或者听到其读音，通常都会联系或者联想到固化的商品和服务的提供者。一审法院认为"稻草人图形"成为涉案注册商标的主体部分，具有显著性无任何事实依据，二审法院予以纠正。被控侵权标识虽然为"永和豆浆"或"永和豆浆+圆形"组合，与涉案注册商标的主要部分构成近似商标，极易使相关公众产生混淆，判定侵权成立。

（三）其他国家、地区关于组合商标的近似审查特点

在境外，关于组合商标的近似审查，亦会重点考虑有显著性的部分。欧盟知识产

---

❶ 《北京市高级人民法院商标授权确权行政案件审理指南》19.13【一人多标行为的认定】诉争商标注册人拥有多个已注册商标，虽然其实际使用商标与诉争商标仅存在细微差异，但若能够确定该使用系针对其已注册的其他商标的，对其维持诉争商标注册的主张，可以不予支持。
❷ 再审案号：最高人民法院〔2011〕民申字第223号。
❸ (2019)陕民终134号, (2018)陕08民初254号。

权局 2023 年版审查指南认为，"原则上，当标志由文字和图形（具象部分）两部分组成时，文字部分对消费者的影响通常比图形部分的更大。这是因为公众通常不会对标志进行分析，他们更容易通过文字要素而非描述图形要素来指代有关标志。"美国商标注册审查程序手册（2024 版）认为，对于同时包含文字和图形的组合商标，通常情况下是仅在一个元素上构成近似。虽然对商标进行拆分审查是不恰当的，但如其中一个要素比另一个要素更为重要，为确定混淆可能性，可以对主要部分给予更多的考量权重，因为消费者通常使用文字用来指代或求购所需的商品或服务。

（四）关于组合商标近似认定标准的思考与建议

组合商标因图文并茂、直观、形象地传达企业价值观和核心理念，增强品牌的识别度，已成为多数企业进行品牌设计中必不可少的一部分。尤其是由文字和图形共同构成的组合商标，若其最为显著的实质部分为汉字，在整体外观存在差异，要部区别明显的情况下，应当避免不加区别的"一刀切"，机械执行分要素的审查标准，对该类组合商标可以自由裁量，直接予以初审通过。

实务中组合商标的侵权案件更是主要集中在其中某一个要素，尤其是显著部分的抄袭模仿之上。

虽商标授权确权行政程序与司法程序的职能、定位不同，但在当前商标授权确权制度下，追求行政标准和司法标准的统一已成为行政和司法机关的共识和努力方向。商标授权确权的目的亦是更好地解决纠纷，稳定市场，共同保护市场主体的商标相关合法权益。商标授权确权的审查更应与当前的侵权纠纷实际情况相匹配，同时应当与国际接轨。

对于该类组合商标的近似判定标准，可参考下述因素。

（1）判断与注册商标相同或者近似的商标时，应当以相关公众的一般注意力和认知力为标准，采用隔离观察、整体比对和主要部分比对的方法进行认定，避免机械、简单、割裂地比对。

（2）关于组合商标的主要部分的认定，一般原则下文字部分为更易识别记忆的主要部分，图形与文字相互呼应，图形部分显著性较弱、文字部分比例较大等情况下，可以直接认定文字部分为主要部分，若主要部分可以区分，则不构成近似，实审阶段可以直接予以初审。

共创智慧成果　助力科技创新——华进知识产权服务案例汇编

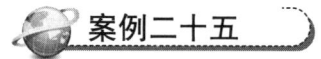

灵活运用撤销手段　排除引证商标障碍

——株式会社朝日堂商标驳回复审行政诉讼案

案例整理及评析人：郑露

【案例基本信息】

原告：株式会社朝日堂
被告：原国家工商行政管理总局商标评审委员会❶
一审：北京知识产权法院，(2018) 京 73 行初 2793 号
代理人：郑露，广东华进律师事务所

一、案例背景

株式会社朝日堂（KABUSHIKIGAISHAASAHIDO）在 1870 年于清水寺门前创立。在创立之初，株式会社朝日堂是一家经营"京烧·清水烧"的专门店。清水烧是京都陶瓷艺品，因产自清水寺门前而得名清水烧，也叫京烧。清水烧质地细腻、色彩丰富、形态各异，用清水烧盛放料理，不仅在色彩形状上交相辉映，更能营造出一种雅致、淡静的氛围。株式会社朝日堂是在京都乃至日本都赫赫有名的清水烧老店。随着时间的推移，株式会社朝日堂逐渐发展为一家除了清水烧，还汇集了日本各地的陶瓷器、漆器、铁器、玻璃制品切子等代表日本各种传统工艺品的店铺。近年来，株式会社朝日堂设立了由六处设施组成的"朝日坂"，作为年轻作家、质朴陶器和传统工艺品的介绍场所，目的是在窑户和传统工艺品连年减少的状况下，振兴和支持传统工艺。此外，株式会社朝日堂将纤细而精致的日本工艺品宣传到海外，向世界各国推广日本传统工艺。为便于中国消费者无障碍浏览，株式会社朝日堂官方网站页面于 2010 年起便设立中文网页，极大地方便了中国客户。随着株式会社朝日堂多年如一日地专注于传统工艺品的创作与经营，其所生产的产品获得消费者好评如潮，远近闻名。到 2020 年，株式会社朝日堂已经成立了 150 周年。

---

❶ 国家工商行政管理总局于 2018 年被纳入国家市场监督管理总局，因案例时间发生在更名前，故名称为国家工商行政管理总局，现名称为国家市场监督管理总局。

经过多年的经营和宣传，株式会社朝日堂在中国也有知名度和影响力，被不同媒体和专业网站报道、推荐。

株式会社朝日堂的品牌"朝日堂"源自其企业字号，是其旗下主要的产品品牌，深受日本及各国顾客的爱戴。为了向全世界推广日本传统工艺品，株式会社朝日堂建立了网上购物平台"asahidogallery.com"，世界各国的消费者都可以在线购买株式会社朝日堂的产品。

因此，第 20527171 号注册商标"朝日堂"已经贯穿于株式会社朝日堂经营发展的各个阶段各个方面，是株式会社朝日堂最重要的品牌资源，也是株式会社朝日堂的代表性标识。

为了保护自身品牌、构建完善的商标保护体系，株式会社朝日堂于 2016 年 7 月 4 日向中国商标局提交诉争商标"朝日堂"的注册申请，指定使用在第 21 类"餐具（刀、叉、匙除外）；隔热垫；家用或厨房用容器；家用器皿；筷子；勺形铲（餐具）；水壶；玻璃瓶（容器）；陶瓷或玻璃标志牌；瓷器；仿陶器；日用瓷器（包括盆、碗、盘、壶、餐具、缸、坛、罐）；日用陶器（包括盆、碗、盘、缸、坛、罐、砂锅、壶、炻器餐具）；陶器；瓷、陶瓷、陶土或玻璃艺术品；瓷器装饰品；茶具（餐具）；酒具；咖啡具（餐具）；盥洗室器具；花瓶；熏香炉；梳子盒；牙刷盒；牙签盒；化妆用具；冷却容器（冰桶）；手动清洁器具；未加工或半加工玻璃（建筑玻璃除外）；装饰用玻璃粉；动物饲料槽；饮水槽；捕虫器"商品上，类似群为 2101 至 2115。2017 年 3 月 31 日，中国商标局下发部分驳回通知书，对诉争商标在"陶瓷或玻璃标志牌；化妆用具"商品（类似群 2102、2110）上的注册申请予以公告，但以诉争商标与第 8310483 号商标、第 11931095 号商标、第 13296961 号商标、第 15573464 号商标构成使用在同一种或类似商品上的近似商标，违反 2013 年版《商标法》第三十条为由，对其余商品上的注册予以驳回。

株式会社朝日堂向国家工商行政管理总局❶商标评审委员会（以下简称"商评委"）提起驳回复审后，商评委于 2017 年 11 月 27 日下发驳回复审决定书，认为申请商标与引证商标一至四同时使用在同一种或类似商品上易使相关公众对商品的来源产生混淆误认，已构成 2013 年版《商标法》第三十条所指使用在同一种或类似商品上的近似商标，因此对诉争商标在复审商品上的申请予以驳回。

株式会社朝日堂不服前述决定，委托华进律师团队向北京知识产权法院提起商标驳回复审行政诉讼。代理该案的华进律师团队依据 2013 年版《商标法》相关法律法规灵活运用撤销手段，帮助排除了在先商标的障碍，最终株式会社朝日堂获得胜诉。

---

❶ 国家工商行政管理总局于 2018 年已经被纳入国家市场监督管理总局，本书中等例时间发生在更名前的本书不再修改相关名称。

二、争议焦点

华进律师团队认为,诉争商标与引证商标一至四共存使用不会引起混淆,诉争商标应当获得核准注册,具体理由如下。

(1)诉争商标由我方当事人独创设计而成,其注册申请完全是基于我方当事人自身经营和品牌保护所需,具有正当性和合理性,其注册申请完全符合2013年版《商标法》的立法宗旨,依法应当获得核准注册。

(2)诉争商标与引证商标一至四在具体文字构成、呼叫认读、含义指向等方面均存在明显的区别,彼此不构成近似商标,诉争商标的注册申请并未违反2013年版《商标法》第三十条之规定,依法应获得核准注册。

(3)引证商标一、二因长期未投入实际使用,已被提起撤销申请,依法应被予以撤销,而不应该成为诉争商标获得核准注册的权利障碍。

三、法院观点及判决结果

因引证商标一、二已被撤销,诉争商标在2101、2102、2103、2105、2110和2111群组商品上的申请注册未构成2013年版《商标法》第三十条所规定之情形,被诉决定结论有误,法院依法予以纠正。被诉决定主要证据不足,法院应予撤销。原告的诉讼请求成立,法院予以支持。

四、案例意义

在华进律师团队的努力之下,品牌所有人成功将百年品牌注册成商标。该案所体现的典型意义及社会效应如下。

(1)坚持知识产权服务于企业经营行为的理念,立足于企业品牌建设的需要,说服客户对其品牌维护及商标权体系建设需坚持到底,依据中国的相关法律,使自身权利权益得到实现。

(2)使得外国企业对中国的知识产权制度有了更大的信心,代理该案的华进律师团队成功保护了外国品牌所有人的重要知识产权,为外国百年品牌在中国的使用和推广保驾护航。

(3)平等保护中外企业,充分彰显了我国平等保护中外权利人合法利益的精神,进一步树立了我国加强知识产权保护的负责任的大国形象。

(4)近年来,对外国知名品牌的恶意抢注及仿冒侵权行为的不断滋生,造成恶劣影响。该案使外国知名品牌在主营产品类别上成功获得注册,有利于从源头上防止抢注行为。

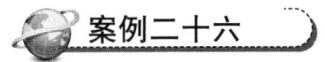

善用再审程序救济　终破引证商标障碍

——"YY直播"商标驳回复审行政诉讼案

案例整理及评析人：欧平凤　张柳锋

【案例基本信息】

再审申请人（一审原告、二审上诉人）：广州方硅信息技术有限公司（以下简称"方硅公司"）

被申请人（一审被告、二审被上诉人）：国家知识产权局

一审：北京知识产权法院，（2021）京73行初1338号

二审：北京市高级人民法院，（2021）京行终6956号

再审：北京市高级人民法院，（2023）京行申2000号

诉讼代理人：欧平凤、张柳锋，广东华进律师事务所，在再审程序中代理方硅公司

一、案例背景

方硅公司于2019年10月12日申请注册第35类第41583945号"YY直播"商标（以下简称"申请商标"或"诉争商标"），国家知识产权局认为该商标与"成都博之韵科技有限公司"核准注册的第35类第17152923号"优彦YY"商标（以下简称"引证商标"）构成使用在同一种或类似服务上的近似商标，驳回该商标注册申请。随后该商标经历驳回复审行政评审程序、驳回复审行政诉讼一审、二审、再审程序，最终北京市高级人民法院再审判决撤销一、二审判决及国家知识产权局作出的驳回复审决定，并判令国家知识产权局重新作出复审决定，对该商标予以初步审定。

二、案例看点

当事人此前已在第9类等多个类别上成功注册"YY直播"商标，涉案商标申请注册在第35类广告服务等上，对从事互联网行业的当事人而言亦十分重要，且涉及该核

心品牌"YY直播"的商标布局完整性。为此，当事人力争核准注册涉案商标，经办律师亦穷尽措施最大化实现当事人的目标。

为达到前述目标，经办律师制定了"滚动申请+清除引证商标"的策略。涉案商标实际上历经了三次申请才最终获准注册：商标申请（最早是2016年的19618072号）-驳回-复审-再驳回-重新申请（2017年的27651812号）-驳回-复审-再驳回-行政诉讼-一审败诉-第三次申请（2019年41583945号）-驳回-复审-再驳回-行政诉讼一审-败诉后二审-二审再败诉-申请再审-胜诉。虽然在提交注册申请时已同步对引证商标提出无效及撤三申请，但无效失败且撤三流程耗时亦较长，引证商标权利人甚至在撤销复审失败后仍起诉并在诉讼中补充提交大量证据，以期维持该引证商标。若该引证商标最终被予以维持，则涉案商标将无法获准注册。

因此，经办律师一方面集中精力应对引证商标的撤销复审行政诉讼，即使引证商标权利人提交了大量替学校进行教学采购的标有引证商标的合同、发票等材料，以期说服合议庭引证商标已实际在第35类3503替他人采购等服务上使用，经办律师从第35类3503群组替他人采购、替他人推销等服务的通常交易链、获利核心等出发，成功说服合议庭排除对方的使用证据，最终该引证商标被撤销。

同时，为实现涉案商标最终被核准注册的目标，经办律师对引证商标进行了监控，在该商标撤销裁决生效后及时提起涉案商标驳回复审的再审程序，虽然未在法定的6个月再审期间内提起再审，但以出现新证据为由成功说服最高人民法院受理本案并裁定再审。

综上，为获准注册涉案商标，当事人及经办律师均穷尽措施、灵活制定策略及把控每个关键环节，在各方共同努力下，历经8年终修成正果。商标授权、确权程序不应轻易言弃，有志者，事竟成！

三、办案策略

（一）综合制定诉讼策略排除引证商标障碍

申请商标申请注册时，引证商标已被提起连续三年不使用的撤销申请，但由于引证商标撤销案件审理需要一定时间，在申请商标驳回复审案件进入诉讼程序时，引证商标尚处于有效状态。因此，经办律师采用全局化视野，制定兼具综合性与灵活性的诉讼策略，在申请商标驳回复审案件中主张引证商标处于不稳定权利状态，并整理检索类案，主张申请商标与引证商标不近似。

（二）关联案件同步并举，成功争取引证商标撤销复审案件胜诉

在申请商标驳回复审案件进入二审程序时，引证商标权利人不服国家知识产权局

作出的撤销复审决定，向北京知识产权法院提起诉讼（以下简称"引证商标案"），并提供多份证据证明其在第35类"替他人推销"服务上使用引证商标，该引证商标案相应影响申请商标授权进程，增加诉讼难度。经办律师作为该引证商标案第三人代理人，在诉讼过程中对原告证据仔细质证，提供证据论证"替他人推销"服务的性质及对象。除此之外，经办律师在该引证商标案中提出加快审理申请，并及时在申请商标驳回复审案件中提出中止审理申请，以期达到关联案件协同配合，早日消除引证商标障碍，最终北京知识产权法院针对该引证商标案采纳经办律师意见，作出（2021）京73行初11447号行政判决书，驳回该引证商标案原告的诉讼请求。

四、法院观点及判决结果

再审法院认为：该案争议焦点为申请商标是否因引证商标部分服务被撤销注册而应予核准注册。

《商标法》第三十条规定："申请注册的商标，凡不符合本法有关规定或者同他人在同一种商品或者类似商品上已经注册的或者初步审定的商标相同或者近似的，由商标局驳回申请，不予公告。"《最高人民法院关于审理商标授权确权行政案件若干问题的规定》第二十八条规定："人民法院审理商标授权确权行政案件的过程中，国家知识产权局对诉争商标予以驳回、不予核准注册或者予以宣告无效的事由不复存在的，人民法院可以依据新的事实撤销商标评审委员会相关裁决，并判令其根据变更后的事实重新作出裁决。"

该案中，在二审判决作出时，国家知识产权局尚未作出引证商标在部分核定服务上被撤销的公告，引证商标仍为有效状态。二审法院依据当时引证商标的权利状态，认定诉争商标与引证商标构成使用在相同或类似服务上的近似商标并无不当。

根据法院再审查明的事实，在二审判决作出后，国家知识产权局已经依法公告引证商标在部分核定服务上被撤销，引证商标上述服务的注册商标专用权自公告之日起终止，故引证商标不再成为诉争商标的权利障碍。诉争商标是否应予核准注册的事实基础发生根本性变化。因此，对被诉决定及一审、二审判决应予撤销，国家知识产权局应根据在案证据及相关事实重新作出决定。

再审法院作出如下判决：

（1）撤销北京市高级人民法院（2021）京行终6956号行政判决；

（2）撤销北京知识产权法院（2021）京73行初1338号行政判决；

（3）撤销国家知识产权局商评字〔2020〕第281967号《关于第41583945号"YY直播"商标驳回复审决定书》；

（4）国家知识产权局就第41583945号"YY直播"商标重新作出复审决定。

五、案例意义

该案为同类型案件提供了参考思路,在商标授权确权行政案件审理过程中,当引证商标的状态发生变化,不再构成在先权利障碍时,法院应基于新的事实撤销原裁决,并指令国家知识产权局重新作出决定。再审过程中,法院应依据相关司法解释的规定,对原审判决进行改判,确保商标权的合理授予与保护。

该案善用再审程序救济,为当事人主营商标获权。在尊重裁判既判力,维护我国司法权威、司法公正、司法效益的前提下,申请商标驳回复审诉讼二审判决作出后,经办律师通过研判引证商标撤销复审案件审判走向、梳理当事人"YY直播"商标体系、评估申请商标的市场价值,从多个维度进行分析。基于保障当事人诉讼权利及实体权利、稳定消费者对申请商标深刻认知的需求,经办律师实事求是地向当事人提出启动再审程序救济的建议。

引证商标撤销复审行政诉讼一审判决生效后,经办律师持续关注引证商标撤销公告进度。待其公告后,经办律师随即针对申请商标驳回复审案件启动再审程序救济途径,依据《行政诉讼法》第九十一条、最高人民法院《关于完善四级法院审级职能定位改革试点的实施办法》第十一条规定,以新证据足以推翻原审判决为由向北京市高级人民法院提起再审申请,法院审查认为当事人再审申请符合法律规定,予以受理,并采纳引证商标撤销公告证据。

异议

案例二十七

恶意认定之视同商标代理机构行为

——"YY Panda"商标异议案

案例整理及评析人：张丽莹

【案例基本信息】

被异议商标：YY Panda

被异议人：北京先知时代咨询有限公司

被异议商标类别：第41类

《商标法》历经四次修正，在2013年修正以前，《商标法》并未对商标代理机构申请注册商标行为作出规定。随着我国商标注册申请量的不断增长，商标代理市场曾一度出现为转让牟利而大量囤积、抢注商标的行业乱象。因此，为了规范商标代理机构申请注册商标的行为，2013年《商标法》正式对商标代理机构申请注册商标的行为作出了明确规定。根据2013年修正的《商标法》及现行《商标法》第十九条第四款规定："商标代理机构除对其代理服务申请商标注册外，不得申请注册其他商标。"

但是，在实践中，部分商标代理机构为了规避该法律规定，通过假借关联企业或个人名义的方式在非代理服务上申请注册商标，即便在商标注册实质审查阶段未被驳回，也会在商标异议程序中，被认定为视同商标代理机构的行为，从而依据《商标法》第十九条第四款规定被不予核准注册。

一、案情介绍

广州方硅信息技术有限公司（以下简称"方硅公司"）发现北京先知时代咨询有限公司（以下简称"被异议人"）申请数件文字构成为"YY Panda"的系列商标并处于初审公告阶段，为有效巩固、维护方硅公司旗下"YY"品牌的商标权益及市场声誉，方硅公司委托华进商标团队对被异议人名下包含第41类第56268867号在内的系列"YY Panda"商标（以下简称"被异议商标"）启动异议申请程序。

经初步评估，被异议商标虽然完整包含方硅公司旗下"YY"品牌系列商标的核心构成文字"YY"，但其除了"YY"两个字母构成外，被异议商标还包含了"Panda"的字母结构，整体文字构成与"YY"本身存在较大差异，该案若仅依据相对理由主张被异议商标侵犯方硅公司的在先商标权利，获得支持的难度较大。

二、寻找突破点

但是，在对被异议商标进行背景调查时，华进商标团队发现被异议人与其商标代理机构先知大成知识产权代理（北京）有限公司（以下简称"先知大成"）存在关联关系，而被异议人本身的商标申请注册情况也存在异常，不符合一般市场主体的实际经营需要，具有囤积商标嫌疑。

鉴于此，华进商标团队认为被异议人极有可能是商标代理机构，即为先知大成囤积、抢注商标的匿名主体，被异议人的行为应当认定构成商标代理机构行为，可主张被异议商标属于商标代理机构在非代理服务上申请注册的商标，应不予核准注册。

三、争议焦点

该案是否能够通过被异议人的关联企业为商标代理机构的事实，推定被异议人同样属于《商标法》规定的"商标代理机构"范围，从而认定其申请注册被异议商标构成商标代理机构的商标申请注册行为？

被异议人若主张其并非商标代理机构，那么该案针对被异议人构成商标代理机构在非代理服务上注册商标的主张是否能够成立？

四、法理探究

《商标法实施条例》第八十四条第一款规定："商标法所称商标代理机构，包括经工商行政管理部门登记从事商标代理业务的服务机构和从事商标代理业务的律师事务所。"

从法条上看，《商标法》所称的商标代理机构似乎仅包含两种，一是已经在国家知识产权局登记的商标代理机构，二是律师事务所，而被异议人既非在国家知识产权局经过备案登记的商标代理机构，也非律师事务所，被异议人似乎并不符合《商标法》规定的"商标代理机构"范畴。

那么，该案是否会因为被异议人的一般市场主体身份而失利？

《中华人民共和国商标法释义》释明，我国《商标法》第十九条第四款规定商标代理机构不得自行申请注册商标的义务，其立法初衷是防止商标代理机构利用其业务上的优势，自己恶意抢注他人商标牟利的情况。从此角度上看，该条款规制的是商标代理机构利用其业务优势进行恶意抢注而扰乱商标市场环境的情形，而利用业务上优势须实际从事了相关业务，方才有业务优势之说。因此，结合该案情况来看，若被异议人实际从事了商标代理业务，也即具备了商标代理机构的业务优势，那么其便理应认定属于《商标法》规定的"商标代理机构"的范围，应受到《商标法》第十九条第四款的规制。

对此，华进商标团队也找到如下依据支持。

（1）《北京市高级人民法院商标授权确权行政案件审理指南》："14.1【商标代理机构的认定】已经备案的从事商标代理业务的主体、工商营业执照中记载从事商标代理业务的主体、以及虽未备案但实际从事商标代理业务的主体，属于商标法第十九条第四款规定的'商标代理机构'，一般工商营业执照记载的经营事项不能作为排除认定'商标代理机构'的依据。"

（2）《商标审查审理指南》下编第十三章释义："商标代理机构是指经备案的从事商标代理业务的服务机构和从事商标代理业务的律师事务所。未备案的，但经市场监督管理部门登记时标明从事商标代理、知识产权代理等业务的主体，或者未在市场监督管理部门登记标明从事商标代理等业务但有实际证据证明其从事商标代理业务的，视同商标代理机构。"

在布瑞威利私人有限公司与国家知识产权局商标无效宣告行政诉讼一案［案号：（2018）京73行初9974号］中，北京知识产权法院认定，虽然原告提交的工商登记信息表明，第三人的法定代表人系宁波和丰科技服务有限公司（登记的经营范围包含"商标代理"等内容）的监事，但仍不足以认定第三人从事了商标代理业务，故原告主张使用《商标法》第十九条第四款对诉争商标予以无效宣告的理由，没有事实依据，法院不予支持。

由此可进一步证明，判断一般市场经营主体是否构成《商标法》所称的"商标代理机构"而受第十九条第四款规定约束，并非仅依据该主体是否已在国家知识产权局备案，也非仅依据该主体的工商登记的经营范围是否标明从事商标代理、知识产权代理等业务来确定，而是要通过该主体的实际经营行为是否涉及商标代理相关业务综合确定。

五、处理思路

因此，在明确《商标法》规定的"商标代理机构"的适用范围的情况下，华进商标团队深入调查被异议人与其商标代理机构先知大成的关联关系、被异议人的商标注册情况、实际使用情况，从如下角度逐一分析。

（1）被异议人的商标代理机构先知大成于2013年《商标法》修订前曾在非代理服务上申请注册商标，本身具有不以使用为目的抢注商标的行为。《商标法》修订后受到法律约束，先知大成不能再以其自身名义在非代理服务上申请注册商标。由此可合理推测，先知大成存在假借他人名义在非代理服务上申请注册商标以规避法律的动机。

（2）被异议人与其商标代理机构先知大成均包含相同的自然人股东，并且该自然人股东在被异议人及先知大成两企业的持股比例均超过50%，为控股股东，处于实际控制地位。被异议人与先知大成受同一主体控制，彼此关联关系非常紧密，被异议人的实际经营活动极有可能与先知大成的经营业务相关。

（3）被异议人在多个商品和服务类别上申请注册了大量商标，商标名称多样，缺乏规律，且商品和服务行业跨度极大，不符合一般市场主体的经营需要，存在囤积商标的嫌疑。

（4）被异议人申请注册的商标除了与方硅公司"YY"品牌系列商标近似外，还与他人商标构成近似，难谓巧合，具有针对性抄袭、抢注他人商标的嫌疑。

（5）被异议人存在多件商标转让的情况，而该些商标受让人的企业字号与该些商标文字构成相同或近似，且该些商标的申请注册时间仅早于该些商标受让人企业成立日期一至两个月，可见被异议人极有可能存在假借商标转让之名行商标售卖之实。

（6）被异议人名下商标存在多件因连续三年未使用被撤销，或因到期未续展而注销的情况，可见被异议人申请注册商标并未投入实际使用，具有囤积商标的嫌疑。

（7）被异议人名下另一枚商标曾在其异议案件中被国家知识产权局认定系其商标代理机构，即先知大成假借关联公司名义申请注册，以达规避法律的目的，被异议人的行为视为商标代理机构的行为，并依据《商标法》第十九条第四款规定决定该商标不予核准注册。

由上可得出结论，被异议人本身虽然并非商标代理机构，但与其商标代理机构关联密切，而其商标申请注册情况、使用情况也未反映其作为一般市场主体出于实际经营活动的意图，反而具有很强的商标代理相关的业务内容，其行为理应视同商标代理机构行为，被异议人实际是其商标代理机构规避法律的匿名主体。因此，被异议商标应当认定系其商标代理机构假借被异议人之名，规避法律的目的所申请，应不予核准注册。

六、案件结果

国家知识产权局审查认为，被异议商标"YY Panda"与方硅公司在先申请注册的"YY"系列商标在文字构成、呼叫及整体外观有一定差别，双方商标未构成近似商标，并存使用不易造成相关公众混淆误认。但是，根据方硅公司提供的在案证据且经查，被异议人的法定代表人同时也是被异议商标代理机构（即先知大成）的法定代表人，且被异议人在多个类别商品和服务上申请注册了600余件商标，据此可以认定被异议商标系商标代理机构假借其关联公司之名申请注册，以达到规避法律之目的，故视被异议人的行为为商标代理机构的行为，被异议商标的申请注册违反了《商标法》第十九条第四款的规定。综上，异议人的异议理由成立，被异议商标不予注册。

七、典型意义

商标恶意注册和囤积行为严重扰乱商标注册秩序，损害社会公众利益，国家知识产权局始终坚持严厉打击。对于处于业务优势地位的商标代理机构而言，更应该遵守职业道德，维护法律的权威，对于"明知故犯"的行为更应当予以严厉规制。

回归该案，为规避法律，商标代理机构假借其关联公司之名申请注册大量商标，进行恶意注册及囤积，严重扰乱了正常的商标注册、使用和管理秩序。该案的异议请求积极响应了国家知识产权局持续释放从严治理的强烈信号，并在该层面上协助国家知识产权局推动商标注册秩序规范化建设不断深入，不断提升知识产权保护支撑优化创新环境和营商环境的能力，具有典型意义。

案例二十八

《商标法》第七条诚实信用原则在商标异议案件中能否直接适用

——"THE GRUFFALO 咕噜牛"商标异议案

案例整理及评析人：吴春晓

【案例基本信息】

被异议商标：THE GRUFFALO 咕噜牛

被异议人：杨某某

被异议商标类别：第30类

《民法典》第一编总则编第七条规定："民事主体从事民事活动，应当遵循诚信原则，秉持诚实，恪守承诺。"2013年版《商标法》第七条规定："申请注册和使用商标，应当遵循诚实信用原则。"所谓诚实信用，是指自然人、法人和其他组织申请注册和使用商标，必须意图诚实、善意、讲信用，行使权利不侵害他人与社会的利益，履行义务、信守承诺和遵守法律规定。而诚实信用原则在民商事规则中具有"帝王条款"之称，在商标案件中又能发挥何种作用呢？诚实信用原则在商标案件中只能作为"原则性"条款束之高阁吗？在商标异议、无效宣告案件中，诚实信用原则是否可以直接适用？

一、案例前情

《THE GRUFFALO 咕噜牛》是"朱丽亚·唐娜尔德逊"和"阿克塞尔·舍夫勒"（以下合并简称"异议人"）于1999年携手创作的儿童经典读物，讲述一只聪明伶俐的小老鼠在森林里冒险的故事，也被称为国外版的狐假虎威的故事。迄今为止已被翻译成40多种语言，发行到中国、英国、德国、俄罗斯、法国等国家，原作从1999年推出至今，已经卖出了1 000多万本。《THE GRUFFALO 咕噜牛》动画电影曾荣获多个国际奖项，包括英国影视科学与艺术学院年度奖提名、法国昂西动画节最佳电视节目水晶奖、2010年渥太华国际动画节最佳儿童电视动画奖、2010年斯图加特国际动画节最佳儿童动画奖。

第17141144号商标（见表3-2，以下简称"被异议商标"）由杨某某（以下简称为"被异议人")于 2015 年 6 月 8 日提出申请,指定使用在第 30 类"调味品;咖啡"等商品上,并于 2016 年 6 月 27 日获得初审公告,异议人在公告期内对被异议商标提出异议。

异议人发现被异议人申请被异议商标并处于初审公告阶段,为自身合法权益及市场声誉,异议人委托华进商标团队对被异议商标启动异议申请程序及后续参加了不予注册复审程序。

该案经历了异议与不予注册复审两个阶段,异议成功后被异议人提起了不予注册复审,最终被异议商标未能获准注册。

在异议阶段,异议人主张"THE GRUFFALO 咕噜牛"为其独创并在先使用的知名作品名称、动漫角色名称及动漫角色形象,被异议商标的注册侵犯其作品名称权、动漫角色名称权及角色形象的在先著作权,且系对异议人在先使用并具有一定影响的商标的恶意抢注和抄袭,违反 2013 年版《商标法》第三十二条的规定。被异议商标与异议人在先注册的第 G1012287 号商标及第 G1014938 号商标(见表 3-2,以下统称为"引证商标")构成近似商标,违反 2013 年版《商标法》第三十条的规定。被异议商标的注册申请具有欺骗性,容易误导公众,违反了 2013 年版《商标法》第七条、第十条第一款第(七)项、第四十四条第一款的规定。

表 3-2 该案被异议商标及引证商标

申请/注册号	商标图案
17141144(被异议商标)	(图形:THE GRUFFALO 咕噜牛)
G1012287(引证商标)	GRUFFALO
G1014938(引证商标)	(图形)

国家知识产权局经过审查认为,被异议商标指定使用于第 30 类"咖啡、茶"等商品上,引证商标核定使用在第 28 类"玩具"等商品、第 9 类"动画片"等商品、第 41 类"娱乐"等服务上,被异议商标与引证商标文字完全相同,图形部分与引证商标"图形"整体在设计风格、视觉效果上相近,且其指定商品也具有较高关联性,因此可以认定被异议人申请注册被异议商标的行为具有复制、摹仿和抄袭他人知名商标的恶意,其申请注册商标的行为扰乱了正常的商标注册管理秩序,并有损公平竞争的市场

秩序，违反了诚实信用原则。依据 2013 年版《商标法》第七条、第三十条，对被异议商标不予注册。

被异议人不服，提请不予注册复审，主张双方商标指定使用的商品不属于同一种或类似商品，其不具有恶意。异议人提供的证据无法证明其拥有在先权利及其知名度，被异议商标应予以核准注册。

国家知识产权局经审查认为，2013 年版《商标法》第七条为原则性规定，其相关规定已体现在其他具体条款之中，将依据 2013 年版《商标法》相应具体条款予以审理。最终认为被异议商标的注册申请构成对异议人在先著作权的侵犯，违反了 2013 年版《商标法》第三十二条"不得损害他人现有的在先著作权"的规定，对主张的知名作品名称和动漫角色名称权的主张不予支持，对第三十条、第十条第一款第七项、第四十四条第一款的主张也不予支持。

虽然被异议商标最终被判定不予核准注册，异议人在两个阶段均获得成功，但审查员作出决定所适用的法律依据却截然不同。

二、案例难点

从知名度来看，异议人对于中国公众而言，并不如郑渊洁等作家知名，而《THE GRUFFALO 咕噜牛》这一作品也不比《舒克与贝塔》作品的受众广泛，在知名度证明方面有难度。

从指定使用商品和服务来看，异议人在先的引证商标一、二指定使用在 9、16、25、28、41 类商品和服务，而被异议商标指定在第 30 类商品上，难以论证二者指定的商品和服务构成类似。

从标识本身来看，异议人在先的两个引证商标独创性、显著性较强，被异议商标集合了异议人在先英文商标的全部构成字母、图形商标的头部部分及作品在中国的译名"咕噜牛"于一体。从意图上看，不难看出这是被异议人刻意抄袭模仿的结果。但从审查标准来看，被异议商标为图文结合商标，与异议人在先商标单一的纯字母商标或纯图形商标的外观存在差异。

从实际使用来看，异议人在第 30 类商品上也并无在先使用的情况，更毋庸说在先使用并达到较高知名度。

从恶意情况来看，在异议人提起异议时，被异议人名下仅 4 件商标，即仅有被异议商标及另外三件标识相同的商标，无明显的囤积、抄袭行为。

该案涉及在国外已有一定知名度但进入中国市场并未就商标进行全面布局的品牌，商标被针对性注册，但商标申请人又没有其他明显的恶意抢注、囤积商标的情形。从朴素的价值观判断，明显抄袭而成的被异议商标不应获得核准注册，但从证据上、从法理上要如何论证，以达到该结果？

三、争议焦点

(一) 异议阶段

从前述难点可以看到，依据2013年版《商标法》第三十条、第三十二条主张商标近似或在先权利被侵犯的难度都非常大。但被异议人的行为从根本上违背了2013年版《商标法》的立法精神，有违诚实信用原则，在具体条款难以进行规制的情况下，诚实信用原则能否得到适用？要想诚实信用原则获得支持，在该案中如何分析论述双方商标混淆的可能性，如何挑选、应用证据，如何凸显被异议人的抄袭恶意，成为该案工作关键点。

一方面，华进商标团队精选证据，在有限的证据中选择精华，挑选权威媒体报道、业界顶级奖项、知名出版社平台所形成的证据，借助传播媒介本身的品牌效应和知名度。比如，在论述《THE GRUFFALO 咕噜牛》系列作品的知名度上，挑选了人民网的报道及动画产品获得奥斯卡动画提名的报道等。在销售方面，提供了国内领先、国际知名的大学出版社——外语教学和研究出版社关于《THE GRUFFALO 咕噜牛》系列作品多年来的销量及国内知名购书电商平台——当当、卓越亚马逊上的销售情况方面的证据。由此补强异议人在国内的知名度。

另一方面，华进商标团队对"THE GRUFFALO 咕噜牛"商标及该系列作品的细致描述，凸显独创性、显著性。突出强调若非刻意模仿，被异议商标的构成要素不可能涵盖了《THE GRUFFALO 咕噜牛》系列作品的外文名称、中文译名及主要角色"咕噜牛"别具一格的形象。进一步对双方商标构成细节、重合概率及被异议人设计被异议商标的动机等方面的对比论述，体现相似度。再结合前面所论述和呈现的知名度情况，凸显被异议人的抄袭恶意。主张被异议商标违反了2013年版《商标法》第三十条、第三十二条、第七条、第十条第一款第（七）项、第四十四条第一款规定，依法不应获得核准注册。

国家知识产权局经审查认为，被异议商标"咕噜牛 THE GRUFFALO 及图"指定使用于第30类"咖啡；茶；糖；蜂蜜；面包；糕点；谷粉制食品；意式面食；以米为主的零食小吃；食用淀粉；冰激凌；调味品"等商品上，异议人引证经国际注册并领土延伸至我国申请在先的第 G1012287 号、第 G1014938 号"GRUFFALO""图形"商标核定使用于第28类"玩具；游戏产品和娱乐品"等、第9类"动画片"等商品上、第41类"娱乐；电视文娱节目；图书出版；电影制作"等服务上。异议人提供的证据材料可以证明其"GRUFFALO""图形"具有较强的独创性，为异议人独创的卡通图书、动画片、电影产品的名称，也是其主要卡通动物小牛的名字。异议人上述引证商标经长期宣传和使用，已在我国玩具、卡通图书、动画片市场上享有较高知名度。被异议商标与异议人引证商标文字完全相同，图形部分与引证商标"图形"整体在设计风格、视觉效果上相近，且其指定商品也具有较高关联性，因此，可以认定被异议人申请注册被异议商标的行为具有复制、摹仿和抄袭他人知名商标的恶意，其申请注册商标的行为扰乱了正常的商标注册管理秩序，并有损于公平竞争的市场秩序，违反了诚实信用原则。依据 2013 年版《商标法》第七条、第三十条、第三十五条规定，国家知识产权局决定对被异议商标不予注册。即国家知识产权局在直接援引 2013 年版《商标法》第七条诚实信用条款评价被异议人的行为同时以第三十条作为辅助法律依据，呈现原则性条款与具体条款相结合适用到案件中的情形。

被异议人不服，继而提起了不予注册复审申请。

（二）不予注册复审阶段

被异议人复审的主要理由：被异议商标指定使用的商品与引证商标指定使用的商品不属于同一种或类似商品。被异议商标是被异议人独创设计而成，没有复制、摹仿和抄袭他人商标的恶意，异议人提交的证据无法证明其拥有在先权利及其知名度不应予以采纳。被异议商标应予以维持注册。

异议人对此一一回应，并加强了对证据的利用和理由的论述，尤其对《THE GRUFFALO 咕噜牛》系列绘本作品、动画电影作品等作品拥有在先著作权，被异议商标乃是对异议人在先著作权的侵犯进一步重点强调。

国家知识产权局认为，2013 年版《商标法》第七条为原则性规定，其相关规定已体现在其他具体条款之中，将依据 2013 年版《商标法》相应具体条款予以审理。

最终，国家知识产权局认为"咕噜牛"角色形象在图案设计元素等方面具有一定的独创性和艺术性，符合《著作权法》规定的作品的构成要件，构成美术作品。被异议商标中图形部分与异议人享有著作权的作品在整体外观、构成要素等方面几乎相同，已构成实质性近似。并且，在被异议商标申请日前，各大网络媒体对该作品进行了公开宣传，可以认定被异议人有事先接触该作品的可能性。因此，被异议商标的注册申请已经构成对异议人在先著作权的侵犯，违反了 2013 年版《商标法》第三十二条"不得损害他人现有的在先著作权"的规定。

那么，国家知识产权局在异议阶段中依据 2013 年版《商标法》第七条，认定被异议人申请注册被异议商标的行为具有复制、摹仿和抄袭他人知名商标的恶意，违反了诚实信用原则。但后续国家知识产权局在不予注册复审阶段又认为 2013 年版《商标法》第七条为原则性规定，不应作为审理依据。可见，诚实信用原则在异议案件中的不同程序阶段的适用，有着不同的理解与操作。

四、法理探究

法律规则是规定法律上的权利、义务、责任的准则、标准，或是赋予某种事实状态以法律意义的指示、规定。

法律原则，是指集中反映法的一定内容的法律活动的指导原理和准则。法所确认的一定社会生活和国家活动的规律性要求，贯穿于具体法律规范之中。法律原则较之法律规范，更直接地反映出法的内容、法的本质，以及社会生活的趋势、要求和规律性。法律规则的规定是明确具体的，它着眼于主体行为及各种条件（情况）的共性，其明确具体的目的是削弱或防止法律适用上的"自由裁量"。与此相比，法律原则的着眼点不仅限于行为及条件的共性，而且关注它们的个别性。其要求比较笼统、模糊，它不预先设定明确的、具体的假定条件，更没有设定明确的法律后果。它只对行为或裁判设定一些概括性的要求或标准（即使是有关权利和义务的规定，也是不具体的），但并不直接告诉应当如何去实现或满足这些要求或标准，故在适用时具有较大的余地供法官选择和灵活应用。

2001年12月1日施行的《商标法》中并无关于诚实信用原则的规定，但随着商标实践中恶意抢注他人商标、滥用商标权利、扰乱市场秩序等行为频发，为有效遏制该行为，2013年修订的《商标法》作出了一项重大修改，在一般规定中增加了诚实信用原则。2001年版《商标法》第七条："商标使用人应当对其使用商标的商品质量负责。各级工商行政管理部门应当通过商标管理，制止欺骗消费者的行为。"修改为："申请注册和使用商标，应当遵循诚实信用原则。商标使用人应当对其使用商标的商品质量负责。各级工商行政管理部门应当通过商标管理，制止欺骗消费者的行为。"2019年11月1日施行的《商标法》也保留了该条。

2013年《商标法》在修订过程中，诚实信用原则受到了极大关注，部分意见将其视为遏制商标抢注、遏制商标权滥用的"尚方宝剑"，不仅在2013年版《商标法》总则中要规定，甚至要将其作为宣告注册商标无效的单独依据。虽然这些在修法草案中提出的意见最终未被具体采纳，但也体现了社会各界对诚实信用原则的关注与重视。最终，2013年版《商标法》第七条明确商标的注册和使用应遵循诚信原则，这是从基本原则的意义上规定了诚实信用原则。故社会各界对诚信条款能否单独作为遏制商标抢注的法律依据又出现了较大分歧。原商评委和法院通常拒绝直接适用诚信条款，主要理由在于诚信条款本身为原则性条款，不能直接适用。同时具体条款足以遏制恶意抢注行为，没有必要适用诚信条款。但现实中非诚信的行为层出不穷，具体条款无法穷尽或涵盖所有恶意注册或权利滥用的类型，在具体条款无法适用的情况下，诚实信用原则可以发挥补强或补充功能，弥补具体条款在遏制非诚信行为时的规范性疏漏。即诚实信用原则不仅可以发挥法律原则属性，亦可发挥法律规则属性。在发挥法律规则属性的情况下,则可以作为产生某种法律后果的具体依据。例如,在没有其他具体法律规则依据的情况下,可以仅仅依据诚实信用原则在商标异议案件中对商标不予核准注册或在无效宣告案件中宣告注册商标无效。❶ 因此,商标权利的取得和使用都应受诚信原则的制约,即使将诚信条款定位为原则性条款,也不影响其在商标权取得和侵权程序中的独立适用性。

但即使对诚实信用原则进行独立适用,也必须是结合具体情况进行判断,绝不应出现假借诚实信用原则之名随意突破法律规定❷,导致该原则被滥用,而使具体条款规定被架空。

五、观点交锋

在该案中,在异议人提起异议申请时,被异议人名下仅注册了 4 枚商标,仅 1 件为抄袭而成的"咕噜牛"商标。通常来说,这种情况下,很难认定被异议人违反了诚实信用原则。因为单从被异议人的注册量以及注册的商标构成要素来看,没有大量的复制、抄袭他人独创商标的情况。但异议人一、二的"咕噜牛"角色形象较为独特,其头顶尖角、眼睛凸出、獠牙尖锐、鼻头带瘤、后背带刺,并不符合一般公众审美,若非刻意抄袭,重合的概率较低。被异议商标中的图形部分只是一个头部图形,即"咕噜牛"角色形象的头部,图形中的五官特征几乎相同。再结合其他构成要素的情况,可以判断被异议人具有刻意抄袭的恶意,该种行为理应归结为违反诚实信用原则,因为一个诚实信用的主体不应将他人独创而成的作品角色形象、作品名称、译名组合后进行抢注。

在此情况下,审查员在认定双方商标构成近似时难以决断,于是引入诚实信用原则,作为补强性的判断标准。此时,诚实信用原则发挥了法律规则属性,在异议人依据 2013 年版《商标法》第三十条、第三十二条等具体条款存在较大难度的情况下,审查员辅之以诚实信用原则认定对被异议商标不予注册具有必要性。

在第 43720779 号"PINKFONG 及图"商标异议案中,国家知识产权局认为异议人在案证据可以证明在被异议商标申请注册之前,异议人已将"PINKFONG"及碰碰狐卡通形象系列作品在腾讯、爱奇艺等网站进行推广,被异议人存在接触其作品的可能。该案被异议商标的英文字母组合、图形与异议人在先商标高度相近,此种情形难谓巧合。因此,国家知识产权局认为被异议人申请注册被异议商标系对异议人引证商标的模仿,该行为有悖于诚实信用原则,不仅会导致相关消费者对商品来源产生误认,更有损于公平竞争的市场秩序。最终依据 2013 年版《商标法》第七条、第三十条、第三

---

❶ 王艳芳.论新商标法的民事适用[J].知识产权.2013(11):33-39.
❷ 孔祥俊.商标法:原理与判例[M].北京:法律出版社.2021:21.

十五条规定，对该商标不予注册。

第 40404162 号"PINKFONG BABY SHARK PINKFONG PRESENTS：THE BEST OF BABY SHARK"商标、第 34544567 号"味事多"商标、第 34665904 号"LILLY DOO"商标、第 32505222 号"QPM 及图"商标、第 29700588 号"科达琳"商标等商标异议案件中，国家知识产权局均作出类似决定，将诚信条款作为补强性或补充性的判断标准，发挥法律规则属性。

前文提到，原商评委和法院通常拒绝直接适用诚信条款，主要原因在于诚信条款本身为原则性条款，不能直接适用。因此，不予注册复审中的审查员则认为，诚信条款已体现在其他具体条款之中，将依据 2013 年版《商标法》相应具体条款予以审理。最终依据 2013 年版《商标法》第三十二条，判定被异议商标的注册申请构成对异议人在先著作权的侵犯，不应予以核准注册。在该复审案件中，审查员显然认为在有具体规定可穷尽适用的情形下，不必援引诚信条款。但在符合判断构成对在先著作权侵犯的要件基础上，对被异议商标中图形部分与原异议人享有著作权的作品是否构成近似的判断标准适当放宽。

六、结语

诚实信用原则从商标的注册和商标权的行使两个层面对行为人产生规范作用。本文仅从注册层面讨论，从商标注册层面而言，诚实信用原则要求申请注册商标应有真实的使用意图，同时要求申请注册商标不能侵犯他人的在先权或其他合法权益。

而诚实信用原则作为法律原则，在案件审理中一般不直接单独适用。只有当具体条款无法穷尽或涵盖所有恶意注册或权利滥用的类型，在具体条款难以适用的情况下，诚实信用原则可以发挥兜底作用，以填补法律漏洞。将 2013 年版《商标法》第七条诚信条款为兜底条款，是对以"不洁之手"取得商标权行为的否定。因此，当关于抢注等具体条款难以适用，而被异议人的注册行为又有违诚实信用原则时，作为异议人需对恶意论述、引证商标或在先权利知名度、独创性论述证据准备充分，并充分论述，基于第七条的异议或无效宣告请求才有可能获得支持。

但司法实践对诚信条款的适用应持谨慎的态度，坚持穷尽具体条款的解释，妥善处理具体条款和诚信原则一般条款的司法适用关系，避免架空具体条款。

案例二十九

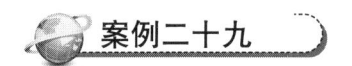

使用已注销的个体户执照构成以欺骗手段取得商标注册的行为

——"鸿蒙"商标异议案

案例整理及评析人：曹丰泽

【案例基本信息】

被异议商标：鸿蒙

被异议商标类别：第 9 类

被异议人：王某

商标的主要功能为区分商品、服务的来源，即通过商标表明商品、服务的提供商，让消费者能够"认牌选购"，挑选到心仪、靠谱的经营者提供的商品、服务。因此，商标注册和使用的主体，应当与市场经营主体相对应，以确保商标能够准确连接消费者与经营者，实现其真正的商业价值。

基于此，申请注册商标时，若申请主体的资格文件存在隐瞒、欺骗等情形，则破坏了商标与经营主体的真实对应关系，进而影响消费者与经营者的链接，有违《商标法》立法精神，应当予以规制。

一、案例前情

自然人王某于 2019 年 5 月 21 日提交第 9 类"鸿蒙"商标申请（以下简称"争议商标"），并于 2021 年 12 月 20 日初审公告，初审商品为"0902：停车计时器；人脸识别设备；验手纹机；0903：考勤机；0906：电子公告牌；0908：录像机；摄像机；0909：照相机；0919：防事故、防辐射、防火用服装；0921：眼镜；0924：电栅栏；便携式遥控阻车器"。

争议商标名称与华为技术有限公司（以下简称"华为公司"）的操作系统"鸿蒙"名称相同，申请商品与"鸿蒙"系统存在明显关联性，申请时间在媒体公开报道华为"鸿蒙"系统后不久，综合各种因素考量，存在攀附嫌疑。

为此，华为公司委托华进商标团队针对争议商标提出异议申请。但是，华为公司在 2019 年 5 月 21 日之前申请的第 9 类"鸿蒙""华为鸿蒙"商标，仅指定了

0901、0907 两个群组，未覆盖争议商标的指定群组，缺乏在先商标权利，给该案增加了难度。

二、寻找突破点

华进商标团队经过对争议商标的详细背景调查，发现一处异常情况：争议商标的申请日为 2019 年 5 月 21 日，但申请人相对应的个体工商户营业执照状态显示为已注销，且注销时间为 2019 年 5 月 20 日，早于争议商标的申请日期。这意味着，王某在申请争议商标时，其个体户已被注销，不再具备经营主体资格，不能成为适格的商标申请人。王某在申请过程中向国家知识产权局提交无效的个体工商户执照，且未进行说明，存在隐瞒、欺骗行为，违背了《商标法》关于禁止以欺骗手段或者其他不正当手段取得商标注册的立法精神，争议商标不应予以核准。

三、法理探究

（一）自然人申请商标为什么需要核对个体工商户营业执照情况？

《商标法》第四条：自然人、法人或者其他组织在生产经营活动中，对其商品或者服务需要取得商标专用权的，应当向商标局申请商标注册。

由《商标法》第四条可知，商标权主体包括自然人、法人或者其他组织，这些主体在生产经营活动中需要在相应的商品、服务上取得商标权时，可申请注册商标。但是，此处可进行商标申请的"自然人"，与现行《民法典》中的自然人并不完全等同。

依据国家工商行政管理总局 2007 年发布的《自然人办理商标注册申请注意事项》，自然人要进行商标注册，必须是以个体工商户、农村承包经营户或其他依法获准从事经营活动的自然人的身份提出申请，并提供相应的执照、承包合同或登记文件。并且自然人名义申请注册商标会受到商品服务类别的限制，应以其在营业执照或有关登记文件的经营范围为限。这一规定的主要目的在于防止部分自然人大量抢注或者囤积商标，造成资源浪费，破坏市场秩序。

随着市场经济的发展，为了鼓励大众创业万众创新，2016 年 3 月 14 日，商标局发布通告称，对个体工商户办理商标注册申请时申报商品或服务范围是否在其核准经营范围内不再进行审查。也就是说，自然人申请商标注册，在类别上的限制得以放松。但是，需要拥有经营主体资质这一条件是没有发生变化的。因此，目前自然人申请商标，依然需要提供个体工商户营业执照或其他登记文件。

（二）王某使用已注销的执照进行商标申请，《商标法》是否有相应条款可以规制？

由前一个问题可知，申请商标的自然人，必须提供个体工商户营业执照或其他登记文件，表明其经营主体身份。那么，王某在申请商标时，将已注销的个体工商户营业执照当作有效执照提交，这种隐瞒、欺骗商标审理机关的做法，应如何规制？

《商标法》第四条：自然人、法人或者其他组织在生产经营活动中，对其商品或者服务需要取得商标专用权的，应当向商标局申请商标注册。

《商标法》第七条：申请注册和使用商标，应当遵循诚实信用原则。

《商标法》第二十七条：为申请商标注册所申报的事项和所提供的材料应当真实、准确、完整。

《商标法》第三十条：申请注册的商标，凡不符合本法有关规定或者同他人在同一种商品或者类似商品上已经注册的或者初步审定的商标相同或者近似的，由商标局驳回申请，不予公告。

《商标法》第四十四条第一款：已经注册的商标，违反本法第四条、第十条、第十一条、第十二条、第十九条第四款规定的，或者是以欺骗手段或者其他不正当手段取得注册的，由商标局宣告该注册商标无效；其他单位或者个人可以请求商标评审委员会宣告该注册商标无效。

王某提交的个体工商户营业执照已经在争议商标申请日之前注销，不再具备《商标法》第四条所要求的主体资格。同时，王某在个体工商户营业执照已经注销的情况下，仍以此申请商标注册，且并未进行合理说明，构成了向商标行政主管机关隐瞒事实真相、以欺骗手段取得商标注册的行为，有违《商标法》第七条诚实信用原则，且与第四十四条第一款禁止以欺骗手段或者其他不正当手段取得商标注册的规定相悖。并且，王某的商标申请材料，也不符合第二十七条所要求的材料真实、准确、完整。鉴于第七条是总则性条款，是对商标注册与使用的合法性要求，其精神已体现在其他具体条款之中，故案件审理中，通常适用更为具体的条款。而第四十四条主要适用于无效宣告案件，故该案可以考虑适用第三十条所述"凡不符合本法有关规定"来兜底。

（三）执照注销的不同节点，是否会对案件有着不同的影响？

该案王某的情形，属于在申请商标之前，执照已注销，使用已注销执照进行商标申请，无疑是以欺骗手段不正当注册。那么，假如执照注销行为发生在商标申请之后，又该如何处理？

《北京市高级人民法院商标授权确权行政案件审理指南（2019）》第15.7条规定：商标行政案件中，引证商标权利人被注销且无证据证明存在权利义务承受主体的，可以认定引证商标与诉争商标不构成近似商标。

在商标注册申请驳回复审行政案件中，不乏适用这一规则的案件。

（1）关于第38722400号"绮光异彩"商标的驳回复审决定书：

> 经复审认为，引证商标权利人处于注销状态，其作为法律主体的资格已经丧失。现无证据证明引证商标的权利已由他人继受，引证商标虽然为有效注册商标，但无法发挥区分服务来源的作用，不应继续作为评判申请商标能否获准注册的在先权利障碍。综上，申请商标与引证商标不构成类似服务上的近似商标。

（2）关于第38936208号"旭宏"商标的驳回复审决定书：

> 经复审认为，鉴于引证商标一权利人已被注销，其作为法律主体的资格已经灭失，该商标亦未被新的权利主体所承继，虽然引证商标一目前仍为有效商标，但该商标专用权已失去权利基础，不宜再构成申请商标获准初步审定的在先商标权利障碍。

（3）关于第42142645号"LITUN MEDIA COMMUNICATION"商标的驳回复审决定书：

> 经审理查明：第9123436号商标（以下称引证商标）的权利人现处于注销状态，且无权利继受人，引证商标核定使用的商品进入市场流通的可能性极小，因此不易误导相关公众将引证商标与申请商标产生混淆。

综上，基于商标主体与市场经营主体应相互对应（或存在许可等关联关系）这一基本逻辑，商标申请主体的营业执照状态在案件中具有重要意义，若经营状态异常，可根据具体情况适用不同规定予以规范，以保障商标与经营者的真实有效关联。

四、案件交锋

华进商标团队代理华为公司针对王某的这件"鸿蒙"商标提起异议，主要异议理由如下。

（1）在争议商标申请日之前，王某的个体工商户已注销，不具备经营主体资格，其刻意隐瞒的行为，属于以欺骗手段不正当注册商标；

（2）王某为个体工商户，名下却囤积了大量商标，不符合正常的经营需要，存在恶意囤积、抢注商标的嫌疑；

（3）争议商标与华为公司的"华为鸿蒙""鸿蒙"商标构成近似；

（4）王某属于抢注华为公司在先使用并具有一定知名度的"鸿蒙"商标。

国家知识产权局审理认为，王某申请争议商标时提交了已注销的营业执照，王某对此未作出合理解释。据此，国家知识产权局认为王某的上述行为违背了《商标法》关于禁止以欺骗手段或者其他不正当手段取得商标注册的立法精神。依据《商标法》第三十条、第三十五条规定，对争议商标不予注册。

王某不服，提请不予注册复审。

不予注册复审中，王某主张：其个体户执照于2019年5月20日被注销，代理这一个体户执照的记账公司刻意隐瞒，致其提交商标注册申请时，提交了已被注销的营业执照。除上述个体工商户以外，王某还是佛山市A公司的法定代表人、佛山市B公司的法定代表人、佛山市C公司的股东，有真实经营需求并注册、使用商标的意图。

商评委将焦点问题归纳为：争议商标的注册申请是否构成《商标法》第四十四条第一款所指以欺骗手段取得商标注册之情形。

国家知识产权局依据查明事实及华进商标团队提交的证据，认为：王某申请注册争议商标时，提交了已注销的个体工商户营业执照，该营业执照上有王某的签字予以确认。王某复审时提交的企查查网页查询截图，仅表明截屏中的公司相关人员"王某"与该案王某名字相同，在缺乏企业登记、法定代表人身份证等证据佐证的情况下，不能认定上述公司中的自然人"王某"即为该案王某；其余产品图片、销售记录及发票等证据，未能体现王某与证据中相关主体的关系；王某的个人声明为自制证据。因此，王某在复审时未提交新的主体资格证明文件或者证明其具备经营资格的其他证据。王某申请注册争议商标之时，其个体工商户营业执照已被注销，在此情况下，仍以此申请商标注册，构成了向商标行政主管机关隐瞒事实真相、以欺骗手段取得商标注册的行为。争议商标的申请已构成《商标法》第四十四条第一款所指的以欺骗手段取得商标注册之情形，对争议商标不予核准注册。

商标代理机构从宽适用《商标法》第四十四条第一款的思考

——"鸿蒙知识产权"商标异议案

案例整理及评析人：李惟青

【案例基本信息】

被异议商标：第57041386号，鸿蒙知识产权

被异议商标类别：第45类

被异议人：云南第一时间商标事务所有限公司

我国《商标法》第十九条第四款明确规定："商标代理机构除对其代理服务申请商标注册外，不得申请注册其他商标"，但商标代理机构若在代理服务上恶意申请注册商标，该如何规制呢？下文笔者将结合"鸿蒙知识产权"一案，对此进行探讨。

一、基本案情

云南第一时间商标事务所有限公司于2021年6月19日提交第45类"鸿蒙知识产权"商标申请（以下简称"被异议商标"），并于2021年10月20日初审公告，核定服务为第45类4506群组"知识产权咨询；为法律咨询目的监控知识产权；域名注册（法律服务）；知识产权代理服务；有关特许经营的专业法律咨询；法律咨询；法律信息服务；法律服务；商标代理服务；法律文件准备服务"。

华进商标团队接受华为技术有限公司（以下简称"华为公司"）的委托，于2022年1月24日对被异议商标提起异议申请，主张被异议商标与异议人华为公司的在先注册商标构成指定在类似商品、服务上的近似商标，同时侵犯了异议人驰名商标权益，并构成对异议人在先商标的抢注，且被异议人作为商标代理机构，存在抄袭、囤积商标的不正当行为，违反了《商标法》第四条、第十三条第三款、第三十条、第三十二条、第四十四条第一款等规定。

国家知识产权局经审理认为，被异议人申请注册了多件与他人在先知名商标相同或近似的商标，并已有多件商标已被我局驳回或已被相关权利人提出异议，被异议人对此未作出合理解释。该案中，异议人引证商标经过宣传使用已有一定知名度，被异议商标完整包含异议人引证商标难谓巧合。据此，被异议人的行为违背了《商标法》关于禁止以欺骗手段或者其他不正当手段取得商标注册的立法精神。最终，依据《商标法》第三十条规定作出对被异议商标不予注册的决定，现异议决定已生效。

二、案情解析

（一）该案的突破关键点在于《商标法》第四十四条第一款

基于具体的案件事实，华进商标团队选择根据《商标法》第四条（不以使用为目的的注册）、第十三条第三款（保护驰名商标）、第三十条（保护在先申请或在先注册商标）、第三十二条（保护未注册的在先商标等）及第四十四条第一款（不正当手段）对被异议商标提起了异议申请，具体理由如下。

理由1：被异议人大量申请注册商标，超出正常经营活动需求，极有可能是为了囤积商标以谋取不正当利益，违反了《商标法》第四条的规定。

理由2：异议人"鸿蒙"商标在"已录制的或可下载的计算机软件平台"商品上已达到驰名商标的保护标准，被异议商标侵犯了异议人的驰名商标权益，违反了《商标法》第十三条第三款的规定。

理由3：被异议商标与异议人在先第7、9、10、21、35、36、37、38、41、42类"鸿蒙""华为鸿蒙"商标构成近似［双方商标指定商品、服务按照《类似商品和服务区分表--基于尼斯分类第十一版（2022文本）》并不构成类似，但商品、服务间有一定关联］，违反了《商标法》第三十条的规定。

理由4："鸿蒙"系列商标经过异议人的广泛推广和使用，已经具备了很高的知名度和影响力，被异议人理应知晓其存在，却仍然申请注册与"鸿蒙"商标高度近似的被异议商标，构成对异议人在先商标的恶意抢注，违反了《商标法》第三十二条的规定。

理由5：被异议人作为商标代理机构，却恶意抢注异议人"鸿蒙"商标及其他知名品牌、抢占公共资源等，已构成以不正当手段申请注册商标的行为，违反了《商标法》第四十四条第一款的规定。

但结合各条款的构成要件来看，该案重点在于获得国家知识产权局对《商标法》第四十四条第一款的认定。具体来说：

《商标法》第四条规定的"不以使用为目的的恶意商标注册申请"，通常是指商标申请人并非基于生产经营活动的需要而提交大量商标注册申请，该案被异议商标指定使用在被异议人主营的第45类服务上，符合其行业特点及经营范围，证明不存在实际使用意图的难度较高。

《商标法》第十三条的驰名条款规制的情形较为特殊，通常需要大量的证据，获得国家知识产权局认可的可能很低。

《商标法》第三十条规定的商标相同或近似，则需首先判断指定使用的商品或服务是否属于同一种或者类似。该案中异议人的在先"鸿蒙"商标指定商品、服务均未覆盖4506群组服务，按照《类似商品和服务区分表——基于尼斯分类第十一版（2022文本）》不构成类似。虽然代理人在异议申请中主张双方商品、服务存在关联，应认定为类似，但实际关联程度并不高，突破区分表认定类似的可能较小。

至于《商标法》第三十二条往往要求企业的在先商标或在先权益在被异议商标指定使用的商品、服务上存在实际使用或具备一定知名度，而异议人并非商标代理机构，其经营业务也不涵盖第45类的法律服务，如何能提供其"鸿蒙"商标在该领域的使用或知名度证据？

因此，该案的具体事实较难完美符合前述条款的构成要件，突破关键落在被异议人的行为能否被认定为第四十四条第一款"以其他不正当手段取得注册"的情形之上。

（二）商标代理机构应从宽适用《商标法》第四十四条第一款

2021年《商标审查审理指南》在"商标审查审理编"第十六章表明，《商标法》第四十四条第一款中"系争商标申请人以不正当手段取得商标注册的，应当对系争商标具有使用意图或已经实际投入商业使用"。

但是，参考《最高人民法院关于审理商标授权确权行政案件若干问题的规定》第二十四条规定："《商标法》第四十四条第一款中的'其他不正当手段'，是指以欺骗手段以外的其他方式扰乱商标注册秩序、损害公共利益、不正当占用公共资源或者谋取不正当利益的行为。"第四十四条第一款"以其他不正当手段取得注册"规定的立法目的在于规制扰乱商标注册秩序、损害公共利益、不正当占用公共资源或者谋取不正当利益的行为，是否以使用为目的或存在使用行为不应是考量的重点，重点在于注册行为属于善意还是恶意，恶意才是规制的首要重点。

该案被异议商标指定使用在被异议人主营的第45类商标代理服务上，难以证明被异议人究竟是否存在使用意图，华进商标团队也未能查询到其存在实际使用痕迹，故华进商标团队向国家知识产权局强调了被异议人的主观恶意：被异议人名下135枚商标中，62枚指定使用在非代理服务的商品、服务之上；被异议人申请注册的商标多与他人知名品牌、知名地点、知名景点等相同或近似；部分商标已被相关权利人提起异议；主观恶意明显。

并且，被异议人系进行了商标代理备案的商标代理机构，具有职务优势，其商标注册申请行为应受到更高规格的规范和限制。《商标代理监督管理规定》也明确规定，商标代理机构从事商标代理业务不得采取欺诈、诱骗等不正当手段，不得损害国家利益、社会公共利益和他人合法权益。因此，针对商标代理机构，更应放低标准，从宽适用《商标法》第四十四条第一款。

基于此，国家知识产权局最终认为，被异议人的行为具有抄袭、摹仿他人商标的故意，扰乱了正常的商标注册管理秩序，违背了《商标法》关于禁止以欺骗手段或者其他不正当手段取得商标注册的立法精神。

（三）国家知识产权局既认可被异议商标的申请注册有违《商标法》第四十四条第一款的立法精神，又为何适用《商标法》第三十条裁定其不予注册呢？

在异议裁定书中，国家知识产权局并未明确说明其适用《商标法》第三十条的理由，仅进行了如下论述：双方商标指定使用商品和服务不属于类似商品和服务，因而未构成使用在类似商品和服务上的近似商标。但鉴于被异议人的行为违背了《商标法》第四十四条第一款的立法精神，被异议商标的注册申请不应予以核准，故依据《商标法》第三十条对其不予注册。

代理人结合其论述和相关法律法规，分析其适用《商标法》三十条的理由如下：

1.《商标法》第四十四条第一款并非《商标法》规定的异议法定事由

《商标法》第三十三条对异议法定事由是穷尽列举的，第四十四条第一款并未包含在内。尤其在国家知识产权局全面启动异议申请网交后，官方直接将此条款从可选择的异议法定依据中删除。这导致审查员在异议审查实务中，难以直接适用《商标法》第四十四条第一款作出裁决。

但2021年《商标审查审理指南》关于《商标法》第四十四条第一款的释义中明确指出，在商标异议和不予注册复审程序中可参照适用本条标准。

因此，《商标法》第四十四条第一款虽然是商标无效宣告案件中适用的法条，不宜直接用来规制商标异议案件中的恶意情形，但鉴于商标异议案件审查中，可以参照适用本条标准，因而当被异议人具有明显符合《商标法》第四十四条第一款规定的适用情形时，国家知识产权局可以参照该条体现的"禁止以欺骗手段或者其他不正当手段取得商标注册的立法精神"予以规制。

该案中，华进商标团队虽知晓《商标法》第四十四条第一款并非异议法定事由，但考虑到具体案件事实，仍明确将该条款列入了异议申请的法律依据，并进行了详细的论述和举证，争取到了国家知识产权局的参照适用。

2.《商标法》第三十条留有"凡不符合本法有关规定""可驳回申请"的适用空间

《商标法》第三十条主要规制的是同他人在先注册或在先申请商标相同或近似的情形，在实务中，适用该条款的案例也大多为构成此情形的。

但第三十条全文为："申请注册的商标，凡不符合本法有关规定或者同他人在同一种商品或者类似商品上已经注册的或者初步审定的商标相同或者近似的，由商标局驳回申请，不予公告。"前半句的"凡不符合本法有关规定"在相同或者近似商标的规定外，留出了一定的适用空间。

该案中，异议人在先引证商标与被异议商标指定使用的商品、服务项目按照区分表并不构成类似，但华进商标团队仍将《商标法》第三十条作为异议理由之一，以作兜底。同时，华进商标团队提交了大量证据，证明了异议人引证商标经过宣传使用已有一定知名度，被异议商标完整包含异议人引证商标难谓巧合。借此向国家知识产权局强调了异议人的"鸿蒙"商标有获得高强度保护的需求，以及被异议商标有不予注册的必要。

而被异议人对其商标注册行为无法作出合理解释，国家知识产权局认可被异议人的行为违背了《商标法》第四十四条第一款的立法精神，此情形显然属于《商标法》第三十条规定的"不符合本法有关规定"的情形，加上该案有依据《商标法》第三十条来提起异议，适用该条款来裁决也算得上"有理有据"。

综上，华进商标团队认为，该案国家知识产权局应是考量了前述两点，最终选择适用《商标法》第三十条对被异议商标不予注册。

事实上，在当前商标异议审查实务中，对违反《商标法》第四十四条第一款立法精神的商标，适用《商标法》第三十条来裁决已经成为常见做法。

三、结语

面对商标代理机构在商标代理服务上恶意抄袭抢注商标的行为，虽无法适用《商标法》第十九条第四款，但在先权利人仍可积极依据《商标法》其他条款来维护自己的合法权益。在先权利人或代理机构可对侵权方进行详细的调查和分析，根据自身实际使用、经营情况、证据收集情况等，选择更为有利、合适的异议或无效事由。

并且，《商标法》第四十四条第一款虽非异议法定事由，但其立法精神仍可在异议案件中适用。异议人或代理人在主张相对理由条款（如《商标法》第三十条、《商标法》第三十二条）的同时，应全面查询被异议人恶意情况，参照《商标法》第四条、《商标法》第四十四条第一款的适用情形，提供足够的证据支持及充分的可适用法条选择，从而争取国家知识产权局基于商标注册管理秩序、公共利益等角度进行综合判断，以提高异议成功率。

案例三十一

商标全面审查原则的适用

——"叁玖"商标不予注册复审案

案例整理及评析人：梁彩莲

【案例基本信息】

被异议商标：第19373512号，叁玖

被异议商标类别：第9类

被异议人：贵阳叁玖互联网医疗有限公司

《行政诉讼法》第八十七条规定："人民法院审理上诉案件，应当对原审人民法院的判决、裁定和被诉行政行为进行全面审查。"最高人民法院在2017年1月10日公布并于2017年3月1日施行的《最高人民法院关于审理商标授权确权行政案件若干问题的规定》中第二条规定："人民法院对商标授权确权行政行为进行审查的范围，一般应根据原告的诉讼请求及理由确定。原告在诉讼中未提出主张，但商标评审委员会相关认定存在明显不当的，人民法院在各方当事人陈述意见后，可以对相关事由进行审查并作出裁判。"可见，人民法院对行政机关认定事实进行全面审查是我国《行政诉讼法》确定的原则。虽《商标法》《商标法实施条例》并未明确将"全面审查"明确列为商标审查的要求，但在现行法律框架下，商标审查部门作出的决定、裁定需接受"司法审查"。结合笔者经验，发现全面审查原则在商标行政审查程序中同样被遵循运用，如表现为在商标审查过程中对商标是否违反《商标法》相关规定的问题进行全面审查。全面审查原则的运用，对于保护在先权利人合法权利，打击恶意注册，具有重要意义。本文通过华进知识产权代理的"叁玖"商标异议、不予注册复审案，窥视国家知识产权局对全面审查原则的遵循运用，以为企业品牌保护形成有益思路。

一、案例背景

华润三九医药股份有限公司（以下简称"华润三九"，即该案"异议人"）是知名医药企业，旗下"999"品牌创立于20世纪80年代。1999年1月，由华润三九前身"深圳南方制药厂"持有的"999"商标获原国家工商行政管理总局商标局（现为国家知识产权局）在药品上认定为驰名商标，2013年12月，华润三九名下"999"商标再次被国家工商行政管理总局商标局认定为驰名商标。此外华润三九已将"999"在第9类及其他类别进行注册保护。

2016年3月21日，贵阳叁玖互联网医疗有限公司（以下简称"被异议人"）申请注册第19373512号"叁玖"商标（以下简称"被异议商标"），商标指定使用在第9类"电子出版物（可下载）；计算机程序（可下载软件）；计算机软件（已录制）；计算机外围设备；监视程序（计算机程序）；可下载的影像文件；数据处理设备；手机；电子监控装置；音频视频接收器"商品上，并于2017年4月6日初审公告。在初审公告期间，华润三九委托华进商标团队提起异议，异议理由包括：被异议商标与异议人在第9类在先注册的"999"商标构成类似商品上的近似商标；被异议商标构成对异议人第5类已注册驰名商标的复制、摹仿，同时主张适用2013年版《商标法》第三十条、第十三条第三款规定。

2018年10月，国家知识产权局作出异议决定，支持了异议人异议请求，认为被异议商标与异议人在第9类在先注册的"999"商标构成相同或类似商品上的近似商标，依据2013年版《商标法》第三十条对"叁玖"商标不予注册，决定未对被异议商标是否违反2013年版《商标法》第十三条予以评述。

在国家知识产权局作出不予注册决定后，被异议人对该决定不服并提起不予注册复审，华进商标团队继续代理异议人参加不予注册复审。复审程序中，华进商标团队仍坚持同时主张被异议商标违反《商标法》第三十条、第十三条第三款规定。2019年7月，国家知识产权局作出不予注册复审决定，认为原被异议人所提复审理由不成立，依据《商标法》第三十条规定对被异议商标不予核准注册，并认为在已适用《商标法》第三十条规定对异议人商标权进行保护的情况下，不再适用《商标法》第十三条规定进行审理。

2020年5月，被异议人以其关联公司名义对异议人名下第9类"999"商标以三年不使用为由提起撤销，企图使异议人失去主张第三十条保护的权利基础。同时，被异议人不服不予注册复审决定，为了延长复审决定生效时间，相继提起行政诉讼一审、二审、再审。

2021年2月到3月，异议人第9类多件"999"商标因连续三年不使用而在与被异议商标相同或类似的商品上相继被撤销。至此，处于再审程序中的"叁玖"商标不予注册复审行政诉讼案，复审结论依据的事实发生了重大变化。

二、案件难点及应对处理思路

一方面，异议人虽有在第9类申请注册"999"商标，且核定使用的商品完全覆盖被异议商标指定使用的商品，依据《商标法》第三十条请求保护足矣。但是，考虑到第9类并非异议人主营类别，虽有引证商标，但并未投入使用，一旦第9类在先商标被对方提起撤销，将很可能失去主张第三十条的权利基础。另一方面，虽然异议人在第 5 类"人用药"商品上的注册商标"999"曾获驰名商标保护，但驰名商标遵循按需认定原则，如果根据在案证据能够适用《商标法》其他条款予以保护的，无须对商标是否驰名进行认定。即如果国家知识产权局支持了第三十条，将不会对适用第十三条进行审理。

综合以上难点，为了达到全面保护效果，基于对全面审查原则的经验把握，华进商标团队在异议及不予注册复审程序均同时主张适用《商标法》第三十条、第十三条第三款，以期将两个条款并行运用，实现"双重保护"。最终，案件的成功正得益于以全面审查原则出发的多条款并行运用的处理思路。

同时，考虑到驰名商标举证要求较高，华进商标团队在具体案件处理中，通过指导并协助异议人收集提供了大量使用和宣传证据，结合"999"商标曾获驰名商标保护的记录，力求在个案中证明"999"商标已为相关公众熟知，同时"999"商标在市场上被消费者广泛呼叫为"三九"，被异议商标指定商品与异议人赖以驰名的人用药等在消费对象、销售场所具有重合或交叉之处，再提出被异议人与异议人属于同行业竞争者，被异议商标的注册使用容易误导公众，多角度充分论证被异议商标的注册构成对驰名商标的复制、摹仿，并易使消费者产生误认，请求国家知识产权局援引《商标法》第十三条予以支持。

三、案件结果

国家知识产权局在异议及不予注册复审程序均支持异议人《商标法》第三十条主张，且一审、二审行政诉讼也均支持国家知识产权局决定；但是，在"叁玖"商标不予注册复审诉讼再审期间，异议人在第 9 类注册的多件"999"商标因连续三年不使用相继被撤销，异议以及不予注册复审决定所依据的事实发生了重大变化，异议人失去请求主张第三十条的权利基础，案件事实发生重大变化。因此，最高人民法院作出判决，判决撤销两审判决及被诉决定，由国家知识产权局重新进行审理。

所幸，异议人在异议、不予注册复审阶段除了主张以《商标法》第三十条为依据外，同时还主张了第十三条第三款驰名商标保护，并对主张第十三条的理由和依据进行了扎实且充分的论述。2022 年 9 月，国家知识产权局根据法院判决重新组成合议组进行审理，并基于全面审查原则，对异议人在案件中提出的第三十条、第十三条主张及相关证据进行审理并作出评判，认为异议人在第 9 类的引证商标已被撤销，不构成《商标法》第三十条调整的注册障碍。同时，异议人提交的证据可以证明在被异议商标申请日之前，异议人"999"商标在人用药商品上已为相关公众熟知，且"999"商标被消费者广泛呼叫为"三九"，被异议商标"叁玖"与异议人"999"商标在呼叫、含义等方面近似，已构成对异议人商标的复制、摹仿。被异议商标的注册构成《商标法》

第十三条第三款所指的情形，对被异议商标不予核准注册。

目前，第19373512号"叁玖"商标不予注册决定已生效，该商标已经失效。

四、延伸思考

《商标审查审理指南》仅形式审查篇中有关于"全面审查"的文字规定，即"形式审查中，对于申请文件存在可以通过补正克服的缺陷的商标申请，审查员应进行全面审查，并发出补正通知书"，结合《商标法》立法目的以及笔者的实务经验，全面审查原则实际上贯穿适用于商标授权确权全流程，除驰名商标认定为按需认定一般不同时适用以外，其他可以适用的法律条款都应予以审查和认定，以下结合部分常见情形对全面审查原则的运用进行列举分析。

（一）注册审查阶段全面审查

《商标法》第三十条规定：申请注册的商标，凡不符合本法有关规定或者同他人在同一种商品或者类似商品上已经注册的或者初步审定的商标相同或者近似的，由商标局驳回申请，不予公告。

可见，商标注册部门在注册审查中将对申请商标是否违反《商标法》禁止注册情形、是否具备显著特征、是否具有误认情形及与是否存在在先商标冲突等进行全面审查并作出决定。同一件商标有可能因为同时违反《商标法》多个条款而被驳回。

案例一：在第70389002号"顶制"商标申请中，国家知识产权局认为该商标与他人在先注册的"制顶"商标构成类似商品上的近似商标；申请商标文字"顶制"使用在指定商品上，容易使公众对商品的品质等特点产生误认，同时该文字系常用商贸用词，使用在指定商品上，消费者不易将其作为商标加以识别，不具备商标应有的识别作用，缺乏商标的显著特征。同时认定以《商标法》第三十条、第十条第一款第（七）项、第十一条第一款第（三）项作出驳回决定。

特殊情况下，如果国家知识产权局在审理驳回复审案件中，发现申请注册的商标有违反《商标法》第十条、第十一条、第十二条和第十六条第一款规定情形，而注册审查时并未依据上述条款作出驳回决定的，可以依据上述条款作出驳回申请的复审决定（作出复审决定前应当听取申请人的意见）。

案例二：在第68910913号"金蒋牌JINJIANGPAI及图"商标驳回复审案件中，国家知识产权局依据《商标法》第三十条规定引证在先注册的"蒋金"等多件商标对申请商标予以驳回，国家知识产权局在驳回复审中认为，申请商标与"金奖牌"发音相同，使用在指定商品项目上，容易使消费者对商品的质量等特点产生误认，违反了《商标法》第十条第一款第（七）项的规定，国家知识产权局以此向申请人下发审查意见书，申请人在规定期限提交了答复意见。最终，国家知识产权局就商标近似和误认事实进行了全面审查,并同时以第十条第一款第(七)项、第三十条规定驳回申请商标注册申请。

(二)异议或评审程序同时支持多个条款适用

在商标异议或评审案件中,申请人主张同个主体实施的不同行为,甚至同一个事实行为同时违反《商标法》多个条款规定,国家知识产权局应对全部事实理由和法律条款予以审查和认定(例外情形:驰名商标按需认定),并对案件事实和适用条款进行全面审查和认定。以上情形十分常见。

案例三:在第14121214号"COB IGELOW ESTABLISHED1838"商标无效宣告中,国家知识产权局经审理认为:①在案证据可以证明申请人对美术作品"C·O·BIGELOW"依法享有在先著作权。争议商标与申请人享有著作权的美术作品基本相同,已构成实质性近似。争议商标已构成对申请人在先著作权的损害,构成《商标法》第三十二条所指损害他人在先权利的情形;②争议商标中含有"ESTABLISHED1838",含义为"1838年创立",易使消费者对争议商标创立日期、品牌历史等产生误认,已构成《商标法》第十条第一款第(七)项所指情形;③申请人还先后申请注册了多件与他人知名品牌相近似的商标,该类抢注行为不仅会导致相关消费者对商品来源产生误认,更扰乱了正常的商标注册管理秩序,并有损于公平竞争的市场秩序,争议商标的申请注册已违反《商标法》第四十四条第一款的规定。

(三)全面审查之例外情形——驰名商标按需认定

《商标审理审查指南》中明确规定驰名商标遵循按需认定原则,如果根据在案证据能够适用《商标法》其他条款对当事人商标予以保护的,或系争商标的注册使用不会导致混淆或者误导公众,致使当事人利益可能受到损害的,商标注册部门无须对当事人商标是否驰名进行认定。此为全面审查原则的例外情形,但如果案件在未结过程中的任何节点其事实状态发生了变化,导致予以支持的法律依据不复存在,仍有适用全面审查原则对驰名商标条款进行全面审查的必要。以"叁玖"商标不予注册复审为例,国家知识产权局异议、不予注册复审,法院一审二审均支持《商标法》第三十条,且并未对商标是否违反第十三条进行审理,但是在诉讼再审程序,由于原本因依据《商标法》第三十条给予保护而无须对驰名商标进行认定的案件事实发生了变化,此时仍应坚持全面审查原则重新对包括第十三条在内的问题进行审查并作出裁定。该案在适用《商标法》第三十条的基础发生变化的情况下,综合考量在先商标知名度、双方商标实际使用情况、被异议人所处行业等情形,主动适用《商标法》第十三条第三款规定对被异议商标不予注册。

五、结语

通过该案及其他类似案例可知,全面审查原则是应用在审查审理实践中的被遵循的原则,除驰名商标认定为按需认定,尽量不主动予以适用以外,其他可以适用的法律条款都应予以审查和认定,国家知识产权局在不同审查程序中对全面审查原则的遵循运用,为打击恶意注册行为提供了有力保障。

案例三十二

排除引证商标障碍　保护真实品牌所有人合法权益

——"潘泰"商标异议复审行政诉讼案

案例整理及评析人：郑露

【案例基本信息】

一审原告、二审被上诉人：潘泰诺华星制造有限公司

一审被告、二审上诉人：原国家工商行政管理总局商标评审委员会

第三人：东莞市利源贸易有限公司

一审：北京知识产权法院（2015）京知行初字5987号

二审：北京市高级人民法院（2019）京行终167号

代理人：郑露、毛宏湖，广东华进律师事务所，在一审和二审程序中均代理潘泰诺华星制造有限公司

一、案例背景

泰国潘泰诺华星制造有限公司（Pantainorasingh Manufacturer Co. Ltd.）（以下简称"原告"）成立于1962年，专事经营正宗泰式酱汁、调味品及辣椒酱，为业界领先的调味品厂商，其主打品牌Pantai（对应中文品牌"潘泰"）产品广受泰国本土及国际市场的欢迎和消费者的青睐，产品出口至40多个国家和地区，覆盖国家和区域包括美国、加拿大、欧洲、中东、澳大利亚及亚洲区域，中国为其亚洲最为重要的市场之一。原告的调味品产品进入中国市场多年，广受中国消费者喜爱，在百度上键入关键词"泰国 潘泰"，会出现大量的潘泰公司名下的相关调味品产品网络条目，条目结果数多达3 800多条。

东莞市某贸易有限公司（以下简称"第三人"）即为众多的商标模仿者、抢注者和异议人之一。

潘泰公司在2004年5月14日已经在第30类申请了包含"潘泰"二字的第4063099号"潘泰诺华星PANTAINORASINGH"商标（商品类似群包含第30类所有类似群），于2006年6月14日获得核准注册。为了加强品牌保护，潘泰公司于2010年5

月 4 日向商标局提交第 8264626 号"潘泰"商标（以下简称"诉争商标"）的注册申请，指定在第 30 类"调味酱；调味品；辣椒酱；辣椒油；咖喱膏；虾酱（调味品）"等商品（类似群 3015、3016），于 2011 年 9 月 13 日获得初审公告。

然而，第三人在 1999 年 10 月 19 日已经抢先申请了第 30 类第 1534232 号"潘泰"商标（类似群 3001、3002、3004 至 3013、3017、3018）及第 29 类第 1530551 号"潘泰"商标（以下简称"引证商标一、二"），均在诉争商标初审公告日以前获得核准注册。

在诉争商标初审公告期间，第三人作为商标抢注者，以诉争商标与引证商标已构成近似商标为由对诉争商标提起异议，对潘泰公司的品牌规划和发展造成极大阻碍。对此，潘泰公司委托华进律师团队进行异议答辩，理由是诉争商标由潘泰公司独创并在先使用，已经具有一定的影响力，第三人的引证商标一本身是对诉争商标的不当抢注。经异议答辩成功后，商标局在 2014 年以诉争商标与引证商标一指定商品不类似，不构成近似商标为由，裁定第三人的异议不成立。

第三人不服商标局裁定，以诉争商标与引证商标一、二和他人名下的第 1615043 号"藩泰"、第 4402657 号"潘秦 PAN QIN PAI 及图"商标（以下简称"引证商标三、四"）构成近似为由申请异议复审。华进律师团队受潘泰公司委托，一方面进行异议复审答辩，另一方面采取不同策略对各个引证商标提起争议或三年不使用撤销，进行维权。经审查，国家工商行政管理总局商标评审委员会认定诉争商标与引证商标一、二不构成近似商标，但与引证商标三、四构成近似商标，因此在 2015 年裁定第三人异议成立，诉争商标不予核准注册。

潘泰公司不服前述异议复审裁定，委托华进律师团队向北京知识产权法院提起商标异议复审行政诉讼。华进律师团队一方面提交代理意见认为引证商标三、四不应构成诉争商标的在先障碍，另一方面在引证商标三、四所有人提交使用证据、申请复审甚至提起行政诉讼时，坚持推进对引证商标三、四的撤销程序，坚持维权。在法院审理期间，引证商标三经过撤销、撤销复审已经被公告撤销。一审法院认为，引证商标三已被撤销，而诉争商标与引证商标四不构成使用在同一种或类似商品上的近似商标，于 2018 年判决潘泰公司胜诉。

商评委不服一审判决提起上诉后，华进律师团队继续代理二审应诉。在二审审理期间，引证商标四经过撤销、撤销复审、行政诉讼被公告撤销，不再构成诉争商标的在先权利障碍。最终，二审法院在 2019 年判决驳回商评委上诉、维持原判，潘泰公司获得终审胜诉。

二、争议焦点

由于在异议及异议复审阶段，引证商标一、二被认为与诉争商标不构成近似，因此案件焦点为引证商标三、四是否构成诉争商标获得核准注册的在先障碍。

华进律师团队对该案焦点的具体分析如下。

首先，诉争商标与引证商标三、四不构成近似商标。

（1）与引证商标三对比。

诉争商标"潘泰"与引证商标三"藩泰"的首文字在构成上不一样，读音也不相同。作为仅由两个中文字组成的文字商标，首文字在构成和读音上的不同能够使消费者将二者区分开来。

（2）与引证商标四对比。

依据2002年《最高人民法院关于审理商标民事纠纷案件适用法律若干问题的解释》第九条第（二）款以及第十条的规定，判定商标之间是否近似，不应仅仅对比商标结构中的某一部分，而应结合商标的文字字形、构成要素、识别重点及整体效果等多方面进行综合对比。

从商标构成要素看，诉争商标由纯汉字"潘泰"构成，是简单的纯中文商标，而引证商标四由汉字"潘秦"、拼音"PAN QIN PAI"及图形构成，为典型的组合商标。

从商标读音、呼叫和含义看，诉争商标读作【pān】【tài】，引证商标四的文字部分读作【pān】【qín】，二者在具体读音、呼叫上不同。同时，诉争商标的构成汉字"泰"与引证商标四的构成汉字"秦"，在含义与字形上差别亦明显。

从商标整体视觉效果看，诉争商标的文字"潘泰"仅为宋体汉字。引证商标四是组合商标，其中中文部分"潘秦"的设计较为简单，拼音部分"PAN QIN PAI"是带有复杂设计的花体字母，图形主要为帝王及海水江崖图案。图形占据比例较大，汉字比例较小。因此，消费者在记忆辨识引证商标四时，识别重点往往会放在图形部分，与仅由汉字构成的诉争商标在识别重点上完全不同。

故，诉争商标与引证商标四在构成要素、读音、呼叫、含义及整体视觉效果上差别明显，不构成近似商标。

其次，根据被诉裁定的逻辑可以推断，若诉争商标与引证商标三、四构成近似商标，那么引证商标三与引证商标四本身在文字构成上也构成近似，理应不能并存使用。因此，依据行政公信力原则，诉争商标与引证商标三、四也不应被认定为近似。

再次，"潘泰"源自潘泰公司的企业字号，作为潘泰公司旗下产品的主要品牌，也是潘泰公司早在2006年核准注册的第4063099号"潘泰诺华星PANTAINORASHINGH"商标的简称。潘泰公司多年一直使用"潘泰"作为品牌商标进行全球网络的广泛销售，"潘泰"牌产品投入中国市场数十年，进行了大范围、持续性的使用与宣传，早已为国内公众所熟悉。因此，潘泰公司将诉争商标在中国申请注册，是对其已经在中国在先使用并具有一定知名度的商标的知识产权保护，并无任何复制、抢注他人商标的恶意。反而，引证商标三、四是抢注潘泰公司在先商标而来。

三、法院观点及判决结果

一审法院认为,"藩泰"引证商标经过撤销复审已经被公告撤销,诉争商标与"潘秦 PAN QIN PAI 及图"引证商标不构成使用在同一种或类似商品上的近似商标。二审法院认为原审判决结论正确,作出程序合法,应予维持,因此判决驳回上诉,维持原判,最终使诉争商标获得核准注册。

四、案例意义

该案中,商标抢注人试图利用异议程序妨碍真实的品牌所有人正当经营,但在华进律师团队不懈努力之下,品牌所有人最终通过持续九年的维权和抗争,成功将自身持续经营的品牌注册成商标。该案所体现的典型意义及社会效应如下。

(1)坚持知识产权服务于企业经营行为的理念,从企业商业经营的角度、产品合法生产销售的角度,说服客户对其品牌正当权利的维护需坚持到底,依据中国的相关法律,使自身权利权益得到实现,维护中国法治建设,践行依法治国理念。

(2)对商标恶意注册行为、傍名牌行为、假冒仿冒行为进行了有力打击。近几年来,商标恶意抢注行为泛滥,造成的社会影响极其恶劣,从中央到地方各级行政司法机关无不在采取各种方式出台各类政策打击该种行为,该案商标抢注人试图利用异议程序妨碍真实的品牌所有人正当经营,并持续仿冒,该案结果有力打击了此种恶劣行为。

(3)使得外国企业对中国的法治建设、司法环境有了更大的信心。代理该案的华进律师团队成功保护了潘泰品牌所有人的重要知识产权,也为该案品牌所有人的其他维权案件打下坚实基础,给予该案品牌所有人及其他外国企业继续打击恶意抢注的信心,及对于中国法制与司法的信心。

(4)对涉外主体的正当权益给予充分法律保护。两审法院的判决有力地凸显出我国对涉外主体知识产权权益给予充分保护,对中国主体的抢注、侵权行为给予打击的决心。

(5)平等保护中外企业。该案一、二审判决具有重要意义,充分彰显了我国平等保护中外权利人合法利益的精神,进一步树立了我国加强知识产权保护的负责任的大国形象。

(6)正是由于恶意抢注及仿冒侵权行为的不断滋生及造成恶劣影响,该案也成为打击该类行为的典型代表。在2019年4月全国人大常委会第十次会议通过的《商标法》修改条款中,着重修改和突出了对恶意注册商标的规制。该案发生在新法修改之前,而该案的两审胜诉也正好印证和呼应了此后商标法的修改。

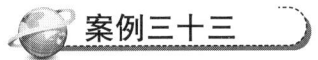

善意受让能否对抗恶意注册

——"玛赫MYHO"商标无效宣告案

案例整理及评析人：曹丰泽

【案例基本信息】

争议商标：第49568532号，玛赫MYHO

争议商标类别：第7类

被申请人：楼×公司

近年来，随着我国商标申请量的不断增长，有效商标注册量也逐年攀升，根据国家知识产权局公布的数据，截至2024年4月，有效注册商标已达4 750.7万件。在大量注册商标的阻挡下，新申请商标的驳回率不断升高，注册商标成为许多企业头疼的问题。在这种情况下，商标购买逐渐兴起。对于受让方，通过商标购买和转让，可以快速获得注册商标，满足产品迅速进入市场的需求。对于转让方，通过出售自己已闲置的商标，进行资产变现。交易双方均能使自身需求得以实现。

但是，商标买卖也需遵守相关法律法规，若抱以售卖商标牟利的目的进行囤积式注册申请，则属于不以使用为目的恶意商标申请，依法应予以驳回，即使侥幸注册，也存在被无效宣告的可能。

一、案例前情

刘某在申请商标时，遭遇引证驳回，引证商标为汪某的"玛赫MYHO"商标（以下简称"争议商标"），刘某委托华进商标团队寻求解决方案，希望可以克服争议商标的阻碍，使自己的商标顺利注册。

经初步调查，汪某名下除这件争议商标外，并无其他商标，且汪某的个体户经营范围也与商标注册项目存在关联，大概率为实际经营所需的正常商标。另外争议商标目前注册未满三年，也无法提请撤销，而刘某本人并无在先权利可以对争议商标发起无效宣告，案件似乎陷入了僵局。

二、寻找突破点

但是，在对争议商标进行背景调查时，华进团队发现该商标并非汪某直接注册，而是由楼×公司申请注册，注册完成后才转让至汪某名下，而楼×公司本身，存在不以使用为目的囤积商标的注册行为，具有恶意申请嫌疑。

由此，华进商标团队提出，可主张楼×公司申请注册争议商标时不以使用为目的，具有明显恶意，属于以不正当手段取得商标注册的行为，依法应予以无效宣告。

三、争议焦点

该案能否通过追溯原申请人楼×公司在注册申请阶段的不正当行为对已经转让出去的争议商标予以无效宣告？

受让人汪某目前并无异常经营情况，商标转让也早已核准，若汪某以善意取得及受让后合理使用来抗辩注册申请时的恶意行为不应牵连到善意受让人目前的商标权利，那么华进商标团队提出的恶意注册主张还能否继续成立？

四、法理探究

善意取得制度，主要基于对"权利外形"的维护，进而保护善意相对人对该"权利外形"的合理信赖利益，目的在于保护占有的公信力，保障交易安全，促进市场经济的有序发展。

根据《民法典》第三百一十一条规定，善意取得必须同时满足以下几个条件：①受让人受让该动产或不动产时需是善意的；②受让人以合理的价格取得该动产或不动产；③转让的不动产或者动产依照法律规定应当登记的已经登记，不需要登记的已经交付给受让人。

结合该案情况，争议商标已由楼×公司成功注册，具有"权利外形"，且楼×公司与汪某之间的商标转让行为也经过国家知识产权局的核准，并发布转让公告。调查显示汪某本人与楼×公司并无关联，因此汪某受让时是善意的且支付了合理对价预计也有证明可能性。

那么，案件是否会因为汪某的善意取得而导致无效宣告失败？

华进商标团队认为，根据我国善意取得制度的相关规定，该案中汪某的商标受让行为并不属于善意取得，原因如下。

（1）善意取得制度针对的是物权，而知识产权并非物权。《民法典》总则第五章列举了民事权利，包括……物权、债权、知识产权等，这说明了知识产权是与物权、债权相并列的一种民事权利，因此争议商标的转让行为并不属于善意取得制度的保护范围。

（2）善意取得的适用前提是行为人无权处分他人财产，而该案中楼×公司是商标注册人，有权处分商标，因此也不符合善意取得制度的适用前提。

即使退一步考虑，该案可以适用善意取得原则，但商标受让人的善意与否，也只可能影响到商标转让行为的结果，与华进商标团队主张的商标注册申请时的恶意行为并无关联，因此不应影响到对争议商标注册行为是否正当的认定。

因此，商标转让后，受让人的善意与否并不能涤除该商标注册申请时的"原罪"。

五、法律依据

针对"转让不能涤除原罪"的观点，华进商标团队经过大量检索与查找，还搜集到如下规范性文件及在先案例。

（1）国家市场监督管理总局于2019年10月11日发布的《规范商标申请注册行为若干规定》第九条规定，商标转让情况不影响商标注册部门对违反本规定第三条情形的认定。其中所述的第三条，包含有"不以使用为目的恶意申请商标注册"和"以其他不正当手段申请商标注册"。

（2）2019年4月24日发布的《北京市高级人民法院商标授权确权行政案件审理指南》第7.4条规定，诉争商标的申请注册违反商标法相关规定的，诉争商标的申请人或者注册人仅以其受让该商标不存在过错为由主张诉争商标应予核准注册或者维持有效的，不予支持。

（3）国家知识产权局和法院在多个案件中明确指出，即使诉争商标存在合法受让及实际使用行为，因其注册系通过不正当手段取得，此种受让及使用亦难产生合法的权利基础。

例1：第31239880号"茶西西"商标无效宣告裁定，及后续的行政一审、二审判决，均认可无效宣告理由，并判定转让不影响对恶意注册行为的认定（2020京73行初11718号、2021京行终1603号）。

例2：第26122429号"树乐士TREELOSI"商标无效宣告裁定，及后续的行政一审判决，均认可无效宣告理由，并判定转让不影响对原注册行为的恶意认定（2020京73行初7014号）。

六、案件交锋

明确案件突破口后，该案的核心工作即证明争议商标原申请人楼×公司的不正当注册行为。华进商标团队通过调查取证，梳理出了以下关键点：

（1）楼×公司登记成立后仅一个月，便注册申请了 60 余件商标，且类别跨度大，商标名称分散无体系；

（2）至争议商标注册时，楼×公司名下已申请商标 249 件，但其注册资本仅 50 万且一直未实缴，企业实力单薄，不足以支撑如此数量的商标运营；

（3）在 2021 年 12 月的工商抽检中，楼×公司登记的住所（经营场所）已无法联系，极有可能并无真实经营，属于恶意申请的空壳主体；

（4）从楼×公司的企业情况判断其并无实际运营，印证了其注册申请商标并非出于使用目的；

（5）楼×公司的企业经营范围与其商标注册类别关联性较低；

（6）除大量无关联囤积性商标外，楼×公司名下的众多商标中，还存在许多抄袭模仿他人在先具有一定知名度的商标；

（7）尤其值得注意的是，在囤积、抄袭、抢注商标的过程中，楼×公司公然在商标交易平台大量售卖其所申请注册的商标，其中便包含争议商标的出售信息；

（8）楼×公司名下还有多件商标被分别转让给不同主体，更进一步说明其商标转让是面向不特定主体的，具有依靠大量售卖商标进行牟利的性质，而非正常商业转让；

（9）楼×公司的法定代表人及股东共三人，集中在安徽省芜湖市、河南省郑州市登记了 11 家公司，从事与楼×公司类似的商标囤积、抢注和商标售卖行为。

由上可知，楼×公司囤积、抄袭、抢注商标，且公然在商标交易平台上大量售卖名下商标，足以说明其申请注册商标的目的在于通过出售以牟取不正当利益，系典型的商标掮客，包括争议商标在内的大量商标，明显缺乏实际使用意图。楼×公司通过分散申请主体的方式逃避审查取得注册，违背《商标法》立法精神，扰乱商标注册秩序，属于恶意注册行为。争议商标虽已经转让，但注册恶意并不能因此抹灭，争议商标的注册系通过不正当手段取得，应予以无效宣告。

七、案件结果

国家知识产权局经审理认为，楼×公司的行为已超出正常的生产经营需要，具有借助他人知名品牌进行不正当竞争或牟取非法利益的意图，扰乱了正常的商标注册管理秩序，并有损于公平竞争的市场秩序。因此，争议商标的申请注册已构成《商标法》第四十四条第一款所指"以其他不正当手段取得注册"之情形。争议商标虽已经转让，但不能改变争议商标的申请注册构成《商标法》第四十四条第一款情形的行为性质。综上，申请人无效宣告理由成立，争议商标予以无效宣告。

通过该案不难发现，商标购买时背景调查十分关键，对于急需注册商标的企业来讲，购买商标虽能快速解决问题，但仍存在不少隐患。委托专业可靠的商标代理机构办理相关事宜,做好背景调查及公证,同时在商标转让完成后,对于有注册瑕疵的商标,及时以自身名义补充注册,可有效防范转让商标后因恶意注册问题导致商标被无效宣告所带来的不利影响。

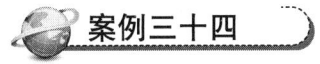

多个通用术语组合设计商标的显著性探究

——"智能内容管理平台 AiSite"商标无效宣告案

案例整理及评析人：李惟青

【案例基本信息】

争议商标：第 49287378 号

争议商标类别：第 42 类

被申请人：北京中科汇联科技股份有限公司

由指定商品的通用名称构成的商标，缺乏显著特征毋庸置疑。《商标法》第十一条第一款第（一）项将"仅有本商品的通用名称"的商标明确列为缺乏显著特征（以下简称"缺显"）情形，作出了明确禁止注册的规定，仅有经过使用取得显著特征的商标可为例外。那么，以多个不同的通用术语为基础，进行独特的排列组合和商标设计，是否就能够赋予商标显著特征呢？本文将以第 49287378 号"智能内容管理平台 AiSite"商标（以下简称"争议商标"）无效宣告案件为例，探究多个通用术语组合设计而来的商标的显著性判断问题。

一、基本案情

争议商标于 2020 年 8 月 27 日申请，2021 年 4 月 21 日获得注册，核定服务为第 42 类 4220 群组"计算机编程；计算机软件更新；计算机软件设计；计算机软件维护；计算机系统分析；计算机系统设计；计算机硬件设计和开发咨询；提供互联网搜索引擎；替他人创建和维护网站；信息技术咨询服务"。

华进商标团队接受某传媒公司（以下简称"申请人"）的委托，对争议商标提起无效宣告申请，主张争议商标仅由行业通用术语"AI""SITE""智能内容管理平台"

组成，直接表示了服务内容，缺乏显著性，且易使消费者对指定服务内容产生误认，违反了《商标法》第十一条第一款、《商标法》第十条第一款第（七）项之规定。

国家知识产权局经审理认为，争议商标整体缺乏显著性，不能起到区分服务来源的作用，已违反《商标法》第十一条第一款第（三）项的规定，于 2023 年 2 月 27 日作出对争议商标宣告无效的决定，现决定已生效。

二、案情解析

该案中，国家知识产权局认为争议商标违反了《商标法》第十一条第一款第（三）项规定，但未违反《商标法》第十一条第一款第（一）（二）项、第十条第一款第（七）项规定，其中的论证和依据是什么呢？

（一）针对《商标法》第十一条第一款

1. 申请人的具体无效理由与事实依据

理由 1："AI"指"人工智能"，属于互联网行业通用术语。

事实依据 1：百度百科、词典对"AI"的解释；

事实依据 2：国家标准《信息技术 人工智能 术语》（征求意见稿）列明"AI"指"人工智能"；

事实依据 3：中国知网搜索"AI"指向人工智能；

事实依据 4：海内外人工智能协会简称中含有"AI"；

事实依据 5：人工智能行业论坛、书籍以"AI"命名；

事实依据 6：使用"AI"代表人工智能的媒体报道；

事实依据 7：类似生效裁判文书。

理由 2："SITE"表示网站、站点，属于互联网行业通用术语。

事实依据 8：百度百科对"SITE"的解释；

事实依据 9：百度搜索引擎使用"SITE"作为搜索指令；

事实依据 10：大量互联网行业通用术语含有"SITE"。

理由 3："智能"属于互联网行业通用术语。

事实依据 11：大量互联网行业通用术语含有"智能"；

事实依据 12：众多高校专业、院系或研究所命名含有"智能"；

事实依据 13：类似生效裁判文书。

理由 4："内容管理平台"属于互联网行业通用术语。

事实依据 14：百度百科对"内容管理平台"的解释；

事实依据 15：多家知名咨询公司、研究院针对"内容管理平台"发布的行业分析报告；

事实依据 16：百度、微信等搜索引擎搜索"内容管理平台"。

理由 5：争议商标整体由计算机、互联网行业通用词汇组成，直接表示了其指定服务的内容等特点，不具有商标应有的显著性和区分性特征，违反了《商标法》第十一条第一款之规定。

2. 国家知识产权局的裁判观点

观点 1：在案证据尚不足以证明争议商标是法律规定或国家标准、行业标准规定的通用名称，也不足以证明在相关公众中已经认定上述文字为约定俗成的通用名称或普遍使用，故争议商标未违反《商标法》第十一条第一款第（一）项规定。

观点 2：争议商标使用在核定服务上，未构成该条款所指的仅直接表示了服务内容等特点的情形，故争议商标未违反《商标法》第十一条第一款第（二）项规定。

观点 3："AI"有"人工智能"等含义，"SITE"有"网站、地点、站点"等含义。争议商标整体缺乏显著性，不能起到区分服务来源的作用，已违反《商标法》第十一条第一款第（三）项的规定。

3. 法律分析与总结

《商标法》第九条规定："申请注册的商标，应当有显著特征，便于识别，并不得与他人在先取得合法权利相冲突。"可见，"显著特征"，即"显著性"是一个商标获准注册所不可或缺的要件之一。根据《商标审查审理指南》，商标的显著特征是指商标应当具备的足以使相关公众区分商品或者服务来源的特征，具体来讲，是指商标能够使消费者识别、记忆，可以发挥指示商品或者服务来源的功能与作用。

《商标法》第十一条第一款前两项以列举的方式对缺乏显著特征的标志作出了具体规定，第三项则属于兜底条款，指的是除前两项规定以外的、依照社会通常观念作为商标使用在指定商品或者服务上不具备显著特征的标志。在《商标审查审理指南》中也对该兜底条款包括的几种常见类型进行了列举，如过于简单的线条、普通几何图形、日常商贸场所、企业组织形式、常用祝颂语等。

可见，很多标志由于在行业内或相关公众中已被广泛使用，如行业通用术语、如常用祝颂语，属于公共资源，所以并不能够帮助公众区分商品来源，也就不具备商标应用的显著性。该类标志若被某一主体获取了商标专用权，显然剥夺了他人合法使用该标志的权利，容易扰乱公平竞争的市场秩序。

那么如争议商标这般，将多个行业通用术语进行组合设计后，能否获得显著性？

至少从该案中国家知识产权局的裁判观点来看，多个通用术语组合设计而来的商标，一般可以摆脱《商标法》第十一条第一款第（一）（二）项的限制。

《商标法》第十一条第一款第（一）项规定的"仅有本商品的通用名称"，"仅"字是指申请注册的商标中除本商品或者服务的通用名称、图形、型号以外并无其他构成要素。

争议商标是否仅包含通用名称呢？若将文字拆分来看，争议商标由"AI""SITE""智能内容管理平台"组成，每一部分均为互联网行业通用术语；但若从商标整体来看，"智能内容管理平台 AiSite"作为一个整体，显然不属于法律规定或国家标准、行业标准规定的通用名称，也不是相关公众约定俗成或普遍使用的通用名称，难以称得上"仅有本商品的通用名称"。

《商标法》第十一条第一款第（二）项规定，仅直接表示商品的质量、主要原料、功能、用途、重量、数量及其他特点的标志不得作为商标注册。2021 年《商标审查审理指南》规定，判断"仅直接表示"必须结合商标指定的商品或者服务、相关公众的认知习惯等因素，不能机械地以其包含直接说明性和描述性要素进行认定，商标整体上是对指定的商品或者服务特点的描述的，才会被禁止注册。

就该案而言，申请人提交的证据虽然能够证明争议商标的各组成部分均为行业通用术语，属于对其指定的第 42 类服务的通用的描述词，但其组合成整体之后，便不再是相关公众描述第 42 类服务特点的常规表达方式，整体上也没有形成能够让相关公众感知到的、直接指向服务内容等特点的特定含义，与服务的内容等特点已不再有直接关联，难以判定为仅直接表示了服务特点的情形。

可见，如果多个行业通用术语组合形成的整体，不再是行业通用术语，也不再与指定商品或服务的特点存在直接性的联系，则有一定机会摆脱《商标法》第十一条第一款第（一）（二）项的限制。从争议商标顺利获得初步审定并公告注册来看，至少在商标实质审查阶段，审查员认为争议商标并不缺乏显著特征。在争议商标的无效宣告决定书中，国家知识产权局也明确表明争议商标并不属于《商标法》第十一条第一款第（一）（二）项规定的情形。

那为什么最终争议商标仍被认定为缺乏显著特征呢？

笔者认为，其成也"组合设计"，败也"组合设计"。争议商标的组合设计让其整体文字不再是行业通用术语，不再属于常规的表达，却让相关公众在第一眼看到商标时，就将其整体拆分为部分。具体来说：

争议商标进行了特殊的结构和字体设计，其将英文和中文上下排列，使得英文"AiSite"和中文"智慧内容管理平台"明显割裂开来，又将英文"AI"和"SITE"分别设计成不同的字体，使得消费者一眼就能将其本为一体的英文区分为两个单词，最终直接将争议商标识别为"AI""SITE""智能内容管理平台"三部分的组合。华进商标团队在撰写无效宣告申请材料时，对这一点进行了突出性的说明，配合对组成部分均属于行业通用术语的举证，论证了争议商标在区分识别各组成部分的情况下，难以帮助消费者区分商品或服务来源，最终该主张获得国家知识产权局认可，以争议商标违反了《商标法》第十一条第一款第（三）项规定对其宣告无效。

此外，该案的被申请人进行答辩时，曾尝试举证证明争议商标经使用已经获得了显著性，但未获国家知识产权局认可。其证据存在什么问题？

根据《商标法》第十一条第二款的规定，前款所列标志经过使用取得显著特征，并便于识别的，可以作为商标注册。

2021年《商标审查审理指南》规定，判定某个标志是否经过使用取得显著特征，应当综合考虑下列因素：（1）相关公众对该标志的认知情况；（2）该标志在指定商品或者服务上实际使用的时间、使用方式、同行业使用情况；（3）使用该标志的商品或者服务的销售量、营业额及市场占有率；（4）使用该标志的商品或者服务的广告宣传情况及覆盖范围；（5）使该标志取得显著特征的其他因素。这要求使用证据必须大量且广泛。《商标审查审理指南》还规定，申请注册经使用取得显著特征的标志，应当限定在实际使用的商品或者服务上。如在该标志与其他标志共同使用的情况下，应将该标志与其他标志的显著特征加以区别。

该案中，被申请人向国家知识产权局提交了获奖证明、销售合同及发票等证据，试图证明争议商标已经与其形成对应联系，具有显著性。华进商标团队仔细查阅其证据，发现获奖证明并非与争议商标相关，销售合同及发票显示的是第9类商品，并非该案的第42类服务，且证据数量过少，难以证明其已经使用获得了显著性，并据此向国家知识产权局提交了质证意见。

国家知识产权局经审理认为，被申请人的证据中，仅含有三份销售合同，其中一份合同中争议商标与被申请人名称"北京中科汇联科技股份有限公司"组合使用，另外两份合同中虽体现了"智能内容管理平台 AiSite"文字，但仅凭上述少量证据尚不足以证明争议商标使用在核定服务上已经具有显著性，从而具有可注册性。

可以看出，证明某个标志是否通过使用获得显著性时，同时需要满足实际使用商品/服务与指定使用商品/服务的一致性、使用时间足够长、使用范围广泛等条件，且应当将该标志与其他具备显著特征或指向性的标志加以独立、区别。如果某个缺显标志是与其他要素组合使用，或者是直接与来源方的名称组合使用，如何分辨证据体现的知名度或认知度仅对应该缺显标志？如何证明相关公众据以识别商品/服务来源的根据是该缺显标志？

因此，主张通过使用获得显著特征，提交出大量、广泛的商标使用证据是必要前提，该标志是否与其他标志共同使用，是否能够与其他标志的显著特征加以区别，也是判断标志是否获得显著性的重要因素。

（二）针对第十条第一款第（七）项

该案中，申请人同时适用了《商标法》第十一条第一款、第十条第一款第（七）项来提起无效宣告申请。

申请人认为，"AI""SITE""智能""内容管理平台"均是计算机、互联网行业通用术语，争议商标使用在指定的第42类服务上，缺乏商标应有的显著性；且第42类服务并非仅为人工智能或内容管理服务，亦有与此无关的领域，争议商标使用在这些服务上，无疑存在让消费者对服务的内容产生误认的可能，故争议商标亦具有欺骗性。并提交了多件类似生效裁文予以证明。

"欺骗性"条款和"显著性"条款都涉及商标中明示或暗示商品/服务特点的情形，均需要考量商标的描述性含义与商品/服务特点之间的关联性。因此，当一件商标含有与商品/服务特点相关的描述性要素，在对其可注册性进行评价时，就可能出现"欺骗性"条款和"显著性"条款交叉适用的情形。申请人的无效主张存在其合理性。

但最终，国家知识产权局认为，争议商标并不属于《商标法》第十条第一款第（七）项规定的情形，仅以缺乏显著特征为由对争议商标宣告无效。

究其原因，笔者认为有两点：

第一，类比国家知识产权局认为争议商标未违反《商标法》第十一条第一款（二）项规定，争议商标虽然由描述性的行业通用术语组成，但整体上并未直接表示指定服务的内容等特点。如果标志本身称不上对其使用商品或服务特点的描述，也就更谈不上对其使用商品或服务作出了超出固有属性的描述，不构成带有"欺骗性"的情形。

第二，"欺骗性"条款不仅属于禁止注册的情形，还属于禁止使用的情形。"欺骗性"与"缺乏显著性"条款的适用对商标注册会产生不同的影响，对于禁用条款的适用应当更为严格谨慎，当出现容易对消费者造成某种实质性损害的误认，相关公众基于日常经验，具有较大的误认可能性时，该条款的适用才具有必要性。

争议商标若继续作为商标使用，确实存在一定欺骗可能性，但结合其指定服务来看，第42类4220群组计算机编程类服务并不一定是直接的AI、内容管理服务，但大多情况下都可以说与此有一定关联性，相关公众也习惯于这些词汇被使用在第42类服务中，再加上第42类服务的专业性和特殊性，些微的误认可能并不会对公众造成实质性损害，这种误认可能是可接受的、普遍的。

如果适用"欺骗性"条款禁止其注册、使用，无疑过于严苛，超出了必要的限度。

三、总结与启示

随着商标知识的普及，直接将行业通用术语申请为商标的情形已经逐渐减少，但将通用术语进行组合、变形等处理后注册为商标的现象仍时有发生。争议商标虽然进行了一定的结构性设计，但其具体组成部分均为通用术语，借此获取市场竞争优势的意图明显，也成功地躲避了审查员的初步审查，获得了核准注册。

对于其他市场主体来说，若在商标确权时遭遇了类似商标的阻碍，或在市场运营过程中遭遇了类似商标权利人的"狙击"，可尝试从行业标准、行业协会、行业学术研究、图书、报刊以及媒体等的介绍和报道角度以及消费者和同业经营者的相关认知角度去搜集事实证据，并结合《商标审查审理指南》《北京市高级人民法院商标授权确权行政案件审理指南》等阐述的显著特征的构成要件等进行论证说理，积极向国家知识产权局申请无效该类注册商标。

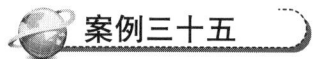

文字商标中不规范使用汉字
或短语的判定规则浅析

——"面潮大海 春暖花开"商标无效宣告案

案例整理及评析人：胡小慧 丁玉生

【案例基本信息】

争议商标：第 17376938 号，面潮大海 春暖花开

指定类别：第 43 类

被申请人：四川旗美网络科技有限公司

一、案情介绍

因第 43 类上已获准注册的"面潮大海 春暖花开"商标（以下简称"争议商标"），会对无效宣告申请人造成潜在不利影响。申请人决定委托华进商标团队对争议商标提起无效宣告，来确保自身商标使用的安全性。同时，该商标权利人并无明显恶意申请行为，无效宣告申请人也无在先商标权可主张。如何确保案件受理成为摆在华进商标团队面前的第一个问题。

二、寻找突破点

通过对争议商标信息进行梳理，华进商标团队发现"面朝大海 春暖花开"作为海子创作的诗歌，却被争议商标权利人将"朝"替换成"潮"后注册为了商标，很明显这属于一种对汉字的不规范使用行为。申请人接受华进商标团队的建议后决定，依据《商标法》第十条第一款第（八）项中对"不良影响"的相关规定，提起无效宣告申请。

三、处理思路

争议商标"面潮大海 春暖花开"的文字商标使用的是普通印刷体，属于诗句，并不属于《商标审查审理指南》中对"不规范汉字""成语不规范使用"等认定具有不良影响的常见情形。但该规定是为了保护中小学生对于汉字的认知,因此,在判断商标中的汉字是否规范时,对印刷体或普通手写体形式的汉字应从严。所以,华进商标团队从"易使未成年对书写产生错误认知"入手,广泛搜集"面朝大海 春暖花开"入选中小学生教育书籍的证据,来强调"面朝大海 春暖花开"本身为教育中小学生学习汉语言文化的诗句,应符合国家通用语言文字的规范和标准,来充分论证争议商标中"潮"字的错误写法,会误导公众特别是未成年人的认知,产生不良影响,来争取国家知识产权局以《商标法》第十条第一款第(八)项的相关规定,对争议商标予以无效宣告。

四、案件结果

最终,国家知识产权局经审理认为,"面朝大海 春暖花开"诗句已被广泛引入中小学语文教材,争议商标"面潮大海 春暖花开"中"潮"字为错别字,争议商标的注册与使用会对相关公众特别是中小学生的认知产生误导,从而产生不良影响,已违反《商标法》第十条第一款第(八)项的规定。综上,申请人无效宣告理由成立,争议商标予以无效宣告。

五、延伸阅读

文字商标除了具有商标自身指示商品或服务来源的功能外,无形中也承载了文化传播的功能和价值。商标申请人为了突出商标的显著性,往往设计和使用一些标新立异的标志,其中一部分创新型标志就存在着对汉字的不规范使用问题。如果不规范使用汉字触碰到公共利益范畴,造成不良社会影响,则会因为构成我国商标法第十条第一款第(八)项规定之情形而被驳回。《商标审查审理指南》明确将"商标含有不规范汉字"或系对"成语的不规范使用"两种情形纳入"不良影响"条款的适用范围。因此,在商标设计时,尽量规范书写汉字,不要随意篡改汉字,滥用成语,确保商标在获权后的安全性和稳定性。

(一)不规范使用汉字

1. 不规范使用汉字的常见情形

(1)自造字。

案例一,在第71526439号商标(表3-3)驳回复审案件审理中,国家知识产权局认为:申请人虽然认为申请商标为图形,但其整体表现形式易使消费者识别为文字

"禧"。申请商标"禧"属于自造字，将其作为商标使用易产生不良影响，已构成《商标法》第十条第一款第（八）项所指情形。

表 3-3 相关案例商标

申请/注册号	商标图案	申请/注册号	商标图案
71526439	禧	70225786	乐西到家
73213725	奔富堂	70679341	木昌 MUCHANG

（2）缺少笔画。

案例二，在第 70225786 号商标（表 3-3）驳回复审案件审理中，国家知识产权局认为：申请商标文字中包含有对汉字"到"的不规范书写，易使相关公众尤其是中小学生产生错误的书写认知，作为商标使用在全部复审商品和服务上，易对我国文化教育产生不良影响，已构成《商标法》第十条第一款第（八）项规定的不得作为商标使用之情形。不得作为商标使用的标识不因使用取得可注册性。

（3）多笔画设计。

案例三，在第 73213725 号商标（表 3-3）驳回复审案件审理中，国家知识产权局认为：申请商标中"富"字为汉字的不规范使用，用于指定商品容易误导公众特别是未成年人认知，易造成不良的社会影响，不得作为商标使用，违反了《商标法》第十条第一款第（八）项之规定。

（4）笔画错误。

案例四，在第 70679341 号商标（表 3-3）驳回复审案件审理中，国家知识产权局认为：申请商标中文字"唱"为汉字的不规范用法，用作商标易导致相关公众尤其是中小学生对汉字的正确书写及含义理解产生错误认知，从而产生不良的社会影响，申请商标的注册申请已构成《商标法》第十条第一款第（八）项所指情形。

2. 不规范使用汉字的例外情形

《商标审查审理指南》规定，商标中的汉字系书法体或其笔画经图形化、艺术化设计，不易使公众特别是未成年人对其书写产生错误认知的，可不视为不规范汉字。

实践中，经艺术设计认定不构成"不规范汉字"的情形：

（1）书法字体。

案例一，在第 4920495 号商标（表 3-4）无效宣告案件审理中，法院认定争议商标是著名书法家王祥之先生的书法艺术作品隶书字体，系书法作品。不同于规范的印刷字体，诉争商标的构成要素为创作需要而进行了一定的艺术化处理，具有较强的设计感。结合诉争商标核定使用的酒类商品而言，该类商品的消费者群体为具有一定认知与辨识能力的社会公众，该类社会公众在施以一般注意力的情况下，不会对诉争商标产生误认，诉争商标的使用亦不会使社会公众对"陶""醉"二字的正确书写方式产生误导。

表 3-4 相关案例商标

申请/注册号	商标图案	申请/注册号	商标图案
4920495		39416444	

（2）汉字图形化、艺术化设计。

案例二，在第 39416444 号商标（表 3-4）驳回复审案件审理中，国家知识产权局认为：申请商标构成文字的部分笔画经图形化、艺术化设计，不易使相关公众产生错误认知，故其使用在指定服务上未违反《商标法》第十条第一款第（八）项之规定。

从上述案例中可以看出，"不规范使用汉字"主要包括自造字、多笔画设计、缺少笔画、笔画错误等情形，而认定不构成"不规范汉字"主要包括书法字体、文字图形化设计等情形。

基于此，为避免因汉字不规范纳入不良影响范畴，对企业申请带有艺术设计或图形化的汉字商标，提出以下建议：

首先，若以标准印刷字体形式申请汉字商标，应尽量避免使用错别字或自造字等不规范汉字；若对汉字作简单的艺术化设计，则需不改变汉字的整体结构和笔画顺序，不出现缺笔少画情形。

其次，行书、草书、隶书、篆书等书法形式的汉字均可作为汉字商标进行申请注册，其他书法字体须有明确出处，但最好在申请书中进行说明并提供所含文字的出处，包括但不限于字体种类、作品来源等，以证明商标中的文字是书法作品（但使用具有版权的字体则要慎用，以免落入字体版权侵权）。

最后，对汉字进行图形化设计时，可将标识整体作图形化设计，亦可将部分笔画设计为图形，但将部分笔画设计为图形时，该笔画尽量为独立笔画，不影响标识整体笔画的识别。

（二）不规范使用成语

不规范使用成语通常是将成语中个别字进行替换改动，取其相同相近谐音，借助成语的美好含义，经过创新，使其更能表达注册产品或服务特点并增强其显著性，让消费者喜爱和记忆。例如将成语"心满意足"中的"足"字替换为"竹",变成"心满意竹",指定使用在竹制家具商品上。

不规范使用成语的典型案例:

1. "新花怒放"商标驳回复审案【(2016)京行终1667号】

申请商标:新花怒放(商标图案见表3-5)

表3-5 相关案例商标

申请商标	商标图案	申请商标	商标图案
新花怒放	新花怒放	爱屋吉屋	爱屋吉屋
鲜鉴之茗	鲜鉴之茗	大桔大利	大桔大利

相关成语:心花怒放

法院观点:申请商标"新花怒放"属于对成语"心花怒放"的不规范使用。虽然申请商标"新花怒放"字体设计独特,但相关公众仍会将申请商标标志与相应成语产生联系。此种对成语不规范使用的商标标志若被大量广泛使用,容易对我国的语言文字事业产生消极、负面影响,不利于我国语言历史文化的传承及国家文化建设的发展。因此,申请商标构成具有其他不良影响的标志,不应予以核准注册。

2. "爱屋吉屋"商标驳回复审案【(2016)京73行初2194号】

申请商标:爱屋吉屋(商标图案见表3-5)

相关成语:爱屋及乌

法院观点:申请商标"爱屋吉屋"属于对成语"爱屋及乌"的不规范使用。虽然"爱屋吉屋"将原成语中的"及"替换成"吉",相关公众能够理解这种改变是取吉祥吉利的美好含义,没有显著改变或歪曲、贬损原成语的含义,但相关公众仍会将申请商标标志与相应成语产生联系。此种对成语不规范使用的商标标志若被大量广泛使用,容易对我国的语言文字事业产生消极、负面影响,不利于我国语言历史文化的传承及国家文化建设的发展。因此,申请商标构成具有其他不良影响的标志,不应予以核准注册。

3. "鲜鉴之茗"商标驳回复审案【(2017)京行终1781号】

申请商标:鲜鉴之茗(商标图案见表3-5)

相关成语:先见之明

法院观点：申请商标"鲜鉴之茗"属于对成语"先见之明"的不规范使用。申请商标为纯文字商标，由汉字"鲜鉴之茗"构成，社会公众会将其与成语"先见之明"产生联系。商标标志是一种商业符号，也是一种文化符号，尤其是由汉字构成或者以汉字作为主要识别部分的标志，除应具有识别商品或者服务来源的功能外，亦应具有促进我国文化建设发展的作用。申请属于不规范使用我国成语的标志，此种对成语不规范使用的商标标志若作为商标进行注册和使用，将对我国语言文字的正确理解和认识起到消极作用，对我国教育文化事业产生负面影响，不利于我国语言历史文化的传承及国家文化建设的发展，具有不良影响。

4. "大桔大利"商标驳回复审案【（2021）京行终6345号】

申请商标：大桔大利（商标图案见表3-5）

相关成语：大吉大利

法院观点：申请商标"大桔大利"属于对成语"大吉大利"的不规范使用。本案中，申请商标由汉字"大桔大利"构成，与成语"大吉大利"在字形及发音上相近，易使相关公众将其与成语"大吉大利"产生联想。故申请商标标志属于不规范使用成语的情形，易误导相关公众，从而对我国的文化教育产生消极、负面的影响。因此，原审判决认定申请商标属于2014年商标法第十条第一款第八项规定所指具有"其他不良影响"的标志，不应予以核准注册的结论正确，本院予以确认。

（三）不规范使用汉字或成语的商标判定具有"不良影响"的价值考量因素

1. 基于对中华传统文化传承的衡量

文字是文化的载体，中国的语言文字承载着中华传统文化。成语是汉语言文化的一大特色，有深厚的历史渊源，因为结构和含义相对稳定，所以人们对成语文化的认知也相对固定。若允许随意篡改的汉字或成语申请注册为商标并大量在商业交易活动中使用，势必是一种对传统文化的不尊重。对中小学生也会产生极大的误导作用，不利于民族语言文化的传承。

2. 相关公众认知的衡量

商标依附商品或服务存在，商标也随着商品或服务面向相关公众而被公众知晓。如果商标持续存在汉字或成语使用不规范问题，相关公众将一直被动学习不规范的汉字或成语，这与推行规范语言文字的目标背道而驰。商标作为一种区分商品或服务来源的符号，在市场中广泛使用和传播，文字商标中的用语用字对社会语言文字规范的影响也随之扩散。随着市场经济的高度发展，商品在国内各地频繁流动，由此文字商标上的用语用字也不再局限于影响商品生产区域的相关公众，还随着商品流通范围的扩大影响其他地理范围内的相关公众。当商标知名度越高、辐射范围越广时，不规范使用汉字或成语带来的不良影响还会加深。

3. 基于我国教育事业发展的衡量

学校是国家推行普及通用语言文字的主阵地和主渠道。青少年，尤其是中小学生，在学校接受语言文字的基础教育，且中小学阶段的语文教育对于个人语言能力的发展起着至关重要的作用。2017年2月，教育部、国家语委联合颁发的《关于进一步加强学校语言文字工作的意见》，强调学校要培养学生的"语言文字应用能力"和"自觉规范使用国家通用语言文字意识""自觉传承弘扬中华优秀文化的意识"。不规范使用成语或者汉字标志的使用，将干扰和误导中小学生对于通用规范语言文字的正确认知。

基于上述几点，可见商标中使用不规范汉字或成语会对社会和相关公众产生大范围且深刻的不良影响，并且这种不良影响是长期存在的，并不会因为强调发挥商标的主要功能而减弱或消失。相反，当商标知名度提升且其辐射范围更广时，不规范使用汉字或成语带来的不良影响还会加深。

（四）不规范使用非成语短语

《商标法》及《商标审查审理指南》仅明确规定"商标含有不规范汉字"或系对"成语的不规范使用"适用《商标法》第十条第一款第（八）项"不良影响"规制。但对于其他内容如固定短语、诗句的适度变造，但并不属于错误书写，也不会导致错误认读的情形并没有明确规定，在审查实践中该种情形存在通过初审的案例。

具体示例如下：

案例一，在第25880112号商标（表3-6）无效宣告案件审理中，国家知识产权局认为：争议商标由普通印刷体中文"感冻新生活"和对应拼音"GANDONGXINSHENGHUO"构成，所含文字未构成对汉字或成语的不规范使用，亦未产生贬义及其他消极含义，不致产生有害于社会主义道德风尚及其他具有不良影响的情形。故争议商标的申请注册未违反2013年修正的《商标法》第十条第一款第（七）项、第（八）项的规定。

表3-6 相关案例商标

申请/注册号	商标图案	申请/注册号	商标图案
25880112	感冻新生活 GANDONGXINSHENGHUO	58458649	

案例二，在第58458649号（"齐天大盛及图"）商标（详见表3-6）无效宣告案件中，国家知识产权局认为：争议商标经过图形化、艺术化设计，不属于不规范汉字，

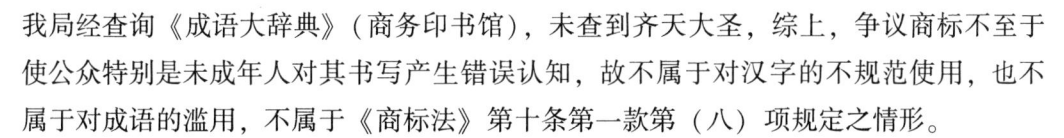

我局经查询《成语大辞典》（商务印书馆），未查到齐天大圣，综上，争议商标不至于使公众特别是未成年人对其书写产生错误认知，故不属于对汉字的不规范使用，也不属于对成语的滥用，不属于《商标法》第十条第一款第（八）项规定之情形。

可见，针对不属于成语的短语搭配进行的文字变形设计，存在被核准注册的可能性。但是对于不属于成语类的其他固定词语和词组的搭配也应满足"不至于使公众特别是未成年人对其书写产生错误认知"，且不应有贬义及其他消极含义时，才能使经过设计的文字商标在申请和使用中规避不良影响的规制。

商标具有公众传播属性，必然会为社会公众接触和知晓。若商标表现形式一味追求标新立异、改造创新，随意篡改汉字，滥用成语，必然会影响公众尤其是未成年人对汉字的认知，易对我国文化等社会公共利益和公共秩序产生消极、负面的影响，不利于中华文化的传承。商标权虽然是私权，任何主体都有设计、使用商业标识的自由，但这种自由并非没有边界。

《商标法》既要尊重创新，又要尊重传统；既要尊重商标权人的自主权，又要站在公权力的角度把好关。本文也再次为各大经营者敲响警钟，一味追求独树一帜、博人眼球的做法并不可取。在申请注册商标时，要注意是否会造成"不良影响"的问题，避免使用不规范汉字或成语申请商标。

案例三十六

"欺骗性条款"与"近似条款中跨类认定类似商品"的适用

——"荷花原浆"商标无效宣告行政诉讼案

案例整理及评析人：欧平凤

【案例基本信息】

二审上诉人（一审原告）：贵州省仁怀市茅台镇荷花酒业有限公司（以下简称"荷花公司"）

二审上诉人（一审被告）：国家知识产权局

二审第三人（一审第三人）：河北中烟工业有限责任公司（以下简称"中烟公司"）；衡水陶藏营销有限公司（以下简称"陶藏公司"）

一审：北京知识产权法院，（2022）京73行初16870号

二审：北京市高级人民法院，（2023）京行终8288号

委托诉讼代理人：欧平凤、熊仙凤，广东华进律师事务所，在一审、二审程序中代理荷花公司、中烟公司

一、案例背景

陶藏公司第20378459号"荷花原浆"商标（以下简称"诉争商标"）于2018年3月21日获准注册，核定使用商品为第32类"姜汁啤酒；麦芽啤酒；麦芽汁（发酵后成啤酒）；啤酒；以啤酒为主的鸡尾酒；制啤酒用麦芽汁；制啤酒用蛇麻子汁"。

中烟公司、荷花公司（以下简称"委托人"）委托华进律师团队以诉争商标违反2014年施行的《商标法》第十条一款七项、第三十条、第十三条、第三十条后半段、第四十四条第一款规定为由向国家知识产权局提出无效宣告申请。

国家知识产权局作出无效裁定，认定：①诉争商标核定使用的"酒"等商品与1687404号"国乡荷花"商标（以下简称"引证商标"）核定使用的"白酒"等商品不属于类似商品，诉争商标的注册未构成2014年《商标法》第三十条所指情形。②诉争商标的注册未违反2014年《商标法》第十三条第三款规定。③诉争商标的注册未构成2014年《商标法》第三十二条后半段所指情形。④诉争商标本身不具有欺骗性，故

诉争商标的注册未违反 2014 年《商标法》第十条第一款第（七）项所指情形。⑤在案证据不能证明诉争商标的注册违反 2014 年《商标法》第四十四条第一款规定。因此裁定：诉争商标予以维持。

荷花公司不服无效裁定，认为诉争商标的注册违反了 2014 年《商标法》第三十条规定，向北京知识产权法院提起行政诉讼，北京知识产权法院作出【（2022）京 73 行初 16870 号】行政判决书，认定：诉争商标与引证商标不近似，商品不类似，未违反《商标法》第三十条规定；"啤酒"等酒类饮品存在多种调味的可能，诉争商标使用在上述商品上易使相关公众认为标注有诉争商标的商品具有与荷花相关的口味，易使相关公众对商品的品质作出与客观情况不一致的错误判断，违反《商标法》第十条第一款七项规定。因此判决：撤销被诉裁定，责令国家知识产权局重新作出被诉裁定。

荷花公司、国家知识产权局皆不服一审判决，向北京市高级人民法院提起上诉。

北京市高级人民法院作出【（2023）京行终 8288 号】行政判决，认定诉争商标注册违反《商标法》第三十条规定，未违反《商标法》第十条一款（七）项规定，对一审判决内容予以纠正。最终，鉴于原审判决认定部分事实和法律适用错误，但程序合法，结论正确，应予维持，因此判决：驳回上诉，维持原判。

二、案例看点

（1）"欺骗性标志"为商标无效的绝对理由，如一审判决生效，荷花公司、中烟公司名下一系列"荷花"商标将可能因构成"欺骗性标志"而陷入被无效的窘境。对此，如何在确保一审裁判结果的情况下，促使二审法院转变无效诉争商标的路径，成为华进律师团队的贡献所在。

（2）华进律师团队综合全案，在二审中选择以《商标法》第三十条规定无效诉争商标。但该路径却面临另一难题：其一，诉争商标与引证商标的指定商品分属《类似商品和服务区分表——基于尼斯分类第十一版（2019 文本）》中不同类似群组，应如何突破《类似商品和服务区分表——基于尼斯分类第十一版（2019 文本）》认定不同群组的商品构成类似？其二，国家知识产权局及一审法院均对"类似"问题作出不利认定，应如何突破惯性思维，让二审法院采纳华进律师团队观点？

三、办案策略

（一）案情研判

一审判决认定诉争商标与引证商标不近似未违反《商标法》第三十条规定，认定"荷花"使用在啤酒上被认定为口味引导而受欺骗违反《商标法》第十条第一款（七）

项规定，判决结果对委托人有利。在此情形下，华进律师团队认为有必要就一审判决理由不当而主动提起上诉，而不是被动应对。

华进律师团队建议委托人就一审判决理由不当提起上诉，上诉理由：其一，主张一审法院认定诉争商标的申请注册并未违反《商标法》第三十条的规定属于事实认定和法律适用错误；其二，诉争商标"荷花原浆"确实具有欺骗性，也确实容易使相关公众对商品的品质作出错误判断，但并非因为"荷花"二字，而是因为"原浆"二字。

考量因素如下：

第一，基于一审判决的认定，无法确定陶藏公司及国家知识产权局是否会就该案提起上诉，若其提起上诉而委托人未上诉，则无法完全排除二审改判的可能，且委托人将失去一定的主导权。

第二，以第16874041号"国乡荷花"作为引证商标，主张诉争商标与引证商标构成注册在类似商品上的近似商标。一审法院未支持该项主张，若不予上诉，基于"一事不再理"的原则，若诉争商标在本轮无效宣告程序中最终维持了注册，则后续将难以依据该理由再次针对诉争商标提起无效宣告申请。

第三，一审判决关于《商标法》第三十条审查事实认定和法律适用错误。一方面，错误地将实际使用的商标作为比对对象，而未将引证商标与诉争商标进行比对，从而得出双方商标不近似的结论；另一方面，机械地以《类似商品和服务区分表——基于尼斯分类第十一版（2019文本）》作为标准判断诉争商标的指定商品与引证商标的指定商品是否构成类似商品，而忽视了两组商品在功能用途、消费群体等方面的重合性，从而错误地得出相关公众看到诉争商标标示的商品时不会与引证商标及白酒商品产生联系的结论。

第四，"荷花"非白酒、啤酒等原料，市面上也无相关口味产品；另目前在酒类商品上注册的含有"原浆"字样的商标数量非常多，从该注册数量及相关证据来看，商标行政管理机关可能倾向于认为"原浆"字样使用在酒类商品上不会使相关公众对商品原料、特点等产生误认，而司法机关在进行案件的审理时，通常也会就此予以考量。根据以往案例及经验，关于《商标法》第十条一款第（七）项认定，华进律师团队认为，国家知识产权局上诉概率偏高，二审法院对此进行纠正概率亦偏高。

第五，如按照一审法院判决内容，"荷花"使用在啤酒上被认定为口味引导而受欺骗，"荷花"系列商标作为委托人主导品牌，该认定某种程度上，对委托人后期"荷花"系列商标维护，存在潜在风险，需予以争取纠正。

综上，一审结果对委托人有利，在不确定国家知识产权局及第三人是否上诉的情形下，既需要提醒二审法院主动审理《商标法》第十条一款第（七）项相关认定，又要防止陷入被动，以防最终法院认定结果不利。最终，委托人同意华进律师团队上诉方案及上诉理由。最后，国家知识产权局亦确实针对《商标法》第十条一款第（七）项认定进行上诉，二审法院最终亦认定诉争商标违反《商标法》第三十条规定，未违反《商标法》第十条一款第（七）项，取得全面胜诉。

（二）《商标法》第三十条的适用分析

评审阶段、一审阶段皆不利的情形下，突破《类似商品和服务区分表——基于尼斯分类第十一版（2019文本）》，认定32类"啤酒"等商品与33类"白酒"等商品构成类似商品，认定诉争商标与引证商标构成近似商标，共存易造成相关公众混淆，成功无效诉争商标。

商标确权行政案件，行政机关一般难以突破《类似商品和服务区分表——基于尼斯分类第十一版（2019文本）》进行类似商品认定，一审法院审理后，仍认为"啤酒"等商品与"白酒"商品不构成类似，且一审判决着重强调诉争商标与引证商标不近似，二者有较大区别。

在评审阶段、一审阶段皆不利的情形下，二审期间华进律师团队据理力争：①华进律师团队认为，从商品客观属性方面，虽诉争商标核定使用的"啤酒"等商品与引证商标一核定使用的"白酒"等分属不同类别，但是均属于酒类，功能用途、销售渠道、消费对象等高度重合，根据相关公众的通常认知，容易将同品牌或近似品牌的"酒"与"白酒"产生联系。②从在先案例方面，为补强观点，华进律师团队提供了最高人民法院、北京市高级人民法院多份在先生效判决作为参考，该系列生效判决均认定：第32类"啤酒"与第33类"白酒"等商品关联密切，容易导致混淆误认，构成类似商品。③其他考量因素方面，亦补强了引证商标的知名度证据及申请人的主观恶意证据，以此来加强近似商标的认定。④诉争商标与引证商标的显著识别部分皆在于"荷花"二字，二者在呼叫、含义等方面无显著差异，且多份在先类案生效判决皆认定引证商标的知名度。最终，二审法院支持华进律师团队观点，认定诉争商标构成使用在类似商品上的近似商标，支持《商标法》第三十条无效理由。

（三）《商标法》第十条第一款第（七）项的适用分析

欺骗性标志的认定应当从社会公众普遍认知水平及认知能力出发，二审法院纠正一审法院认定结果，消除委托人潜在风险。

《商标法》第十条第一款第（七）项规定了欺骗性标志不得作为商标使用，该条也是商标禁止注册的绝对事由。欺骗性标志的认定有两个关键点：一是容易产生误认，二是从社会公众普遍认知水平及认知能力出发。

误认一般是指对商品或服务本身的属性产生误认，如商品或服务的质量、产地、原料、内容、种类、功能、用途等。判断是否容易产生误认要考虑标志本身与其核定使用的商品或服务之间属性是否一致，即标志是否对于商品或服务原本不具备的属性进行了明示或暗示性的表达。而判断产生误认的主体应是社会公众，如果根据日常生活经验或者社会公众的普遍认知并不足以引人误解的，则不应认定为带有欺骗性。

华进律师团队从《商标法》第十条第一款第七项欺骗性条款适用条件严格分析及认证，评估该条款适用该案的可能走向，以此制定二审诉讼策略。二审期间，华进律师团队提交相关啤酒相关标准，从侧面进行论证，"荷花"使用在诉争商品上不会让相关社会公众普遍认为其系表明产品口味。

最终，二审法院结合国家知识产权局以及华进律师团队相关观点，对一审法院关于《商标法》第十条第一款第（七）项相关认定进行纠正，该认定结果及理由，于委托人有利，达到预期诉讼目标。

四、法院观点及判决结果

（一）一审法院

北京知识产权法院认为：

1. 诉争商标的申请注册是否违反《商标法》第三十条的规定

本案中，荷花公司提交的引证商标使用证据较少，且少见有"国乡荷花"的使用，其在白酒商品上使用的为"国鄉"，而且字号较小并与"荷花"字体、字号存在明显差别，即突出使用的是"荷花"或"荷花牌"。不足以证明引证商标在白酒商品上经使用具有一定知名度，因此其相关公众范围会有所局限。虽诉争商标与引证商标均含有"荷花"，但并非高度近似，诉争商标核定使用的第32类商品与引证商标核定使用的第33类商品分属不同类似群，且无商品类似注释或交叉检索，即便两者核定使用商品存在销售场所关系密切情形，相关公众在看到诉争商标标示的商品时亦不至于与引证商标及其白酒商品产生联系，从而对商品的来源造成混淆、误认。综上，诉争商标的申请注册不违反《商标法》第三十条的规定。

2. 诉争商标的申请注册是否符合《商标法》第十条第一款第（七）项的规定

按通常的汉语认读习惯，"荷花"有修饰"原浆"的作用，诉争商标核定使用的为"啤酒"等酒类饮品，因此其中的液体成分是相关公众作出消费判断的依据之一。鉴于"啤酒"等酒类饮品存在多种调味的可能，诉争商标使用在上述商品上易使相关公众认为标注有诉争商标的商品具有与荷花相关的口味。而第三人提交的在案证据尚无显示其诉争商标标注的上述商品具有与荷花相关的口味，故诉争商标核定使用在上述商品上，易使相关公众对商品的品质作出与客观情况不一致的错误判断，由此受到欺骗。综上，诉争商标的申请违反《商标法》第十条第一款第（七）项的规定。

北京知识产权法院判决结果：

（1）撤销国家知识产权局作出的商评字〔2022〕第203696号关于第20378459号

"荷花原浆"商标无效宣告请求裁定；

（2）国家知识产权局就荷花公司、中烟公司针对第20378459号"荷花原浆"商标提出的无效宣告请求重新作出裁定。

（二）二审法院

北京市高级人民法院认为：

诉争商标核定使用的"啤酒"等商品与引证商标核定使用的"白酒"等商品在区分表中虽然不属于同一类似群组，但在商品功能、用途等方面具有密切关联，在销售渠道消费群体等方面具有较高的重合和交叉，属于关联程度较高的商品。诉争商标系文字商标，由中文"荷花原浆"构成；引证商标由中文"国乡荷花"构成。诉争商标与引证商标在文字构成、呼叫、整体视觉效果等方面较为相近，共存容易导致相关公众混淆、误认，诉争商标的注册违反了《商标法》第三十条规定。

诉争商标由中文"荷花原浆"构成，诉争商标核定使用在"啤酒；姜汁啤酒；麦芽啤酒"等商品上，根据公众对上述商品口味的通常认知，不易认为标注有诉争商标的商品具有与荷花相关的口味，故诉争商标使用在上述商品上，不易使公众对商品原料、口味、品质等特点产生误认，进而被误导消费。国家知识产权局相关上诉理由成立，本院予以支持。原审判决对此认定有误，本院予以纠正。

北京市高级人民法院判决结果：驳回上诉，维持原判。

五、案例意义

其一，明确《商标法》第十条第一款第（七）项"欺骗性条款"的适用条件：应当从社会公众的普遍认知水平及认知能力出发，结合该标志指定使用的商品，判断诉争商标注册的标志是否具有一定欺骗性，即该标志传递出的含义与所指定使用商品的质量、内容等通常特点相背离，以及该标志本身所带有的欺骗性是否足以使相关公众对服务的特点产生错误认识。

其二，商品是否构成类似，《类似商品和服务区分表——基于尼斯分类第十一版（2019文本）》仅为参考依据，更多应分析商品在功能、用途、生产部门、销售渠道、消费群体等方面是否相同或具有较大的关联性。如同该案，诉争商标核定使用的"啤酒"等商品与引证商标核定使用的"白酒"等商品在《类似商品和服务区分表——基于尼斯分类第十一版（2019文本）》中虽然不属于同一类似群组，但在商品功能、用途等方面具有密切关联，在销售渠道消费群体等方面具有较高的重合和交叉，属于关联程度较高的商品。

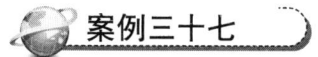

驰名商标重新认定的证据要求及标准

——"MADEM 及图"商标无效宣告行政诉讼案

案例整理及评析人：韦琪

【案例基本信息】

二审上诉人（一审被告）：国家知识产权局

二审上诉人（一审第三人）：茂名市电白美的美电器有限公司（以下简称"美的美电器公司"）

二审被上诉人（一审原告）：美的集团股份有限公司（以下简称"美的集团公司"）

一审：北京知识产权法院，（2017）京73行初5881号

二审：北京市高级人民法院，（2019）京行终3947号

委托诉讼代理人：黎叶、欧平凤，广东华进律师事务所，在一审和二审程序中代理美的集团公司

一、案例背景

在该案无效行政阶段，国家知识产权局认为美的美电器公司第11类第7434011号"MADEM及图"商标（以下简称"诉争商标"）与美的集团公司"美的Midea及图"等商标在文字构成等方面存在一定差异、未构成对驰名商标复制摹仿，裁定第7434011号商标予以维持。

美的集团公司不服无效裁定，委托华进律师团队提起行政诉讼。一审北京知识产权法院认定引证商标三第5478887号商标在诉争商标申请日前已构成驰名商标，诉争商标构成对第5478887号驰名商标复制摹仿，同时诉争商标申请人注册诉争商标具有恶意，即诉争商标的注册违反了2001年《商标法》第十三条及第四十四条第二款之规定，故判决撤销被诉裁定，责令重新作出无效裁定。

国家知识产权局、美的美电器公司对北京知识产权法院一审判决不服，向北京市高级人民法院上诉，二审北京市高级人民法院驳回上诉，维持原判。美的集团公司胜诉。

二、案例看点

争议焦点：

（1）该案的法律适用问题；

（2）诉争商标的注册是否违反 2001 年《商标法》第十三条第二款规定、是否违反 2001 年《商标法》第四十一条第一款、第四十一条第二款规定之情形。

三、办案策略

该案涉及驰名商标重新认定的证据要求及标准，行政诉讼补充证据是否应该采纳；如何证明诉争商标构成对驰名商标的复制、摹仿，并误导公众，致使驰名商标注册人的利益受到损害；如何证明诉争商标的注册申请具有恶意。由此，华进律师团队在行政诉讼中通过补强引证商标三第 5478887 号商标在诉争商标注册申请日前已经构成驰名商标的证据，以及补强美的美电器公司申请诉争商标的恶意性证据，最终，成功胜诉。

四、法院观点及判决结果

（一）一审法院

一审法院认为：首先，本案对被诉决定中相关实体问题的审查仍应适用 2001 年《商标法》，对其程序性问题的审查应适用 2014 年《商标法》。其次，根据在案证据，可以证明引证商标三在诉争商标注册申请日前已经为相关公众所广泛知晓，在指定使用商品上构成驰名商标。再次，引证商标三通过美的集团公司的广泛宣传和使用，已经成为社会公众广为知晓的已注册驰名商标，相关公众在相同或类似商品上看到与引证商标三近似的标识时，会与美的集团公司建立联系。诉争商标的注册利用了引证商标三的市场声誉、冲淡了相关公众对引证商标三与美的集团公司提供的商品之间的固有联系，从而削弱驰名商标的显著性，进而损害原告作为驰名商标权利人的利益。最后，诉争商标注册人在申请诉争商标时应当已然知悉引证商标三存在并具有一定知名度，其出于商业目的将诉争商标在"汽灯；电炊具"等商品上加以注册，应当认为其注册行为具有恶意。

一审法院判决，撤销涉案商标无效宣告请求裁定，指定被告国家工商行政管理总局（现为国家知识产权局）商标评审委员会针对美的集团公司就诉争商标提起的商标无效宣告请求重新作出裁定。

（二）二审法院

二审法院指出：本案中，美的集团公司在诉讼阶段补充提交的证据虽未在商标评审阶段提交，并非被诉裁定作出的依据，但从节约行政资源和司法资源、减少当事人讼累、实质解决争议的角度出发，法院对上述证据予以考虑。

中文"美的"商标已经具有极高知名度，中文"美的"商标的知名度延及第1523735号"美的Midea及图"商标，且"Midea"与中文"美的"商标之间已经形成直接、特定的对应关系；本案中，引证商标三由汉字"美的"、英文"Midea"及图构成，与第1523735号商标标志基本相同，核定使用的商品属于同一种或类似商品。

上述证据可以证明，在诉争商标申请日之前，注册使用在空调、电风扇商品上的引证商标三已具有较高知名度，为相关公众广泛知晓，故引证商标三使用在空调、电风扇商品上构成驰名商标。鉴于引证商标三在诉争商标申请日前已经处于驰名状态，诉争商标申请人作为同行业经营者，且与引证商标三权利人同处广东省，对此理应知晓，其在与引证商标三使用的空调、电风扇等商品相类似的通风柜等商品上注册诉争商标，明显具有攀附美的集团市场声誉的意图，可以据此认定诉争商标的注册存在恶意。

诉争商标由英文"madem"及图构成，与引证商标三在字母构成、呼叫、整体视觉效果方面相近，构成对引证商标三的摹仿。二审判决驳回上诉，维持原判。

五、案例意义

作为驰名商标，不可避免会遇到傍名牌的问题，而对相关商标申请进行监控，及时发现并及时处理尤其重要。但是，确实有监控不力的情况，相关商标已经注册，甚至已过五年期，如何能够撤销相关商标，是考验企业商标管理水平以及代理人水平的情形。该案就是此类典型案例，涉及多个问题，值得研究。

首先，再次认定驰名商标注册号虽然与之前认定的驰名商标注册号不同，在无相反证据证明的情况下，之前认定驰名商标的知名度应延及至在后商标。

其次，判断"商标是否构成对驰名商标的复制摹仿"不应仅套用商标近似判断，减弱驰名商标显著性的商标同样属于误导公众，致使驰名商标注册人利益受到损害情形。

驰名商标因其具有高知名度、强显著性的特征，一旦被复制摹仿，遭受的损害往往大于普通商标权利人。因此，对驰名商标的保护力度，亦强于普通商标，这也决定了判断是否构成对驰名商标的复制摹仿与普通的商标近似标准并不相同。该案中，考虑到引证商标三已达驰名的事实，诉争商标与引证商标三在图形结构、首字母"M"的主要设计等方面高度近似，已构成对引证商标三的摹仿。同时，诉争商标权利人与引证商标权利人同为广东公司，企业名称也高度近似，结合引证商标三的知名度，诉争商标的申请注册明显利用了引证商标三的市场声誉，冲淡及混淆相关公众对引证商标三这一驰名商标所使用的商品与权利人的稳定联系，从而使驰名商标权利人的利益受到损害，应不予注册并停止使用。

最后，在商标行政案件实践中认定注册"恶意"一贯较为谨慎态度，其强调在判断注册人在申请商标时是否有恶意，需要根据个案，全面评价与案件相关的事实。

通常评价注册"恶意"，一般包括以下事实：其一，标识相同或近似；其二，商标注册人知道或应当知道第三人在相同或类似商品或服务上使用与注册商标相同或近似的标志；当然在判断"明知"时具有一定要求，只有在第三人商标具有一定知名度时，才适当放宽限制；其三，在上述客观基础上，商标注册人是否具有主观注册恶意。

故在具体案件分析时，应充分论证这一"认定思路"，华进律师团队重点向法庭陈述以下事实：

（1）美的美电器公司的企业商号"美的美"，恶意引导消费者将其与美的集团股份有限公司产生联系；

（2）美的美电器公司不规范使用字号，与系争商标共同使用，致使消费者产生实际混淆。

美的美电器公司在其淘宝店铺名称上将美的美公司专营店与诉争商标一并使用，显然刻意模仿美的集团"美的 Midea"的商标使用模式。且在美的集团赖以驰名的电饭煲等商品上使用系争商标，由此导致消费者产生实际混淆，可见"美的美电器公司"傍名牌、搭便车的恶意明显。该案中法院则是按此思路来判断商标注册人是否具有恶意，是否为恶意注册诉争商标。

撤销

商标不使用撤销案件中要善于辨别商标使用证据的真伪

——"潘泰及图"商标撤销复审行政诉讼案

案例整理及评析人：郑露

【案例基本信息】

一审原告、二审被上诉人：潘泰诺华星制造有限公司
一审被告：国家工商行政管理总局商标评审委员会
一审第三人、二审上诉人：台山市某食品公司
一审：北京知识产权法院，(2017) 京73行初5763号
二审：北京市高级人民法院，(2018) 京行终2626号
代理人：郑露、毛宏湖，广东华进律师事务所，在一审和二审程序中均代理潘泰诺华星制造有限公司

一、案例背景

泰国潘泰诺华星制造有限公司（Pantainorasingh Manufacturer Co., Ltd.）（以下简称"泰国潘泰公司"）成立于1962年，专事经营正宗泰式酱汁，调味品及辣椒酱，为业界领先的调味品厂商，其主打品牌Pantai（对应中文品牌"潘泰"）产品广受泰国本土及国际市场的欢迎和消费者的青睐，产品出口至40多个国家和地区，覆盖国家和区域包括了美国、加拿大、欧洲、中东、澳大利亚以及其他亚洲区域，中国为其亚洲最为重要的市场之一。泰国潘泰公司的调味品产品进入中国市场多年，广受中国消费者喜爱，在百度上键入关键词"泰国 潘泰"，会出现大量的潘泰公司名下的相关调味品产品网络条目，条目结果数达3 800多条。

因泰国潘泰公司在业界的知名度及在中国市场上的影响力，在中国出现了大量模仿和抄袭潘泰品牌、抢注与"潘泰"商标近似的商标的现象，台山市某食品公司（以下简称"第三人")注册的第4402657号商标"潘秦及图"(以下简称"诉争商标")即为众多的商标模仿者/抢注者之一。诉争商标的商标图案如图3-1所示。

泰国潘泰公司在2015年发现诉争商标,而那时诉争商标已注册多年。经过多番衡量与考虑,泰国潘泰公司依据《商标法》第四十九条的规定,以无正当理由连续三年不使用为由,委托华进律师团队于2015年8月24日向商标评审委员会(以下简称"商评委")申请撤销诉争商标在第30类"醋"等全部核定使用商品上的注册。第三人在指定期限内向商评委提交了相关证据材料,商评委经审查后于2016年5月25日作出决定,认为第三人提供的商标使用证据有效,泰国潘泰公司申请撤销理由不能成立,驳回了泰国潘泰公司的撤销申请,对诉争商标不予撤销。泰国潘泰公司于

图3-1 诉争商标的商标图案

2016年6月24日就该决定向商评委提起撤销复审申请,商评委于2017年2月13日作出复审决定,认为第三人提交的证据可以证明其对诉争商标在核定使用商品上进行了有效的商业性使用,诉争商标予以维持注册。

泰国潘泰公司不服商评委作出的复审决定,于法定期限内向北京知识产权法院提起行政诉讼。

二、争议焦点

因诉争商标在商标局、商评委阶段均被维持注册,诉争商标的注册人即第三人提供的使用证据在两级行政程序中皆被认可为有效,在诉讼中案件的争议焦点为:在案证据能否证明诉争商标在指定期间在核定使用商品上进行了真实、合法、有效的商业使用。

三、律师分析

该案中,第三人在行政程序中分两次提供了不同类型的证据材料合计80多份,具体情况如下:

(1)第三人销售其名下诉争商标的各种调味品、各种调味肉汁产品至全国各地用户的送货单存根共24份;

(2)第三人销售其名下诉争商标的各种调味品、各种调味肉汁产品的罐装实物照片共7份;

(3)第三人委托质量计量监督检测所就其生产并销售的诉争商标的各种调味品检验合格的《检验报告》共40份;

(4)第三人对外宣传推介诉争商标的各种调味品、各种调味肉汁产品的商业宣传

手册 11 份。

对于第一组送货单存根证据，华进律师团队进行了细致深入的分析，发现其中仅有 4 份送货区域在广东，其余均在广东省以外，送货单上显示的金额从几千到几万不等。有送货单存在，也必然应有对应的收付款、发票等交易凭证作为配套证据，按照正常的交易流程也应有银行转账等流水明细提供，因大部分的送货区域在广东省外，距离遥远也不可能都进行一手交钱一手交货的现金交易。因而泰国潘泰公司有理由怀疑这些送货单的真实性。

对于第二组产品实物照片及第四组商业宣传手册证据，为第三人自制证据，且证据中未体现时间方面的信息，因此华进律师团队也认同商评委作出的决定书中的内容"我委认为，被申请人提交的证据中申请人的实物照片及宣传册为自制证据，且未显示时间"。

对于第三组检验报告证据，华进律师团队从多个维度对该组证据进行解剖与分析。

（1）首先，从检验报告作为商标使用的效力问题入手，第三人提供的检验报告，检验类别均为委托送检，即企业自行将产品送到检验机构进行检验，其特点是送检样品、检验项目均由送检方（委托方）指定，并非质量监督部门、工商部门或食药监部门针对市场中流通的产品进行抽查检验，因此不能排除企业将研发阶段或试生产未实际投入市场的产品进行委托送检的可能性。

（2）其次，华进律师团队也检索到北京知识产权法院此前作出的司法判例中对于检验报告的定性，其中有明确写道检测报告仅是对产品质量的检测，不能作为产品进入流通领域进行销售的证据，甚至华进律师团队也检索到商评委曾作出过的［2015］第 69636 号《关于第 933374 号"Huntsman"商标撤销复审决定书》中认为"……证据 4 产品检测报告时间晚于指定期间，且该证据不能直接证明复审商标在指定期间内，在指定使用商品上已投入市场进行实际的商业使用"。

（3）再次，针对第三人的陈述意见，华进律师团队提出疑问："第三人为了在市场上对标有复审商标的产品进行销售，而对产品进行检测，检测是需要支付高昂的费用的，如第三人不对标有复审商标的产品进行使用，又为何要花费高昂的检测费用对复审商标产品进行检测呢？"华进律师团队对第三人分两次提交的检验报告进行逐一比对，发现两次提交的证据有 4 份重复，故合计为 36 份检验报告，其中部分涉及标签，部分涉及产品；在产品检验报告中，部分报告检测项目为 3 项即感官、菌落总数、大肠菌群，另有部分检测项目为 6 项的即除了前面 3 项外再增加沙门氏菌、志贺氏菌和金黄色葡萄球菌。华进律师团队就报告中所涉检测项目向广州市质量监督检测研究院进行咨询后获知，广州质检院作为经国家质检总局认定的国家级食品监督检测中心，对于标签的检测费为 40 元，对于感官项目的检测费为 30 元，菌落总数检测费 80 元，大肠菌群检测费 80 元，沙门氏菌、志贺氏菌和金黄色葡萄球菌分别为 120 元，而第三人提供检验报告中的检测机构广东省江门市质量计量监督检测所，同为广东省质监系

 商标获权及确权篇

统的检测机构，同类产品同类项目的检测收费应受同一标准规范，故可推断证据中的检验报告收费也应在同一水平。按照一般人通常的理解，这明显与第三人所强调的高昂费用不相符。另外，如第三人所述，付出了高昂的费用，但却没有检验机构的收费发票证据，而正规的检验机构在收到检验费用后必须开具发票。

（4）最后，在第三人提供的第三组证据中，明确写道："……检验合格的《检验报告》，而代理律师发现其中有三份报告有明显的不合格项，即产品标准号一项中均备注标示未经省卫生厅备案有效的企业标准。"而根据2009年《中华人民共和国食品安全法》（最新的食品安全法为2015年10月1日生效，法不溯及既往）第二十五条的规定："……企业标准应当报省级卫生行政部门备案，在本企业内部适用；"第三十五条："国家对食品生产经营实行许可制度，从事食品生产、销售，餐饮服务，应当依法取得许可。"国家质检总局2010年版食品生产许可管理办法，企业未取得食品生产许可，不得从事食品生产活动，其中第九条规定："拟设立食品生产企业申请食品生产许可的，应当向生产所在地质量技术监督部门提出，并提交以下材料：（九）产品执行的食品安全标准；执行企业标准的，须提供经卫生行政部门备案的企业标准。也就是说，生产食品要取得食品生产许可证，按照食品安全法和食品生产许可审查办法，申请食品生产许可证的前提条件之一，为使用企业标准的，必须经过省级卫生行政部门备案。食品安全法对预包装食品的标签有规定，其中之一是：要标注产品所使用的生产标准。"而这三份检验报告的结论中显示：标示的产品标准未在卫生厅备案，故可理解为该产品的生产标准未备案，进而推断其未取得生产许可证。作为一家长期从事食品生产的企业，不可能在市场投放无证食品，因此可以推断该产品未在市场上流通，不能证明诉争商标进行了商业使用。据此，可合理怀疑其他检验报告所检验的产品皆为未取得生产许可证的产品，不能够投入市场流通。

四、法院观点及判决结果

该案一审、二审法院均认可了华进律师团队的主张。法院认为：本案中，第三人提交的送货单、实物照片及宣传材料均为其单方自制证据，在无相关证据佐证的情况下，本院对其真实性不予采信。相关质量计量监督检测部门出具的《检验报告》系相应部分对第三人产品的质量等问题进行检测，并非对诉争商标面向市场的销售或宣传行为，不足以证明使用诉争商标的商品在市场上进行了流通。而且，第三人的其他证据亦无法证明诉争商标在诉争期间的使用情况。因此，第三人提交的证据不足以证明诉争商标在诉争期间进行了合法、有效的商业性使用，被告决定维持诉争商标的注册缺乏事实依据，本院不予支持。综上，被诉决定证据不足，本院应予撤销。

五、案例意义

在对他方提起商标撤销时,对对方提供的证据材料的完整性、严谨性应做充分的考察与审核,华进律师团队通过该案提出如下建议:

(1)在商标不使用撤销案件中,针对被撤销人提供的使用证据,即便是在行政程序中已被商标局、商评委认可了的证据,也仍然可以从证据本身的真实性、合法性、关联性出发进行深入的剖析、研究,充分运用商标法、商标法实施条例及相关司法解释关于商标使用的规定,找出证据材料中的瑕疵点。

(2)从证据链完整性的角度,基于对交易各个环节的论述与呈现,不应仅凭某一份或某一类证据来证明商标的使用。

(3)充分运用在先司法判例及行政决定中关于同类证据的认定观点与论述,用以支撑该案中同类证据的认定,从而推翻行政程序中商标局及商评委的认定结论,为赢得诉讼找到突破口。

(4)结合企业经营所涉及的其他强制性法律法规,运用除商标法以外的其他的行业相关法律。例如,该案中从检验报告中的具体项目和标准出发,结合食品行业的相关法律规定(食品安全法、食品生产许可管理办法),论证检验报告中的不合格项目会影响到产品投放市场,从而从另一个角度论证商标使用证据存在的瑕疵点。

该案获评2018年度广东省律师协会涉外法律服务典型案例二等奖,以及广州市律师协会"业务成果奖"。

商标第三十五类"替他人推销"服务类别的使用证据认定

——"8-MART 及图"商标撤销复审行政诉讼案

案例整理及评析人：朱虹

【案例基本信息】

二审上诉人（一审原告）：广州市 8 字连锁店有限公司（以下简称"8 字公司"）

二审被上诉人（一审被告）：国家知识产权局

第三人（一审、二审）：四川己庄酒店管理有限公司（以下简称"第三人"）

一审：北京知识产权法院，（2021）京 73 行初 8186 号

二审：北京市高级人民法院，（2023）京行终 8318 号

委托诉讼代理人：欧平凤、朱虹，广东华进律师事务所，在二审程序中代理 8 字公司

一、案例背景

"8-MART 及图"商标（以下简称"诉争商标"）注册于 2016 年，核定使用于第 35 类"广告、替他人推销"等服务上。第三人向国家知识产权局申请撤销诉争商标，国家知识产权局决定维持。第三人提起复审，国家知识产权局认为，8 字公司提交的证据不足以证明诉争商标在指定期间内于"替他人推销"等服务上的使用，故作出复审决定，诉争商标予以撤销。

8 字公司不服复审决定，向北京知识产权法院（以下简称"一审法院"）提起行政诉讼，并提交《促销协议》及发票等证据。一审法院审理认为，诉争商标的权利人 8 字公司提交的证据均不足以证明诉争商标在指定期间于核定使用的全部服务上进行了真实合法有效的使用，故判决驳回诉请。

8 字公司不服一审判决，委托华进律师团队向北京市高级人民法院（以下简称"二审法院"）提起上诉，并提交《供货合同》《促销协议》等证据佐证。二审法院认为，《供货合同》落入指定期间，《促销协议》体现诉争商标，促销服务费发票、记账凭证等可与供货合同、促销协议对应，形成完整证据链，上诉人于指定期间内将诉争

商标使用在"促销"服务上。"促销"服务与"替他人推销"具有一致性,故可认定诉争商标在"替他人推销"服务上进行了商标性使用。❶

二、案例看点

(一)争议焦点

诉争商标于指定期间内在全部核定使用服务上是否进行了真实、合法、有效的商标性使用。

(二)该案难点

由于现有《类似商品和服务区分表——基于尼斯分类第十二版(2025文本)》并未将"商品的零售与批发"纳入规范服务范畴,所以商场、超市多寻求第35类"替他人推销"服务作为核心标识的注册商标类别进行排他性保护。但在实际撤三案件中,囿于现有规定的限制,导致部分实际使用的商标因不符合"替他人推销"服务规定而被撤销,其中不乏"东祥"❷等驰名商标。

三、办案策略

华进律师团队在现有法律框架下,通过使用证据分析,灵活阐释了"替他人推销"服务的精神内核,从而促使二审法院认定"促销"服务与"替他人推销"具有一致性。

(一)理清相关法规的适用沿革

商场、超市的商标35类保护纷争,源于2004年的《国家工商管理总局商标局关于国际分类第35类是否包括商场、超市服务问题的批复》,该批复基于彼时的《类似商品和服务区分表——基于尼斯分类第八版》❸,确认商场、超市提供的服务不属于第35类的服务项目。

然而在2007年,《类似商品和服务区分表——基于尼斯分类第九版》第35类注册已删除了"尤其不包括:其主要职能是销售商品的企业,即商业企业的活动"的表述,

---

❶ 参见(2023)京行终8318号行政判决书。
❷ "东祥"商标于2012年被认定为驰名商标,后被他人申请撤三,历经一审、二审及再审程序,均因在案证据不属于"推销(替他人)"服务上的使用,终被撤销,参见(2018)京行申206号行政裁定书。
❸ 《类似商品和服务区分表——基于尼斯分类第八版》第35类的注释明确说明,该类别服务的主要目的在于"对商业企业的经营或管理进行帮助",或者"对工商企业的业务活动或者商业职能的管理进行帮助",且"尤其不包括:其主要职能是销售商品的企业,即商业企业的活动"。

并在"尤其包括：为他人将各种商品（运输除外）归类，以便顾客看到和购买"后增加了"这种服务可由零售、批发商店通过邮购目录和电子媒介，例如通过网站或电视购物节目提供"的说明。

在众人均认为第35类服务项目已向商场、超市抛出橄榄枝时，商标局又于2012年发出《关于超市服务与"推销（替他人）"服务是否属于类似服务的问题的批复》，明确："商场、超市属于销售商品的企业，其主要活动是批发、零售。根据《类似商品和服务区分表——基于尼斯分类第十版》关于类似服务的判定原则，两者未构成类似服务。"该批复确认了商超批发零售的经营模式与"替他人推销"服务不构成相同或类似服务，并再一次将商场、超市拒于"替他人推销"服务的门外。

2013年，新版《类似商品和服务区分表——基于尼斯分类第十版（2013文本）》增加"药用、兽医用、卫生用制剂和医疗用品的零售或批发服务"等服务项目，这也是商标局首次受理零售或批发服务商标注册申请。

2022年，国家知识产权局发布《关于第35类服务商标申请注册与使用的指引》（以下简称《指引》），就第35类服务项目的内涵及外延作了充分说明，并再次强调"单纯的商品销售行为不属于为他人推销服务范畴"。

（二）挖掘文义解释与类目索引的悖论

基于对"替他人推销"的文义解释，可以理解为代表某个公司、品牌或个人，向潜在客户或目标市场推销产品或服务。故该服务的特征需有"替他人向目标客户进行推销"的行为。而基于一般商场超市的商业模式，其确仅为商品的销售，而非推销。故基于文意理解，国家知识产权局将商场、超市的经营行为排除在"替他人推销"服务之外，本身并无问题。

然在区分表中，并未开放某一服务，可与商场、超市的经营模式相契合，而唯一可倚仗保护的，也仅剩下"替他人推销"服务。这便造成商场、超市多于"替他人推销"服务上注册商标，但遇撤三时，又因提交的商品销售证据不符合"替他人推销"服务，而面临被撤销的窘境。

（三）梳理商场、超市商标的保护依据

首先，如上所述，《类似商品和服务区分表——基于尼斯分类第九版》于2007年已删除"尤其不包括：其主要职能是销售商品的企业，即商业企业的活动"的表述，为商场、超市的商标申请提供可能。

其次，2019年发布的《北京市高级人民法院商标授权确权行政案件审理指南》第19.14条规定："诉争商标注册人为商场、超市等，其能够证明通过提供场地等形式与销售商等进行商业合作，足以认定其为推销商品提供建议、策划、宣传、咨询等服务，可以认定诉争商标在'替他人推销'服务上进行了商标使用。"

最后,《指引》的除外规定,经营活动仅是销售他人品牌产品以赚取一定的差价时,其从事的经营活动实际上属于零售,不属于为他人推销服务。但若在经营活动中除销售商品外,还存在提供如广告宣传、商品展示、推销等服务时,相关主体可在对应具体服务上申请注册商标。

如上可见,虽国家知识产权局已多次明确商场、超市的商品销售行为不属于"替他人推销",但若在商品销售过程中,存在商品推销行为,则仍可被认定为"替他人推销"的服务。

四、法院观点及判决结果

二审法院认为:本案的争议焦点为诉争商标于指定期间内在全部核定使用服务上是否进行了真实、有效、合法的商业使用。

《商标法》第四十九条第二款规定,注册商标没有正当理由连续三年不使用的,任何单位或者个人可以向商标局申请撤销该注册商标。

商标的使用是指商标的商业使用,包括将商标用于商品、商品包装或者容器以及商品交易文书上,或者将商标用于广告宣传、展览以及其他商业活动中。商标权人自行使用、许可他人使用以及其他不违背商标权人意志的使用,均可认定属于实际使用的行为。商标使用应在该商标核定商品或服务上使用在其他商品或服务上的使用不能维持诉争商标的注册。

本案中,8字公司在二审诉讼中提交的其与广州市某贸易有限公司的供货合同落于指定期间,促销协议中体现了诉争商标,促销服务费发票、记账凭证与供货合同、促销协议相对应,以及付款的业务回单能够形成完整的证据链,8字公司于指定期间将诉争商标使用在"促销"服务上。"促销"服务并非《类似商品和服务区分表——基于尼斯分类第十二版(2023文本)》中的规范商品/服务名称,其与"替他人推销"服务在服务的目的、内容、方式、提供对象等方面具有一致性。8字公司于指定期间将诉争商标使用在"促销"服务上,应认定为将诉争商标使用在"替他人推销"服务上。"进出口代理""市场营销"与"替他人推销"服务在《类似商品和服务区分表——基于尼斯分类第十二版(2023文本)》中属于类似群组,"进出口代理""市场营销"与"替他人推销"构成类似服务。根据上述查证的事实,应当认定诉争商标于指定期间内在"进出口代理""市场营销""替他人推销"服务上进行了商标法意义上的使用。

二审法院作出判决:

(1) 撤销北京知识产权法院(2021)京73行初8186号行政判决;

(2) 撤销国家知识产权局商评字[2021]第62199号《关于第14968284号"8-MART及图(指定颜色)"商标撤销复审决定书》;

(3) 国家知识产权局就第14968284号"8-MART及图(指定颜色)"商标的撤

销复审申请重新作出决定。

五、案例意义

（一）商场、超市的保护最优解

以该案为例，在一审过程中，商标权利人 8 字公司已提交《促销协议》及对应发票等证据，以证明诉争商标在"替他人推销"服务上的商标使用。但一审法院认为《促销协议》虽约定了促销服务内容，但对应发票的应税名称仍为商品而非服务，无法证明促销协议的履行，即无法证明诉争商标在"替他人推销"服务上的使用。

在二审中，商标权利人 8 字公司提交的《供货合同》中有关于促销计划的具体约定，并专门签订了《促销协议》，约定产品陈列及详细要求。开具的对应发票应税劳务名称为"促销服务费"，并有转账凭证、收据等共同佐证。二审法院基于该证据，认可诉争商标在"替他人推销"服务上的使用，并改判了一审判决。

笔者另查询了其他类似案例，败诉案例均因商标权利人仅提供了商品销售证据或为己方销售商品的推销证据[1]，且无对应服务发票而未获法院支持。胜诉案例，则一般有《促销合同》及对应服务发票[2]等证据，证明商标权利人除从事商品进销的零售行为外，还从事了"替他人推销"行为，方能维持商标在"替他人推销"服务上的注册。

由此可见，在现有框架下，若商场、超市欲维持核心商标于"替他人推销"服务上的注册，提供商品进货合同、发票甚或宣传报道等证据，一般会被认为系己方商品销售范畴而被撤销注册。在除进货证据外，另提供诸如促销、宣传协议，并辅之以服务发票，方有可能证明商场、超市除批发零售之外，仍为销售商提供宣传、促销等服务，从而可能维持商标于"替他人推销"服务上的注册。

因此，在现有保护框架下，商场、超市于第 35 类"替他人推销"服务上申请商标注册仍具有必要性。此外，在商标使用的过程中，注意商标的规范使用，并在为供应商提供场地宣传等服务过程中，留意协议的约定以及对应服务发票的开具，做到合同、发票、陈列成果的同步与统一，以防商标被撤销。

（二）商场、超市的商标保护愿景

商场、超市主要提供的商品批发与零售服务，该经营模式本身并非"替他人服务"

---

[1] 参见（2020）京行终 7456 号、（2018）京行终 5450 号、（2018）京行终 4401 号、（2020）京行终 4582 号行政判决书。
[2] 参见（2022）京行终 2951 号、（2021）京行终 1106 号、（2020）京行终 1084 号、（2019）京 73 行初 14687 号行政判决书。

范畴，只是现有《类似商品和服务区分表——基于尼斯分类第十二版（2025文本）》并无"商品批发与零售"服务，故商场、超市仅能将其核心标识注册于"替他人推销"服务上，以寻求排他性专用权保护。司法机关在商标撤销案件中，亦充分考虑到该点，在证据符合"替他人推销"服务的前提下，给予商场、超市第35类的商标权保护，亦是司法机关追求实质公平的结果。

诚然，商场、超市的主营范围并非"替他人推销"，给予"商品的零售或批发"以规范服务的正统地位，方是解决矛盾的关键所在。正所谓"法律绝非一成不变的，相反地，正如天空和海面因风浪而起变化一样，法律也因情况和时运而变化"。

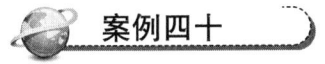

化妆品行业中商标使用证据的认定
——"SKIN·OLOGY"商标撤销复审行政诉讼案

案例整理及评析人：朱虹

【案例基本信息】

再审申请人（一审原告、二审上诉人）：珍路诗集团（远东）有限公司（以下简称"珍路诗公司"）

被申请人（一审被告、二审被上诉人）：国家知识产权局

第三人（一审、二审）：浙江某贸易有限公司（以下简称"第三人"）

一审：北京知识产权法院，（2020）京73行初7419号

二审：北京市高级人民法院，（2021）京行终2682号

再审：中华人民共和国最高人民法院（2022）最高法再325号

委托诉讼代理人：欧平凤、朱虹，广东华进律师事务所，在再审程序中代理珍路诗公司

一、案例背景

"SKIN·OLOGY"商标（以下简称"诉争商标"）于2005年申请，2009年取得注册，核定使用于第3类化妆品等商品上。诉争商标被第三人申请撤三后，商标权利人珍路诗公司陆续于行政阶段、一审、二审程序提交商标使用证据，拟证明诉争商标在2015年4月17日至2018年4月16日期间（以下简称"指定期间"）内进行了真实、有效的商标性使用。

一审法院认为，首先，合同、报关单、发票等证据或未显示诉争商标，或未显示商标权利人珍路诗公司，不能证明商标权利人在指定期间对诉争商标在核定商品上的实际使用。其次，网页截图显示商品标示的是"LA COLLINE"，且未经公证认证，真实性难以确认。故判决驳回商标权利人的诉讼请求。

经上诉，二审法院除同意一审观点外，亦认为"LA COLLINE"处于商品显著识别部位，易被相关公众作为区分相关商品来源的标志加以识别，而"SKIN·OLOGY"更易被识别为商品名称。故判决驳回上诉，维持原判。

华进律师团队继续代理商标权利人珍路诗公司向最高人民法院提起再审申请，经

缜密论述及证据支撑，最高人民法院最终采纳华进律师团队的主张，判决撤销一审二审判决及被诉决定，责令国家知识产权局重新作出决定，商标权利人再审终获胜诉。

二、案例看点

（一）争议焦点

诉争商标在指定期间内是否进行了真实、有效的商标性使用。

（二）办案难点

该案在办理过程中，诉争商标欲被认可在指定期间内进行了真实、有效的商标性使用，需移除三座大山：

（1）合同、报关单、发票等证据或未显示诉争商标，或未显示商标权利人珍路诗公司，不能证明权利人在指定期间对诉争商标在核定商品上的实际使用。

（2）网页截图显示商品标示的是"LA COLLINE"，且未经公证认证，真实性难以确认。

（3）诉争商标易被识别为商品名称，而非区分商品来源的商标。

三、办案策略

（一）关于合同、报关单、发票等证据未显示权利人或诉争商标的问题

1. 补充证据，明确各主体联系

华进律师团队于该案中提交顾问协议、经销协议书、国内总经销授权书等证据，明确合同、报关单及发票中各主体与诉争商标的权利人珍路诗公司的关系，部分为研发者，部分为中国总代理商，均与诉争商标的权利人具有经销或研发关系，均系诉争商标使用的适格主体。

2. 图文结合，阐明诉争商标与产品的唯一对应关系

由于商标一般标注于商品上，用以识别商品来源。故商标于合同、发票、报关单等材料上与商品名称一同标识，符合商业习惯。在华进律师团队提交的合同、发票、报关单、清关单等证据中，均显示有与诉争商标唯一对应的商品，且在发票中已明确体现有诉争商标标识，足以认定标有诉争商标的商品在指定期间内已进入中国市场。

由此可见，合同、报关单、发票等证据可以显示与商标权利人珍路诗公司相关，

且能够证明标有诉争商标的商品已于指定期间内进入中国市场。

（二）关于网页截图证明力问题

1. 网页证据公证，提高证据真实效力

由于一审法院认为网页截图未经公证，缺乏真实性。故华进律师团队再就网页内容补充提交公证书，增强证据真实效力。

2. 列表论述，全面梳理网页证据关联性

由于华进律师团队提交的网页证据含有网络销售页面及用户评价、大众点评网的用户评论及上传图片，均在指定期间内，足以证明诉争商标使用于核定商品，并在指定期间内进入流通领域，完全符合商标使用特性，具有证明效力。

有鉴于此，再审法院依据华进律师团队提交的公证书，采纳指定期间内的用户评论及所载图片，认可诉争商标在指定期间内已在中国境内销售。

（三）关于诉争商标不易被作为商标识别问题

1. 多角度切入，二审法院该认定存疑

首先，就商标标注习惯角度，权利人在商标上突出标识诉争商标，符合一般商标标注习惯，且诉争商标作为文字图形结合的组合商标，无法直接作为商品名称念读，不符合商品名称的标注形式。

其次，就商品包装页面排布而言，在诉争商标下已写明产品名称，故"SKIN·OLOGY"仅能作为商标识别，而非商品名称。

最后，就程序角度而言，二审法院关于诉争商标不易作为商标识别的认定，既未基于被诉决定，亦未基于一审判决，系二审法院主动提出的新观点，不仅剥夺了商标权利人的程序救济路径，亦不符合行政审查的合理范围。

2. 类比论证，主次品牌商标共存，符合商业习惯

华进律师团队亦从同类商品出发，阐明化妆品基于产品特性，会针对不同肤质、不同人群设定多个子品牌商品，并有对应的商标标识。将主品牌商标与子品牌商标同时标注，符合化妆品行业的一般商业习惯。

最终，再审法院采纳华进律师团队观点，认为在美容面膜等商品上标有 La Colline 的同时标有该案诉争商标，该使用方式能够用于识别商品来源，二审判决关于更易被识别为商品名称的认定缺乏依据。

自此，阻挡诉争商标确已在指定期间内进行了商标性使用的三座大山均被移除，最高人民法院判决撤销一审、二审判决及被诉决定，诉争商标权利人珍路诗公司终于迎来胜利曙光。

四、法院观点及判决结果

最高人民法院认为：本案再审争议焦点是，诉争商标在指定期间内在核定使用商品上是否进行了商标法意义上的使用。2013 年版《商标法》第四十九条第二款规定，注册商标成为其核定使用的商品的通用名称或者没有正当理由连续三年不使用的，任何单位或者个人可以向商标局申请撤销该注册商标。

原审判决认定，证据 16 中的顾问协议约定珍路诗公司协助科丽妍细胞研究院在亚洲地区及其他国家办理商标注册事宜，证据 17 中的经销协议约定东星公司为其产品线的中国独家总代理，证据 18 显示东星公司授权盈星公司为（La Colline）科丽妍品牌化妆品及护肤品的中国总经销，又根据证据 10 中买卖合同、发票、清关单、报关单等文件的记载，盈星公司在指定期间经广东交易会自东星公司处进口了商品名称为"LaColline Cellular Facial Anti-Aging Programme-ology 科丽妍骨胶原面膜套装-骨胶原面膜凝彩活肤精华乳舒柔去角质凝胶"的商品。以上证据表明，在指定期间，珍路诗公司的与诉争商标标志有关的面膜等商品已进入中国境内市场。本案证据 19 系公证书，其显示大众点评网有用户于 2016 年 3 月 2 日点评其在某商家做睫毛的经历，评论区图片展示了一个化妆品包装盒，盒内一化妆品在 La Colline 标志下方标有本案诉争商标标志；还显示，"idGOU 爱购网"上的"科丽妍活细胞莹颜雪肌再生护理（骨胶原面膜套）顶级"商品附图中，该商品在 La Colline 标志下亦标有本案诉争商标标志，2015 年 5 月至 2015 年 10 月有多个用户发布了购买该商品后的评论。证据 26 公证书中拍摄于 2021 年 6 月 11 日的图片显示，在广州友谊商店标有 La Colline 标志的店铺中有一款商品与证据 19 中的相关商品能够相对应。上述证据表明，在指定期间，珍路诗公司将标有诉争商标的美容面膜等商品在中国境内销售。

本案诉争商标系注册商标，珍路诗公司在美容面膜等商品上标有 La Colline 的同时亦标有本案诉争商标。这种对诉争商标的使用方式，系能够用于识别商品来源，符合 2013 年《商标法》第四十八条有关商标的使用规定。二审判决关于本案"SKIN·OLOGY"更易被识别为商品名称的认定缺乏依据，本院予以纠正。国家知识产权局作出的被诉决定认定不当，应予撤销，并应重新作出决定。

最高人民法院作出再审判决：

（1）撤销北京市高级人民法院（2021）京行终 2682 号行政判决及北京知识产权法院（2020）京 73 行初 7419 号行政判决；

（2）撤销国家知识产权局商评字 [2020] 第 15086 号《关于第 4578701 号"SKIN·OLOGY"商标撤销复审决定书》；

（3）国家知识产权局对第 4578701 号"SKIN·OLOGY"商标重新作出决定。

五、案例意义

（一）案件主体纷繁复杂，再审时华进律师团队可视化图表逐一厘清并阐明关联关系，以此证明关联主体的商标使用行为系商标权利人授权许可行为

首先，由于诉争商标主体系香港公司，且其主要负责品牌维护，并不实际销售商品，故权利人本身并无商标使用证据。其次，诉争商标核定商品系进口产品，亦涉及进出口公司完成清关、进口手续。最后，诉争商标核定商品在产销研过程中，涉及研发商、生产商、代理商等多个主体。

有鉴于此，华进律师团队于每个环节逐一厘清对应关系，提供顾问协议、授权书、经销协定等证据支持，列可视化图表阐明各自关联关系，清晰证明关联主体的商标使用行为系商标权利人授权许可行为，以供法院查明案件事实。

（二）再审补强证据，多维度体现诉争商标的实际使用情况

该案中，华进律师团队代理客户首先从合同、报关单、发票角度，证明诉争商标核定商品已进入中国。其次通过大量检索网络销售页面及用户点评，提交线上销售证据，进一步证明诉争商标的使用事实。再次提交指定期间内宣传报道，体现诉争商标与核定商品。最后提交代理商与专柜签订的合同、发票等印证诉争商标核定商品已于线下销售。

此外，华进律师团队亦根据证据重要性，采用公证取证、时间戳等方式，加强证据效力。

（三）迎难而上，结合化妆品行业特点，再审激辩二审判决关于诉争商标为商品名称的裁判认定

该案在行政程序及一审程序中，不论是诉讼主体抑或行政机关及一审法院，均未提出诉争商标系商品名称。而在该案二审阶段，二审法院关于诉争商标更易被识别为商品名称的论断，既未认可当事人商标使用证据，亦未认可当事人商标性使用。

华进律师团队于再审阶段阐明化妆品基于其产品特性，会针对不同人群、肤质设定多个子品牌商品，并有对应商标标识。同时标注主次品牌标识，符合商业习惯。并采用类比论证方式，列举多个类似标注的商品及对应商标，进一步加强华进律师团队的观点。最终最高人民法院认为，珍路诗公司在美容面膜等商品上标有 La Colline 的同时亦标有该案诉争商标，这种对诉争商标的使用方式，系能够用于识别商品来源，符合商标使用规定。

（四）穷尽全部司法救济手段，终为当事人保住注册商标，营造良好营商环境

该案自行政程序以来，当事人一直处于落败地位。如若二审判决生效，当事人将失去对使用多年的诉争商标专用权，不论修改商标样式抑或重新作出商业布局，对于当事人而言均需付出巨大商业成本，严重损害当事人对境内营商环境认知。华进律师团队为客户穷尽救济手段，终在再审阶段为客户保住诉争商标。不仅使当事人免受巨大经济损失，亦在维护司法正义、营造良好营商环境方面贡献萤烛之光。

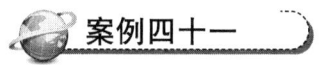

穷尽救济途径 终认定商标象征性使用

——"星光道 STARLIGHTWAY 及图"商标撤销复审行政诉讼案

案例整理及评析人：朱虹

【案例基本信息】

再审申请人（一审原告、二审上诉人）：广东星光珠宝金行有限公司（以下简称"星光珠宝公司"）

再审被申请人（一审被告、二审被上诉人）：国家知识产权局

再审第三人（一审第三人、二审第三人）：颜招胜

一审：北京知识产权法院，（2019）京73行初14554号

二审：北京市高级人民法院，（2021）京行终2566号

委托诉讼代理人：黎叶、朱虹，广东华进律师事务所，在再审程序中代理星光珠宝公司

一、案例背景

第三人于2006年6月16日申请第5424738号商标（星光道 STARLIGHTWAY 及图，以下简称"诉争商标"），注册于2009年12月14日，核定使用在第14类"贵重金属合金；玉雕；银饰品；宝石（珠宝）；链（珠宝）；镀金物品；戒指（珠宝）；珍珠（珠宝）；翡翠"商品上。诉争商标的图案如图3-2所示。

星光珠宝公司于2018年4月23日向国家知识产权局提起诉争商标连续三年未使用的撤销申请，国家知识产权局审查后认为诉争商标进行了真实、有效的商业使用并决定维持诉争商标的注册。星光珠宝公司又于2019年3月11日申请撤销复审，第三人提交商标使用授权书、购销合同、票据、微信、微博平台上宣传推广证据以及产品包装盒照片，证明诉争商标已进行了商标性使用。国家知识产权局认为第三人提交的证据形成完整证据链，能证明第

图3-2 诉争商标的商标图案

三人在指定期间内将诉争商标在指定商品上进行了公开、真实的商业使用,故维持撤三决定。

星光珠宝公司向北京知识产权法院提起行政诉讼,并提交走访调查报告等证据证明第三人提交的购销合同主体系合谋虚开、合同相对方主体不存在以及该公司并不销售诉争商标指定商品等事实。第三人在诉讼中未提交任何证据。而北京知识产权法院认为,商标使用授权书证明第三人将诉争商标授权深圳市星光道珠宝有限公司(简称"深圳星光道公司"),购销合同及出库明细可证明深圳星光道公司向案外人采购定制首饰,新浪微博、微信公众号头像为诉争商标,产品包装盒亦显示诉争商标,足以形成完整证据链。故判决驳回星光珠宝公司的诉讼请求。

星光珠宝公司向北京市高级人民法院提起上诉,并提交《类似商品和服务区分表》第14类商品、深圳市汇福源珠宝有限公司年报、深圳星光道公司年报、官网网页,证明贵重金属合金与其他商品不类似,且证据显示的主体并未实际经营,第三人的证据系伪造。北京市高级人民法院认为公司参保人数与两公司是否实际经营以及诉争商标的实际使用无必然联系,原审判决和被诉决定认定并无不当,故判决驳回上诉请求。

星光珠宝公司遂委托华进律师团队向最高人民法院申请再审。

二、案例看点

(一)争议焦点

诉争商标于指定期间在"贵重金属合金;玉雕;银饰品;宝石(珠宝);链(珠宝);镀金物品;戒指(珠宝);珍珠(珠宝);翡翠"等商品上是否进行了真实、合法、有效的商业使用。

(二)办案难点

商标撤销制度的立法目的并不在于打击注册商标,而是鼓励权利人积极使用商标。主动撤销案件中,商标所有人提交了授权证据、交易证据、宣传证据、产品实物图等多种证据的情况下,即便部分证据存在一定瑕疵,审理机关也倾向于认可商标确有真实使用,进而维持注册。该案中诉争商标的权利人提交的证据类型相对充分,且得到行政机关以及一审二审法院的认可。作为撤销申请人一方的代理人,如何深挖案件细节,找到证据突破口,对证据进行充分质证,推翻已有的认定,是对华进律师团队的证据挖掘能力的极大考验。

三、办案策略

商标撤销案件中，为了维持商标的注册，商标权利人提交伪造证据的情况屡见不鲜，通常会和关联主体串通出具购销合同、收据、发货单等证据，特别是自制证据，极易篡改、伪造。办理此类案件时，可以从以下几个角度进行举证和质证：

（1）对被申请人提交的各项证据真实性进行查验与核实。该案中，第三人提交的商标使用授权书的被授权单位深圳市星光道公司系第三人控制的公司，推测该授权书可能是补签，证明力较弱。另外，第三人提交的合同及出库明细表数据存在不一致的情形，无法形成对应，伪造痕迹明显。

（2）对交易相对方的实际经营状况进行核查，如果相对方无实际经营或者经营规模与交易数量不符，则权利人提交的相关交易证据大概率为伪造。该案在核查深圳星光道公司的主体信息时发现该公司社保缴纳人数为0，华进律师团队便通过对该公司实地走访的方式，了解到该公司确无实际经营，并出具相应的调查报告提交至法院。

（3）需要对产品是否进入流通领域进行核实和查证。该案证据仅显示诉争商标的被许可人深圳星光道公司从第三方处购买"戒指；吊坠"等商品，但却没有其他证据证明权利人将这些产品进行出售，也即无法证明诉争商标核定商品进入了市场流通领域。

（4）社交媒体的宣传材料易篡改，真实性无法确认。通常权利人会提交自己官方的社交媒体账号发布的一些宣传物料，但社交媒体账号为权利人自己运营，可随意更改，证明力较弱。

（5）从整体把握在案证据能否形成完整的证据链，足以支撑诉争商标于指定期间内的实际使用情况。如果权利人提交产品实物图，特别是大型机械类商品，通常会影响到法官的心证，认为权利人确实使用了诉争商标，即便其他证据有轻微瑕疵，也倾向于维持诉争商标的注册。在此情况下，办案律师要投入更多的精力去核查其他证据的真实性和可靠性，如果找到较大的漏洞，则有利于推翻法官先入为主的心证。

四、法院观点及判决结果

北京市高级人民法院再审认为：

一审第三人颜招胜为证明诉争商标在指定期间的使用情况，在行政阶段提交了四份证据。

证据一为《授权书》，仅能证明诉争商标的授权情况，无法证明诉争商标的真实使用情况，并且被授权的深圳市星光道公司法定代表人即为颜招胜本人，因此证据一证明力较弱。

证据二为《购销合同》、汇福源出库明细表、收据、唯一视觉销售明细表,虽然颜招胜提交了《购销合同》、出库明细表以及收据用以证明诉争商标进行了真实、有效、合法的商业使用,但是上述证据仅体现了颜招胜从案外人处购买了部分商品,无法证明标有诉争商标的核定商品进入了市场流通领域,同时颜招胜未提交与《购销合同》、出库明细表相对应的转账记录以及正规发票,无法证明上述交易已经真实履行完毕。此外,上述证据均为自制证据,而且《购销合同》载明的 925 幸运吊坠单价为 53 元,而与之对应的汇福源出库明细表上载明的 925 幸运吊坠单价为 35 元。因此,上述证据的真实性存疑。

证据三为深圳星光道公司新浪微博认证申请公函、微博页面截图、微信公众号认证授权书、"星光道珠宝"微信公众号页面截图,仅将诉争商标标志作为微博头像或微信头像,未显示诉争商标指定使用的商品情况,且上述头像可以随时随意更换,不能证明诉争商标在指定期间内进行了使用。

证据四产品包装盒照片,照片为颜招胜的自制证据,同时照片上未显示拍摄时间,无法证明诉争商标在指定期间的使用情况。

北京市高级人民法院作出再审判决:

(1)撤销北京市高级人民法院(2021)京行终 2566 号行政判决;

(2)撤销北京知识产权法院(2019)京 73 行初 14554 号行政判决;

(3)撤销国家知识产权局商评字〔2019〕第 228696 号《关于第 5424738 号"星光道 STARLIGHTWAY 及图"商标撤销复审决定书》;

(4)国家知识产权局就第 5424738 号"星光道 STARLIGHTWAY 及图"商标重新作出复审决定。

五、案例意义

(一)各个击破,直击案件痛点

华进律师团队在该案中,除多角度组织证据,形成证据链条外,同时就法院论断逐一分析,补强证据,完善诉讼材料论述,逐一击破错误认定,收复失地。

(二)坚持不懈,穷尽救济途径

该案历经撤三、撤销复审行政程序,一审、二审审判程序,华进律师团队在终审败诉的前提下仍不气馁,向最高人民法院申请再审,穷尽救济途径,最终为权利人争取胜诉。

如何应对在摩尔多瓦的商标抢注难题

——"VAPORESSO"商标摩尔多瓦异议案

案例整理及评析人：王田

【案例基本信息】

异议商标：第 051344 号，VAPORESSO

商标类别：第 9、11、34、35 类

案例国家：摩尔多瓦

深圳麦克韦尔科技有限公司（以下简称"麦克韦尔"）是一家在行业内颇具影响力的企业，专注于电子雾化技术的研发与创新。"VAPORESSO"商标是其重要的品牌标识，代表着其高品质的产品和先进的技术。

一、案情简介

华进商标团队为麦克韦尔针对核心商标"VAPORESSO"进行全球监测，于 2023 年 5 月发现其在摩尔多瓦于第 9、11、34、35 类遭到抢注。

（一）争议商标详情

争议商标的情况如见表 3-7 所示。

（二）抢注人背景

经初步调查，抢注人 JELEZNEAC Oleg 管理和控制着两家摩尔多瓦公司，分别为 S. C. ZAMOS DESIGN S. R. L. （创立于 2005 年 5 月 3 日）和 S. R. L. JELEZNEAC-COM （创立于 2011 年 5 月 12 日），两家公司均为存续状态，业务范围涉及批发贸易和零售，计算机领域咨询，商业管理咨询等。

表 3-7 "VAPORESSO" 商标详情

公告商标	VAPORESSO	申请号	051344
		申请日	2023 年 3 月 18
		类别	9，11，34，35
		状态	公告中（2023 年 5 月 31 日—2023 年 8 月 31 日）
商品/服务项目	第 9 类：科学仪器及仪器，用于研究、导航、测地、摄影、电影、视听、光学、称重、测量、信号、检测、测试、检验、救援和教学；用于传导、分配、转换、积累、调节或控制电力分配或使用的设备和仪器；用于记录、传输、再现或处理声音、图像或数据的设备和仪器；记录和可下载媒体、计算机软件、无内容的数字或模拟记录和存储媒体；预付费设备机制；收银机、计算设备；计算机和计算机外围设备；潜水服、潜水面罩、潜水耳塞、潜水和游泳鼻夹、潜水手套、水下呼吸器；灭火器； 第 11 类：照明、加热、冷却、蒸汽生产、烘烤、干燥、通风、供水和卫生用途的设备和装置； 第 34 类：烟草和烟草替代品；香烟和雪茄；电子烟和吸烟者用口含雾化器；吸烟用品；火柴； 第 35 类：广告；工商管理、组织和管理；办公室工作。 （注：商品和服务源自谷歌翻译）		
所有人	JELEZNEAC Oleg Str. Valea Crucii nr. 8, ap. 286, MD-2072, Chişinău, Republica Moldova		

（三）案件过程

麦克韦尔作为异议人委托华进商标团队，针对第 051344 号"VAPORESSO"商标，于 2023 年 8 月 27 日向摩尔多瓦共和国国家知识产权局递交异议申请。被异议人在 2 个月的异议答辩期内并未进行答辩，摩尔多瓦共和国国家知识产权局经过 8 个月的审理，于 2024 年 3 月 14 日下发异议决定，裁定被异议商标申请予以驳回。被异议人自收到异议决定之日起，在 2 个月内可以向摩尔多瓦国家知识产权局的上诉委员会申诉，在申诉期限内，被异议人未提起申诉，故异议决定生效，被异议商标被最终驳回。

异议决定主要内容如下：

申请商标"VAPORESSO"在第 9、11、34、35 类产品/服务上的注册申请被驳回，根据第 38/2008 号法律第 40 条的规定，异议人已证明其在商标注册申请日之前获得了未注册商标的权利，并有证据证明，摩尔多瓦共和国市场上已出现了与申请商标相同或类似的产品/服务，并标有至少在《巴黎公约》缔约国受到保护的相应标志，使用申请商标将有可能与之前的标志相混淆［第 38/2008 号法律第 8 条第（4）a）款］。（原文为摩尔多瓦语，以上为中文翻译）

二、案件处理难点

(一) 如何突破摩尔多瓦"申请在先原则"阻止抢注商标的注册

摩尔多瓦对商标保护采取申请在先原则,使得异议人在异议过程中处于相对不利的地位,对此,需要通过其他证据或采取另外的策略来证明其为该标识的合法拥有者。

通过对摩尔多瓦商标法律的查阅与分析,华进商标团队发现,虽然没有在先权利,但仍可通过证明以下两点来阻止抢注商标的注册。

(1) 在抢注商标申请日之前,异议人的商品已投放到摩尔多瓦市场。

(2) 在抢注商标申请日之前,异议人的商标在巴黎公约至少一个缔约国达到知名的程度。

法条依据如下(原文为摩尔多瓦语,以下为中文翻译):

> 摩尔多瓦共和国议会2008年2月29日第38-XVI号《商标保护法》第8条
>
> 第8条驳回的相对理由:
>
> (4) 在异议的情况下,商标也应在以下情况下被驳回注册:
>
> a) 异议人已在商标申请日或支持该申请的优先权日之前获得了未注册商标或其他贸易标志的权利,包括法人名称,并且该权利已由法律行为或证据确认,证明与申请相同或类似的商品和/或服务已在摩尔多瓦共和国市场上销售,与申请相同或类似的商品和/或服务标有该标志,正在摩尔多瓦共和国市场上促销或正在谈判促销/销售,并在巴黎公约或建立世界贸易组织的协定的至少一个缔约国享有保护和声誉,并且申请商标的使用可能与在先标志产生混淆或会利用该标志的声誉而不适当原因;……

为了应对该商标异议案件,华进商标团队与异议人组建了专门的证据搜集与调查团队,对抢注人的背景、关联公司、商业活动等进行了详细调查,还对市场上与"VAPORESSO"商标相关的产品销售、宣传推广等情况进行了全面摸排。搜集到销售数据、市场调研报告、广告宣传材料、展会、发票、商标使用物料、产品销售网站、物流等证据,以进一步证明抢注人的恶意。

(二) 如何多维度、综合性收集证据证明在先权利

本案中收集抢注商标申请日前异议人商品已投放摩尔多瓦市场的证据时,发现相关证据偏少,如何补强这部分证据,是本案中另一个难点。

对此，华进商标团队连同摩尔多瓦方律师商议后，进一步拓宽证据收集思路，尝试从多角度出发搜集相关证据以及援引相关法律依据。

1. 搜集全球范围内的商标申请和使用证据

各个国家和地区的商标注册证书、产品销售记录等。通过这些证据，有力地证明了异议人早在抢注商标申请日之前，就已经在全球范围内对该商标进行了布局和广泛使用，并且在行业内具有较高的知名度。

2. 搜集抢注人的进口行为证据

通过大量的调查与检索，发现抢注人有多次从中国进口电子烟行为，而麦克韦尔作为全球电子烟制造领域的头部企业，这使得抢注人有较大的可能接触到麦克韦尔的品牌。因此，这些证据进一步加强了对抢注商标行为不正当性的论证。同时也反映出抢注人对该商标的恶意抢注意图。

3. 提供异议人商标独创性方面的证据

"VAPORESSO"商标具有较高的独创性，"VAPORESSO"源于使用者在使用我们的产品时获得的两种主要感官的结合——雾气和口味。Vapor（雾气）指的是产品经过加热烟油后产生的烟雾。Esso 则是来自 Espresso 这个词，Espresso 以其浓郁的口味和令人愉快的香气而深受人们的喜爱。异议人希望在其产品中可以包含这两个因素的优点，因此其品牌的名称命名为"VAPORESSO"。该词汇非为现有词汇，而是异议人的智力创造，偶然出现相同商标的概率低。麦克韦尔提供了商标设计的过程、理念等证据，以证明该商标的独特性和原创性。这也从另一个角度证明了抢注商标的不正当性。

4. 援引巴黎公约相关条款

被异议商标的申请不仅违反了摩尔多瓦本国商标法的相关规定，还违反了《巴黎公约》第十条之二的规定，即第十条之二〔不正当竞争〕：

（1）本联盟国家有义务对各该国国民保证给予制止不正当竞争的有效保护。

（2）凡在工商业事务中违反诚实的习惯做法的竞争行为构成不正当竞争的行为。

（3）下列各项特别应予以禁止：

1. 具有不择手段地对竞争者的营业所、商品或工商业活动造成混乱性质的一切行为；

2. 在经营商业中，具有损害竞争者的营业所、商品或工商业活动商誉性质的虚伪说法；

3. 在经营商业中使用会使公众对商品的性质、制造方法、特点、用途或数量易于产生误解的表示或说法。

三、意义与启示

在华进商标团队与外方律师共同努力下,摩尔多瓦商标局商标和工业品外观设计部最终裁定驳回了被异议商标的申请。而争议商标申请人针对这一驳回决定也没有提出上诉,这也意味着异议人在这场商标异议案中取得了胜利。该案的胜利,维护了异议人的合法权益,也为异议人在国际市场上的拓展扫除了一个障碍。

同时,该案也为广大出海企业面对商标抢注这一难题提供了经验和借鉴:

(1) 加强商标保护意识,高度重视商标获权,及时在国内外进行商标注册,防止他人恶意抢注。

(2) 加强商标预警与监测,及时发现和积极应对商标抢注行为。

(3) 在应对商标抢注问题时,可以多角度、多维度地收集能够证明在先权利的相关证据和援引法律条文来论证抢注商标行为的不正当性,从而增加成功狙击抢注商标的可能性。

案例四十三

俄罗斯商标撤销案件审查重点管窥
——以某商标撤销案为例

案例整理及评析人：常宝亮

【案例基本信息】

争议商标：某商标
商标类别：第 9 类
案例国家：俄罗斯

一、案例背景

作为《马德里协定》《马德里议定书》《TRIPS 协定》《巴黎公约》《尼斯协定》《WIPO 公约》等多部国际知识产权条约的签约国家，俄罗斯的商标制度相对完善，强调保护商标权益、推动公平竞争和维护市场秩序，为商标申请人提供明确指引和保障。然而，与我国及其他多数法域相比，俄罗斯商标制度独具特色，尤其体现在商标撤销制度方面。

俄罗斯商标撤销程序为司法程序，其审查过程较一般行政程序严格。在审理过程中，俄罗斯法院更加注重查明商标使用情况，同时关注撤销案件发起的合理性，以最大限度保障注册商标的稳定性。

严格的制度要求导致俄罗斯商标实践中撤销案件较少发生，尤其是考虑到诉讼费用高昂，大部分案件在审理过程中以和解告终。因此，全流程案件较少发生。2021 年，华进商标团队曾接受委托，代理委托人提起俄罗斯注册商标连续三年不使用撤销诉讼案件。历经一年多的时间，该案经过全部撤销诉讼流程，最终获得胜利判决，成功撤销了在先商标。该案例对于制定俄罗斯商标撤销策略具有一定的参考价值，本文将以该案为例探讨俄罗斯商标撤销制度审理实践的独特之处。

二、案例基本情况

争议商标的基本情况见表 3-8。

表 3-8　争议商标的基本情况

争议商标	俄罗斯-09 类-某商标
指定商品	自动售票机；预付款的音乐自动售货机；自动售货机；电话答录机；蓄电池；天线；高频设备；遥控设备；录音设备；对讲设备；用于传输声音的装置；投影设备；复印机；立体视镜；电话机；电话发射机；传真机等
裁定	争议商标予以撤销，裁定已生效。
撤销证据期限	2018-04-07 至 2021-04-07

（一）审前程序：发送警告函

该阶段为诉讼前置强制程序，旨在使双方在启动诉讼之前充分了解纠纷情况，并推动双方通过友好协商解决争议。警告函发出后两个月内为答复期，若商标所有权人未作出回应或协商无果，发函方可以根据警告函相关事实，在期限届满后的 30 天内，向知识产权法院提起不使用撤销诉讼。该案自 2021 年 4 月 7 日发出警告函后，对方未予回应，因此案件最终转入撤销诉讼程序。

（二）提起撤销诉请形式审查阶段

在满足前置程序的前提下，案件转入诉讼程序过程中，撤销案件原告仍需满足证明自身利害关系方可作为适格主体提起诉讼申请。利害关系证明包括但不限于以下文件：

（1）原告俄罗斯商标因引证被撤销商标而被驳回的驳回官文；
（2）在其他法域申请的相同/近似商标的注册证明；
（3）在俄罗斯境内计划制造/销售相同/近似商标产品或服务的证明文件；
（4）在俄罗斯境外制造/销售相同/近似商标产品或服务的证明文件等。

此外，尽管法律并未规定在撤销案件发起前必须进行实际使用调查，但在实际操作中，建议在撤销案件发起前进行相关调查。一方面，这有助于预判案件成功率，争取先机，进而影响案件走向；另一方面，在个案审查过程中，法官可能要求补充相关证据材料，从而节省审查时间。

在该案中，原告方通过提交名下申请引证争议商标遭遇驳回的官方文件，证实了利害关系，并据此启动了撤销诉讼。2021 年 6 月 23 日，该案被俄罗斯知识产权法院正式受理。值得关注的是，在诉讼过程中，法院进一步要求原告提供被撤销人登记信息的认证资料，以确保发函地址无误，进而确认已完成前置程序。这表明，法院对诉讼前置程序的审查颇为严谨。

(三) 听证及判决

1. 庭前会议阶段

在庭前会议中，法官建议双方在规定时间内就冲突进行协商，若协商无果，则在后续听证阶段对案件事实进行另行审查。在该案中，争议商标所有人（被告）在该阶段提出过高转让价格，试图通过转让争议商标获利。然而，鉴于其实际使用可能性较低，原告并未接受被告的高价转让建议。原告基于事实提出被告需出具同意函以及删减或限缩商品的建议，但该提议同样未获得被告的认同。因此，案件将继续进入后续听证阶段。

2. 听证阶段（共经历 4 次听证）

在后续的 4 次听证中，被告出具了初步的使用证据，原告方律师对提出的证据材料提出了质证意见，具体证据交锋如表 3-9：

表 3-9　双方具体证据交锋

被告方证据材料	原告方质证意见	备注
证据材料 1—3：身份证明信息	不予置评	无须质证
证据 4：被告 2016-03-01 签订的销售合同副本，货物销往地为俄罗斯	未落入争议期内	未被采纳
证据 5：被告 2022-04-28 发出的载有报关单号的信函副本	未落入争议期内	未被采纳
证据 6：① 被告官网截图；② 俄罗斯主要 7 家线上零售网站截图部分显示争议商标信息	①无法证明其产品在过去 3 年内供应给俄罗斯；②无销售日期	未被采纳
证据 7：被告 2018-09-27 至 2018-11-12 社交媒体营销报告	数据积累不合理，真实性存疑	造假，未被采纳
证据 8：被告名下带有争议商标的产品说明书副本	无法证明争议期内	未被采纳
证据 9：被告名下带有争议商标的 2018 年产品目录副本	该目录用于伦敦，无时间	未被采纳
证据 10：被告于 2022-03-29 发出的信函，表明虽俄罗斯形势紧张，但其产品仍接受订购并可运往俄罗斯	无法证明争议期内销往俄罗斯	未被采纳

使用证据查明：

经审视被告所提供的使用证据，总体而言，其在关联性和真实性等方面存在较为明显的缺陷。据此，仅从证据效力角度来看，争议商标得以维持的可能性相对较低。

在一般法域的撤销案件中,上述事实已足够支持审理机构作出裁决。然而,针对俄罗斯撤销案件,还需进一步查明相关联的事实方可达至裁判。

其他事实查明:

在实质审查过程中,法官并未仅依据原告方的质证意见以及被告证据的瑕疵情况作出裁决。为实现维护注册商标稳定性的目标,法官在听证阶段对原告的主体适格性以及撤销案件的利害关系进行了再次核实,并要求原告依次提供如下证明材料:

(1)原告应提供在俄罗斯生产与销售相关商品的证明材料或企业计划,包括但不限于该品牌商品,以证明其具备生产相关商品的事实和能力;

(2)同时,原告还需提交关于被撤销商品关联关系的说明性文件,明确阐述原告核心商品/指定商品与被撤销商标核定商品之间的关联关系。

针对法官所需的证明材料,俄罗斯律师指出,若在特定商品上无法提供使用(或拟使用)的证明材料,且无法证明原告核心商品与被撤销商标指定商品之间的关联性,则在相关商品上的撤销申请倾向于被驳回,继而维持争议商标在全部或部分商品上的注册。

为确保原告后续商品使用的需求,并最大限度地消除先前的障碍,华进律师团队分别提交了原告在官网上销售相关商品的信息,并对双方商品的关联性进行了详细阐述,出具的商品关联度说明涵盖如下几项必要内容,被告被撤销商品项目与原告可证明使用/打算使用商品项目之间在关联性、商品类型、功能目的、制造材料、互补性/替代性、销售渠道、消费群体等方面的关联关系。

在最后一次听证会上,经法院调查证实,被告提供的证据7存在虚假情况。同时,充分了解了原告实际使用商品的信息以及双方商品之间的关联性论述。据此,2022年8月14日,俄罗斯知识产权法院作出判决,支持原告诉求,撤销争议商标在所有商品上的注册。

三、该案例的指导意义

在多数国家的撤销程序中(无论是行政程序还是司法程序),核心审查内容聚焦于争议商标的使用情况。因此,在一般的撤销案件中,撤销程序的发起人往往会重点关注对方的使用情况,并将主要精力投入攻击对方的证据材料上。然而,在该案中,俄罗斯知识产权法院在深入了解使用事实的基础上,同样重视撤销诉请的合理性调查。即便争议商标的使用证据存在一定缺陷,法院在主体不适格或无法证明商品相同/关联度较高的情况下,仍倾向于维持注册商标的有效性(或部分商品上的有效性)。

总之,相较于其他法域的撤销程序常规思路,在处理俄罗斯撤销案件时,除关注对方商标使用证据的质证意见撰写外,还需重点夯实自身商品使用信息与双方商品关联性的论证工作,这样才能避免因法院裁量重点差异而导致事倍功半的不理想结果。

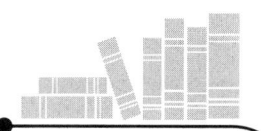
 侵权诉讼篇

引 言

知识产权作为商业竞争的利器，在企业维权活动中作用愈加凸显。现行《专利法》第十一条、《商标法》第五十七条、《著作权法》第五十二条及五十三条等概括了侵害相关知识产权的情形，而随着互联网及商业竞争方式的发展愈加多元化，从损害权利至损害权益，仿冒行为成本更低、更广泛、更复杂，接受委托的律师需从权利人利益出发，更全面、综合地运用民事、行政、刑事手段进行维权，同时也需巧用《反不正当竞争法》有力规制仿冒行为。

针对仿冒行为成本低的痛点问题。2019年11月，中共中央办公厅、国务院办公厅专门印发《关于强化知识产权保护的意见》明确：加大侵权假冒行为惩戒力度。个案中适用1~5倍惩罚性赔偿的支持率亦相应提升。而针对完全仿冒行为，则可以综合运用行政投诉、刑事举报、民事诉讼进行查处及追责，给予仿冒者沉重打击。目前各地法院纷纷推进、落实知识产权民事、行政和刑事案件审判"三合一"，将对通过综合手段维权带来便利。

针对仿冒行为更广泛、更复杂的痛点问题。域名、字号、网站信息仿冒及商业秘密窃取等，可巧用《反不正当竞争法》的相应条款规制。必要时，为及时有效保障企业权利，可巧用诉讼保全制度在案件审判前通过法院颁发禁令的方式先行制止仿冒行为。

虽仿冒行为频发，但我们也要警惕借"维权"之名的恶意打击行为。企业上市或关键时期，通常可能遭受同行业竞争者的"维权"狙击，此时应当积极应诉，从其权利基础稳定性、实际使用情况等维度，揭开其"假维权"的面纱，从而取得胜利。

以下精选了一些华进律师团队所代理的具有代表性的诉讼案例，展现了华进律师团队如何从委托人利益出发，全面综合地维护委托人权益，与知识产权界人士分享。

共创智慧成果　助力科技创新——华进知识产权服务案例汇编

专利及商业秘密等

专业法律服务为新兴技术保驾护航

——植保无人机发明专利侵权纠纷案

案例整理及评析人：周清华

【案例基本信息】

上诉人（一审被告）：杭州启飞智能科技有限公司

被上诉人（一审原告）：广州极飞科技有限公司

一审：广州知识产权法院，（2019）粤73知民初4号

二审：最高人民法院，（2020）最高法知民终1522号

委托诉讼代理人：周清华、吴涛，广东华进律师事务所，代理广州极飞科技有限公司

一、案情简介

广州极飞科技有限公司（以下简称"极飞公司"）是一家投入数亿巨资深耕于以植保无人机为代表的农业智能装备行业的高新技术企业。极飞科技P系列无人机拥有出色的飞行性能和领先全球的工业设计，广受用户青睐。针对该系列产品的相关技术，极飞科技申请了众多专利，进行了全面的布局。

极飞公司于2015年7月31日向国家知识产权局提交名称为"一种无人机"的发明专利申请，并于2017年3月22日获得授权公开（以下简称"涉案专利"）。该件专利所保护的技术方案颠覆了传统植保无人机的结构，很好地解决了现有技术中飞行失稳的问题。自从该款专利产品发布后，受到市场的广泛青睐，极飞公司也因此获得了多个国内外设计奖项，如图4-1和图4-2所示。

但在此后不久，市场上迅速出现了不少模仿者。其中，如图4-3所示，极飞公司发现在"淘宝网"上销售的"高性价比组配植保无人机"与涉案专利非常相似，遂通过公证购买获得涉嫌侵权产品一件，并通过产品发票以及与相关销售人员沟通获悉，该涉嫌侵权产品来自杭州启飞智能科技有限公司（以下简称"启飞公司"）。为此，极飞公司向华进律师团队寻求协助。经过将涉嫌侵权产品与其专利进行比对分析，极飞公司和华进律师团队发现涉嫌侵权产品完全落入了极飞公司的涉案专利的保护范围，涉嫌构成相同侵权。

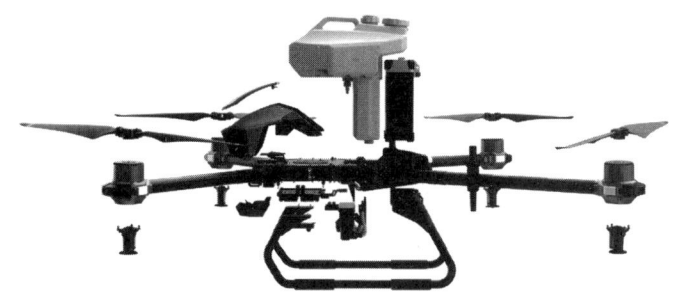

图 4-1 极飞科技 P 系列无人机

图 4-2 极飞科技 P 系列产品所获部分主要奖项

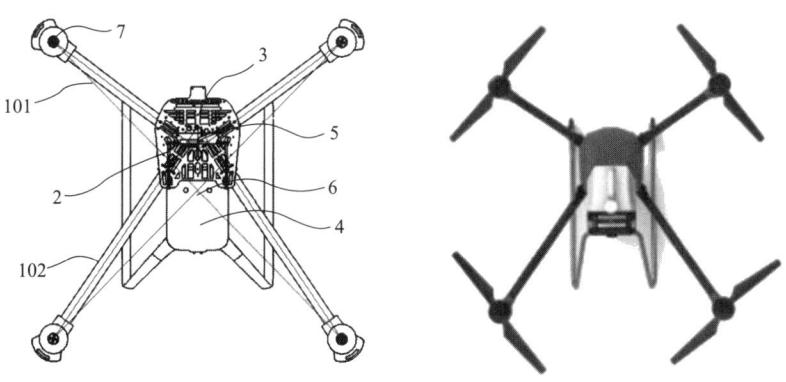

图 4-3 涉案专利（左）与涉嫌侵权产品（右）对比

据此，极飞公司委托华进律师团队向广州知识产权法院起诉，要求判令启飞公司立即停止侵犯极飞公司专利权的行为，停止制造、销售和许诺销售侵权产品、销毁全部侵权产品、清除淘宝等电子商务平台涉嫌侵权的产品及相关宣传推广资料，并赔偿极飞公司经济损失 500 万元以及因维权所支出的合理费用等。

二、争议焦点

该案的焦点在于：（一）被诉侵权产品是否具备涉案专利的权利要求的全部必要技术特征，是否落入其保护范围；（二）启飞公司提出的现有技术抗辩能否成立；（三）启飞公司的法律责任应如何承担。

（一）被诉侵权产品是否具备涉案专利的权利要求的全部必要技术特征，是否落入其保护范围

涉案专利的技术创新点在于提出了一种机架结构及配重分布合理的无人机，其易于控制且飞行平稳。特别地，为适应植保无人机的特定技术要求（即在药箱重量存在动态变化时仍能保持无人机平稳飞行），涉案专利的权利要求1记载的无人机技术方案中存在以下关键特点：无人机机身前后方向的中轴线对称设置了前后各一对机臂，前、后机臂的一端与机身相连且各自向前或向后延伸，另一端各设有电机（即前电机与后电机），而前后两对机臂的朝向无人机机身的延长线与所述中轴线的交叉区域位于无人机的升力中心前方，前电机与后电机对无人机的合力的作用点为所述升力中心，而无人机的重心邻近所述升力中心。

对此，结合被诉侵权产品与涉案专利的比对结果，一审法院及原、被告双方均确认被诉侵权产品具备与涉案专利的权利要求1记载的全部必要技术特征相同的技术特征，因此落入极飞公司在该案中请求保护的权利范围。

（二）启飞公司提出的现有技术抗辩能否成立

在此情况下，启飞公司为证明自身不侵权，提出了现有技术抗辩。启飞公司提出其被诉侵权产品使用的是一款2014年之前发布的比利时产航拍无人机已经公开的现有技术，为此提交了相关视频资料作为证据，并声称上述比利时产航拍无人机产品的视频在国内多个知名网站均有上传。经法院查明，为了达到其发明目的，涉案专利所述的无人机机体包括机身和设在机身后方用于装载货物的储物装置。启飞公司则主张，其所声称的上述现有技术以及被诉侵权产品均具有涉案专利所述的储物装置。但是，在作为现有技术抗辩证据的视频资料中，启飞公司却未能指出何部件为储物装置，甚至无法指出"储物装置"可能隐藏的部位，故启飞公司的现有技术抗辩不成立，而极飞公司的侵权指控成立。

（三）启飞公司的法律责任应如何承担

在确认侵权的基础上，一审法院进一步确定启飞公司的侵权赔偿数额。一审法院结合无人机行业的特性以及启飞公司相关植保无人机在2018年至2019年对外公开展销

的情况，以及该案的其他事实，认定以 1.5 年评估启飞公司就涉案侵权产品的获利情况较为适宜；同时，结合启飞公司对自身的宣传报道以及销售管理人员的自述，以每年 600 台计算启飞公司销售涉案侵权产品的数量较为合理；又考虑到涉案专利提供的一种机架结构及配重分布合理的无人机技术方案，使无人机飞行更加平稳，控制更简单，占农用无人机技术权重高，故应从优评估涉案专利对产品利润的贡献率，酌定其比例为 60%。根据上述数据，可推算出启飞公司擅自实施涉案专利获利约达 108 万元。

因此，一审法院综合衡量有关案情，以及启飞公司侵权行为性质、情节及获利情况后，酌定启飞公司应赔偿极飞公司经济损失 100 万元以及合理维权开支 8 万元，同时判令启飞公司停止制造、销售及许诺销售侵害涉案专利的产品，并销毁库存侵权产品。

（四）二审阶段焦点：启飞公司主张的现有技术抗辩是否成立、原审法院的判赔金额是否过高

该案一审宣判后，启飞公司不服判决，提起上诉。该案二审阶段的焦点仍在于启飞公司主张的现有技术抗辩是否成立，以及原审法院的判赔金额是否过高。

为此，启飞公司进一步提交了《〈航空模型〉期刊节选》、对比专利文本、相关公证书等作为证据，试图证明其现有技术抗辩。但是，经二审法院查明，启飞公司提供的证据中并未披露任何与案件有关的现有技术，其中展示的无人机为航拍无人机，与涉案专利和被诉侵权产品的技术领域（植保无人机）相差较大，其重心设计、具体技术方案均与涉案专利和被诉侵权产品存在明显区别，因此不能证明被诉侵权产品使用了其所主张的现有技术。结合启飞公司未能在其于一审期间作为现有技术抗辩证据提交的视频资料中指出何部件为储物装置，也不能明确"储物装置"可能隐藏的部位的情况，二审法院同样认为启飞公司主张的现有技术抗辩不能成立，对此不予支持。而对于侵权赔偿，二审法院也认可一审法院审查确定赔偿金额的方式，认为其酌定启飞公司赔偿极飞公司经济损失 100 万元并无不当，对启飞公司认为一审法院判赔金额过高的上诉主张不能成立，对此也不予支持。

最终，二审法院驳回启飞公司上诉，维持原判，该案也以极飞公司完全胜诉并获得高额赔偿告终。

三、代理工作

在该案中，代理极飞公司的华进律师团队事先深入、准确地理解植保无人机这一特殊领域的各类技术要求、涉案专利的技术特征、被诉侵权产品的结构、实际用途及运行状态等，方能判断被诉侵权产品是否具备涉案专利的权利要求的全部必要技术特征相同的技术特征，从而判断其是否落入涉案专利的保护范围；其次则需要准确理解植保无人机与航拍无人机这两个不同技术领域的技术要求，并详细比较上述航拍无

机与涉案专利、被诉侵权产品的具体结构、技术特征、功能实现方式等，从而明确上述航拍无人机公开的技术方案能否作为植保无人机领域的现有技术抗辩依据，进而判断被告提出的现有技术抗辩能否成立。

而在认定侵权的基础上，为准确、合理地确定侵权方应支付的赔偿数额，华进律师团队结合植保无人机行业的经营实际，从多个角度、多种途径协助权利人充分举证，有力证明涉案专利的价值、权利人的实际损失（如有）以及侵权方因侵权所获得的利益；同时据理力争，推动审判员充分考虑涉案专利技术的价值、开发投入、侵权程度及原告的经济损失，全面、客观地审核计算赔偿数额的证据，充分运用逻辑推理和日常生活经验，对有关证据的真实性、合法性和证明力进行综合审查判断，从而对赔偿数额作出准确判断。

四、判决结果

二审法院中华人民共和国最高人民法院驳回上诉，维持原判。

原判主文：一、杭州启飞智能科技有限公司于本判决发生法律效力之日起停止制造、许诺销售和销售侵害广州极飞科技有限公司专利号为 ZL201510467838.6、名称为"一种无人机"发明专利权的产品，并销毁库存侵权产品；二、杭州启飞智能科技有限公司于本判决发生法律效力之日起十日内赔偿广州极飞科技有限公司经济损失 1 000 000 元；三、杭州启飞智能科技有限公司于本判决发生法律效力之日起十日内赔偿广州极飞科技有限公司合理维权开支 80 000 元；四、驳回广州极飞科技有限公司的其他诉讼请求。

五、案例评析

该案是植保无人机领域的标志性案例，与一般的专利侵权案件有较大不同，主要体现在以下几个方面。

（1）领域新。在过往的案例当中，涉及航拍无人机的专利侵权纠纷并不少见，但植保无人机作为新兴技术领域，在该技术领域的专利诉讼案件还非常少见，因此无论在侵权认定还是赔偿数额的确定等方面都无在先案例可供借鉴，给办理此类案件带来不小的挑战。

（2）专业性强。无人机行业准入门槛高，而由于市场竞争日趋激烈，对无人机技术升级的需求度也高，涉及的专利技术问题本身就比一般专利纠纷更为复杂。而植保无人机上要负载用于农用喷洒的药箱，而药箱的重量是动态的，因此与更常见的航拍无人机相比，在某些特定领域其技术性更强、更复杂，涉及专利技术的难度也更高。原、被告双方深谙该领域的技术发展情况，表现为在现有技术抗辩环节的"技术交锋",无论是对经办法官还是双方代理律师均存在较大挑战。

(3) 赔偿数额难以确定。植保无人机与航拍无人机不同,属于非日常消费品,主要通过线下的经销商进行销售,因此该案在涉嫌侵权方侵权获利方面的证据收集存在较大的难度;又因为所涉的专利侵权纠纷涉及新型技术领域,技术性较强,涉案专利的贡献率也就较难明确,因此赔偿数额也比一般专利侵权纠纷更难确定。

该案的胜诉及判决的高额赔偿对无人机尤其是植保无人机等高新技术企业的知识产权保护具有示范意义。近年,以植保无人机为典型代表的迷你型无人机的制造和应用发展极为迅速,特别是植保无人机在农药喷洒、施肥、农业信息监测、污染控制等方面均有着无可比拟的优势,在我国乃至全球的应用也日益广泛,具有广阔的市场前景,也吸引了越来越多企业进入该领域。但随之而来的,则是该领域相关知识产权纠纷迅速增多。为此,在日趋激烈的市场竞争中,相关企业必须尽早申请专利、积极维权,从而有效保护自身的独创技术,维持自身的竞争优势;与此同时,后发企业也应该遵守法律和尊重市场规则,注意规避侵权风险,不能剽窃他人技术,从而使行业得到良性发展。

该案中极飞公司的胜诉对促进新兴技术特别是广州本土科技企业创新研发有积极的引导作用,同时反映了广州的法治化营商环境正在不断优化。该案中,极飞公司的知识产权保护意识较强,对于自身的研发成果,能够积极通过专利申请获得保护;在发现侵权行为时,能够及时拿起法律的武器积极维护自身权益。

该案一审宣判后入选广州知识产权法院"2020年度服务和保障科技创新十大典型案例",二审宣判后入选"2020岭南知识产权诉讼优秀案例"。

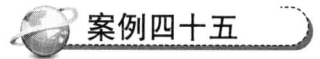

实用新型专利如何获得 4 000 万元高额判赔

——格力诉奥克斯专利侵权纠纷案

案例整理及评析人：曾旻辉　章上晓

【案例基本信息】

上诉人（一审被告）：宁波奥克斯空调有限公司

被上诉人（一审原告）：珠海格力电器股份有限公司

一审：广州知识产权法院，（2017）粤73民初390

二审：广东省高级法院，2018粤民终1132号

再审：最高人民法院，（2019）最高法民申6058号

委托诉讼代理人：曾旻辉，广东华进律师事务所，代理珠海格力电器股份有限公司

一、案情简介

珠海格力电器股份有限公司（以下简称"格力公司"）和宁波奥克斯空调有限公司（以下简称"奥克斯公司"）均是国内知名的空调制造销售企业。自2015年开始，格力公司就以奥克斯公司所生产销售的型号为KFR-35GW/BPLA800（A2）及KFR-26GW/BPLA800（A2）的两款空调机同时侵犯其七件实用新型专利权为由，向广州知识产权法院提起专利侵权之诉。后经广州知识产权法院、广东省高级人民法院和最高人民法院一审、二审和再审程序，认定奥克斯公司以上两型号空调机侵犯了格力公司的专利号为"ZL201220070564.9""ZL201220158710.3""ZL200820047012.X"的三件实用新型的专利权，合计判决奥克斯公司赔偿格力公司经济损失230万元人民币。

2016年年底，在上述三案还处于广东省高级人民法院二审期间，格力公司又发现奥克斯公司在京东商城、天猫商城等多个电商平台和线下实体店销售的多个型号空调机涉嫌侵犯格力公司的专利号为"ZL200820047012.X"的实用新型的专利权。

2017年1月，格力公司以奥克斯公司生产制造的四个型号（KFR-26GW/BpTYC1+1、KFR-26GW/BpTYC19+1、KFR-35GW/BpTYC1+1、KFR-35GW/

BpTYC19+）空调机产品侵犯格力公司的专利号为"ZL200820047012.X"的实用新型（以下简称"涉案专利"）的专利权为由，委托广东华进律师事务所的专利代理律师以及广东非凡律师事务所的专利代理律师（以下简称"该案代理律师团队"）向广州知识产权法院提起专利侵权之诉，要求奥克斯公司停止实施相关侵权行为，以及赔偿格力公司经济损失和维权合理开支合计人民币600万元，并将销售侵权产品的广州晶东贸易有限公司列为共同被告。

在该案受理后，奥克斯公司的四个型号的涉诉产品依然持续在各电商平台进行销售，侵权范围不断扩大。即使在广东省高级人民法院对前案作出认定侵权成立的生效判决，以及最高人民法院驳回奥克斯公司再审申请的情况下，奥克斯公司依然没有下架该案中四个型号的涉诉产品。并且随着该案代理律师团队调查的进一步深入，发现奥克斯公司在售的另外四个型号的颜色和功率不同但结构相同的空调机，亦侵犯格力公司的涉案专利的专利权。

2017年9月27日，格力公司向广州知识产权法院提出变更诉讼请求申请，将指控侵权的空调机型号由四个型号变更为八个型号，并将索赔金额由起诉时的600万元变更为4 000万元。

奥克斯公司在2015年7月7日和2015年10月21日两次对涉案专利提起无效宣告申请，国家知识产权局进行了合并审理，并于2016年4月22日作出第28904号无效宣告审查决定，维持了涉案专利部分有效（在专利权人于2015年12月4日提交的权利要求5权利要求、8权利要求、9权利要求以及引用这些权利要求的权利要求12~14和权利要求16~17的基础上继续维持涉案专利有效）。

在该案一审审理期间，奥克斯公司又于2017年12月21日，对涉案专利提出无效宣告申请，国家知识产权局经审查，作出与第28904号相同的无效宣告请求审查决定，继续维持涉案专利部分有效。

该案一审经2017年10月10日和11月25日两次开庭审理后，广州知识产权法院于2018年4月20日作出一审判决，认定奥克斯公司侵权成立，八个型号的被诉侵权产品销售额和利润巨大，并综合考虑了奥克斯公司在前案判决侵权成立后的情况下，还在各电商平台上持续销售涉案的被诉侵权产品，侵权主观恶意明显，全额支持了格力公司4 000万元的索赔诉请。

奥克斯公司不服一审判决，向广东省高院提起了上诉，并提交从中国旧货市场和日本居民用户处购买的二手大金空调作为证据，以主张被诉侵权产品所使用的是现有技术，不对涉案专利构成侵权。并且，奥克斯公司上诉主张认为，一审4 000万元判决金额过高，请求广东省高级人民法院给予改判。在二审审理期间，奥克斯公司又于2018年9月17日，2019年3月18日两次向国家知识产权局对涉案专利提出无效宣告申请，国家知识产权局均作出与最早的第28904号相同的无效审查决定，继续维持涉案专利部分有效。

经审理，广东省高级人民法院于 2019 年 8 月 30 日作出二审判决，认定一审关于奥克斯公司侵权成立以及赔偿格力公司 4 000 万元经济损失事实认定清楚，法律适用正确，驳回了奥克斯公司的上诉请求。

二审判决后，奥克斯公司在该案执行阶段，再次于 2019 年 11 月 5 日对涉案专利提出无效宣告申请，并以涉案专利存在无效可能性为由，向广州市中级人民法院、广东省高级人民法院提起执行异议和复议，但均未获支持。2020 年 5 月，广州市中级人民法院将执行款支付给格力公司，该案终于尘埃落定。

截至广东省高院作出二审判决，奥克斯公司共对该案专利提出 13 次无效宣告申请，国家知识产权局作出了 5 次维持有效的决定（部分撤回、部分合并审理，因此作出的书面无效决定书为五次），当时第 13 次尚未出结果。二审后，奥克斯公司又向最高人民法院申请再审，最高人民法院经审查，认为该案一审、二审判决事实认定清楚，法律适用正确，驳回了奥克斯公司的再审申请。

二、办案体会

（一）专利权稳定，是专利维权的基础

对于专利侵权纠纷案件而言，在原告发起专利侵权诉讼后，被告往往会对涉案专利提出无效宣告申请。因此，对于专利权人而言，专利稳定性问题是始终悬在头上的达摩克利斯之剑。不少知名的高索赔专利纠纷案件，终因涉案的专利被宣告无效而被法院驳回。而根据国家知识产权局披露的数据，在 2020 年，被宣告全部无效的案件占 46.1%，其中，外观设计专利占 53.3%，实用新型专利占 47.1%，而发明专利为 30.6%。

具体到该案中，奥克斯公司在 2016—2019 年期间，共对该案专利提出了 12 次无效宣告申请。其中，有 7 次，奥克斯公司撤回无效请求又重新组织证据提出无效申请，国家知识产权前后作出 5 次无效宣告审查决定，依然维持涉案专利有效，如图 4-4 所示。

无效程序作为专利侵权诉讼的第二战场，原告和被告都要给予足够的重视。而作为原告一方，需要在发起专利维权行动之前，对专利做好充分评估。如果有足够专利储备，针对同一侵权产品，可考虑以多件专利同时起诉。

（二）为专利权争取高判赔，才能真正维护专利权人的利益

专利的价值最终要体现在对企业经济效益的贡献上，如果企业投入大量研发经费而获得的专利技术不能带来市场竞争优势，不能产生相应的经济效益，长此以往，必然会削弱企业自主研发的积极性。

审查决定查询

发明（0）　实用新型（5）　外观设计（0）

	决定号	申请（专利）号	决定日	名称
1	28904	200820047012.X	2016-04-22 00:00:00.0	一种空调机的室内机
2	28904	200820047012.X	2016-04-22 00:00:00.0	一种空调机的室内机
3	40169	200820047012.X	2019-04-26 00:00:00.0	一种空调机的室内机
4	40169	200820047012.X	2019-04-26 00:00:00.0	一种空调机的室内机
5	41875	200820047012.X	2019-09-29 00:00:00.0	一种空调机的室内机

【首页】　【上一页】　【下一页】　【尾页】　页次：1/1页　共有 5 件审查决定　转到第：1 页

图 4-4　相关无效宣告审查决定

而在司法实践中，企业在提起专利维权诉讼之后，虽然赢得了官司，但是由于诉讼周期长、获赔经济损失低等原因，时常使得专利权人处于赢得了官司却输掉市场的境地。因此，在专利侵权案件中，作为权利人一方应当尽可能就己方损失及对方获利进行积极举证，为专利权争取高判赔，才能真正遏制侵权人的不正风气，切实维护专利权人的权益，助力自主研发型科技企业不断深化发展，让知识产权形成良性循环，创造更大的经济效益。

（三）专利侵权案件的办理应审时度势，顺应“知识产权严保护”背景

格力公司诉奥克斯公司的系列案件第一次提起诉讼的时间集中在 2015~2016 年，适逢中国知识产权“严保护”大势欲兴，国务院印发了《关于新形势下加快知识产权强国建设的若干意见》《深入实施国家知识产权战略行动计划（2014—2020 年）》等重要文件，知识产权保护等工作的顶层设计不断完善，司法各界纷纷谋求对知识产权加强保护。2019 年，中共中央办公厅、国务院办公厅印发实施《关于强化知识产权保护的意见》，并逐步对现行知识产权法律法规进行修正，多项法律规定的修改以及司法解释出台，引入惩罚性赔偿，提高侵权判赔标准，并完善“举证妨碍”制度，为专利权人开启了“知识产权严保护”时代。

该案审理的推进与“知识产权严保护”的形成相辅相成，格力公司的代理律师团队提出适用举证妨碍制度并主张恶意侵权的惩罚性赔偿，并通过数据计算的方式为法院作出高额判定奠定了基础。同时，两级法院的审理与判决也具有一定前瞻性，体现了知识产权类案件专业化精细化的审判风格，最终使得该案取得了良好的司法效应与社会效应。

（四）灵活运用电商平台销售数据，形成线上与线下的维权联动

在专利侵权案件中，被诉产品的销售规模、会计账册等财务信息往往由被告一方掌握，权利人在主张赔偿时往往难以举证被告方的侵权获利，法院在裁量判赔数额时

亦常因缺乏参考依据，无法给予原告一方有利保护。在该案中，格力公司以公证形式向法院提交被诉产品在京东商城、天猫等电商平台的大量销售数据记录，并以此作为赔偿数额计算方式的基础数据，最终获得了审理法院的认可。

同时，随着《中华人民共和国电子商务法》《民法典》及相关司法解释落地施行，电商平台责任立法渐趋完善，电商平台配合权利人进行知识产权保护的义务进一步明确，也为权利人利用电商平台进行线上知识产权维权提供了坚实的法律保障。一方面，权利人可以通过电商平台配备的知识产权争议解决机制对侵权方的相关产品进行下架投诉；另一方面，权利人也可以积极搜集侵权方相关产品在电商平台的销售数据，进行公证固定，作为侵权方实际获利证据在诉讼案件中主张。

三、案例解析

该案从 2017 年 1 月 25 日由广州知识产权法院受理，至 2019 年 8 月 25 日广东省高级人民法院作出二审生效判决，经历了两年零七个月的时间，格力公司、奥克斯公司双方的律师团队在一审、二审过程中均提交了大量的证据，以维护双方当事人的合法权益。该案中双方最为核心的争议焦点在于格力公司主张的 4 000 万元索赔金额是否成立，在审理过程中，法庭主要依照以下三个方面的考量对格力公司的高额赔偿主张作出认可判项。

（一）关于"举证妨碍制度"的适用

专利侵权纠纷案件一直存在原告关于损害赔偿举证难、判赔低的问题，格力公司和奥克斯公司在前几起专利纠纷案件中，单个案件的酌定判赔金额均在 100 万元以内，并未有效遏制奥克斯公司的专利侵权行为。2016 年 4 月 1 日，《最高人民法院关于审理侵犯专利权纠纷案件应用法律若干问题的解释（二）》的颁布实施，特别是该解释第 27 条规定关于举证妨碍制度的规定，在一定程度上减轻了原告的举证压力。该案中，格力公司为了证明奥克斯公司的侵权获利，提供了两套相互独立又相互印证的"侵权获利证据"。

第一套是八款涉诉产品在京东商城和天猫商城上的销售数据。格力公司的代理律师团队从立案前取证阶段至二审判决前，定期对八款涉案产品在京东和天猫上的数据做了公证证据保全。被诉产品销售额的不断增长，不仅反映出最终高销售数据来源的真实性，同时向法院直观地展示了奥克斯公司是如何放任侵权行为不断地一步步扩大。

第二套是上市公司数据服务商"奥维云"提供的统计报告，该统计报告显示了八个型号的被诉侵权产品自 2016 年上市到 2017 年 4 月的销售总额，通过第三方统计平台向法院提供了较为客观的销售数据。

格力公司在提交被诉产品销售证据之外，又基于上述司法解释（二）第二十七条的规定，请求法院责令奥克斯公司和晶东贸易公司提供与被诉侵权产品相关的原始财务账簿信息。虽然奥克斯公司未按照法院的要求提供完整的财务账簿信息，但是晶东公司作为京东商城自营产品华南地区的销售单位，提供了奥克斯公司涉诉产品在华南地区的所有销售数据。根据晶东贸易公司提供的数据，所推算出的八款被诉侵权产品的全国销售总数和上述格力公司提供的两个证据材料所计算取得的数据基本相同，该数据最终获得了法庭的认可。

（二）关于赔偿数额的精细化计算

该案中，格力公司的代理律师团队主张结合第三方商业平台数据、电商平台数据、相关行业利润率、专利贡献率等数据科学合理计算赔偿数额。

格力方提供了被控侵权产品在"京东商城"平台上的销售数据，和第三方大数据服务公司"奥维云"针对涉案产品的统计报告，推算出被控侵权产品在线上的销售额至少达到13.76亿元，根据同类企业格力公司、美的公司年报数据，空调机产品的利润率应不低于10%，足以推断奥克斯侵权获利巨大。在被告奥克斯公司掌握与侵权获利相关的财务账簿资料而拒不提供的情况下，法院适用"举证妨碍制度"，依据原告的证据材料进行侵权获利计算，综合考量侵权获利金额、侵权主观恶意、专利技术贡献率等因素，一审和二审均全额支持了原告的4000万元经济损害赔偿诉求。

（三）关于"侵权主观恶意"的认定

格力公司曾在前案诉讼中起诉奥克斯公司侵害涉案专利的专利权，该案经一审、二审，认定了奥克斯公司侵权事实，最高人民法院裁定驳回了奥克斯公司的再审申请。奥克斯公司对涉案专利的专利权保护范围及自身的侵权事实应十分清楚。奥克斯公司作为与格力公司在空调生产上的同业竞争者，在前案生效判决作出之后，不仅没有停止侵权行为，反而大量制造侵害格力公司的同一专利权的被诉侵权产品，再次侵害格力公司的同一专利权。

对此，二审法院认为，法律必须被遵守，生效判决必须被尊重。任何个人、法人或其他组织都有遵守国家法律、尊重在先判决的义务。格力公司经过国家知识产权局授权获得涉案专利的专利权，在专利权有效期内，依法享有专利权保护范围内的排他权利，有权对任何侵权人提起诉讼并要求赔偿。涉案专利经过无效宣告程序，格力公司在该案中主张保护的权利要求被维持有效。任何主体都有义务避免实施侵害涉案专利的专利权的行为，不能以自身对专利权效力的质疑对抗国家法律对专利权人的保护。尤其是，在前案生效判决作出之后，甚至在最高人民法院再审审查裁定作出之后，奥克斯公司仍继续实施侵权行为，其利用实质相同的技术方案反复侵犯同一专利权的主观意图明显，对此应予严惩。

最终，法院根据格力公司提供的同类空调企业上市年报披露的利润率情况，推算奥克斯的侵权获利，并综合专利的价值贡献以及主观恶意等因素，对原告诉请的赔偿金额给予了全额支持。该案虽然没有在判决书中明确使用"惩罚性"的概念，但是判决书中"即使判定的赔偿数额高于侵权人因实施侵权技术方案的实际获利，也具有正当性和合理性"的内容，已经在实践中体现了"惩罚性"。由于该案发生在相关惩罚性法律法规生效之前，该案判决将"加强知识产权保护"充分体现到司法实践中。

该案系迄今家电领域判赔数额最高的生效判决，被认为"家电行业最贵侵权案"，判决犹如一记警钟，警醒企业自主创新也要尊重他人知识产权，恶意侵权必将付出高昂的代价。

 案例四十六

专利确权与侵权联合审理模式实践
——深圳首例专利确权与侵权联合审理案件

案例整理及评析人：章上晓　郑彤

【案例基本信息】

原告：深圳市科冷商用设备有限公司

被告：深圳市爱康生物科技股份有限公司

一审：深圳市中级人民法院，（2023）粤03民初5055号

委托诉讼代理人：曾旻辉、章上晓，广东华进律师事务所，代理深圳市爱康生物科技股份有限公司

一、案情简介

深圳市爱康生物科技股份有限公司（以下简称"爱康公司"）是国家级专精特新"小巨人"、广东省专精特新企业。爱康公司在科创板IPO期间，遭遇深圳市××商用设备有限公司（以下简称"深圳××公司"）向上海证券交易所举报爱康公司涉嫌侵犯其实用新型专利权的知识产权诉讼，且深圳××公司已向深圳市中级人民法院递交专利侵权诉讼立案材料。所涉及的实用新型专利名称为"智能血液管理系统"，专利号为202020671903.3（以下简称"涉案专利"）。

华进律师团队接受爱康公司委托后，迅速协助爱康公司积极应对证券监管部门的问询，针对问询出具不侵权以及涉案专利不符合《专利法》授权条件的法律意见书。在专利侵权诉讼的应对中，一方面对涉案专利提起无效宣告请求并提出加快审查申请，另一方面在专利侵权诉讼程序中进行不侵权抗辩。

该案在深圳知识产权保护中心（以下简称"深圳保护中心"）的协调下，2023年11月20日，国家知识产权局专利局复审和无效审理部（以下简称"复审无效部"）与深圳市中级人民法院知识产权法庭（以下简称"深圳知产法庭"）就同一专利（即涉案专利）举行专利确权与侵权的线上联合审理，这是深圳首次开展专利确权案件与侵权诉讼案件的联合审理。

2023年11月20日上午，复审无效部的合议组对涉案专利的无效宣告请求进行审理，合议组成员在北京国家知识产权局审理庭，专利权人和无效宣告请求人在深圳保

护中心审理庭，通过互联网庭审系统进行远程视频审理。审理过程中，深圳知识产权法庭的承办法官及技术调查官旁听审理程序，双方当事人充分发表意见，合议组对案件争议事实进行全面调查。经休庭合议，意见一致，合议组当庭宣布涉案专利的专利权全部无效。2023年11月20日当天下午，深圳知产法庭开庭对专利侵权案件进行公开审理，基于涉案专利已经被宣告无效的基本事实，当庭裁定驳回原告的起诉。双方当事人均表示服判息诉，实现案结事了。

该案从司法立案到审结决定仅耗时4个月，案件处理周期大幅缩短，使得该诉讼并未对爱康公司的上市进程产生负面影响。

二、典型意义

（一）该案系深圳首例开展专利确权与侵权联合审理案件，体现了"严保护、大保护、快保护"格局

关于专利无效和专利侵权诉讼的联合审理，最早是2018年，在宁波知识产权保护中心的协调下，宁波中院和国家知识产权局针对专利纠纷的一次联合审理活动。这种联合审理的探索和尝试，最直接的作用是确保当事人在专利无效审查程序和专利侵权诉讼程序的两种不同案件中，对权利要求解释保持一致性，以及两个案件中，证据审查、采信的一致性。避免当事人在两个不同的程序中，仅从案件结果考虑，违反诚实信用原则，对权利要求作出不一致的解释，以损害其他方当事人的利益。

专利侵权纠纷所引发的相应专利无效程序，是被诉侵权一方应对专利侵权指控的重要抗辩方式，通过专利无效来确定专利权利的有效性，是专利侵权纠纷化解的关键环节。在实践中，随着创新主体维权意识的逐步提高，专利无效程序越来越受重视，但由于其周期较长，且无法与司法诉讼衔接等问题，已成为创新主体维权的痛点、堵点问题。

为全面贯彻落实中共中央、国务院印发的《知识产权强国建设纲要（2021—2035年）》，健全快速高效的协同保护格局，提高专利侵权纠纷化解速度，发挥深圳市知识产权"一站式"协同保护平台与专利确权快速审查通道作用，在深圳保护中心的协调推动下，11月20日，国家知识产权局专利局复审和无效审理部与深圳知产法庭就同一专利举行专利确权与侵权的线上联合审理，这是深圳首次开展专利确权案件与侵权诉讼案件的联合审理。

通过开展联合审理，有效加速了专利侵权纠纷的化解进程，从专利无效立案到出具无效决定仅耗时3个月，从司法立案到审结决定仅耗时4个月，较普通案件处理周期大幅缩短。此外，法官直接旁听专利无效审理过程，既能直接了解双方当事人对技术方案的理解，有益于禁止反悔原则的落实，又能借助合议组扎实的技术知识和专业

的技术判断，明辨涉案专利的技术争议焦点，提高技术事实查明的准确性，节省当事人的维权周期和成本，通过行政确权程序与司法诉讼程序的顺畅衔接，提供更高水平的知识产权司法保护。

此次联合审理是深圳首例深化知识产权协同保护合作的有益探索，打通了专利确权行政程序与专利侵权司法程序衔接通道的重要举措，对构建知识产权"严保护、大保护、快保护"格局具有十分典型的示范引领效应。该案例中所涉及的法律及社会问题具有极高的典型性和代表性。

开展知识产权案件的专利确权行政程序与专利侵权司法程序联合审理，一方面体现节省当事人维权周期和成本的司法为民精神，另一方面更是体现国家提供更高水平的知识产权司法保护的决心，属于在全国范围内具有极高影响力的创新举措，对彰显国家健全快速高效的协同保护格局，提高专利侵权纠纷化解速度具有一定示范作用，对同类案件或同类业务具有深远的借鉴和指导意义。

（二）高效协助科创型企业应对上市过程的专利侵权狙击，快速终结诉讼助力企业消除诉讼对 IPO 的不良影响

根据《最高人民法院关于审理侵犯专利权纠纷案件应用法律若干问题的解释（二）（2020 修正）》（法释〔2020〕19 号）第二条规定，权利人在专利侵权诉讼中主张的权利要求被国务院专利行政部门宣告无效的，审理侵犯专利权纠纷案件的人民法院可以裁定驳回权利人基于该无效权利要求的起诉。

华进律师团队在该案的代理过程中，确立以无效为主的应诉策略，因为若能将涉案专利无效，则深圳××公司将丧失提起该案诉讼的权利基础，对侵权诉讼而言相当于釜底抽薪。

华进律师团队针对涉案专利进行了细致的分析，发现涉案专利系实用新型专利，其权利要求请求保护的技术方案是通过机械人、机械手代替人工作业实现自动化，这是各行业的公知常识；而要设计全新的流程和相配套的软件来实现发明目的，则涉及涉案专利的各个终端模块，其本质上是计算机程序，涉案专利的权利要求限定的功能均需要计算机程序的改进才能实现，而计算机程序属于方法特征，即涉案专利解决其技术问题所采取的技术手段属于计算机程序的改进，因此涉案权利要求 1-权利要求 4 不符合《专利法》第二条第三款的关于实用新型的保护客体规定。最终国家知识产权局也是以该无效理由宣告涉案专利全部无效。

华进律师团队在确立上述无效为主的应诉策略基础上，充分利用深圳市知识产权"一站式"协同保护平台与专利确权快速审查通道的作用，向深圳保护中心提出优先审查的申请，进而促成国家知识产权局专利局复审和无效审理部与深圳知产法庭就涉案专利举行专利确权与侵权的线上联合审理。最终使得该案从司法立案到审结决定仅耗时 4 个月，案件处理周期大幅缩短，使得该诉讼最终未对爱康公司的上市进程产生影

响，有效维护了爱康公司的合法权益。

企业在上市过程中遭遇专利侵权诉讼的现象屡见不鲜，许多企业因此不得不暂缓甚至终止上市进程，在面向科技创新型企业的科创板中，这一现象尤为普遍。由于专利侵权诉讼会对企业的上市计划造成极大的负面影响，如何妥善应对专利侵权诉讼成为企业面临的至关重要的问题。该案系企业科创板上市申请过程中遭遇专利侵权纠纷的代表性案例，爱康公司一方面积极应对证券监管部门的问询，另一方面也积极应对专利侵权纠纷案件，最终取得了预期的效果，值得拟上市企业借鉴。

专利海关保护和司法保护高效联动

——摩托车外观设计专利侵权纠纷案

案例整理及评析人：章上晓　张娅

【案例基本信息】

原告：广州三雅摩托车有限公司
被告一：重庆瀛嘉机车有限公司
被告二：佛山市南海区中摩科技有限公司
一审：广州知识产权法院，（2020）粤73民初3418号
二审：广东省高级人民法院，（2022）粤民终3390号
委托诉讼代理人：曾旻辉、章上晓，广东华进律师事务所，代理广州三雅摩托车有限公司

一、案情简介

2020年9月27日，广州三雅摩托车有限公司（以下简称"三雅公司"），以侵害名称为摩托车整车（SY10-2），专利号为201430337764.0的外观设计（以下简称"涉案专利"）的专利权为由，向深圳海关申请对由佛山市南海区中摩科技有限公司（以下简称"中摩公司"）制造，并由重庆瀛嘉机车有限公司（以下简称"瀛嘉公司"）拟经深圳海关下属的大鹏海关出口的420台摩托车产品采取保护措施，并提供了等额现金担保。深圳海关经审查，于2020年10月20日决定对上述420台摩托车给予扣留，并书面通知了权利人三雅公司和被申请人瀛嘉公司。

2020年10月24日，被申请人瀛嘉公司向深圳海关提供货物等值的担保金，请求海关放行其货物，拟继续出口涉嫌侵权产品。

根据《中华人民共和国知识产权海关保护条例》第二十四条的规定，涉嫌侵犯专利权货物的收货人或者发货人在向海关提供与货物等值的担保金后，请求海关放行其货物的，海关应当放行被扣留的侵权嫌疑货物。考虑到在瀛嘉公司提供反担保后，涉嫌侵权产品会被放行，而侵权产品一旦流出国外，届时会对三雅公司的国外市场造成难以弥补的损失。

为维护三雅公司的合法权益，2020年10月26日，华进律师团队代理三雅公司向广州知识产权法院申请诉前行为保全，请求责令瀛嘉公司、中摩公司立即停止从深圳海关向摩洛哥出口型号为 F50 的涉嫌侵权的摩托车产品。广州知识产权法院在受理三雅公司提出的诉前行为保全申请后，为查明该案事实，多次向深圳海关了解涉嫌侵权产品出口情况、双方当事人提供的担保情况，以及深圳海关处理的时间节点和流程。

在充分查明该案事实后，广州知识产权法院认为被扣留摩托车产品侵权可能性较高，且出口目的地是三雅公司长期经营的海外重要市场，一旦被诉侵权产品流入该市场，对三雅公司造成的损害将无法控制。因此，在三雅公司已提供适当担保的情况下，法院认定三雅公司提出的诉前行为保全申请符合《中华人民共和国民事诉讼法》和《最高人民法院关于审查知识产权纠纷行为保全案件适用法律若干问题的规定》的相关规定。

2020 年 10 月 28 日，广州知识产权法院在受理后的 48 小时内作出裁定，责令被申请人瀛嘉公司、中摩公司立即停止出口已被深圳海关扣留的型号为 F50 的侵权摩托车产品的行为。

在成功阻止被诉产品出口之后，三雅公司向广州知识产权法院提起民事诉讼。2022 年 3 月 12 日，广州知识产权法院作出一审判决，认定侵权成立，并判决二被告连带赔偿原告三雅公司经济损失人民币 107 万元。二被告不服一审判决，向广东省高院提起上诉。

2023 年 7 月 3 日，广东省高院作出二审判决，认定一审判决事实认定清楚，法律适用正确，驳回上诉。

二、案件解析

（一）关于被诉产品是否落入涉案专利的保护范围

经庭审比对可知，被诉产品和涉案专利的相同点包括：二者整体结构相同，均为弯梁式摩托车，由车头、车身、车轮三大部分构成。车身上部外轮廓形成一个斜向上开口的"U"形弯梁；车头均近似螳螂头形，正面有一个前大灯，顶面有一仪表盘，两侧分别有把手和后视镜。

二者车头部分的前大灯均为盾牌形设计，占据车头的中间位置，前转向灯为"剑刃"形设计，盾牌与剑刃设计配合形成的战士风格；车头呈由边沿到中间逐层凸起的多层结构，层次明显，且下方具有明显的鹰嘴形状，突出了前大灯的盾牌形状，前大灯处于最上层。

二者车身部分的后车体护罩均呈一条绷紧的弧线形，护罩两尖端另有一弧形凸棱，围绕发动机上部的翼状护罩，以及排气管外的包覆件等外饰件，均呼应了车头的战士风格。

二者仅在车轮轮辋的具体设计上略有不同，涉案专利采用五辐轮辋，而被诉产品采用九组轮辐设计。但对于摩托车产品的车轮而言，轮辐采用辐射状设计属于该类产品的常见设计，二者在轮辋的具体形状上的区别属于局部细微变化，对整体视觉效果不构成显著影响。

因此，被诉产品落入涉案专利权的保护范围。

关于被告提出的前挡风板、把手罩、挡泥板、坐垫、传动机构等区别。被告一瀛嘉公司提出，被诉产品设置有前挡风板、把手罩，而涉案专利无相应设计。对此，原告认为，是否安装前挡风板和把手罩，系消费者根据使用情况需要进行选择，在外观设计专利侵权比对时，应当以涉案专利的图片所要求保护的设计要素为基础，将被诉产品相应的设计要素与涉案专利进行比对。因此，应当将被诉产品未安装挡风板和把手罩的状态与涉案专利进行比对。此外，被诉产品的前挡风板属于摩托车产品的常见设计，被诉产品的把手罩占摩托车整体比例非常之小，均对摩托车整体视觉效果不具有显著影响。

关于被告提出的坐垫、传动机构等区别，原告认为，被告提出的这些区别均属于本领域的惯常设计，对整体视觉效果不具有显著影响。而对于被告提出的挡泥板等区别，系被告刻意采用与涉案专利的图片不同的角度观察被诉产品所产生的视觉差异，事实上，从左右视图看，二者在挡泥板的形状、挡泥板与前后轮装配关系上均基本一致。

因此，被诉产品与涉案专利构成相似，落入涉案专利权的保护范围。

（二）关于现有设计抗辩是否成立

被告提供的证据7和证据9，分别为公开号为CN 302360680S（专利号：201230534650.6）、JPD010-10405的两篇在先专利文件。原告认为，这两篇在先专利与被诉产品不构成实质性相同，被告现有技术抗辩不能成立。

被告提供的两篇在先专利，分别是涉案专利第二次无效程序中请求人提交的证据1和证据5（见原告证据第508页），经国家知识产权审查认定，这两篇在先专利与涉案专利存在实质性区别，特别是涉案专利与证据1（即被告提供的证据9）在前大灯、仪表盘、后视镜、侧面护罩、排气管罩等部位设计均存在明显区别。

如上侵权比对分析，被诉产品与涉案专利在整体形状，以及前大灯、仪表盘、侧面护罩、排气管罩等部位设计上均基本相同。因此，被诉产品与被告提供的证据7、9同样在上述前大灯、仪表盘、侧面护罩、排气管罩等部位上的设计上存在实质性区别。

因此，被告以证据7和证据9主张现有设计抗辩不能成立。

（三）关于各个被告实施了何种侵权行为及责任承担

1. 被告一实施了制造、销售被诉产品的行为

根据深圳海关出具的《扣留侵权嫌疑货物通知书》可知，被诉产品由被告一销售出口至摩洛哥，虽然在出口时被深圳海关扣留，但考虑到扣留前，买卖合同已经成立，根据专利法司法解释的相关规定，被告一已经构成了销售被诉产品的侵权行为；并且，根据贵院向重庆海关和宁波海关调取的数据，被告一存在多次、大量销售出口被诉产品的行为。

其次，根据庭审现场比对可知，在被诉产品的仪表盘等位置均印有被告一所申请注册和使用的"cooper moto"商标，由此可知，被告一属于该案被诉产品的制造者，实施了《专利法》意义上制造被诉产品的行为。

被告一主张其只是采购摩托车的零部件并出口，但根据现场勘验可知，被告一所谓出口的420箱摩托车配件，每一箱组装后都是一辆完整的摩托车。所以，被告出口的其实就是摩托车整体，只是为了便于运输，才拆分成零部件的形式进行包装。从被告的报关单上的信息可以知道，出口数量是210辆，单价是585美元每辆。所以被告以出口的不是整车进行抗辩不能成立。

2. 被告二实施了制造被诉产品的行为

根据庭审现场勘验可知，在被诉产品的前梁左侧和右侧底座的铭牌上，均有被告二公司的英文名称。此外，被告二主营业务就包括摩托车产品的制造，并且是2020年度符合摩托车出口条件的企业之一，被告一瀛嘉公司系其对应的授权出口经营企业，由此足以认定被告二系被诉产品的制造者。

被告二主张被诉产品系由被告一伪造，被告二事先不知情。对此，原告认为，被告一作为被告二的摩托车授权出口经营企业，被告二对被告一以被告二资质出口摩托车产品的行为具有管理义务。根据在案证据，被告二从2019年11月至2020年12月，长时间、多批次出口被诉产品，被告二主张对于被告一出口行为不知情与常理不符。

因此，基于在案证据，应当认定被告二系被诉产品的制造者。

3. 二名被告的侵权责任

在认定侵权产品成立的情况下，应当销毁侵权产品整车。首先，该案一审的涉案专利要求保护的是一种摩托车整车，从授权公告的图片上也可以看出，是针对摩托车整体作出的发明创造。对应的，被诉产品是F50整车，而不是F50的某一个零部件或某一个部位，顾名思义，如果法院判决销毁被诉产品，当然应当销毁整车。

其次，对于知识产权侵权纠纷案件而言，销毁被诉产品作为对权利人的一种救济方式，其价值在于避免侵权产品以任何形式再次进入商业流通渠道，从而将侵权风险降到最低。如果不是整车销毁，被告完全有可能，以及有能力将部分销毁的被诉产品，

重新制造成侵权产品进入市场流通。这样，销毁侵权产品这个责任承担方式失去价值和意义。

再次，在不违背公共利益的情况下，被诉产品整体销毁也是知识产权侵权纠纷案件的普遍做法。在类似的商标侵权纠纷案件中，销毁侵权产品并不是简单地把商标销毁掉，而是要销毁整个侵权产品。同样，在该案中，在侵权产品明确是整车的情况下，应该整车销毁，而不是仅销毁其中的覆盖件。

4. 经济损害赔偿

（1）关于原告为制止二名被告侵权行为所支付的合理费用。

原告于三案中支付的合理费用为合计332 647元。其中，律师费：13万元；差旅费：24 485元；公证费：18 275元；仓储费：61 331元；担保利息：18 556.03元。

原告在该案一审中，诉求被告支付原告合理开支人民币13万元；其余部分202 647元作为仪表盘案和尾灯安装的合理开支，每案101 323.5元。

（2）关于被诉产品的出口销售额。

根据在案证据，涉及被诉产品销售出口数量的证据包括由第三方数据服务公司北京共荣致远科技有限公司提供的摩托车产品出口统计报告；深圳海关扣留的420台被诉侵权产品；以及一审法院向重庆海关和宁波海关调取的被诉产品出口情况。相关出口时间、单价、数量和金额如表4-1所示：

根据表4-1可知，共荣致远公司提供的数据，被诉产品出口数量为1 365辆，金额为761 775美元，按照6.75汇率计算，出口金额为人民币5 141 981元；

深圳海关扣留和法院调取材料数据，出口数量合计1 925辆，金额为1 096 375美元，按照6.75汇率计算，出口金额为人民币7 400 531元；

被诉产品总的出口销售数量为3 820辆，金额为人民币12 542 512元。

表4-1 被诉产品相关出口时间、单价、数量和金额

数据来源	出口海关	时间	单价（美元）	数量（辆）	金额（美元）
"共荣致远"提供	上海海关	2019年10月	535	210	112 350
	上海海关	2019年11月	535	210	112 350
	宁波海关	2019年11月	565	210	118 650
	深圳海关	2020年1月	525	210	110 250
	宁波海关	2020年2月	585	210	122 850
	宁波海关	2020年3月	585	210	122 850
	宁波海关	2020年4月	595	105	62 475
"共荣致远"提供小计				1 365	761 775

续表

数据来源	出口海关	时间	单价（美元）	数量（辆）	金额（美元）
海关扣留	深圳海关	2020年9月	585	420	245 700
法院调取	宁波海关	2020年8月	585	210	122 850
	宁波海关	2020年1月	585	210	122 850
	重庆海关	2019年11月	565	210	118 650
	重庆海关	2020年1月	525	210	110 250
	重庆海关	2020年3月	585	210	122 850
	重庆海关	2020年3月	595	105	62 475
	重庆海关	2020年8月	585	210	122 850
	重庆海关	2020年12月	485	140	67 900
海关扣留和法院调取小计				1 925	1 096 375

注：以上所列出口明细，不存在重复计算情形。

（3）关于被告的侵权获利。

原告在该案一审中，主张按照被告的侵权获利确定经济损害赔偿，并且，考虑到被告侵权行为存在主观恶意、侵权情节严重，并对原告三雅公司摩洛哥市场造成了严重的损害，以及被告在法院作出行为保全裁定后，还在2020年12月出口销售被诉产品。原告请求法院适用惩罚性赔偿，具体侵权损害赔偿计算如下：

销售额×利润率×贡献率×惩罚性赔偿系数
= 12 542 512×30%×30%×5
= 5 644 130（元）

三、代理体会

该案中，被诉侵权行为系将被诉产品出口至国外，非常之隐蔽，加之目标国家正是权利人的主要海外市场，对权利人商业影响巨大，因此，在维权和案件审理中，深圳海关与广州知识产权法院在关联专利侵权纠纷案件中的首次联动配合，凸显了广东省在积极探索知识产权行政和司法保护多方联动、高效衔接，切实保障知识产权权利人合法权益。

该案还是《最高人民法院关于审查知识产权纠纷行为保全案件适用法律若干问题的规定》施行以来，广州知识产权法院作出的首例诉前禁令，是积极稳妥推动司法解释适用的生动范例。法院的禁令裁定详细分析了诉前禁令的具体适用条件，结合案件情况对司法解释中相对抽象的胜诉可能性、难以弥补的损害、双方利益衡量以及社会公共利益等问题予以明确，对于新司法解释的适用和类似案件的处理均具有积极的现实意义。

在民事侵权案件中，为证明被告的侵权获利，华进律师团队向深圳海关、重庆海关、上海海关等调取了被诉侵权产品的出口记录，一方面证明了被诉侵权产品的出口数量较大，另一方面证明了被告一方在法院颁发禁令之后，还存在出口行为，存在主观恶意。这也成为后续法院判决被告赔偿经济损失人民币 107 万元的重要依据。

相比其他维权手段，诉前禁令能够有效提升知识产权司法救济的及时性、便利性和有效性。由于某些涉嫌侵权行为的持续性或不可控因素，对于权利人而言，及时制止侵害甚至比通过诉讼获得赔偿更有意义，诉前禁令作为制止侵权、降低损害和维权成本的有力司法武器，能够在打击侵权、维护知识产权人利益方面发挥更大的作用。

在诉前禁令有效保护权利人合法权益的同时，也应注意其在一定程度上限制被申请人权利的问题。石静涵法官建议，被申请人一定要重视权利人提起的诉前禁令申请，认真审核相关证据材料，提出自己的答辩意见和相关证据。一般来说，法院在作出裁定前会采取询问、听证等多种方式，给予双方充分的机会发表意见，从而在尽量查清事实的基础上作出公正的裁决。

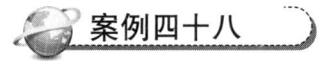

案例四十八

技术创新发展与商业秘密保护之间的平衡

——侵害平衡车技术秘密纠纷案

案例整理及评析人：周清华

【案例基本信息】

原告：东莞某机器人有限公司

被告一：深圳某科技有限公司

被告二：周某

被告三：郭某某

被告四：陈某某

被告五：闫某某

一审：广州知识产权法院，（2016）粤73民初1930号

二审：最高人民法院，（2020）最高法知民终270号

委托诉讼代理人：周清华、胡杰、潘华章、胜永攀，广东华进律师事务所，代理被告深圳某科技有限公司及四名个人被告

一、案情简介

2008年，五位青年创业者（其中包括该案四名个人被告以及一名案外人）等人成立武汉若某机器人有限公司（以下简称"若某公司"），在成立之初起便开始投入巨大人力物力研发平衡车，其产品获得行业和消费者好评。

2009年底，若某公司的上述五位股东与该案原告法定代表人结识，并在2010年初共同出资成立东莞某机器人有限公司（以下简称"东莞机器人公司"，即该案原告），主营包括平衡车等产品的开发和销售及相关技术服务，并签订《发起人协议》，其中约定若某公司以技术入股，同时该案四名个人被告入职东莞机器人公司并担任其核心技术人员。

2012年10月，四名个人被告从东莞机器人公司处离职，并另外成立了深圳某科技有限公司（以下简称"深圳科技公司"，即该案被告一），从事平衡车研发、制造和经营。2013 年，深圳科技公司自主研发的新款平衡车产品开始销售。

2016 年 2 月，东莞机器人公司认为，该案三名个人被告在东莞机器人公司处任职时，接触、盗取了东莞机器人公司的技术秘密，而且从东莞机器人公司处离职后另外成立深圳科技公司，继续非法使用东莞机器人公司的技术秘密并用于平衡车研发、制造、销售等经营活动，从而获得巨额非法利益，遂以涉嫌侵犯商业秘密罪为由向东莞市公安局报案，该局于同月立案调查；2016 年 8 月，东莞机器人公司又就同一事由，以涉嫌侵害技术秘密为由向广州知识产权法院对该案五名被告提起民事诉讼，诉请判令上列被告立即销毁、停用有关技术方案，并对其他技术秘密承担保密责任；判令上列被告停止生产、销售带有原告主张的技术秘密信息的产品；判令上列被告在多家媒体上刊登向原告赔礼道歉的声明；判令上列被告赔偿原告损失人民币 6 000 万元。该案五名被告均委托华进律师团队应诉。

二、争议焦点

该案的焦点在于：（一）原告主张的技术信息内容是否具体明确；（二）原告主张的技术信息是否符合商业秘密的法定要件，即同时具有秘密性、价值性、保密性；（三）原告主张的技术信息与被告产品所用的技术信息是否相同或实质相同。

（一）原告主张的技术信息内容是否具体明确

首先，华进律师团队对原告和被告之间曾存在的合作及纠纷关系进行了详细梳理，发现若某公司早在该案原告成立之前已研发完成并拥有全套平衡车技术，且从未将全套技术转移给原告，从而有力地证明了原告并不拥有该案所涉的技术秘密，不具备提起该案诉讼的主体资格。

原告主张的技术信息内容来源不明，而且载有这些内容的硬盘长期由原告保管掌控，存在数据被增减、修改的可能性；来源于该硬盘的鉴材内容、名称、形成时间等与原告的陈述明显存在多处不一致，与硬盘恢复数据的唯一性相矛盾，而原告并没有给出合理解释，从而无法证实其提交的技术信息即为其主张的"技术秘密"信息，即原告主张的技术信息不明确，法院无法确定其具体内容，更无法对其主张进行进一步审查，其他争议焦点也无从论述。

（二）原告主张的技术信息是否符合商业秘密的法定要件，即同时具有秘密性、价值性、保密性

该案一审立案审理前后，原告先后多次委托了多家司法鉴定机构对其主张的所谓"技术秘密"信息进行秘密性鉴定，以及将声称是被告产品所用程序代码与之进行同一性鉴定，并将有关鉴定结果作为其起诉被告侵害其技术秘密的重要证据。

针对以上情况，被告在华进律师团队协助下，聘请两家国内权威的专业机构以及平衡车领域的相关专家出具了专业技术意见，确定了：平衡车的核心技术只有平衡算法、姿态控制算法、电机控制算法三种；硬件对象的底层代码并非核心代码，硬件底层文件会被上层文件频繁调用是一个常识，不能以此来说明是核心代码；原告主张的"技术秘密"信息与被告产品所用代码中都包含的代码文件，均属因为使用相同芯片带来的相同文件，不是核心技术文件，而是硬件模块或芯片生产商提供，均为行业所知，不属于商业秘密。

另外，相关刑事案件的办案机构在调查过程中也曾对原告主张的技术信息以及被告产品所使用的技术信息进行取证，并委托司法鉴定机构进行同一性鉴定，鉴定意见认定两者存在同一性，原告也将该鉴定结果作为该案重要证据提交。被告在华进律师团队协助下对有关刑事案件办案机构的鉴定意见进行详细比对，并另行委托合资格的鉴定机构进行公知性鉴定，证明上述鉴定意见中被认定为相同的代码事实上均来自开源代码，软件开发人员可在互联网上轻易获得，既不属于原告，也不属于商业秘密的范畴。

被告也发现并向法院指出了刑事案件办案机构最初委托的鉴定机构与原告委托的鉴定机构为同一家，存在明显的利益冲突，不符合有关法律法规的要求，其司法鉴定意见缺乏合法性；经被告及华进律师团队积极申请和争取，刑事案件办案机关后来委托了另外一家鉴定机构进行鉴定，却仍被发现存在未依法取证、鉴材未经验证等问题，其鉴定意见不足采信。

同时，被告在华进律师团队协助下，对原告提供的有关鉴定结果及鉴材进行仔细研究比对，发现并向法院指出了原告历次鉴定中所用的鉴材均来自原告前工程师的硬盘，而且鉴材明显存在来历不明、内容不一致、曾被大量篡改、与原告陈述互相矛盾，甚至内容大量来源于第三方等诸多问题，从而证明原告所谓拥有"技术秘密"信息、被告非法盗取并挪用所谓"技术秘密"的主张缺乏真实性、具体性、合法性。

（三）原告主张的技术信息与被告产品所用的技术信息是否相同或实质相同

被告在华进律师团队协助下另行委托合资格的鉴定机构对原告主张为所谓"技术秘密"的程序代码与被告产品所用代码进行同一性鉴定，采用了合法、缜密的鉴定方法，证明被告产品所用代码与原告所称的"技术秘密"信息并不存在相同或等同关系，即被告从未使用原告技术信息，不构成侵害其技术秘密的客观要件，不存在实施侵犯商业秘密行为。

三、法院及检察机关意见

法院认为原告主张的技术信息不符合技术秘密的法定要件,对其主张不予支持,判决驳回原告的全部诉讼请求。此后原告曾经试图上诉,但最终撤回了上诉请求,被告在该案的民事诉讼中获得彻底胜利。

同时,前述与该案的民事诉讼相关的刑事案件由原办案机关移送当地检察院审查后,当地检察院也明确表示,该案被告构成侵犯商业秘密罪证据不足,不符合起诉条件,正式决定依法不对该案被告起诉。

四、代理工作

在该案中,华进律师团队接手代理该案件后,对案件所涉及的证据进行全面分析,紧紧围绕技术秘密的权利归属、技术秘密侵权的构成,进行充分的举证和论证;同时对原告股东和被告之间曾存在的合作及纠纷关系进行了详细梳理,并通过缜密举证证明原告并不拥有该案所涉的技术秘密,不具备提起该案诉讼的主体资格;然后,经过深入理解涉案平衡车技术所涉及的技术要点,洞察原告提供鉴定证据所存在的瑕疵及问题,对其证据的真实性、合法性提出有力质疑。为否定原告主张,华进律师团队指导被告先后聘请国内权威的专业机构以及相关专家出具了专业技术意见,并通过技术鉴定有力地否定了原告所主张的技术秘密点;同时通过委托多家权威鉴定机构,围绕该案涉及的平衡车的核心技术平衡算法、姿态控制算法、电机控制算法进行鉴定,鉴定的结果证明原告主张被告的平衡车技术与原告技术存在同一性的主张不能成立。

五、判决结果

广州知识产权法院驳回原告东莞某机器人有限公司的全部诉讼请求。

东莞某机器人有限公司不服广州知识产权法院作出的一审判决,向中华人民共和国最高人民法院提出上诉。审理过程中,东莞某机器人有限公司撤回上诉,一审判决自撤诉裁定书送达之日起发生法律效力。

六、案例评析

技术秘密是权利人劳动成果的结晶,是权利人拥有的一种无形财产,《反不正当竞争法》将侵犯商业秘密(技术秘密)行为作为不正当竞争行为予以禁止是十分必要的。但是,在类似该案的"创业者和前东家"之间发生的技术秘密纠纷案件中,如何既充分保护"前东家"的商业秘密权,又不过度限制创业者的自主发展和技术创新空间,这是一个亟待解答的难题。该案的近四年诉讼过程以及最终判决,也许就是这个问题的一种答案。

在该案涉及刑事及民事责任的双重风险、办案难度明显较大的情况下,代理被告的华进律师团队对案件所涉及的证据进行全面分析,紧紧围绕技术秘密的权利归属、技术秘密侵权的构成,进行充分的举证和论证,经过近四年的努力,最终取得案件的全面胜利:刑事案件方面,检察机关作出不予起诉的决定;民事案件方面,法院则判决不构成技术秘密侵权,并全部驳回原告的高额索赔请求。此种结果在同类案件中较不常见,且在相关行业中影响较大。

该案涉及平衡车核心技术及相关源代码、算法的技术鉴定,并且与该新兴行业及新技术的发展紧密相关,专业性较强,在证据分析及论证方面对经办法官、双方代理律师(特别是被告的辩护律师)均具有较大挑战性。华进律师团队在办案过程中通过引入专业鉴定机构及有关行业的重要技术专家,针对涉案技术信息的秘密性/公知性及其与原告主张的技术信息之间的同一性进行多次深入的、全方位的鉴定,证明原告及刑事案件另行委托鉴定机构所作的多次鉴定在真实性、合理性上存在重大瑕疵,从而否定原告主张,该案可为日后平衡车乃至其他前沿消费电子产品领域的商业秘密侵权证据分析、论证及结果认定提供参考。

该案涉及创新发展与商业秘密保护之间的平衡问题。经过华进律师团队的长期不懈努力,终于赢得法院驳回原告的所有诉讼请求,同时也帮助四名个人被告洗脱犯罪嫌疑以及侵犯他人技术秘密的污名,还四位优秀青年创业者以清白,也对整个平衡车行业的有序、健康发展产生积极作用。对于在创新科技行业中精准且有效地维护商业秘密(特别是技术秘密)以及平衡和维护各相关方的合法权益而言,该案可作为一个具有典型意义的参考案例。

该案获广州市律师协会 2020 年度业务成果奖,并入选 2020 年度广东知识产权保护协会推荐学习案例。

关于商业秘密侵权与专利权属案件的思考

撰稿人：曾旻辉　章上晓　苏泽君

2023年7月31日，最高人民检察院在第五届民营经济法治建设峰会上也发布了依法保护民营企业产权和企业家权益系列典型案例，其中"中某科技有限公司、陆某昌等三人侵犯商业秘密案"，展示了企业现实泄密场景，离职人员陆某昌违反保密义务，以不正当手段获取技术图纸，并生产与权利人烧成炉功能高度近似的窑炉，并销售给权利人先前的客户，造成权利人损失销售利润人民币达500余万元。涉案侵权主体均被判处构成犯罪，并处巨额罚金，自然人主体同时被判处有期徒刑。

一、商业秘密侵权案件的司法实践

近年来，随着社会经济规模的发展壮大和研发实力的提高，技术人员的人才流动日益频繁，伴随人员流动出现了不少商业秘密侵权纠纷，以及因泄密延伸的专利权属纠纷案件（为统一行文，下文将"专利申请权权属纠纷和专利权权属纠纷"统称"专利权属纠纷"）。但在知识产权诉讼领域，"举证难""胜诉率低"长期以来都是商业秘密维权诉讼最广为人知的标签。为加大商业秘密保护力度，破解"举证难""胜诉率低"等问题，《反不正当竞争法》于2019年4月23日进行了修订，并着重对商业秘密保护的多个条款进行修正，特别引入第三十二条关于商业秘密侵权诉讼特殊举证规则。自2019年《反不正当竞争法》实施以来，已有不少案例适用2019年《反不正当竞争法》第三十二条确立的举证规则进行裁判，有效保护了商业秘密权利人的合法权益。[1]

本文拟根据商业秘密保护政策动态和司法实践，结合商业秘密侵权与专利权属纠纷案件的维权和应诉经验，立足于原被告的不同视角，与读者分享维权诉讼中遇到的四个典型问题，并尝试分析其成因，提供实践所得的粗浅意见，以期引发更多人关注并思考此类典型问题，推动其合理妥善解决。同时，也能借此机会为企业构建商业秘密保护体系和处理商业秘密纠纷、专利权属纠纷等工作提供一些有益参考。

---

[1] 苏志甫,张好,何海燕.商业秘密侵权诉讼举证新规则解读及司法实践观察——基于2019年《反不正当竞争法》实施以来司法案例的实证分析[EB/OL].（2022-11-16）[2024-05-18]. https://mp.weixin.qq.com/s/5WSqEDQ1SL8zSIQxoJFG7w.

二、商业秘密侵权衍生专利权属纠纷

公开信息显示，2023年上半年以来，国内众多企业提起巨额赔偿的商业秘密侵权之诉，均剑指离职员工以不正当手段获取权利人商业秘密，并衍生专利权属纠纷，其中包括：1. 格力电器向广州知识产权法院起诉奥克斯、宁波奥胜及离职员工古某某等五名自然人侵害商业秘密，并请求法院将八件专利的专利权从奥克斯转移到格力电器名下，赔偿经济损失及合理维权费用9 900万元；2. 尚水智能指控宏工科技侵害商业秘密和专利，三起案件累计索赔6 000万元；3. 凯龙高科技股份有限公司就其司离职技术副总赵某某侵害技术秘密提起三案维权诉讼，涉案金额合计高达3 406 811万元。❶

除了上述媒体公开宣传报道的巨额索赔商业秘密侵权之诉，司法实务中其实还有非常多标的额较小的商业秘密侵权诉讼案件。但依据《最高人民法院关于人民法院在互联网公布裁判文书的规定》的相关规则，商事诉讼涉及商业秘密的，案件当事人可申请不公开审理、不公开裁判文书详情，故一般涉商业秘密侵权纠纷的企业，多数会以防止二次泄密为由，向法院申请不公开审理。基于此客观情况，我们在互联网中能检索到的涉商业秘密民事纠纷案件的裁判文书仅是商业秘密纠纷的冰山一角。但从这冰山一角，我们仍然能够窥探到商业秘密侵权纠纷案件的一些本质特征和存在的客观规律。

在威科先行数据库，采用关键词"侵害商业秘密""员工""离职"为关键字词，搜索近5年的相关案件，检索得608份裁判文书，其中判决书472份、裁定书115份、其他文书5份、通知书1份，案例评析15份（统计数据截至2023年8月15日）。

而在上述检得的608份文书中，侵害商业秘密纠纷案由的案件数约为418件。

进一步地，以"申请""专利"为关键词对上述418件侵害商业秘密纠纷案件进行检索，检索结果显示其中91件案涉及离职人员申请专利事宜，其中判决书75份、裁定书15份、案例分析1份。

以上数据信息在一定程度上证明，离职人员引发商业秘密侵权和专利权属纠纷已成行业常见态势，企业构建系统的商业秘密保护体系和制定商业秘密泄密应急预案具有紧迫性。

三、关于商业秘密侵权与专利权属案件的实务问题的思考

近5年来，华进律师团队经办的数十起涉商业秘密侵权案件中，因离职人员的不

---

❶ 黄莺. 格力再次起诉奥克斯，索赔9 900万背后的八件专利[EB/OL].（2023-07-18）[2024-06-21]. https://mp.weixin.qq.com/s/PN58RziZqEsNxSPQNcduDA.

当行为带来商业秘密侵权，以及衍生专利权属纠纷案件的情形确实越来越多。其中，尤以离职人员在离职后一年内申请专利构成侵权的情形，是商业秘密和专利权属纠纷的重灾区。为此，我们对商业秘密侵权与专利权属纠纷进行了系统性梳理总结，发现两者之间存在着一些互有牵连的典型问题，但实务界暂未有统一的观点意见。现分享相关实务经验，并分析成因及提出意见建议，以期对理论实务发挥积极作用。

（一）作为原告，如何处理专利权属纠纷之诉与商业秘密侵权之诉，才能更好地维护自身权利？

根据现行有效的《民事案件案由规定》规定，专利权属纠纷之诉与商业秘密侵权之诉是两个不同的三级案由，前者是第160项的案由，后者是第176项的案由。确定个案案由时，应当优先适用最小级别的案由[1]，没有对应的下一级案由的，才能适用相应的上一级案由。此举有利于更准确地反映当事人诉争的法律关系的性质，有利于促进分类管理科学化和提高司法统计准确性。同一诉讼中涉及两个以上的法律关系的，应当根据当事人诉争的法律关系的性质确定个案案由；均为诉争的法律关系的，则按诉争的两个以上法律关系并列确定相应的案由。由此可见，现行法律规定是允许按诉争的两个以上法律关系并列确定相应案由的。

针对知产侵权行为，权利人集合数种行为诉请维权的情况极其常见。从诉讼经济的角度来说，法律允许就集合行为一并提起诉讼。2019年，在大连博迈科技发展有限公司、何某江侵害技术秘密纠纷、专利权权属纠纷系列案件中，最高人民法院认为"法律允许将诉争的两个不同的法律关系合并在一个案件中进行审理"，即司法实践亦允许商业秘密与专利权属纠纷合案起诉。

法律规定与司法实践均允许商业秘密侵权与专利权属纠纷合案起诉。而且，从诉讼效率的角度而言，因商业秘密侵权案和权属纠纷案的管辖依据略有差异致两者未必可在同一法院分案起诉，原告在基于有利己方管辖的考虑而诉请合案审理具有天然便利；同一合议庭全面了解案件情况，既降低了原告的诉累，也节省司法成本，还能够避免出现两个冲突判决等各类优势。然而，客观上还是存在三种情况可能影响该类型案件合案审理工作。

其一，是部分管辖地法院司法惯性问题。由于商业秘密侵权之诉与专利权属纠纷之诉的案件审理思路有很大的差别，合案审理必然增加了案件审理和文书撰写的难度，部分法院主观上不愿、认识上理解为不能将这两种类型的案件作为一个案件来处理，从立案阶段至审理阶段，均对诉争两个以上法律关系的原告进行劝说，建议分案处理。如大连博迈科技发展有限公司诉何某江技术秘密纠纷、专利权权属纠纷案件中一审法院的认定结论"二者属于侵害技术秘密和专利权权属两个不同案由，不属于同一法律

---

[1] 案由规定自下而上包括四级案由、三级案由、二级案由、一级案由。

关系，所涉及的被告主体亦不相同，不应在本案中同时进行主张"。实践中，商业秘密维权诉讼的原告为了能尽快进入实体审理阶段，避免胶着于受理与否导致造成扩大损失，一般也会接受分案的建议。

其二，有些类型的商业秘密侵权案件或专利权属纠纷案件不具备合案诉讼的基础。如权利人前期未对商业秘密采取足以防止泄密的保密措施，以致丧失保密性要件，至泄密时仅能通过专利权属纠纷实现最低限度的维权；也有另一种类型的案件必须先取得商业秘密侵权案件的胜诉，才能具备专利权属纠纷之诉的胜诉基础。如离职员工泄露商业秘密后，并未直接以自身名义申请专利，而是通过关联主体披露权利人的商业秘密、申请专利，又或者侵权人并未在离职一年内申请专利，导致权利人难以直接主张专利权属归原单位。

其三，商业秘密侵权纠纷相较专利权属纠纷而言，通常更为复杂，一般会涉及非公知和同一性鉴定导致审限中止，案件审理周期远远长于专利权属纠纷之诉，并且在激烈的法庭辩论中，合案诉讼容易模糊争议焦点，对于原告而言不一定有利。基于此，权利人为尽快弥补损失，重振企业内部的员工士气，打击侵权人的嚣张气焰，也会考虑优先通过专利权属纠纷诉讼要回已公开的专利独占实施权，以彰显权利人维权的决心。

实践中，商业秘密侵权之诉与专利权属纠纷之诉的分案与否，应当根据案件具体情况以及管辖地法院司法惯例，从有利于维权的角度出发作适宜选择。

（二）商业秘密侵权纠纷与专利权属纠纷案件若尚未直接侵权获利，如何主张赔偿金额才能尽可能填平损失？

《最高人民法院关于审理侵犯商业秘密民事案件适用法律若干问题的规定》第十九条规定，因侵权行为导致商业秘密为公众所知悉的，人民法院依法确定赔偿数额时，可以考虑商业秘密的商业价值。人民法院认定前款所称的商业价值，应当考虑研究开发成本、实施该项商业秘密的收益、可得利益、可保持竞争优势的时间等因素。

商业秘密侵权案件中，如何确定损害赔偿数额才能填平权利人的损失，一直是司法实务中的重点和难点。由于举证的问题，当前多数商业秘密侵权案件运用法定赔偿方法确定赔偿数额，某种程度上导致赔偿数额整体偏低。但是，在法定数额之内仍表现出较明显的浮动，实践中有一些高额判赔案件，其中可能有自由裁量的因素，但也意味着当事人举证仍影响着法定赔偿额的确定。对于因侵权行为导致商业秘密为公众所知悉的，即类似上文所述的商业秘密侵权纠纷及专利权属纠纷之关联诉讼，人民法院依法确定赔偿数额时，可以考虑商业秘密的商业价值。而商业价值的具体考量对象依法应当包括研究开发成本、实施该项商业秘密的收益、可得利益、可保持竞争优势的时间等因素。

在华进律师团队承办的广州某影像技术有限公司（以下简称"D公司"）诉深圳

某光学科技有限公司（以下简称"P公司"）、自然人周某侵害技术秘密纠纷及专利权属纠纷系列案件中，两被告虽然违反保密义务，擅自在被诉专利申请中披露、使用原告D公司的技术秘密，但是尚未基于涉案专利制造产品，即尚未直接侵权获利。而且涉案设备属于原告保密的专用设备，并不对外出售，因此不论是按照被告销售侵权产品的获利或者原告销售量下降的损失，均无法反映因侵权给原告造成的损失。如何确定损害赔偿数额并取得法院支持，考验着办案律师团队的智慧。

为此，华进律师团队从涉案商业秘密的商业价值入手，通过摸底权利人企业成长脉络，了解到权利人此前曾与案外人签订股权购买协议，受让取得商业秘密，而该协议中对涉案商业秘密有所提及，且权利人也曾在一则"收购公告"中发布涉案商业秘密载体再投资的有关信息。因此，华进律师团队在诉讼中向法院提交了权利人与案外人签订的股权购买协议，以及"收购公告"，主张股权购买协议中明确载明涉案商业秘密的载体成本预算为××万美元，"收购公告"中载明"再投资××亿美元"，两者均为涉案商业秘密的研究开发成本，应当作为确定损害赔偿数额的主要事实依据。

此举最终取得最高人民法院与广东省高级人民法院等两级法院的共同认可，判决认定"涉案技术秘密因两上诉人申请专利的行为导致对外公开并丧失秘密性，社会公众已经可以通过公开渠道了解涉案技术秘密，原审法院根据两上诉人侵害技术秘密行为的性质、情节及其后果，以及D公司支付的合理开支等因素，确定两上诉人应向D公司赔偿经济损失及合理开支合计300万元，具有事实和法律依据"。

司法实践中，不乏法院超出法定限额确定赔偿额的案例，故华进律师团队甚至可以大胆推定，法院在实践中实际总结出了一种超越法定赔偿，又不同于依据实际损失或侵权获利的确定赔偿数额的方法。如果一定要对此种赔偿方法定性，华进律师团队认为，其仍属于依实际损失或侵权获利确定损害赔偿数额的范畴，只不过此时的实际损失或侵权获利并非能够精确计算，而是法院根据案件实情依法酌定的结果。因此，权利人应当竭尽所能提供其实际损失或被告侵权获利的证据，使法院至少可以据此计算出销售额或利润总额等基本数字，使后续的酌定有所依据。❶

（三）商业秘密侵权和权属纠纷案件中，如果涉案专利因为撰写质量差而价值低或者无价值，权利人有何救济途径？

2023年8月9日，广州天赐高新材料股份有限公司发布关于公司提起诉讼的公告，称其及全资子公司九江天赐高新材料有限公司作为原告，已就离职核心员工陈某财、金石资源集团股份有限公司及江山金石新材料科技有限公司侵害商业秘密纠纷向广州知识产权法院提起民事诉讼，指控被告通过申请专利的方式，将其核心的商业秘密公开，索赔经济损失人民币9 000万元及合理开支80.2万元。涉案专利的申请日是离职

---

❶ 徐卓斌.商业秘密侵权案件损害赔偿数额的确定[N].人民法院报,2018-05-30(7).

员工陈某财离职超过一年后。虽然暂未检得权利人诉请专利权属纠纷案件的有关信息，但已经查到，该专利申请于 2023 年 11 月 24 日被下发驳回决定，目前该申请处于复审程序。

商业秘密权利人通过提起侵害商业秘密纠纷及专利权属纠纷诉讼，取得专利申请权后，常会出现令权利人头疼的情况，那就是因为专利申请撰写质量差而无法取得授权，或者即便授权亦价值极低。类案情形极为常见，导致部分商业秘密权利人甚至在评估何时提起维权诉讼时，出现是否"养肥再杀羊"（等专利申请获得授权或取得正面的稳定性评价报告再提起诉讼）的疑问。商业秘密权利人本可根据自己的企业战略规划更好地布局专利，或者通过商业秘密管理保持持续竞争优势，但其商业秘密却被他人以申请专利的方式公开了，实践中出现了两种目前司法留白的常见后果。

其一，站在被告立场，如果专利的撰写质量佳，且权属纠纷案将专利权判归商业秘密案权利人所有，那么被告是否可以主张商业秘密侵权纠纷裁判应当考虑将专利折抵一部分赔偿，进而降低了商业秘密的整体赔偿额？其二，站在原告立场，如果涉案专利因为撰写质量差而价值低或者无价值，实质上原告除了丧失竞争优势，还应当包括专利申请权的财产性权益受损的侵权后果。但现行法律规定和司法实践对于原告此种财产性权益受损，实质并未有救济之道。部分法院对于专利权属纠纷，甚至连合理费用亦不予支持。

在实践中，以往案例中暂时还没有出现此类抗辩理由，多数原告也往往在拿到专利权之后，并未进一步深究取得的专利权是否稳定和有价值。但是终究这会是一个需要回答的问题，期待未来有司法实践来解答。

（四）离职一年内申请的专利权或专利申请权是否必然判归原单位？

专利权属纠纷案是目前专利纠纷中极为常见的一种类型，绝大多数在先案例均支持原告的诉请，即将跳槽人员在离职一年内申请的专利权判给原单位。但是近年来，将专利权属一刀切判归原单位的情况已有不同声音出现，更加注重在后发明创造与发明人原单位本职工作在技术上的延续性问题。开展系统性商业秘密管理的企业应当关注司法实践的变化，在企业合规管理和商业秘密维权时，随时势之变进行更周全的准备。

2023 年 6 月 1 日，上海市高级人民法院在裁判文书网上公布浙江吉利控股集团有限公司与威马汽车科技集团有限公司等主体专利权权属纠纷案件的二审判决书，其认为：现有证据无法证明诉争专利系张某、冷某在与原单位劳动、人事关系终止后 1 年内作出的、与其在原单位承担的本职工作或者原单位分配的任务有关的发明创造，驳回了吉利公司主张涉案专利权属归原单位所有的诉请。虽然诉争专利申请日确系被告张某、冷某从吉利关联公司离职后 1 年内，但是败诉原因实质是法院认定吉利公司提交的证据无法证明离职员工在原单位的工作职责范围、具体工作内容等与诉争专利的研发存在关联,即法院认定不能简单地认为只要发明创造与发明人在原单位的业务领域具有一定联系就认定该发明创造为发明人在本职工作中作出的发明创造。

此外,对于新单位对专利的实质性特点确有作出创造性贡献的一些案件,可否考虑主张认定共有呢?此种主张并非无根之水,早在2018年3月,上海市高级人民法院在(2017)沪民终327号专利权权属纠纷一案中就认定"在案证据可以认定涉案专利技术属于原审原告的员工的职务发明,但同时亦不能否定虞某峰和原审被告的员工在其中的技术贡献,故涉案专利技术方案应认定为两员工的共同成果,归属原单位与新单位共有,申请专利的权利亦应属于双方共有,申请被批准后,共有人均为专利权人"。

2019年,华进律师团队在代理上诉人W公司、杨某、赖某与被上诉人L公司专利申请权权属纠纷二审案件中,也曾提交大量证据,主张应当充分考虑被告对诉争专利的技术贡献大,诉争专利权属应归原单位与新单位共有,遗憾的是该抗辩最终并未能被法院采纳。在司法实践中,职务发明专利权属的认定是否应当局限于"一年"的期限,即是否应该一概将离职一年内申请的涉案发明创造归属于原单位所有呢?还是根据现行法律规定和司法实践经验,对于诉争专利权属的发明人中既有原单位离职员工又有新单位员工的情况,充分考虑被告在其中的技术贡献,且结合双方的举证,基于民法总则规定的公平合理原则,依法认定共有呢?个人以为,值得在未来的司法实践中进一步探讨和完善。

四、结语

综上,虽然从大数据看,商业秘密侵权之诉依然存在"举证难""胜诉率低"等客观情况,但对于商业秘密侵权之诉与专利权属纠纷之诉此类有抓手的特殊案件,通过公开的专利文献信息,合理确定密点、充分举证论证,企业开展商业秘密维权仍有可能掌握案件胜诉的密码。而虽然专利权属纠纷之诉的维权模式成熟,审判路径亦较稳定,但企业仍应当保有足够的警惕之心,在日常管理中做好企业的商业秘密保护管理,才能在开展维权或被指控侵权时做到游刃有余,进退有度。

共创智慧成果　助力科技创新——华进知识产权服务案例汇编

商标及反不正当竞争等

案例四十九

如何认定复制摹仿驰名商标行为

——"万和"商标侵权纠纷案

案例整理及评析人：欧平凤

【案例基本信息】

上诉人（一审原告）：广东万和新电气股份有限公司
上诉人（一审被告）：广东万先电器有限公司
被上诉人（一审被告）：杨某虎
被上诉人（一审被告）：南宁鸿静商贸有限公司（以下简称"鸿静商贸公司"）
一审：广州知识产权法院，（2020）粤73民初730号
二审：广东省高级人民法院，（2021）粤民终4278号
委托诉讼代理人：欧平凤、熊仙凤，广东华进律师事务所，代理万和公司

一、案例背景

广东万和新电气股份有限公司（以下简称"万和公司"）是专业的燃气用具、热水器等家电知名企业，享有第11类上燃气具、热水器等"万和""Vanward 万和及图"商标（表4-2，以下简称"原告商标"）的专用权。

表4-2　原告商标与被诉商标的商标图案

原告商标	被诉商标
万和、Vanward万和	万先、Wonpion万先

经调查发现，广东万先电器有限公司（以下简称"万先公司"）在线上线下生产、销售标有"万先""Wonpion万先及图"商标（表4-2）的热水器、燃气灶具等产

品,并且这两枚商标已在相关经营的产品上成功获得注册(以下统称"被诉商标")。

万和公司委托华进律师团队以被诉商标损害其驰名商标权益及构成不正当竞争为由诉至广州知识产权法院,要求停止侵权、消除影响及赔偿500万元,并要求法定代表人、授权经销售承担连带赔偿责任。广州知识产权法院一审审理后认为:本案有必要认定原告商标为驰名商标才能认定被诉商标是否侵害原告商标权益,并综合全案证据认定原告商标构成驰名商标。但认为:被诉商标与原告商标读音、字形和含义上有明显区别,不构成商标侵权及字号不正当竞争。另,万先公司对外进行了虚假宣传,构成虚假宣传的不正当竞争,判令赔偿10万元。

万和公司及万先公司均上诉至广东省高级人民法院。

二、争议焦点

(1) 该案是否具有认定驰名商标的必要性?原告商标是否构成驰名商标?
(2) 被诉商标是否构成对原告商标的复制、摹仿?
(3) 万先公司将"万先"登记注册为字号并使用,是否构成不正当竞争?
(4) "始创于1989年"的宣传行为是否构成虚假宣传?
(5) 如构成商标侵权及不正当竞争,该案是否应适用惩罚性赔偿?一审被告杨某虎、鸿静商贸公司是否应当承担连带责任?

三、办案策略

代理万和公司的华进律师团队在一审法院认定权利商标构成驰名商标但被诉商标与权利商标不近似的不利情形下,从立法原义及驰名商标强保护的角度,充分阐释了"应如何认定复制、摹仿驰名商标"这一构成要件,并在二审庭审中当庭模拟消费者购物场景进行隔离比对,同时补充提交多份曾经认定被诉商标与原告赖以驰名的权利商标近似的行政裁决文书。另外,华进律师团队还提供证据证明标有被诉商标的产品曾经因产品问题等遭受行政处罚,将会对原告赖以驰名的权利商标美誉度造成贬损影响。华进律师团队认为:在认定是否复制、摹仿驰名商标时,即使商标标识本身存在差异,也还应结合驰名商标知名度、商标实际使用方式来综合认定是否构成对驰名商标的复制、摹仿。华进律师团队的主张最终获得法院的支持。

关于如何计算该案判赔额,虽华进律师团队一审主张按照实际获利计算惩罚性赔偿基数,并已申请责令被告提交相关财务账簿资料,但被告所提交的财务账簿存在明显的瑕疵,在此情形下,华进律师团队还向法院提交了近三年的权利商标许可费用证据,争取以商标许可费的合理倍数来确定惩罚性赔偿基数。另外,华进律师团队还从被告及其实际控制人的经营模式、过往处罚记录等证明被告系以侵权为业,应当适用惩罚性赔偿，且其实际控制人也应当承担连带责任。

四、法院观点及判决结果

经华进律师团队充分阐释驰名商标保护精神，以及进一步挖掘万先公司恶意抢注商标、产品质量检测不合格、以侵权为业等证据来展示其摹仿万和公司的恶意，最终广东省高级人民法院二审认定：

（1）关于复制、摹仿驰名商标及不正当竞争。原告商标在被诉商标申请前已经达到驰名程度。若单纯从构成要素分析，"万先"和"万和"仅首字相同，"Vanward 万和及图"和"Wonpion 万先及图"亦仅万字相同，较难判决被诉商标是否构成对驰名商标的摹仿。但是结合商标的设计手法、带给相关公众的视觉效果以及在商品上的使用形式，可以认定被诉的两枚商标构成对万和公司驰名商标的摹仿。且万先公司与万和公司地理位置临近及商誉同行业竞争者，登记使用"万先"字号、对外虚假宣传荣誉等均构成不正当竞争。

（2）关于万先公司、杨某虎、鸿静商贸公司的责任承担。二审法院认定被诉侵权行为构成故意侵权且情节严重，故以商标许可费为基数对万先公司适用惩罚性赔偿，予以全额支持万和公司索赔 500 万元。且万先公司生产、销售不合格商品，对相关公众形成误导，已对万和公司的商誉造成贬损，故应赔礼道歉。杨某虎作为万先公司的法定代表人和控股股东，控制公司以侵害知识产权为业，应承担连带赔偿责任。故二审法院判决：

① 维持广州知识产权法院（2020）粤 73 民初 730 民事判决第一项；
② 撤销广州知识产权法院（2020）粤 73 民初 730 民事判决第二、三项；
③ 万先公司、杨某虎、鸿静商贸公司于本判决生效之日起立即停止实施侵害万和公司万和、"Vanward 万和"注册商标专用权行为，并销毁库存或待销售的侵害万和公司万和、"Vanward 万和"注册商标专用权的商品；
④ 万先公司于本判决生效之日起立即停止使用包含"万先"字号的企业名称；
⑤ 万先公司、杨某虎、鸿静商贸公司于本判决生效之日起十日内在《中国知识产权报》上就其该案侵权行为刊登致歉声明，消除对万和公司的不良影响；
⑥ 万先公司、杨某虎于本判决生效之日起十日内连带赔偿万和公司经济损失 500 万元；
⑦ 鸿静商贸公司对第六项确定的债务在 200 万元范围内承担连带赔偿责任；
⑧ 驳回万和公司的其他诉讼请求。

五、案例意义

（1）二审判决明确了：在认定是否复制、摹仿驰名商标时，即使商标标识存在差异，也还应结合驰名商标知名度、商标实际使用方式来综合认定，彰显了对复制、摹仿驰名商标的打击力度。

该案一审、二审均认为"万先""Wonpion 万先"与"万和""Vanward 万和"商标标识构成存在差异，但该案一审判决仅机械比对商标本身，认为"万先"与"万和"仅首字相同，整体存在区别，英文字母构成也不同，不判为近似商标。而二审法院明确了"认定复制、摹仿驰名商标"与"普通商标侵权判定"存在一定区别：即使商标本身存在差异，但结合被诉商标的设计手法、带给相关公众的视觉效果以及在商品上的使用形式，也可以认定构成对驰名商标的摹仿。否则驰名商标极易被通过摹仿而被不正当利用甚至淡化。

（2）华进律师团队通过过往案例、商标申请及许可链等充分证明了万先公司系其法定代表人"杨某虎"以侵害知识产权为业的操纵工具，进而说服法院适用惩罚性赔偿。

（3）该案是较少基于商标使用许可费作为基数来计算惩罚性赔偿的案例之一，给企业今后类似的维权提供了商标许可证据保全方向及较为合理的计算模型。

《最高人民法院关于审理侵害知识产权民事案件适用惩罚性赔偿的解释》对知识产权民事案件中惩罚性赔偿的适用范围，故意、情节严重的认定，计算基数、倍数的确定等作出了具体规定。在确定惩罚性赔偿数额基数时，通常是按照"原告实际损失数额""被告违法所得数额"或"被告因侵权所获得利益"作为计算基数，若前述计算基数难以确定，可参照"许可使用费的倍数"来确定。司法实践中，实际损失、侵权获利通常难以计算，而商标许可证据不完整、收费模式不固定、计算时长不明确等，实践中鲜有参照"许可使用费的倍数"来确定惩罚性赔偿基数的案例。

该案万和公司在一审、二审中穷尽手段证明万先公司的销量，但难以计算万先公司的侵权获利或者自己的实际损失，在法院责令下，万先公司提供的账簿资料仍无法采信及明确计算侵权获利。在此情形下，进而提交充分的商标许可使用费用证据及明确、合理的计算公式"平均年商标许可使用费×侵权时长×参照商标许可费倍数×惩罚性倍数"来计算赔偿基数，为类似案件提供了计算思路。

（4）华进律师团队为了保障后续执行，以及使得操控人受到法律制裁，将万先公司的法定代表人列为共同被告。而二审判决亦支持华进律师团队的观点，进一步明确了：法人虽然人格独立，法定代表人或股东通常不承担连带赔偿责任，但若有证据证明该法人实际操控公司以侵害他人知识产权为业的，公司沦为了该法人的侵权工具的，则应承担连带赔偿责任并应适用惩罚性赔偿。

六、结语和建议

在商标侵权案件中，应避免机械比对及给予驰名商标应有的保护强度，对侵权行为进行整体比对及最大化遏制"复制、摹仿"行为。参照商标许可使用费来计算惩罚性赔偿基数相较于先确定实际损失、侵权获利而言，更为明确地基于商标本身的市场价值对品牌进行保护且计算金额更为精准，建议企业在经营过程中注重保存商标许可使用证据。

有一定影响力的商品包装及装潢保护

——"元气森林"与"金某公司""广某公司"不正当竞争纠纷案

案例整理及评析人：郑皓莹　张雨晴

【案例基本信息】

原告：元气森林（北京）食品科技集团有限公司（以下简称"元气森林"）

被告：安徽省金某食品有限公司（以下简称"金某公司"）；利辛广某电子商务有限公司（以下简称"广某公司"）

一审：北京市丰台区人民法院，（2022）京0106民初7859号

二审：北京知识产权法院，（2023）京73民终1810号

代理人：郑皓莹，广东华进律师事务所，在一审、二审程序中代理元气森林。张雨晴，广东华进律师事务所，在二审程序中代理元气森林

一、案例背景

元气森林是生产健康饮品的知名企业，主打产品为"元气森林"系列苏打气泡水，其产品包装、装潢于2018年3月开始持续使用至今。经过在全国范围内的大力推广及多维度营销，元气森林在全国无糖饮料及苏打气泡水市场里积累了广泛的影响力和较高的知名度。元气森林产品的包装、装潢在瓶体造型、文字、色彩、图案及其排列组合上，具有独特的设计。该包装、装潢并非为相关商品所通用，且与商品的功能、性质和形状无关，可以产生区别于其他同类产品、具有显著识别性的特征。另外，元气森林产品经过在全国范围内持续的使用和大量的宣传推广，其包装、装潢已被广大消费者所熟知，并与元气森林及其产品产生对应的联系。

被告金某公司、广某公司是饮料生产企业，其生产的苏打气泡水产品在线上主流电商平台及线下商超均有销售，使用的包装、装潢与元气森林产品近似，将引起消费者混淆误认。

元气森林故委托华进律师团队对被告提起侵权诉讼。华进律师团队全程代理元气森林在该案一审、二审中的诉讼工作及调解沟通，顺利维护元气森林的合法权益。

二、案例看点

（一）被告于产品上使用有其注册商标

该案被告在其侵权产品包装装潢上未全部使用客户装潢中的所有显著性要素，双方包装装潢并非完全相同，且被告于产品上亦使用有其注册商标，故该案有不被认可构成近似包装装潢或引起混淆的风险。

针对此种情况，华进律师团队除了从元气森林产品知名度、包装装潢显著性及双方包装装潢近似对比的角度出发，还通过证明被告的不正当竞争故意，来争取认定被告构成侵权。华进律师团队在网络上对被告进行深入调查，发现被告曾在网络宣传报道中使用元气森林产品照片，属于明知元气森林产品存在而故意实施混淆行为。最终法院认可华进律师团队主张，认定双方产品包装装潢构成近似，被告行为构成不正当竞争，有力维护了元气森林对其产品包装装潢的合法权益。

（二）判赔额较高

该案取得在元气森林同类案件中较高的判赔额。华进律师团队对被告于各个电商平台的侵权产品销售额和案外经销商库存额进行了详细统计，计算出被告侵权产品销售金额巨大。华进律师团队还发现被告曾因侵权产品存在食品安全问题而受到行政处罚，处罚决定书中明确记载了侵权产品的出货价等情况，为华进律师团队计算侵权所得数额和侵权产品利润率提供了依据。

三、法院观点及判决结果

一审法院认定元气森林苏打气泡水包装、装潢构成《反不正当竞争法》第六条第（一）项中规定的"有一定影响的商品包装、装潢"，被告生产、销售的气泡水包装、装潢与元气森林产品高度近似，构成不正当竞争，判决赔偿 70 万元人民币。被告提起上诉后，与元气森林于二审阶段达成调解。

四、案例意义

在商品包装装潢仿冒案件中，权利人和侵权人的包装装潢构成近似是获得胜诉的前提之一。但往往存在较为"精明"的侵权人，他们不会使用与权利人相同的包装装潢，而是进行了一定程度的再创造，试图规避侵权认定。该案的权利人元气森林公司是我国知名饮料生产企业，其元气森林品牌气泡水的包装装潢屡屡遭到山寨仿冒。该案侵权人在仿冒时，并未在同一款商品上使用权利人包装装潢的全部显著性设计要素，而是进行了一定的变形和拆解、设计成两款侵权包装装潢，每款各自使用部分设计要素；同时，侵权人使用的是其自身的注册商标，未有商标侵权迹象。

华进律师团队在该案中成功证明原告包装装潢属于有一定影响商品的包装装潢，被告本身具有主观恶意，其产品具有造成消费者混淆与误认的风险。因此，即使于侵权产品上未全部使用原告包装装潢所有显著性要素，且被告使用有其注册商标，被告仍构成不正当竞争。该案对于打击类似"钻漏洞"的侵权行为具有积极启示意义。

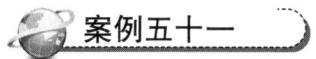

案例五十一

在微信朋友圈宣传销售情况应作为赔偿额考量因素

——"恺撒堡 kayserburg"商标侵权纠纷案

案例整理及评析人：郑皓莹　张雨晴

【案例基本信息】

原告：广州珠江钢琴集团股份有限公司

被告：山东某教育器材有限公司、临沂某琴行及其经营者

审理法院：山东省临沂市中级人民法院，（2023）鲁13民初73号

代理人：郑皓莹、张雨晴，广东华进律师事务所，代理广州珠江钢琴集团股份有限公司

一、案例背景

原告"广州珠江钢琴集团股份有限公司"建于1956年，长期从事钢琴的研发、制造、销售与服务。自1987年以来，原告的钢琴产销量一直保持在国内同行业前列，2001年跃居全球第一并保持至今，2018—2021年的营业收入总额分别约为17亿元、17.7亿元、14.4亿元及16.4亿元，是最具国际竞争力的中国乐器龙头企业和最具国际影响力的民族品牌。

原告于2007年10月15日申请注册了第6323755号"恺撒堡"商标、第6323768号"Kayserburg"商标、第6323734号"Kayserburg及图"及第6323785号"恺撒堡Kayserburg"商标，指定商品均为第15类"乐器；乐器弦轴；乐器键盘；乐器弦；吹奏乐器的管口；乐器盒；小提琴腮托；琴码；乐器制音器；乐器用弱音器"，均于2010年2月14日获得核准注册，至今有效。

"恺撒堡 kayserburg"是原告2007年推出的旗下高端钢琴品牌，依托珠江钢琴集团六十余载的钢琴制造实力，由珠江钢琴技术团队与特聘知名欧洲钢琴设计名家合力研发打造，出现在人民大会堂、国家大剧院、亚运开幕式、G20峰会、金钟奖、央视春晚、国庆联欢晚会、广州国际灯光节等各种大型活动中，被国内外钢琴大师赞誉为"质量技术水准已接近世界顶级钢琴品牌"。原告"恺撒堡 kayserburg"钢琴销售遍布全国各地（包括三被告所在的山东省临沂市），经过多年的使用，原告"恺撒堡 kayserburg"品牌钢琴在行业内已经拥有了极高的知名度和影响力，自 2009 年至今多次获得国家级、省级和市级荣誉，如于 2009 年获得"中国轻工业联合会科学技术进步奖二等级"；于 2011 年、2014 年被认定为"广东省名牌产品"；于 2013 年被评为"国家重点新产品"；于 2014 年、2015 年被评为"广东省著名商标"；于 2021 年均入选"广东省重点商标保护名录"等。

被告是乐器销售商，在阿里巴巴、淘宝网站开设店铺销售"恺森堡 kaisenburg"品牌钢琴，并通过微信朋友圈进行宣传推广。此外，被告的多条朋友圈明确表示其同时销售原告的"珠江"品牌钢琴。被告亦曾向国家知识产权局申请注册"恺森堡 kaisenburg"商标（以下简称"被诉商标"），但已被国家知识产权局于 2018 年发出驳回通知、驳回其注册申请。

原告故委托华进律师团队对被告提起侵权诉讼。华进律师团队全程代理原告在该案中的诉讼工作、执行及和解沟通，顺利维护原告的合法权益。

经过审理，法院判决认定被告构成商标侵权，判决赔偿 20 万元人民币。

二、该案看点

（一）华进律师团队成功证明被告存在侵权主观恶意，影响判赔额

原告认为，被告的侵权主观恶意明显。具体理由如下：

首先，被告是原告的销售商，且原告品牌产品本身在行业中具有极高知名度，被告理应知晓且熟悉原告旗下在先品牌的存在。从被告阿里巴巴店铺宣传及朋友圈来看，被告作为琴行及经营者，本就代理销售原告产品。而原告"恺撒堡 kayserburg"品牌钢琴多次获得人民日报、央视、党委媒体、各级音乐协会等权威机构的报道，具有极高知名度。其次，被告曾在微信聊天推广时将侵权产品与原告产品进行不正当的优劣对比，宣称"（被诉）钢琴性价比很高，用料、参数都比珠江还要好"，将原告品牌产品与其侵权产品进行毫无依据的优劣对比，以不正当手段宣传侵权产品。再次，被诉商标的注册申请曾被驳回，被告理应知晓被诉商标违反商标法，但仍然使用被诉商标。

综上，被告应当知晓原告在先"恺撒堡 kaysenburg"品牌的存在、被诉商标存在违法情形，但仍不进行合理避让，且被告很可能同时是侵权产品生产商，具有侵权的主观恶意。

法院经过审理认可了华进律师团队观点。法院认为，被告作为原告同行，并且同时是原告另一品牌"珠江"钢琴的销售商，理应知晓原告在先"恺撒堡 kayserburg"品牌的存在，却仍大量生产、销售侵权产品，其主张不知道侵权、无主观恶意的理由不成立，不予采信。关于该案的赔偿数额，法院也认定被告主观恶意较大，并重点考虑

了这一因素。

（二）将被告朋友圈宣传销售情况纳入赔偿额考量因素

该案被告除了在电商平台销售侵权产品，亦在微信朋友圈进行推广销售。在统计侵权销售情况时，电商平台的销售额较小、也较难看出销售所涉地域范围；但是经统计，被告于 2018—2022 年在其微信朋友圈至少发布了数十次侵权产品的发货信息，向相关公众展示侵权产品及发货情况，侵权钢琴产品的发货数量至少过百台，货物送达地域涉及多个不同省市地区，由此计算的侵权销售额较大、涉及范围较广、持续时间较长。

法院在酌定赔偿额时，将前述情况进行了重点考量，认为自 2018—2022 年被告多次销售 "恺森堡 kaisenburg" 钢琴，销售地区除了青岛、枣庄、临沂郯城、临沂罗庄等山东省地区，还包括辽宁、新疆、江苏等其他省地区，销售被诉侵权产品时间长、区域广、数量大。

三、法院观点及判决结果

法院认定被告构成商标侵权，判决赔偿 20 万元人民币。

化妆品代工企业商标使用行为的认定

——"莹特丽"商标侵权及企业名称不正当竞争纠纷案

案例整理及评析人：郑露　郑皓莹　樊春妍

【案例基本信息】

原告：莹特丽集团 INTERCOS S. P. A.、莹特丽化妆品（苏州）有限公司、莹特丽科技（苏州工业园区）有限公司

被告：莹特丽（广州）生物科技有限公司

一审：广州市花都区人民法院，（2019）粤 0114 民初 11082 号

二审：广州知识产权法院，（2020）粤 73 民终 5233 号

代理人：郑露、郑皓莹、樊春妍，广东华进律师事务所，代理原告

一、案例背景

莹特丽集团 INTERCOS S. P. A.（原告一）是化妆品代工行业内最大且唯一的全球化制造商，于 1972 年在意大利米兰成立。原告一在全球拥有超过 430 名客户，如知名品牌香奈儿、欧莱雅、雅诗兰黛、百雀羚、自然堂等。原告一于 2003 年、2005 年在中国注册了全资子公司莹特丽化妆品（苏州）有限公司（原告二）和莹特丽科技（苏州工业园区）有限公司（原告三），共同运营"莹特丽"品牌。

第 3548583 号"莹特丽"商标于 2003 年 5 月 7 日申请，2005 年 6 月 21 日获得注册，指定在第 3 类"化妆品；日夜用护肤霜；等"商品上。原告一是"莹特丽"商标专用权人，原告二、原告三是商标被许可人。"莹特丽"商标及字号经原告长期使用获得了极高知名度和影响力。

被告"莹特丽（广州）生物科技有限公司"使用与原告相同的字号，在化妆品代加工中自称"莹特丽"，且在微信公众号"莹特丽广州"、阿里巴巴店铺等场合，未经原告许可突出使用"莹特丽"标识。此外，被告多次申请包含"莹特丽"字样商标，试图抢注原告在先知名品牌。

原告委托华进律师团队向广州市花都区人民法院提起民事诉讼，起诉被告侵犯商标专用权及构成不正当竞争。

二、争议焦点

（一）被告是否构成商标侵权

原告认为，被告未经许可在微信公众号等处突出使用与原告商标相同的"莹特丽"标识，构成商标侵权。被告辩称其仅为化妆品代加工，从未生产销售自己标识的产品，也未在委托方产品上标记自己标识。

法院认定，原告"莹特丽"商标至今有效，经原告多年使用已具有一定知名度。被告使用标识虽与原告商标存在区别，但标识包含的"莹特丽"字样与原告商标文字完全相同，即使被告未实际生产、销售产品，但宣传有此标识的产品容易使公众对商品来源产生混淆，或认为两者存在特定联系产生误认。结合被告宣传产品与原告注册商标的商品类别一致，法院认定被告构成商标侵权。

（二）被告是否构成不正当竞争

原告认为其成立时间早于被告，"莹特丽"字号在行业内具有一定影响，被告作为同行业者擅自使用"莹特丽"作为字号，构成不正当竞争。被告辩称，原告"莹特丽"商标未实际使用，该商标及字号并无影响力，其使用"莹特丽"作为字号不会造成混淆。

法院认定，原、被告均从事化妆品贴牌加工，属同业竞争者。被告成立时间晚于原告，其对原告具有知名度的字号及商标应是明知，但其仍选择"莹特丽"作为字号，并在生产、宣传中使用，意图使公众对产品来源产生混淆、误认，具有明显"搭便车"故意，违反了诚实信用、公平竞争原则，扰乱了正常市场竞争秩序，误导了消费者，构成《反不正当竞争法》的混淆行为。

三、办案策略

（一）采取灵活的诉讼策略，降低诉讼成本

依据《民事诉讼法》及法院有关规定，原告只能起诉被告商标侵权及不正当竞争，或起诉被告侵犯商号权，不能在同个诉讼中同时主张被告侵犯商标权、商号权及不正当竞争；若希望同时起诉，原告需将此纠纷拆分为两个诉讼案件，付出高额诉讼费。

为节省委托人诉讼成本，在一个案件中同时达到使被告停止商标侵权、变更字号、停止不正当竞争、赔偿损失等目标，华进律师团队对被告侵权行为进行深入研究、抽丝剥茧，凭借对《商标法》《反不正当竞争法》等法律法规的熟练掌握，将侵犯商号

权行为纳入到商标侵权及不正当竞争中,实现在一个案件中达成所有的诉讼目标。

(二)另辟蹊径、多角度地深入挖掘证据

为证明被告行为构成不正当竞争中的混淆行为,需证明委托人商标、商号在中国具有一定影响。但难点在于,委托人属于化妆品代工企业,其商号及商标一般不会贴附在实际生产的商品上。

为此,华进律师团队进行了大量的实地调查与网络检索,搜集了委托人"莹特丽"品牌的国家图书馆检索报告、政府官方报道、第三方媒体报道等证据,并从证明原告拥有大量国际知名化妆品品牌客户(如香奈儿、欧莱雅、雅诗兰黛等)的角度出发,搜集原告化妆品生产备案信息及产品实物销售图片,从多个维度丰富、夯实知名度证据,并被法院认可。

四、法院观点及判决结果

一审、二审法院均认定被告构成商标侵权及不正当竞争,应立即停止侵害商标及不正当竞争行为、变更商号、赔偿损失及合理支出共 30 万元、刊登声明消除影响。

五、案例意义

该案是少有的原、被告双方均为化妆品代工企业的商标侵权及不正当竞争案例。原、被告基于代工行业习惯及商品特点,均很少在生产、销售的商品上实际贴附自身商标。因此,无论是搜集原告在先商标使用及知名度证据,还是搜集被告侵权证据,均有一定难度。该案着重把握了《商标法》关于商标使用的规定,即商标使用有多重维度,并非必须将商标贴附在商品上才算使用,在宣传、推广时的使用商标、识别商品来源的行为,同样视为商标使用。该案重点搜集了原、被告在宣传、推广时的使用商标的证据,成功证明原告在先商标的知名度,并且将被告在网络宣传时使用被诉商标的行为认定为商标侵权行为。

案例五十三

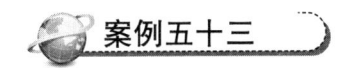

刑民并举制止侵害商标专用权的制假行为
——海外商标侵权纠纷案

案例整理及评析人：周清华　黄旭东

【案例基本信息】

原告：京柏公司

被告一：苏某彪

被告二：雷某方

被告三：熊某兵

被告四：阮某娟

被告五：钟某保

审理法院：深圳市宝安区人民法院，（2023）粤0306民初15818号

委托诉讼代理人：周清华、黄旭东，广东华进律师事务所，代理京柏公司

一、案情简介

该案涉及血氧仪产品商标侵权，原告为"Jumper"系列血氧仪品牌方，其产品出口到欧美、东南亚等多个国家和地区。原告在东南亚市场发现有大量仿冒"Jumper"血氧仪的伪劣产品，遂委托华进律师团队介入。经华进律师团队深入调查发现，上述产品系从深圳某工厂流出，在确定对方制假窝点和制假人员后，遂向公安机关报案。公安机关当场抓获犯罪嫌疑人阮某娟、钟某保，跨市抓捕苏某彪、雷某方归案，现场查获假品货值达64万余元，案涉总金额达150万余元，最终深圳市宝安区人民法院判处上述四人有期徒刑，并处罚金。刑事案件结案后，原告针对民事损害提起商标侵权诉讼，并最终赔偿原告所受损害。

二、争议焦点

该案争议焦点为：

（一）被告是否构成侵权

该案被告苏某彪未经原告许可，委托被告雷某方、阮某娟加工，再由被告雷某方、阮某娟委托被告钟某保加工的被诉侵权商品血氧仪，与原告主张权利的注册商标核定使用的商品为相同商品。被告苏某彪、雷某方、阮某娟、钟某保生产的被诉侵权商品上带有"JUMPER"标识，该标识具有识别商品来源的作用，属于商标性使用。被告苏某彪、雷某方、阮某娟、钟某保未经原告许可，在被诉侵权商品上使用与原告注册商标相同的商标，侵犯了原告第20223528号"JUMPER"注册商标专用权。

（二）被告应如何承担法律责任

法院综合考虑以下因素：被告苏某彪、雷某方、阮某娟、钟某保的商标侵权行为已达到刑法规制的范畴，已被判处刑期并处罚金，生效刑事判决已实现对上述被告较强的威慑、惩戒功能，因此根据"过罚相当"原则，民事审判同一商标侵权行为进行评判时则应更多地考虑补偿功能和预防功能；判决书已查明被告的非法经营数额为644 480元，但未实际流入市场，被告苏某彪提供给元泽公司加工且已出货的标有"JUMPER"商标的血氧仪约6 500个（约价值人民币923 000元）；再结合原告商标的知名度、被告的主观过错、侵权行为的性质、侵权商品的产量及价格、原告为维权支付的合理费用等因素，酌定被告苏某彪赔偿原告经济损失（含合理维权费用）共计80 000元，酌定被告雷某方赔偿原告经济损失（含合理维权费用）共计60 000元，酌定被告阮某娟赔偿原告经济损失（含合理维权费用）共计20 000元，酌定被告钟某保赔偿原告经济损失（含合理维权费用）共计40 000元。

三、代理工作

代理原告的华进律师团队在处理该案过程中，在关键的调查问题上有所突破，通过与快递公司多次沟通，终于使其披露了假品的发货地址，并通过线下核实的方式确认对方的制假窝点，为公安机关现场抓捕奠定基础。此外，华进律师团队通过刑事控告、民事诉讼两种途径共同制止侵权行为，有效弥补了原告所受损失，并进一步制止了侵权行为。

四、判决结果

法院判决主文：①被告苏某彪应于本判决生效之日起十日内赔偿原告京柏公司经济损失及合理维权费用共计80 000元；②被告雷某方应于本判决生效之日起十日内赔偿原告京柏公司经济损失及合理维权费用共计60 000元；③被告阮某娟应于本判决生

效之日起十日内赔偿原告京柏公司经济损失及合理维权费用共计20 000元；④被告钟某保应于本判决生效之日起十日内赔偿原告京柏公司经济损失及合理维权费用共计40 000元；⑤驳回原告京柏公司的其他诉讼请求。

五、案例评析

该案系打击假冒伪劣产品、惩治违法犯罪的一次有效实践，通过侵权调查、刑事控告、民事诉讼等多种方式进行组合维权，达成打击假冒伪劣产品、惩罚犯罪、制止侵权、赔偿损失的多重效果。通过前期调查的方式，确定制假窝点和制假人员，为公安机关的现场抓捕提供了有力的线索，并最终判处四名制假人员有期徒刑和罚金，为假冒注册商标罪类型的刑事控告提供了参考样板，刑事案件结案后，通过民事诉讼积极维权的行为也进一步弥补了权利人所受损害。

国企品牌保护与知识管理体系提升实践

——厦航公司诉厦航物联公司侵害商标权及不正当竞争纠纷案

案例整理及评析人：潘思延　戴晓萌　苏泽君

【案例基本信息】

原告：厦门航空有限公司（以下简称"厦航公司"）

被告一：上海厦航物联网科技股份有限公司

被告二：厦航公路港（福州）物流有限公司

被告三：厦航公路港（福州）物流有限公司广东分公司（以下简称"厦航物联公司"）

一审：福州市中级人民法院，（2023）闽01民初354号

二审：福建省高级人民法院，（2023）闽民终1352号

委托诉讼代理人：潘思延，戴晓萌，广东华进律师事务所，代理厦航公司

一、案情简介

2022年10月，厦航公司在商标监控过程中发现厦航物联公司等主体将"厦航"字样登记为其企业字号，并抢注与"厦航"注册商标相似的商标，使相关消费者误以为厦航物联公司提供的运输服务来源于厦航公司，或者与厦航公司有关联，损害了厦航公司的合法权益。但厦航公司同时发现其第5208561号注册商标"厦航"（以下简称"权利商标"）的申请日远远晚于厦航物联公司合法登记成立时间，并且厦航物联公司通过商标申请漏洞也成功注册"厦航物联"商标用于公路运输活动。而厦航公司相关企业字号和商标在先使用证据由于时间相隔较远，早期使用记录的收集工作难度较大。

在多种不利情况下，华进律师团队接受委托，协助厦航公司深入佛山、上海、厦门等地调查取证、通过走访物流企业查找被告侵权线索，同时查阅海内外大量文献资料论证厦航公司的企业字号简称和权利商标确有在先使用，最终协助厦航公司收集到强有力的维权证据，并以此为基础，有序推进维权工作。最终，法院采纳了华进律师团队的观点，认为厦航物联公司等主体构成商标侵权及不正当竞争，判令停止侵权、

赔偿损失并赔礼道歉。此举有效打击了不法分子利用工商登记和商标申请漏洞，傍名牌、搭便车，侵害知名国有企业字号和注册商标专用权的嚣张气焰。

二、争议焦点

（一）注册商标与在先企业字号、在后注册商标之间的冲突应如何认定

商标法第五十七条规定，在同一种商品上使用与权利人注册商标相同或相似的商标，属于侵犯注册商标专用权。法院认定，原告第5208561号"厦航"注册商标经核准注册，依法受法律保护，而厦航物联公司从事货物运输行业，未经注册商标权人许可，擅自将"厦航"标识与"物联""公路港"等一起突出使用于办公场所、运输车辆、名片、宣传材料的行为侵犯了原告涉案注册商标专用权，依法应承担相应的法律责任。

（1）被告享有在先的企业字号，但其使用"厦航"标识的行为仍构成商标侵权。

虽然厦航物联公司成立时名称为"上海厦航物流有限公司"，其抗辩使用在先的字号具有识别服务来源的功能，发挥了未注册商标的功能。但法院采纳原告代理意见，认定厦航物联公司在权利商标被核准注册之前在《成品出货单》等材料上使用"上海厦航""厦航公司"，属于被告对其企业名称简称的使用，并非商标性使用，不属于对权利商标的在先使用，缺乏正当的在先权利基础。

（2）被告享有注册商标的情况下，非规范使用注册商标也构成商标侵权。

厦航物联公司辩称被诉侵权标识属于使用自有注册商标"厦航物联"。但法院采纳原告意见，认定"厦航物联"商标注册在后，且其核定使用的服务为第35类项目"商业企业迁移、药用、兽医用、卫生用制剂和医疗用品的零售服务"，以及第39类项目"导航、能源分配"，与该案被诉侵权服务及权利商标核定使用的服务类别不同，且并未规范使用，故其不侵权抗辩不成立。

（二）被诉侵权标识"厦航物联"是否与权利商标核定使用的服务相同或类似

被告辩称原告未在第39类运输服务上实际使用"厦航"商标，"厦航"仅是"厦门航空"的简称，该标识局限于航空领域。而被告的"厦航"标识在公路运输、水路运输领域的知名度和影响力由其独创取得，因此其使用行为未造成相关公众的混淆或误认，相关客户也明确知悉原告与被告无关联、无合作关系。但法院采纳原告代理意见，认定厦航公司与上海厦航物联网公司在经营业务的细分上虽然没有完全重合，但双方均属于运输行业，可以认定两者存在竞争关系，两者仍属于同一类别的服务。

（三）被告将"厦航"登记为企业字号是否构成不正当竞争

被告厦航物联公司提交《企业名称登记管理规定》等证据证明其起名规则与福建吴航公司、福建福融公司类似，并于 2004 年将"厦航"合法工商登记为企业字号，长期在货物公路及水路运输活动中使用该字号，因此不构成企业字号的不正当竞争侵权。但法院采纳原告代理意见，认定原告厦航公司提交的一系列证据，证明其成立于 1984 年，早于 2004 年以前就在对外经营活动中对其简称进行了一定程度的使用和宣传广告，使"厦航"简称有了一定知名度和影响力。上海厦航物联网公司于 2004 年成立时，"厦航"简称已经在行业内具有较高知名度，厦航物联公司作为同业经营者，对此应当是知悉的。厦航物联网公司将"厦航"作为其自身及关联企业名称的字号进行登记使用主观上显然具有攀附厦航公司企业商誉的故意，客观上由于该案诉争双方具有竞争关系，上海厦航物联网公司、厦航公路港物流公司、厦航公路港物流公司广东分公司在经营活动中使用带有"厦航"字号的行为易使人误认为与厦航公司存在特定联系，容易产生混淆，因此应当认定构成不正当竞争。

三、案件分析

该案法律关系如图 4-5 所示。

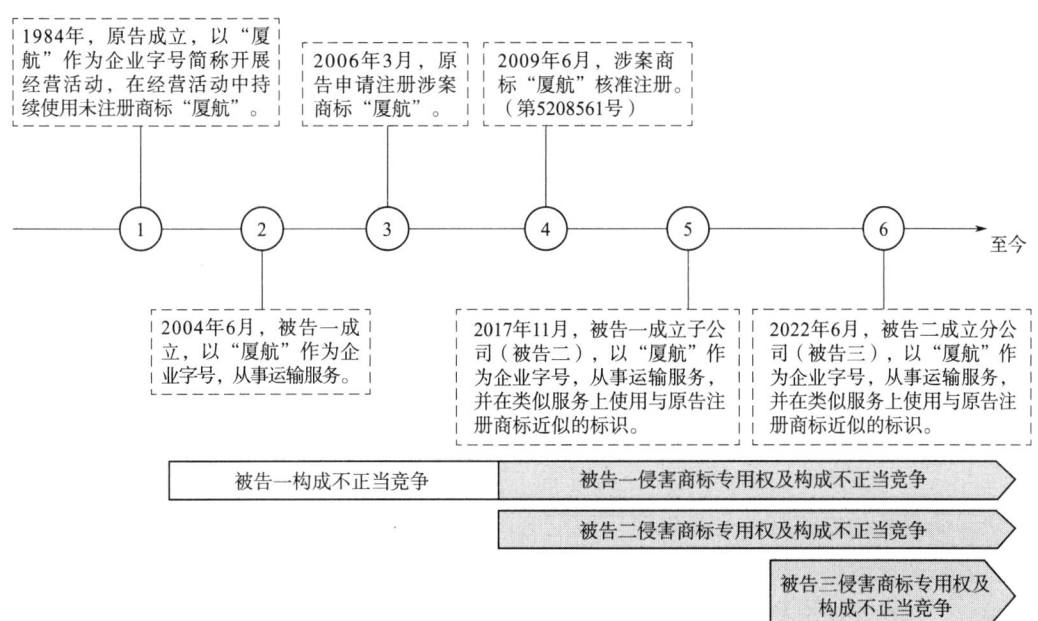

图 4-5　法律关系示意

（一）原告拥有合法权利基础

（1）原告企业简称"厦航"具有较高知名度，属于有一定影响的企业名称简称。

《反不正当竞争法》第六条第（二）款规定，经营者不得实施下列混淆行为，引人误认为是他人商品或者与他人存在特定联系：擅自使用他人有一定影响的企业名称（包括简称、字号等）、社会组织名称（包括简称等）、姓名（包括笔名、艺名、译名等）。对于具有一定市场知名度、为相关公众所熟知并已实际具有商号作用的企业或企业简称，可以视为企业名称。原告厦门航空有限公司成立于1984年，是一家大中型全球性航空企业，注册资本为140亿元人民币，长期致力于提供全国性、全球性的运输服务。原告自成立以来，一直使用"厦航"作为企业名称简称，相关公众亦一般简称原告为"厦航"。被告一提交的证据宣称自己起源于福建，则可合理推断被告一于2004年成立之初就非常了解原告厦航公司在运输领域已取得瞩目业绩，对已经达到有一定影响的企业简称"厦航"有进行合理避让的法律义务。

（2）原告享有第5208561号注册商标专用权。

原告于2006年3月13日申请注册的第5208561号"厦航"注册商标，在2009年6月14日核准注册，核定使用服务为第39类，包括货物传送、货运、运输、货物发运、贵重物品的保护运输、运输经纪、运输信息、货物储存包裹投递等。目前均处于有效的法律状态，应当受到保护。原告不晚于2002年5月28日已将"厦航"作为商标使用至今。

（二）被告使用"厦航"标识作为企业字号的行为侵害了原告有一定影响的企业简称，引人误认为是原告服务或与原告存在特定联系，构成不正当竞争；被告未经许可，在相同或类似服务上使用与原告注册商标近似的商标，容易导致混淆，侵害原告注册商标专用权

（1）被告使用"厦航"标识作为企业字号，构成不正当竞争。

原告成立于1984年，经过多年悉心经营全国性、全球性的运输业务，取得了一系列卓越成绩，使企业名称具有较高知名度及影响力。在微信小程序搜索栏输入"厦航速运"，同时出现"厦航速运"与原告的官方小程序"厦门航空""厦航货运""厦航货运live"，可见被告一使用原告企业简称"厦航"作为企业字号的行为客观上已误导公众误认为其提供的服务是原告厦门航空有限公司提供的服务或者与原告存在特定联系，容易造成混淆，故被告一构成不正当竞争侵权。成立时间晚于被告一的被告二、被告三，亦在企业名称中直接使用原告"厦航"企业简称，共同侵害了原告有一定影响的企业简称，构成不正当竞争侵权。

（2）被告在相同或类似服务上使用与原告注册商标相似的商标，容易造成混淆，构成侵犯原告注册商标专用权。

在原告享有第 39 类的第 5208561 号注册商标专用权的情况下，被告一作为货物运输企业，未经原告同意，擅自在其办公场所、企业服务宣传手册、工作人员名片、APP、微信公众号、小程序均使用了"厦航"标识，该行为属于将商标用于商业活动中，能够识别服务来源的行为，系商标性使用。被告一使用的上述标识，与原告注册商标相比，其显著部分均完整包含"厦航"字样，构成相似商标。

（三）被告主张的在先使用抗辩不能成立

被告在该案中提出在先使用抗辩，但法院采纳了原告代理意见，认定被告使用"厦航"标识的行为不符合《商标法》规定的在先使用情形。原告具体代理意见包括：

（1）《成品出货单》等证据均为被告一自制证据，各单据均为随意手写，不具有任何证明力；且该证据没有案外第三方予以背书确认，也没有司法鉴定结果予以证明笔迹纸张产生的日期，对其真实性不予确认。

（2）即使《成品出货单》等证据具有真实性和合法性，但该证据中的"厦航"字样均使用在被告一企业简称"上海厦航"或完整企业名称"上海厦航物流有限公司"中，并未将"厦航"字样作为标识，单独使用以指示服务来源。因此，《成品出货单》等证据的"厦航"字样并不属于商标性使用。不构成"厦航"未注册商标的合理在先使用。

（3）即使认为被告一前述行为属于商标性使用行为，但根据原告提交的在案证据，被告的使用时间亦并未早于原告实际使用"厦航"标识的时间，不属于在先使用。

（4）《商标法》贯彻诚实信用原则，保护公平竞争，在平衡商标注册人和在先使用人利益的原则上，保护善意的在先使用行为。被告一成立于 2004 年，其作为同业经营者，其经营地区包含福州市，理应知晓原告企业名称及"厦航"标识，因此被告一主张其于 2005 年 2 月至 12 月期间使用"厦航"标识构成在先使用的抗辩不能成立。即使认为被告一客观上在 2005 年 2 月开始使用"厦航"标识，早于权利商标申请日，但其所谓在先使用行为亦显然属于恶意使用，违反了诚实信用原则和公认的商业道德，有悖于《商标法》所保护的在先使用行为立法宗旨，故其在先使用抗辩不应予以支持。

四、典型意义

（一）商标与字号使用发生冲突时，受《反不正当竞争法》保护的字号权益需满足特定条件

商标是区分商品和服务来源的标识，企业字号是区分不同市场主体的标志。"商标

权和商号权（企业名称权）所要保护的实质内容是凝结在其上的商业信誉以及由此带来的商业利益"❶，商标和字号均为体现企业商誉载体的商业标识。部分市场竞争主体不当利用两个权利来源分属不同行政管理体系的空隙，导致司法实践中出现企业名称（字号）与商标权相冲突的情况。该案被告厦航物联公司便是不当利用两个权利来源分属不同行政管理体系的空隙，才得以连续成立多家含有"厦航"字号的企业开展侵权活动。

《反不正当竞争法》保护的有一定影响的企业名称（字号）权益，与《企业名称登记管理规定》的企业名称专用权不同。《企业名称登记管理规定》的企业名称是市场主体用于表明身份，并区别于其他经营主体的文字符号。《反不正当竞争法》所保护的"企业字号"，主要基于企业通过对字号长期、大量地使用和宣传，使企业字号承载了特定商誉，从而能够起到识别商品或服务来源的作用，并具备了独特的经济价值与商业属性。因此，只有当企业名称中的字号在长期的经营活动中广泛使用，与企业在相关公众中建立稳定的、唯一的联系时，该字号权益才能由企业所享有。同时，根据比例原则的要求，该字号在其知名度和商誉所覆盖的商品和地域范围内获得《反不正当竞争法》的保护。原告厦航公司的企业字号简称之所以获《反不正当竞争法》保护，在于承载了特定商誉，能够起到识别服务来源的作用，具备了独特的经济价值与商业属性，构成有一定影响的企业字号简称。

（二）字号在先使用抗辩的限制适用

"保护在先权利原则"是处理知识产权权利冲突案件的基本原则，体现了谁先取得权利就保护谁的"先来先得"原则。但在商标与字号冲突纠纷中，被告提出"在先使用"抗辩并非必然为法院所采纳。我国法律实际上并没有关于"字号在先使用"抗辩的规定，但是考虑到企业字号作为商业标识在商品或服务上经过使用，具有类似商标的使用特点、类似商标的影响力及向商标转化的潜力，故可参照《商标法》第五十九条第三款处理。但是该在先使用抗辩强调主观上必须符合诚实信用原则，以及客观上企业字号在先使用需满足以下两个条件：①使用时间满足"双在先"：即字号的使用早于商标申请日和权利人商标使用日；②字号的使用效果需达到具有一定影响的程度。尽管上海厦航物联网公司提出了在先企业字号抗辩，但考虑到其行为性质不符合诚实信用原则、而且该字号的使用并未早于厦航公司的商标使用日，同时也存在市场混淆的可能性，未达到有一定影响的使用效果，故其关于企业字号构成在先使用的抗辩依法不能成立。

---

❶ 林建益.商号权与商标权冲突的司法解决——以"盘子女人坊"案为例[J].中华商标,2010(7):54.

五、律师建议

该案为业界树立了依法维护企业商誉的典范。知识产权作为国有资产的重要组成部分，对于国有企业的生存和发展至关重要。本文主要从客观事实和法律适用层面分析了厦航公司在商标监测过程中发现新三板企业厦航物联公司以"打擦边球""碰瓷"方式注册与国有企业相似的企业名称、商标后，厦航公司如何及时启动内部风险预警、果断启动知识产权诉讼。在侵权行为进一步恶化之前及时有效遏制，有效打击不法分子利用工商登记和商标申请漏洞，"傍名牌""搭便车"，侵害知名国有企业字号和注册商标专用权的嚣张气焰。司法层面上，面对被告关于其字号登记及使用时间长达20年且享有在后注册商标专用权的抗辩，法院在判决中明确指出，长期使用并不能赋予侵权行为合法化依据。因此，对于可能步入相似法律误区的企业，该案提供了深刻的反思和警示：首先，企业在登记和使用字号、申请和使用注册商标时，应严格遵守法律规定，尊重他人的知识产权，避免使用可能引起混淆或误认的标识；其次，企业应建立完善的知识产权合规管理体系，确保字号和商标的规范使用，共同营造一个公平、有序的商业市场环境。

在知识产权强国建设引领下，厦航公司作为国有企业，其知识产权管理体系建设是高质量发展的迫切需要。该企业积极响应中央、省市的号召，着力通过构建合规管理体系来梳理系统性风险，理顺管理脉络、细化企业规章制度，确保企业依法合规运营。其在进行知识产权领域的专项合规建设时对可能涉及侵权的商标及不正当竞争纠纷提前介入进行风险排查，就知识产权领域的合规风险发出预警，将可能涉诉的事件及时委托律师事务所进行对接处理，一方面是保护企业自身合法权益，另一方面也避免发生合规风险。

从保护国有资产的角度出发，国有企业加强知识产权管理体系建设应当从纸面文件走向法律实践，一方面加强知识产权管理者的培训和意识、跟踪法律变化、用好知识产权数据库，及时发现问题；另一方面建立法律服务供应商库，构建能马上响应的预警和反馈的机制，在发现问题时积极寻求法律维权渠道，强化知识产权领域的对外合作。

> 案例五十五

涉及立体商标的商标侵权案中对立体商标显著性的认定

——西班牙打火机商标侵权及不正当竞争纠纷案

案例整理及评析人：周清华

【案例基本信息】

原告：弗拉玛吉斯公司

被告一：邵东市莲花打火机制造有限公司

被告二：义乌市新达打火机商行

被告三：陈某娟

一审：邵阳市中级人民法院，（2018）湘05民初119号

二审：湖南省高级人民法院，（2021）湘知民终547号

再审：湖南省高级人民法院，（2022）湘知民申17号

执行：邵阳市中级人民法院，（2023）湘05执141号

委托诉讼代理人：周清华、赖嘉妍、吴涛，广东华进律师事务所，代理弗拉玛吉斯公司

一、案例背景

该案原告弗拉玛吉斯公司（以下简称"FLAMAGAS"）早在20世纪80年代便已进入中国市场，并在中国申请注册了"CLIPPER""可利福"商标，对可利福经典可充气打火机的外形也申请了三项立体图形商标（第3560619、5713960、10192478号商标，以下简称"涉案商标"），指定使用在第34类"打火机"等商品上，对"CLIPPER""可利福"品牌及可利福经典可充气打火机外形享有注册商标专用权。

2018年，FLAMAGAS发现，在未经FLAMAGAS授权的情况下，邵东市莲花打火机制造有限公司（以下简称"莲花公司"）、义乌市新达打火机商行、陈某娟（即该案三被告）制造、销售与FLAMAGAS上述商标近似的打火机商品，该商品与可利福经典可充气打火机的外形完全相同；另外，被告也在未经FLAMAGAS许可的情况下，在其宣传网站以及"中国制造商名录"网站上使用涉案商标并标明"西班牙打火机"字

样，严重损害了 FLAMAGAS 的合法权益。

为此，FLAMAGAS 委托华进律师团队向湖南省邵阳市中级人民法院提起民事诉讼，要求判令该案三被告依法承担相应责任、赔偿损失等。

二、案例过程

（一）前期调查取证

在初步确认该案三被告的商标侵权及不正当竞争行为后，华进律师团队协助 FLAMAGAS 对上述三被告进行深入、详细的调查，充分掌握其侵权事实及规模，并通过公证固定等方式取得有力证据，为起诉作充足准备。

（二）诉讼一审

1. 相关商标无效宣告程序

华进律师团队代理 FLAMAGAS 对上述三被告提起民事诉讼。诉讼过程中，被告莲花公司对 FLAMAGAS 据以主张权利的三项立体图形注册商标向国家知识产权局申请宣告无效，一审法院以三项商标宣告无效成立与否有可能影响案件处理结果为由，一度中止诉讼。此后，有关商标无效宣告进入行政诉讼阶段，并由北京知识产权法院出具相关行政判决，判决认为上述三项立体图形注册商标的立体图形部分既无"固有显著性"，也无"获得显著性"，但其中的"CLIPPER"文字标识部分具有显著性。

2. 关于被告是否构成商标侵权

一审法院（邵阳市中级人民法院）经审理认为，打火机作为一种随身携带、单手握持使用的商品，其形状明显带有局限性，被告莲花打火机公司属于正当使用；涉案商标中的三维标识并非 FLAMAGAS 独创或臆造，相关公众通常会认定为打火机的一种形状，不具有固有显著性。其文字"CLIPPER"才是区分商品来源的核心部分，FLAMAGAS 宣传力度不大、范围有限，不能证明相关公众对该打火机立体图形的三维标识与 FLAMAGAS 的商标建立起唯一对应的关系。

3. 关于被告是否构成不正当竞争

被告莲花公司在"中国制造商名录"网站上展示、销售与 FLAMAGAS 可利福经典打火机外形一致的打火机商品，并且在商品描述中使用"西班牙打火机/圆形纯色 CLIPPER 打火机"字样。因"CLIPPER"与注册商标中的"CLIPPER"读音相同，文字仅大小写区分，且又使用了"西班牙打火机"的文字进行指示性宣传，容易使相关公众误认为是 FLAMAGAS 商品或者与 FLAMAGAS 存在特定联系，构成不正当竞争。

4. 一审法院判决

据此，一审法院判决被告莲花公司停止不正当竞争行为，停止在上述网站上对其打火机描述中使用"西班牙打火机/圆形纯色Clipper打火机"字样，并赔偿FLAMAGAS经济损失15万元。

（三）诉讼二审

1. 双方上诉

FLAMAGAS及被告莲花公司不服一审判决，均向湖南省高级人民法院提起上诉。二审期间，莲花公司认为"中国制造商名录"网站并未在中国备案，网页内容也并非莲花公司编辑或提供，不存在不正当竞争行为。FLAMAGAS补充提交了"中国制造商名录"网站与"中国制造网"以及莲花公司的宣传网站存在关联关系的证据。

2. 关于被告莲花公司是否构成不正当竞争

二审法院认为，他人通过"中国制造商名录"网站，能够搜到莲花公司的产品，并能与莲花公司取得联系。其他不相关的市场主体花费成本在网络上对其生产、销售的产品进行宣传，与市场主体追求经济利益的常理明显不符，莲花公司系实际侵权人的可能性更大。莲花公司曾在打火机上使用过"CLIPPER"标识，其对"CLIPPER"打火机进行宣传的可能性大；而且"CLIPPER"早已成为注册商标，且经过长期持续使用，已经具有一定知名度，莲花公司的行为会导致相关公众混淆。由此，法院认定"中国制造商名录"网站使用Clipper打火机、西班牙打火机进行宣传的主体为莲花公司，莲花公司的行为构成不正当竞争。

二审判决结果：

最终，湖南省高级人民法院驳回上诉，维持原判。

（四）诉讼再审

1. 莲花公司申请再审

二审判决后，莲花公司不服判决结果，以原判决认定的基本事实缺乏证据证明、被控不正当竞争行为并非其自身所为等理由，向湖南省高级人民法院申请再审。华进律师团队协助FLAMAGAS进一步提交答辩意见，确认原判决结合证据综合认定被控不正当竞争行为由莲花公司所为，事实认定清楚，并无不当。

2. 再审裁定结果

再审法院经审查认为，莲花公司虽主张被诉侵权信息非其发布，但未举证证明信息的发布者，而且其他不相关的市场主体花费成本在网络上对莲花公司生产、销售的产品进行宣传，明显与常理不符；此外，莲花公司曾在打火机使用过"CLIPPER"标识,涉案宣传行为的直接获益人亦为莲花公司,综合全案证据,在中国制造商名录网站上使用"Clipper打火机、西班牙打火机"进行宣传的主体为莲花公司具有高度可能性,原审判令莲花公司向弗拉玛吉斯公司承担适当赔偿责任并无不当。

再审法院据此驳回莲花公司的再审申请,该案一审判决结果获得最终确认。

(五)强制执行

因莲花公司未主动执行该案生效判决,华进律师团队继续协助弗拉玛吉斯公司向邵阳市中级人民法院申请强制执行,法院最终于2023年3月成功按生效判决足额冻结、划拨莲花公司的相应财产。至此,该案宣告终结。

三、判决结果

最终生效判决(一审判决)主文:

(1)被告莲花公司立即停止在中国制造商名录网站(www.china-manufacturer-directory.com)上对其打火机描述中使用西班牙打火机/圆形纯色Clipper打火机字样;

(2)被告莲花公司赔偿原告FLAMAGAS经济损失15万元,限本判决生效之日起十日内付清;

(3)驳回原告FLAMAGAS的其他诉讼请求。

四、案例评析

该案从前期调查取证开始,历经诉讼一审、二审、再审以及判决生效后的强制执行,总共历时五年,期间还涉及涉案商标的无效宣告程序。在华进律师团队的努力下,成功争取法院对侵权方长期以来的不正当竞争行为予以认定并判令赔偿,及至成功执行生效判决,使得委托方在商标维权方面的长期不懈努力获得了合理回报,同时增强了以FLAMAGAS为代表的境外权利人在中国进行商标维权的信心。

该案涉及立体商标的显著性认定以及侵权认定,可供借鉴的历史案例较为少见,案情相对复杂,对同类的立体商标侵权案件具有借鉴意义。

该案涉及互联网电商平台上的不正当竞争行为。法院准确认定商标权利人的立体商标文字部分的显著性,继而结合被告在电商平台上进行宣传、可能导致相关公众混淆的情况,认定被诉侵权方存在不正当竞争行为,对通过互联网电商平台、利用新技术手段进行不正当竞争的案件具有指导意义。

虽然该案所涉立体商标的立体图形部分显著性存在争议,但法院仍能对被诉侵权方长期以来的不正当竞争行为予以认定并判令赔偿,对层出不穷的同类摹仿、抄袭国外知名品牌及商品的不正当竞争行为具有一定阻吓作用。

案例五十六

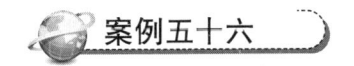

如何认定字号权与商标权是否构成冲突

——点红点绿茗点居不正当竞争纠纷案

案例整理及评析人：周清华

【案例基本信息】

上诉人（一审被告）：广州市海珠区点红点绿茗点居

被上诉人（一审原告）：广东周记食品有限公司

一审：广州市海珠区人民法院，（2015）穗海法知民初字第254号

二审：广州知识产权法院，（2015）粤知法商民终字第256号

委托诉讼代理人：周清华、潘华章，广东华进律师事务所，代理广州市海珠区点红点绿茗点居

一、案情简介

广东周记食品有限公司（即该案原告，以下简称"周记公司"）于2011年6月受让取得了"茗點居"注册商标专用权。个体工商户"广州市海珠区点红点绿茗点居"（即该案被告，以下简称"点红点绿茗点居"）于2014年5月27日登记注册。周记公司认为点红点绿茗点居使用的字号中包含其拥有商标权的"茗点居"字样为不正当竞争行为，并于2015年5月5日将点红点绿茗点居诉至广州市海珠区人民法院，要求法院判令被告停止使用带有"茗点居"字样的字号，办理名称变更登记，并赔偿经济损失10万元人民币。点红点绿茗点居委托华进律师团队进行应诉。

二、争议焦点

该案争议焦点为：被告在其"广州市海珠区点红点绿茗点居"字号中使用"茗点居"是否构成不正当竞争。

（一）双方提供证据

在诉讼中，周记公司提供了广州市广州公证处根据其于2015年4月20日对点红点绿茗点居经营场所有关经营情况和环境提出的证据保全申请出具的公证书。公证书所附照片显示，点红点绿茗点居外墙悬挂"點红點绿茗点居"招牌，位于招牌中部为"點红點绿"四字，字体较大，"茗点居"三字（横向排列）位于招牌的右侧，字体较小，三字下方标有汉语拼音"DIANHONGDIANLV"；用作排队取号用的"叫号单"上仅标记"点红点绿"，无"茗点居"字样；餐厅菜单及宣传单等上面印有"點红點绿茗点居"字样，位于中部的"點红點绿"四字字体较大，下方标有汉语拼音"DIAN-HONGDIANLV"，"茗点居"三字（竖向排列）位于"點红點绿"右侧，字体较小；发票上的收款方为点红点绿茗点居的全名"广州市海珠区点红点绿茗点居"。

从涉案公证书还可见，点红点绿茗点居系以"点红点绿茗点居"名义在"大众点评网""美团网"等网站上对其特色菜等进行介绍，并提供团购服务。"美团网"上"点红点绿茗点居"项下可见如下消费评价："今天去的是点红点绿……""去的点红点绿茗点居……""周六晚上去了客村的点红点绿茗点居……"消费者的"晒图评价"照片的内容几乎全为粤式点心。

点红点绿茗点居为证明"茗点"实为广州地区饮食文化的代称，泛指经营粤式茶点的商家提供的茶和点心，是广州茶文化的代表；"茗点"属于通用名称，为许多商家采用，泛指广州地区喝茶吃点心的地方，广州很多商家都使用"茗点居"，提交了"广州地情网"的网页资料为证。该网页资料中"饮食消费文化""茶饮消费文化"等，有涉及"茶楼消费带有大众文化色彩……""饮茶成为广州的生活习惯相沿已久……"等内容。

（二）一审阶段意见

该案一审法院（广州市海珠区人民法院）认为，周记公司"茗點居"商标使用在前，"广州市海珠区点红点绿茗点居"字号使用在后。该字号中的"广州市海珠区点红点绿"均是修饰"茗点居"，其关键词是"茗点居"，与周记公司的商标"茗點居"仅是"点"与"點"繁简写法不同而已，其中文意思是一样的。同时点红点绿茗点居在消费餐厅的外墙上悬挂"點红點绿茗点居"，在菜单及宣传单上均印有"點红點绿茗点居"，特将其字号"点红点绿"中的"点"用成"點"，与周记公司"茗點居"商标中的"點"一致。虽然点红点绿茗点居认为其服务场所的装修风格、菜单、宣传单内容、样式等与周记公司有较大差别，但由于两者经营的均是餐饮业，点红点绿茗点居的字号包含周记公司的注册商标，且同在海珠区，容易使进餐人员造成混淆和误解，会误以为点红点绿茗点居的服务与周记公司的注册商标之间有一定的关系。虽然点红点绿茗点居提供的证据证明了还有雍裕茗点居和余记茗点居的存在，但该证据无法证明点红点绿茗点居侵权行为的合理性，点红点绿茗点居的行为构成假冒他人注册商标的不正当竞争行为。

据此，一审法院根据《反不正当竞争法》第五条第（一）项、第二十条的规定，判决：①点红点绿茗点居在判决生效之日起立即停止使用含有"茗点居"的个体工商户字号；②点红点绿茗点居于判决生效之日起十日内赔偿周记公司 50 000 元；③驳回周记公司其他诉讼请求。

（三）二审阶段意见

点红点绿茗点居不服一审判决，上诉至广州知识产权法院（该案二审法院）。

二审法院认为，点红点绿茗点居的被诉不正当竞争行为有二：一是在个体工商户字号中使用"茗点居"字样，二是在宣传推广中使用"茗点居"字样。

1. 在个体工商户字号中使用"茗点居"字样

针对这一行为，二审法院经审查后认为，点红点绿茗点居并未将"茗点居"作为个体工商户字号使用，其在名称中使用"茗点居"字样的行为具有正当性。理由如下：第一，"茗"有"茗茶"之意，"点"可指"点心"，"居"有"居所""地点"之意。根据广州市及周边地区的生活习惯和饮食文化，早餐、午餐、晚餐、宵夜甚至不分时段均可品茶与点心，"茶"与"点"的组合可任意搭配或取代任一正餐。由此，点红点绿茗点居作为以提供广式茶点为经营特色的餐厅并以"广州市海珠区点红点绿茗点居"之名申请工商注册符合本地的饮食文化，具有文化背景。第二，点红点绿茗点居是依法注册成立的个体工商户，经营范围为包括粤式茶点在内的餐饮业。在其注册名称中，"点红点绿"为字号，"茗点"意指"茗茶"和"点心"即"行业"，"居"为"组织形式"，符合《个体工商户名称登记管理办法》的相关规定。第三，点红点绿茗点居的经营者王嘉茵在点红点绿茗点居被核准工商登记之前已申请"点红点绿"商标注册的行为，可佐证点红点绿茗点居用以区分服务来源的字号实为其名称中的"点红点绿"，而不是"茗点居"，"茗点居"三字仅作标明行业和组织形式之用。可见点红点绿茗点居在名称中使用"茗点居"三字不具有不正当竞争的故意。第四，"茗点居"字样位列点红点绿茗点居名称之最末端，将字号放置于经济实体名称之最末端亦不符合一般的经营习惯。据此，本院综合认定点红点绿茗点居名称中虽使用了"茗点居"字样，却非用作商标或字号使用，且该使用行为具有正当性，周记公司主张点红点绿茗点居不正当地使用了与其"茗點居"商标相近的文字"茗点居"为字号事实依据不足，应不予支持。

2. 在宣传推广中使用"茗点居"字样

点红点绿茗点居实际使用"茗点居"的方式可分为两种：一是将"點红點绿茗点居"在店铺招牌、菜单、餐桌号台作服务标识使用，二是以"点红点绿茗点居"之名在网站上作美食推介、团购使用。在第一种使用方式中，"點红點绿"所占比例明显较大，更显突出，"茗点居"所占比例较小，相对不易引起公众注意。即使是在"茗点居"三字的下方，还标有"點红點绿"的汉语拼音"DIANHONGDIANLV"。点红点绿茗点居未通过将"茗点居"字体放大、加粗等方式引起消费者注意，招揽顾客，而是在服务标识中将"點紅點綠"字体放大并重点突出使用,包括在"叫号单"上仅标记"点红点绿"的事实行为,足以表明点红点绿茗点居客观上系以"點紅點綠"或"点红点绿",而非"茗点居"作为区分、识别服务来源的标识,足以认定点红点绿茗点居主观上亦无假冒、攀附周记公司"茗點居"商标商誉,或毁损竞争对手之不正当竞争意图。在第二种使用方式中,"点红点绿茗点居"全部字体大小相同,按顺序排列,性质上属于点红点绿茗点居规范使用本个体工商户简称的经营性行为,同样具有正当性。此外,涉案公证书记载的美食网站上消费者对"点红点绿茗点居"的消费评价显示,消费者清晰明确地知晓为自己提供餐饮服务的市场主体是"点红点绿茗点居"或"点红点绿"。无证据表明消费者对点红点绿茗点居的"点红点绿茗点居"和周记公司以"茗點居"商标标示的"广东周记食品有限公司"产生了混淆或误认,也无证据证明点红点绿茗点居的被诉侵权行为不正当地扰乱了市场经济秩序,周记公司的正当利益因此而受到了损害。据此,二审法院认定周记公司主张点红点绿茗点居该使用行为属不正当竞争行为无事实和法律依据,应不予支持。

二审法院同时指出,根据前述的分析,点红点绿茗点居在名称和经营活动使用"茗点居"字样并非用作识别商品和服务的来源,该行为不属于2013年版《商标法》第四十八条"本法所称商标的使用,是指将商标用于商品、商品包装或者容器以及商品交易文书上,或者将商标用于广告宣传、展览以及其他商业活动中,用于识别商品来源的行为"规定的商标使用行为,周记公司对此也予以认同,原审法院援引《反不正当竞争法》第五条"经营者不得采用下列不正当手段从事市场交易,损害竞争对手:(一)假冒他人的注册商标……"的规定,认定点红点绿茗点居的行为构成假冒他人的注册商标的不正当竞争行为,认定事实和适用法律均不当。

二审法院据此认定,周记公司提供的证据不能证明点红点绿茗点居主观上具有不正当竞争的故意,客观上实施了不正当竞争手段从事市场交易,损害了作为竞争者的周记公司利益的行为。点红点绿茗点居的上诉理由成立,应予采纳。周记公司的诉讼主张缺乏事实和法律依据,应予驳回。原审判决错误,应予撤销。

三、判决结果

一审判决主文:(1)点红点绿茗点居在本判决生效之日起立即停止使用含有"茗点居"的个体工商户字号;(2)点红点绿茗点居于本判决生效之日起十日内赔偿周记公司经济损失及维护权合理费用共50 000元;(3)驳回周记公司其他诉讼请求。

二审判决主文:(1)撤销广东省广州市海珠区人民法院(2015)穗海法知民初字第254号民事判决;(2)驳回周记公司的全部诉讼请求。

四、案例评析

字号权和商标权冲突是知识产权案件中的一类典型案件。不区分具体案件情况，一律认为后取得字号权权利人的注册和经营行为均对拥有在先商标权的权利人构成不正当竞争，是对不正当竞争理解的偏颇。要认定使用他人商标用作字号的行为属不正当竞争行为，首先需要认定是否存在不正当竞争的恶意以及其行为是否误导公众使其产生混淆或误认的事实。

该案被告在使用字号时是将"茗点居"作为组织形式名称，并突出使用了自己的"点红点绿"字号，没有"搭便车"的行为。另外，该案中原告未提出涉案商标的知名度证据。结合此两点可以证明被告在注册和使用中并无恶意。

该案中原告没有提供存在消费者混淆的直接证据。根据原被告提供的证据，被告在经营中重点突出了"点红点绿"这一自有标识，行业网站消费者的评论中也可看出消费者对二者的辨识度非常高，不存在混淆的事实和可能。

该案原告虽成立更早，名气更大，也拥有在先注册的商标权，但法院并未简单、机械地看待经营主体在名称中使用与他人商标相同或近似文字的行为，而是结合文化背景、消费者消费习惯、使用者主观意图和客观效果等因素综合判定同行业竞争者之间涉案经营及竞争行为的性质，并在终审判决中维护正当经营者的合法权益，有效引导了市场竞争秩序。

该案明确了判定侵犯商标权的不正当竞争行为要以公众混淆事实或者混淆可能为要素，而相关行为是否具有"搭便车"的恶意，也是判定行为人性质的一个重要因素。

该案入选"广州知识产权法院 2015 年度十大知识产权典型案例"。

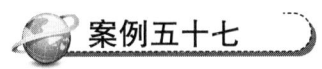

对网店销售品牌产品构成虚假宣传不正当竞争行为的认定

——"Tripollar"产品网络虚假宣传不正当竞争纠纷案

案例整理及评析人：周清华　黄旭东

【案例基本信息】

原告：新基石（深圳）科技有限公司

被告一：胡某

被告二：上海佑荟商贸有限公司

审理法院：深圳市龙岗区人民法院，（2022）粤 0307 民初 16673 号

委托诉讼代理人：黄旭东、林渠，广东华进律师事务所，代理新基石（深圳）科技有限公司

一、案情简介

新基石（深圳）科技有限公司（即该案原告）系以色列某美容仪品牌的中国主要经销商，并在天猫品牌开设相关美容仪官方旗舰店。该期间内，有一淘宝店铺也在销售上述品牌产品，并宣称是"官方指定售点""官方指定授权店铺""多年来与品牌官方深度合作"等，价格较低、销售额巨大，导致原告的市场份额大受冲击。

经核实，该店铺由胡某（即该案被告一）通过上海佑荟商贸有限公司（以下简称"上海佑荟公司"，即该案被告二）运营，其所售产品为正品，但并无相关官方授权，即与官方店铺相比，无稳定、统一供货、管理、售后能力，此举涉嫌虚假宣传。2022年7月，原告根据侵权结果发生地管辖原则委托华进律师团队在原告所在地深圳起诉，并申请财产保全，同时，原告通过专业系统调取了被告一的侵权销售额，为侵权索赔额提供有力支持。被告一一度抗辩其店铺具有官方授权经销商的转授权，原告通过全面检索，仔细甄别，发现该经销商早已被取消授权的新闻报道，因而进行了有力反驳。

2022年11月，法院作出判决，认定被告一胡某侵权，判令被告一删除其经营的涉案淘宝店铺上与原告品牌相关的引人误解的宣传内容，在其该店铺首页及涉案产品链接上就其不正当竞争行为发布声明，消除影响，并赔偿原告经济损失及合理维权费用人民币 30 万元。

双方均未上诉，一审生效，因财产保全在先，被告一主动支付赔偿，发表其并非官方授权的澄清声明，该案于 5 个月内结案。受该案影响，部分消费者不再信任该淘宝店铺，该店铺也就未再销售涉案品牌产品，从结果上说，原告顺利巩固了市场份额。

二、争议焦点

该案争议焦点如下。

（一）原告是否为该案的适格主体

原告在该案中提交了以色列权利人泊乐根公司向环宇蓝海公司、美洲豹公司授权的相关文件，且相关文件经过了域外公证认证手续，可以作为认定事实的证据。结合原告提交的有关以色列某美容仪品牌授权声明、联合声明以及原告公司工商企业注册登记变更信息查询资料等，可以确认原告为该以色列美容仪品牌指定的中国地区独家经销商转授权的该品牌产品经销商，并有权以自己的名义提起诉讼。原告在该案中系适格的诉讼主体。

（二）被告一胡某在其经营网络店铺的相关宣传行为是否构成不正当竞争

依据双方当事人提交的证据和庭审查明的事实，可以认定被告一胡某在网店广告中使用"官方授权""深度合作"等宣传并无充分有效的证据支持，被告一胡某提交的上海奋博公司为泊乐根公司指定独家经销商的协议书，属于域外证据，在该案中并未提交相关的认证公证手续予以证实，原告对其真实性、合法性、关联性提出异议，法院不予采信，被告一无充分有效证据证明相关经销商从其上游处获得了授权他人使用"官方指定授权"等广告宣传的权利。被告一胡某在广告语中使用的"官方指定授权"字样，实际上超出了"保证正品"的宣传含义范畴，使得相关购买群体的消费者认为被告一胡某所经营的"那个女孩正品代购"网店与泊乐根公司及其在中国指定经销商环宇蓝海公司、美洲豹公司及该案原告之间存在正式的授权合作关系，从而形成在相关货品批发零售市场的相对竞争优势，被告一胡某这一相对竞争优势的取得并不符合公平竞争的诚信原则。

另外，虽然被告一胡某从授权经销商渠道购买货物正品进行销售，并不一定因产品质量等问题损害消费者权益或给原告等授权经销商带来商誉减损的负面影响，但被告一胡某为提升其网店关注流量、产品销量等使用引人误解的宣传以形成相对竞争优势的做法，有违反不正当竞争法所倡导和维护的市场公平竞争秩序、诚实信用原则，构成不正当竞争，理应承担相应的法律责任。

（三）被告二上海佑荟公司应否承担原告所诉法律责任

被告二上海佑荟公司在该案中为公证购买产品的发票开具者，虽其辩称系应消费者要求代开发票，但该案中应可认定其为相关初普产品本次销售的销售方。该案系不正当竞争纠纷，双方所争议的不正当竞争行为是来自网店的广告宣传而非相关初普产品的销售行为。原告提交的淘宝网查询及回复已经明确被告一胡某为涉案店铺的实际经营者。原告并无充分有效证据证实被告二上海佑荟公司亦是涉案店铺经营者以及相关引人误解广告宣传内容的制作发布者。因此，仅以被告二上海佑荟公司出具购物发票的行为要求其承担该案不正当竞争行为的侵权责任，缺乏事实与法律依据，法院不予支持。

一审法院据此作出一审判决，此后双方均未上诉，一审判决生效。因财产保全在先，被告一主动支付赔偿，发表其并非官方授权的澄清声明，该案于5个月内结案。

三、代理工作

代理原告的华进律师团队在处理该案中，启动之初就进行了财产保全，为结案顺利受偿奠定基础。此外，因被告一侵权行为较单一，同类案件较少且赔偿额较低，华进律师团队通过专业系统调取被告一的店铺涉案品牌产品的销售额，为诉讼主张提供有力支持。对于被告一拥有官方授权的抗辩，华进律师团队通过充分检索分析，予以有效的反驳。该案最终于短期内快速结案，实现了预定的诉讼目的，有力维护了原告的市场份额。

四、判决结果

一审判决主文：

（1）被告一胡某须于本判决生效后立即停止所有引人误解的宣传行为，立即删除淘宝店铺"那个女孩正品代购"上与Tripollar初普品牌相关的引人误解的宣传内容；

（2）被告一胡某须于本判决生效后十日内在其经营的淘宝店铺"那个女孩正品代购"店铺首页及其Tripollar产品链接上就本案不正当竞争行为发表声明，消除影响（内容需经本院审核）；

（3）被告一胡某须于本判决生效后十日内赔偿原告新基石（深圳）科技有限公司经济损失及合理维权费用300 000元；

（4）驳回原告新基石（深圳）科技有限公司的其他诉讼请求。

五、案例评析

该案原告迅速采取维权行动,诉前申请财产保全,并于原告所在地起诉,对侵权行为及侵权规模充分举证,得到法院采纳。该案于 5 个月内顺利结案,原告也最终获得赔偿,而被诉店铺则因虚假宣传而丧失信誉,亦无法再行销售涉案品牌产品,从而实现对侵权行为的快速打击,成效显著。

该案系 2022 年《最高人民法院关于适用〈中华人民共和国反不正当竞争法〉若干问题的解释》颁布以来虚假宣传纠纷维权的成功实践。首先,明确了针对经营同种商品,天猫旗舰店与淘宝店铺构成竞争关系;其次,明确了淘宝店铺的经营利润证据可以作为《最高人民法院关于适用〈中华人民共和国反不正当竞争法〉若干问题的解释》第十八条规定的"损失";最后,明确了针对品牌方的商品,若销售商针对该商品存在虚假宣传行为,品牌方或中国代理商可以通过虚假宣传诉讼的方式进行维权。

虚假宣传不正当竞争行为构成要件浅析

——立体车库企业虚假宣传不正当竞争纠纷案

案例整理及评析人：韦琪

【案例基本信息】

二审上诉人（一审原告）：广东明和智能设备有限公司（以下简称"明和公司"）

二审上诉人（一审被告）：广东正合智能设备有限公司（以下简称"正合公司"）

一审：广州市南沙区人民法院，（2022）粤0115民初5353号

二审：广州知识产权法院，（2023）粤73民终911号

委托诉讼代理人：欧平凤、韦琪，广东华进律师事务所，代理明和公司

一、案例背景

明和公司成立于2014年，致力于立体车库研发、制造等，在立体车库领域具备较高知名度。正合公司成立于2014年，由已离职的明和公司原管理层人员戴水文、张亚东、丁家葵等于2020年收购、更名而来，并于2020年开始从事立体车库领域。正合公司作为明和公司的同行业竞争者，为明和公司原管理层人员实际控制，不仅未尽到合理避让义务，还在正合公司官网使用原明和公司的项目案例成果，并将明和公司的过往荣誉事迹用于自我宣传，以打造与明和公司相近的整体行业形象，误导公众，损害明和公司利益。明和公司认为，正合公司的行为已构成不正当竞争，遂委托华进律师团队将正合公司诉至广州市南沙区人民法院，要求正合公司立即停止不正当竞争行为，包括但不限于：停止使用"立体车库解决方案专家""拥有超百项发明专利和实用新型专利"的虚假宣传语；停止使用明和公司的项目案例作为其经典案例进行宣传；赔偿明和公司经济损失及合理支出等。

二、争议焦点

（1）正合公司的被诉虚假宣传行为是否成立；

（2）一审法院确定的赔偿数额是否合理。

三、办案策略

华进律师团队接受委托后，发现正合公司实施虚假宣传的不正当竞争行为表现证据较少。其于被控侵权网页上展示的项目案例名称与真实项目名称并不完全一致，展示的项目信息亦是有限的，且未详细说明项目图片指向的具体项目。华进律师团队需要根据正合公司网页上展示的图片，逐一对比明和公司的过往项目，匹配对应的项目，对正合公司使用的哪些案例图片对应明和公司的哪些过往业绩项目进行说明。为此，华进律师团队准备的证据材料包括但不限于：中标通知书、设备采购合同及发票、工程施工合同及发票、项目检验报告、环保验收意见等。

最终，一审法院认定明和公司提交的合同、中标通知书及项目检验报告等证据上所载明的项目名称，虽然与被控侵权网页上的对应项目案例名称并不完全一致，但上述证据中所显示的项目地址、项目照片，基本可以与正合公司被控侵权网页所展示的项目信息及照片对应一致，可以证实被控侵权网站上所展示的项目即为明和公司所提交证据所载明的对应项目。正合公司未经同意，擅自使用明和公司承建的项目案例信息及照片，是对自身项目经历和项目成果的虚假、不实陈述。

四、法院观点及判决结果

（一）一审法院

一审法院认为：（1）关于正合公司在被控侵权网页使用"立体车库解决方案"等内容，前述用语为对自身主要业务范围、产品范围的宣传用语，无法证明该陈述为虚假宣传，法院对此项主张不予支持；（2）关于正合公司在被控侵权网页使用"自主拥有超百项发明专利和实用新型专利""公司还与西门子公司、华南理工大学、中山大学等机构进行战略合作"等内容，无法证明该表述可造成普通消费者的误导，法院对此项主张不予支持；（3）关于正合公司在被控侵权网页展示的相关专利证书图片及项目案例及产品图片，是对自身项目经历和项目成果的虚假、不实宣传，容易误导消费者造成错误判断，造成明和公司的客户分流和营利损失，构成不正当竞争，应当承担停止侵权、赔偿损失的法律责任。

法院综合考虑明和公司及其相关立体车库产品在市场中的知名度，以及正合公司被控不正当竞争行为的性质、范围、区域、期间及明和公司为维权所支付的合理费用等因素，酌情确定正合公司的赔偿金额为15万元。

一审法院判决正合公司于本判决发生法律效力之日起立即停止虚假宣传的不正当

竞争行为，并于判决发生法律效力之日起七日内赔偿原告明和公司经济损失及合理开支共计 15 万元。

（二）二审法院

双方不服一审法院判决，向广州知识产权法院（二审法院）提起上诉。

二审法院认为：首先，在未提交证据证明其产品系列、产品性能的情况下，正合公司在网站使用"公司拥有行业最全的产品系列……产品包括行业最快速的升降横移式机械车库""自主拥有超过百项发明专利和实用新型专利""公司还与西门子公司、华南理工大学、中山大学等机构进行战略合作"等表述属于虚假的商业宣传，一审法院认定有误。其次，一审法院认定正合公司在其网站上使用明和公司的专利证书图片、涉案项目案例及产品图片构成虚假宣传正确。最后，一审法院确定的正合公司的赔偿数额合理，予以维持。

二审判决认定正合公司构成不正当竞争，并维持了广州市南沙区人民法院关于 15 万赔偿的判项。

五、案例意义

该案是具有典型参考意义的不正当竞争纠纷案件，有利于打击同行业竞争者利用他人技术成果进行牟利的恶劣行为，有利于维护企业的技术案例成果，保护企业竞争优势。

（一）该案明确了虚假宣传不正当竞争行为的构成要件

该案于促进司法审判尺度、法律理解的统一化亦有积极作用。虚假宣传行为要构成不正当竞争，不仅仅体现在双方具有竞争关系，对方实施了与事实不符的宣传行为，还需要具备损害后果。

关于"损害后果"要件，司法实践中的分歧在于损害的判断标准。一种观点认为，原告除了需要证明被告的商业宣传是虚假或引人误解的，还需举证以证明其因此遭受了损害。另一种观点认为，原告只需要证明被告的商业宣传是虚假或引人误解的即可，以此推定原告受到损害。原因在于，经营者通过虚假广告宣传的行为获得了本不应获得的交易机会和市场份额，使得其他经营者减少了交易机会，并挤占了其市场份额，而这种交易机会的减少就是损失，此种损害可以从虚假广告宣传行为的本质推定而得，无须由原告举证证明。该案支持后一种观点。

华进律师团队认为正合公司通过虚假宣传获取更多市场竞争优势和市场交易机会，不仅谋取了不正当利益，还在客观上使明和公司丧失潜在的交易机会，构成不正当竞争。

最终法院认定：正合公司擅自在其官网上使用明和公司的案例项目信息图片，容易误导消费者造成错误判断，误认为正合公司与明和公司存在联系，正合公司的产品或服务系由明和公司提供或经明和公司授权，从而造成了明和公司的客户分流和盈利损失，构成不正当竞争。

（二）该案强调保护中小企业技术成果的重要性

目前市场上众多高新技术企业的技术，发明人通常是企业高级管理人员或者核心技术人员等自然人，但这些职务成果其实是归公司所有的。如果企业高管发明人离职，去往新公司就业，在未经原公司同意的情况下，不可擅自使用其在原公司的职务成果。该案再一次重申了企业技术成果保护的重要性。

利用著作权保护实用艺术作品的实践

——"音箱灯"著作侵权纠纷案

案例整理及评析人：张娅　章上晓

【案例基本信息】

上诉人（一审原告）：广州大川大丰电子科技有限公司
被上诉人一（一审被告一）：佛山市佰彩电子有限公司
被上诉人二（一审被告二）：佛山市博冠塑料制品有限公司
一审：广东省佛山市中级人民法院，（2019）粤06民初132号
二审：广东省高级人民法院，（2020）粤民终1281号
委托诉讼代理人：张娅，章上晓，广东华进律师事务所，在二审程序中代理广州大川大丰电子科技有限公司

一、案情简介

原告广州大川大丰电子科技有限公司（以下简称"大川大丰公司"）系一家在中国的全资外商投资公司，是全球领先的智能家居产品制造出口一体化的公司，每年投入上千万资金研发创作产品，其生产的LED蓝牙音箱灯远销西欧，产品大受广大消费者青睐。

大川大丰公司于2017年11月28日进行"LED蓝牙音箱灯"作品（以下简称"涉案作品"）登记，作品登记证书显示该LED蓝牙音箱灯整体为椭圆台体，上部开有"U"形槽，镶嵌有金属环及提手，台体表面有环形波纹，底部安装有正多边形音箱，音箱下安装有三个锥台灯脚。作品登记证书记载的作者及著作权人均为大川大丰公司，创作时间为2016年6月6日，首次发表时间为2016年9月21日。

2016年6月，大川大丰公司委托佛山市博冠塑料制品有限公司（以下简称"博冠公司"）生产涉案作品款式的LED蓝牙音箱灯（以下简称"涉案音箱灯"）。博冠公司将其接受委托生产的灯具以佛山市佰彩电子有限公司（以下简称"佰彩公司"）名义为大川大丰公司定牌加工出口。2017年3月，大川大丰公司与博冠公司终止合作。

2017年6月大川大丰公司发现荷兰Nikki公司销售第三方制造的涉案音箱灯复制品，遂将其起诉至荷兰法院。Nikki公司供述其涉案音箱灯由香港KIWA公司提供，香港KIWA公司的产品又由佰彩公司生产并供货。大川大丰公司认为佰彩公司未经大川大丰公司许可，擅自使用、复制、发行、展览涉案音箱灯，其行为严重侵犯了大川大丰公司的著作权，遂在我国法院对其提起诉讼。

一审法院经审查，认为该LED蓝牙音箱灯的主要部分为椭圆台体被等分的设计，而椭圆台形、环形波纹、台体被等分的要素已进入公共领域，不能体现作者对灯具的线条、形状及其组合的个性化表达，达不到最低限度的创造性的要求。至于大川大丰公司主张的该LED蓝牙音箱灯设计有用于放置冰块、香槟的"U"形槽，底部放置音箱的功能部分以及灯光与音乐的结合，均不是著作权法意义上美术作品的保护内容。如果使用多年的设计作品不受著作权法保护，将对大川大丰公司的海外销售造成极大冲击，故大川大丰公司委托华进律师团队向广东省高级人民法院提起上诉。

接受当事人二审委托后，华进律师团队通过向广东省高级人民法院查阅一审庭前笔录并进行相关摘录、整理，多次与大川大丰公司相关设计、销售人员沟通，并与相关联的国外案件的代理律师讨论案件，挖掘有利证据，研究解决方案。

华进律师团队整理了涉案作品创作过程，修改及完稿打印件（附涉案作品创作原稿光盘刻录）以及独创性检索报告，重点围绕涉案的LED蓝牙音箱灯应当属于著作权法保护的美术作品展开代理工作。

二审中广东省高院采纳华进律师团队意见，认定涉案音箱灯系兼具实用功能和审美意义的立体造型艺术作品，具备相应的艺术创作高度，属于著作权法保护的美术作品，且大川大丰公司享有涉案音箱灯的作品著作权，撤销一审判决，责令被告停止侵害大川大丰公司"LED蓝牙音箱灯"著作权的行为，并赔偿大川大丰公司50万元人民币。

二、焦点问题

该案的争议焦点/业务难点主要在于：①如何证明涉案的LED蓝牙音箱灯应当属于著作权法意义上的作品；②佰彩公司等是否实施了被诉侵权行为；③如果侵权可能承担何种侵权责任。

基于上述争议焦点，华进律师团队代理思路如下：

（1）由于一审法庭并未认可涉案LED灯蓝牙音箱灯构成作品，因而华进律师团队在了解涉案作品的创作过程中，整理了涉案作品创作过程，提交了关于LED灯蓝牙音箱灯的原始设计情况，进一步证明涉案作品是原创作品，并提交相关证据证明涉案作品具有独创性。

庭审中，华进律师团队充分论证了涉案音箱灯具有一定的独创性高度，具有艺术性。在涉案音箱灯创作完成前，没有人将"环形波纹"等元素运用到音箱产品中。从实用性的角度考虑，音箱的外表面并不适合做成波浪状，因为将波浪状的外表面作为发声部位，会使音箱发出的声音会受到其他波纹的阻碍，对音质产生影响。涉案音箱灯为了保证艺术性高度，以及保证设计上的完整性，创造性地把音箱出音口设置在蓝牙音箱的底部，使得 LED 音箱灯的整个箱体均呈现环形波纹状。大川大丰公司为了实现这个富有美感的 LED 音箱灯设计，进行了非常大的创造性劳动，故"圆台状"和"环形波纹"这类设计元素都不应当被机械地认为是属于公共领域的设计元素。设计师通过设置不同的圆台和波纹参数，使这些元素能够呈现出不同的形状，并且给人不同的主观感受。涉案音箱灯经过多次设计修改，在传统"圆台状"和"环形波纹"的基础上调整了圆台长轴和短轴的比例以及波浪纹的波长、曲率，使涉案音箱灯整体呈现造型优雅、线条流畅的艺术效果，这是对公有领域素材的重新创作。

对音箱灯而言，灯体的凹凸条纹及弧度设计、环形顶部设置、凹槽位置与形状，提手的材质、位置、长宽及由长度所决定的提手弧度，小支柱的数量及排布等设计方案，均体现了创作者的取舍、选择、设计、布局等创造性劳动。

同时，涉案音箱灯的实用功能能够与艺术美感相分离。

涉案音箱灯的实用功能主要在于顶部放置冰块、底部放置音箱、内部安装有 LED 灯、手提带方便携带等，其艺术美感主要体现在灯体弧度、凹凸条纹、内置"U"形槽、皮质提手等造型设计所展现的东西方文化交织的审美效果。改动涉案音箱灯的前述造型设计，其作为音箱、灯具、容器等实用功能并不会受到影响，即涉案音箱灯的实用功能与艺术美感能够进行分离并独立存在。

另外，虽然在涉案作品创作完成前在国际互联网上已有类似设计公开，但是与涉案作品的整体轮廓存在较大差异，差异之处正体现了创作者的取舍、选择、设计、布局等创造性劳动。

（2）华进律师团队就公证认证的国外判决及声明等材料做了进一步梳理，强调佰彩公司、博冠公司作为曾经的代工厂，与大川大丰公司前员工接触，在展会上呈现涉案音箱灯产品，并通过关联公司香港 KIWA 公司出口至欧洲，实施侵权行为，该侵权行为已被荷兰法院判处罚金；同时，禅城区人民法院 2018 年 8 月 31 日对佰彩公司的工厂进行查封时，从查封到被控侵权产品，证明佰彩公司、博冠公司等分工合作，大量复制、发行涉案音箱灯产品，并低价直接出口给上诉人大川大丰公司的欧洲经销商，构成著作权共同侵权，应承担连带赔偿责任。

（3）就侵权责任方面，华进律师团队主张佰彩公司、博冠公司作为前供应商，知道大川大丰公司享有涉案音箱灯产品的著作权权利，仍伙同大川大丰公司前员工将涉案音箱灯出口至欧洲销售，具有非常明显的主观恶意；而且在荷兰销售涉案音箱灯的公司被判赔 270 万欧元（折合人民币约 2 115 万元），该赔偿额是基于综合判断认定该公司在欧洲至少销售了 2 115 万元的涉案音箱灯，而其所销售的涉案音箱灯都是佰彩公司生产出口，因此该案中大川大丰公司主张赔偿额实际上远远低于其获利。

三、案件评析

司法实践中，对于实用艺术作品司法保护存在较大争议，且主观性较强。该案中，两级法院作出截然不同的认定和裁判，所涉核心问题是涉案音箱灯是否具备相应的艺术创作高度，从而属于著作权法保护的美术作品。

（1）保护外国实用艺术作品的法律依据是《伯尔尼公约》《实施国际著作权条约的规定》和《著作权法》；保护中国实用艺术作品的法律依据是《著作权法》《著作权法实施条例》，尽管《著作权法》《著作权法实施条例》本身并没有关于实用艺术作品的明确规定。

（2）司法实践中，对于实用艺术作品的著作权保护，人民法院一般是从实用艺术作品的实用性与艺术性角度分别予以考虑，对于实用性部分不适用著作权法保护，但对于艺术性部分可以归入著作权法规定的"美术作品"予以依法保护。如果涉案实用艺术作品不具备美术作品应当具备的艺术高度，即使被控侵权产品与涉案作品构成相似或者基本相同，也不能作为实用艺术作品获得著作权保护。

（3）除同时满足关于作品的一般构成要件及其美术作品的特殊构成条件外，还应满足其实用性与艺术性在物理或观念上可以相互分离的条件。两者物理上可以相互分离，即具备实用功能的实用性部分与体现艺术美感的艺术性部分可以物理上相互拆分并单独存在；两者观念上可以相互分离，即改动实用艺术品中的艺术性部分，不会导致其实用功能的实质丧失。如果实用艺术品的实用性与艺术性不能分离，则不能成为受著作权法保护的美术作品。

涉案音箱灯为了实现 LED 灯和音箱的功能，对设计会有一定的限制，但是这种限定程度并不高，在整体形状和轮廓上仍然有非常大的表达空间，比如可以设置成球形的、矩形的、特定动物形状的，都不影响"LED 灯"和"音箱"功能的实现。涉案的 LED 蓝牙音箱灯整体上呈修长椭圆形，灯罩本体上由层层波浪形线条凹凸呈现，灯罩开口设置圆弧形凹槽，边缘用圆环形边框装饰，其外形的美感源于其半透明灯罩流畅的弧线在若明若暗的含蓄灯光中勾画出音箱的立体造型。音箱底座设置多个圆柱体支柱，中间部分呈 π 线条设置音箱，恰到好处地隐藏了音箱，保留了整体的美感。特别是整体设置成特定比例的圆台状，提手弧度设计能够与音箱的主体部分连接后形成一个椭圆，特别是音箱主体，一层一层的环形波纹设计，具有非常优雅、简约的美感，且 LED 音箱灯的功能并不依赖圆台状和环形波纹等艺术性设计内容而存在，其实用性与艺术性能够恰当分离，这种独创性的表达，应当认定属于作品保护的范畴。

该案中，佰彩公司在与大川大丰公司合作终止后，在欧洲市场巨大利益诱惑面前，背离商业规则，大量制造、倾销涉案音箱灯给客户，严重损害大川大丰公司的市场经济利益。大川大丰公司向法院提起诉讼维权过程中又遭遇一审败诉，以致对在中国进一步维权、展开贸易缺乏足够的信心。华进律师团队在接受大川大丰公司委托后仔细分析、综合评估案件情况，就案件焦点展开了充分论证。最后广东省高级人民法院采信了华进律师团队意见，认定涉案音箱灯系兼具实用功能和审美意义的立体造型艺术作品，具备相应的艺术创作高度，属于著作权法保护的美术作品，且大川大丰公司享有涉案音箱灯的作品著作权，故撤销一审判决，责令被告停止侵害大川大丰公司"LED蓝牙音箱灯"著作权的行为。大川大丰公司在华进律师团队帮助下最终获得胜诉判决，最大限度地保护了其合法权益，该案有效地保护了外商在华的知识产权利益，维护公平竞争的市场环境，打击并惩罚故意剽窃著作权人设计的行为，增强外商长期在华投资经营的信心。该案也为针对类似情形案件，提供了办案思路及参考。

 知识产权运营篇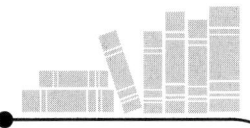

引　言

　　知识产权运营是指以知识产权为核心资产，通过系统性策划、管理、交易、金融化及产业化手段，实现知识产权的市场价值转化与创新效益最大化。其核心目标是将静态的专利、商标、版权等知识产权转化为动态的市场竞争要素，推动技术成果商业化、产业资源优化配置及区域经济高质量发展。与传统知识产权保护不同，知识产权运营更强调"运营驱动"——通过专利导航、分析评议、许可转让、质押融资、产业协同等工具，打通"技术研发-成果转化-产业应用-资本循环"的全链条，构建创新生态的良性闭环。知识产权运营的作用不仅体现在单一技术或企业的价值提升，更在于通过系统性布局，实现产业升级、区域经济跃迁与国家创新竞争力的整体突破。

　　本篇聚焦知识产权运营的实践探索，精选四大典型服务案例，涵盖不同产业与运营模式，从多维视角展现知识产权运营服务如何赋能区域经济与产业高质量发展。这些案例虽然领域迥异，却共同揭示了知识产权运营的核心理念：以数据为基、以产业为锚、以协同为翼。无论是宏观产业的战略布局，还是区域经济的特色突围，亦或是技术攻关的精准施策，均体现了知识产权运营从"保护赋能"向"运营驱动"的范式转变。

　　本篇旨在通过翔实的实践剖析，为政府部门、企业及服务机构提供可借鉴的路径与方法，助力更多行业将"知产"转化为"资产"，让创新之火点燃产业升级的澎湃动能。

案例六十

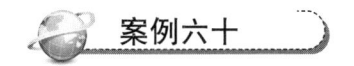

产业专利分析揭示技术发展现状及趋势

——高技术船舶产业专利分析案例[1]

案例整理及评析人：李睿　吴平　赵永辉

一、案例简介

2018年是我国改革开放40周年，也是《国家知识产权战略纲要》实施10周年，同年"高技术船舶专利分析课题研究团队"成立并完成了"高技术船舶产业专利分析报告"（以下简称"分析报告"）。

高技术船舶产业作为我国战略性新兴产业的重要组成部分之一，是发展海洋经济的先导产业。大力发展高技术船舶，是推动我国造船业转型升级的重要方向，也是驱动我国造船业转型发展的重要引擎。液化天然气（Liquefied Natural Gas，LNG）船（以下简称"LNG运输船"）和液化石油气（Liquefied Petroleum Gas，LPG）船（以下简称"LPG运输船"）是高技术、高难度、高附加值的"三高"产品，作为高技术船舶的一部分，随着全球以及中国的能源结构的转移，受关注程度水涨船高。

分析报告选取高技术船舶中受关注较高的LNG运输船和LPG运输船为研究对象，对其实现产品绿色化和产品结构高端化进行宏观层面和微观层面的分析。分析报告分别对全球和中国对LNG/LPG运输船的专利现状进行宏观分析，对LNG/LPG运输船的关键技术——"货物围护系统"和"BOG再液化系统"进行微观层面的分析，对LNG/LPG运输船重要申请人进行分析，对LNG/LPG运输船进行专利无效/侵权的分析，对中国主要区域LNG/LPG运输船创新路线探索进行分析。专利数据的初期检索截止日期为2018年7月30日，后期对细分领域和主要专利权人/申请人进行了补充检索，截止日期为2018年10月31日。

---

[1] 国家知识产权局学术委员会.产业专利分析报告（第69册）——高技术船舶[M].北京:知识产权出版社,2014.

二、检索策略

在该案例中，LNG/LPG 运输船的专利文献检索策略采用总分式检索策略，即首先对总体技术主题进行检索，其次在总体技术主题检索的检索结果中进行各技术分支的检索。

在 LNG/LPG 运输船技术领域中，由于 LNG/LPG 运输船整体涵盖技术较多，专利文献量较大，采用总分式检索策略比分总式检索策略更能保证检索结果全面覆盖相关专利文献，并在此基础上获得并分析各分支的技术情况。但当前该领域涵盖范围未有明确的关键字或分类号可以表示，因此采用总分式检索策略不可避免地涵盖了较多的检索噪声，在查全基础上，为了保证查准率，将采用人工去噪方式保证数据的查准率。

对于 LNG/LPG 运输船关键技术的检索，技术理解是首要的工作。LNG/LPG 运输船运输的是经液化后需低温储存的液化气体，关键技术在于货物的运输与储存，具体涉及货物围护系统和蒸汽回收利用系统的设计。货物围护系统系指围护货物的装置，包括所设的主屏壁、次屏壁，以及附属的绝热层和屏蔽间处所，还包括必要时用于支撑这些构件的邻接结构，其应该具备 LNG/LPG 运输安全和高效保障的耐低温性能和绝热性能。而且，在运输过程中货物围护系统内液体运动会冲击舱壁，如何减少液货舱内的液体晃荡幅度（即止荡技术）也至关重要，所以在该案例中，将"液货舱的绝热技术""液货舱的耐低温材料"及"液化气体的止荡技术"作为货物围护系统的关键技术。蒸发气回收利用系统指的是 LNG/LPG 运输船在运输过程中，液化气体所产生的蒸发气。由于液货舱内外壁的温差极大，不可避免地导致货舱内的液化气蒸发气化，蒸发气会使液货舱内空间压力和温度以及液化气的密度发生变化，如未对其进行技术处理蒸发气会使液货舱内的压力升高从而破坏液货舱结构，直接危害船舶航行安全；如若将蒸发气直接进行排放会造成直接的经济损失，所以蒸发气的回收技术至关重要。

表 5-1 是高技术船舶主要技术分解表，并针对 LNG/LPG 运输船领域比较关注的货物围护系统和蒸发气回收利用系统中的 BOG 再液化回收系统进行了功效分解，见表 5-2、表 5-3，对该两个技术主题进行深入分析。

在确定检索要素方面，该案例基于 LNG/LPG 运输船技术分解表，通过对 LNG/LPG 运输船的技术和产业进行背景调研和企业调研，收集和整理 LNG/LPG 运输船行业、货物围护系统和 BOG 再液化系统的关键技术中英文关键词、行业专用术语、IPC 分类号等，形成初步检索要素表。同时，通过对关键词和重点申请人进行检索，找出准确的专利文献并进行详细阅读，扩充关键词和分类号，不断补充和完善检索要素表。

在拟定检索式方面，该案例根据检索要素表中的中英文关键词、IPC 分类号等初步构建 LNG/LPG 运输船和其关键技术的检索式，并在检索过程中根据检索结果反馈调整检索式，剔除明显是检索噪声的 IPC 分类号和关键词，在检索过程中不断进行调整和优化，最终确定的检索式。

最后，对于检索结果的查全率、查准率，该案例采用多次抽取样本取平均值的方式对检索结果进行验证，见表 5-4 和表 5-5。

表 5-1　高技术船舶关键技术分解表

一级分支	二级分支	三级分支
LNG/LPG 运输船	货物围护系统	主屏壁（容器）
		次屏壁
		支撑
		止荡
		泵塔
		主液货泵
		扫舱喷淋泵
		喷淋单元
		应急液货泵
		空气压缩机
	蒸发气回收利用系统	BOG 再液化系统
		LNG/LPG 再气化
		冷能回收装置
	动力推进系统	—
	建造安装平台技术	—
	装卸货管路系统	—

注：基于结构的角度进行技术分解。

表 5-2　货物围护系统功效分解表

绝热技术		热管绝热技术
		热虹吸管绝热技术
		蒸汽绝热技术
		高真空绝热技术
		真空粉末及绝热技术
		高真空多层绝热技术
止荡技术		储罐结构
		阻隔结构
		浮动构件
		震动构件
		检测计量装置

续表

耐低温技术	9%镍钢
	36%镍钢
	铝合金
	不锈钢
	复合板
支撑技术	柔性支撑
	密封支撑
	底部支撑
	侧部（周向）支撑
强度	主屏壁
	次屏壁
安全性能	泵塔
	液货舱的布置
	安全部件

表 5-3 BOG 再液化系统技术分解表

直接式再液化技术	单级压缩
	双级压缩
	多级压缩
间接式再液化技术	—
复叠式再液化技术	—

表 5-4 LNG/LPG 运输船查全率与查准率验证

项目	企业			平均查全率	平均查准率
	法国 GTT	现代重工	沪东中华		
LNG/LPG 运输船查准率	91.4%	87.6%	86.0%	88.3%	—
LNG/LPG 运输船查准率	92%	88%	90%	—	90%

表 5-5 关键技术查全率与查准率验证

系统	关键技术查全率			平均查全率
	法国 GTT	现代重工	沪东中华	
货物围护系统	96.5%	91%	90%	92.5%
BOG 再液化系统	89.2%	88.7%	86%	87.9%

续表

货物围护系统	关键技术查准率			平均查准率
	法国 GTT	现代重工	沪东中华	
	93%	95%	94%	94%
BOG 再液化系统	89%	92%	90%	90%

三、主要研究成果

（一）LNG/LPG 运输船全球及中国专利布局形态

分析报告在结合产业具体情况进行分析的情况下，展现了目前全球及国内 LNG/LPG 运输船的专利布局形态，对行业的市场分布情况有一定的参考价值。创新方法与技术和产业紧密结合，使得专利分析成果具有较强的说服力和指导意义。

该案例中，通过对 LNG/LPG 运输船的整体专利技术进行分析，将 LNG/LPG 运输船主要分为货物围护系统、动力推进系统、蒸发气回收利用系统、装卸货管路系统和建造安装平台五个部分。从全球专利布局来看，如图 5-1 所示，货物围护系统部分的专利申请量最多，其次是蒸发气回收利用系统，分别占总体专利申请量的 48% 和 32%；动力推进系统的专利申请量占总量的 8%，建造安装平台技术和装卸货管路系统的专利量占总量的均为 6%。

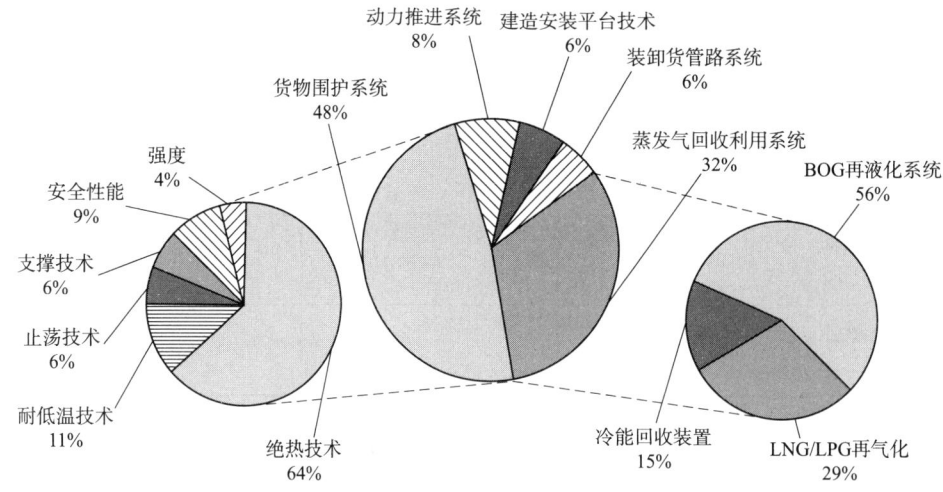

图 5-1　全球 LNG/LPG 运输船的船体结构专利申请分布

按照行业习惯并综合行业内比较关注技术分支，对货物围护系统领域的专利进行归类，又可分为绝热技术、耐低温技术、止荡技术、支撑技术、安全性能及强度六个部分。其中，绝热技术相关专利最多，占货物围护系统专利申请量的 64%，其次是耐低温技术方面的专利，而止荡技术、支撑技术、安全性能以及强度方面的专利申请量占比均小于10%。

蒸发气回收利用系统主要分为BOG再液化系统、蒸发气再气化和冷能回收三个子技术分支；再液化过程是指BOG（蒸发气，-110℃左右）通过低温制冷让其变成LNG（-163℃左右）并重新输送回货舱的过程；液化气再气化主要涉及LNG/LPG输送技术；冷能回收主要为基于LNG/LPG的低温属性，对其冷能的利用，涉及LNG/LPG技术领域的应用范畴。由图5-1可以看出，BOG再液化系统的专利申请量占比最多，超过50%，蒸发气再气化和冷能回收装置的专利申请量均较少。

从中国专利布局来看，中国在LNG/LPG运输船的技术研究上整体起步较晚，但在2008年之后，在相关技术上专利申请量增长迅猛，技术快速发展；而在中国进行专利布局的国外申请人主要来自美国、日本、韩国、法国、德国、荷兰等国家。通过对中国LNG/LPG运输船专利的IPC分类号进行分析可以发现，中国LNG/LPG运输船相关专利技术主要集中在F17C，以及B63B、F25J等。中国进军LNG/LPG运输船市场相对较晚，技术研究也较晚，但发展迅速。

LNG/LPG运输船在中国的专利申请整体呈增长趋势，可以分为萌芽期、缓慢发展期、快速发展期三个阶段，如图5-2所示。其中，快速发展期从2008年开始，当年由沪东中华承建的国产首艘LNG运输船"大鹏昊"号交付使用。2008年之后，专利申请量快速增长，2015年达到申请高峰；且在2015年后，LNG运输船涉及的专利申请量明显超出LPG运输船涉及的专利申请量；在这一时期，受到国家政策的影响，国内在LNG运输船技术领域的关注度逐步提升，释放热门市场信号，且国外多家强企越来越重视中国市场的专利保护，如韩国企业大宇造船、三星重工、现代重工等，日本企业丰田、IHI、三菱重工、川崎重工、三井造船、JFE钢铁等，美国企业CATERPILLAR（卡特彼勒）、通用、埃克森美孚等，法国企业GTT，荷兰企业壳牌等。与此同时，LPG运输船的技术发展不如LNG运输船强劲，但是也处于快速发展阶段。

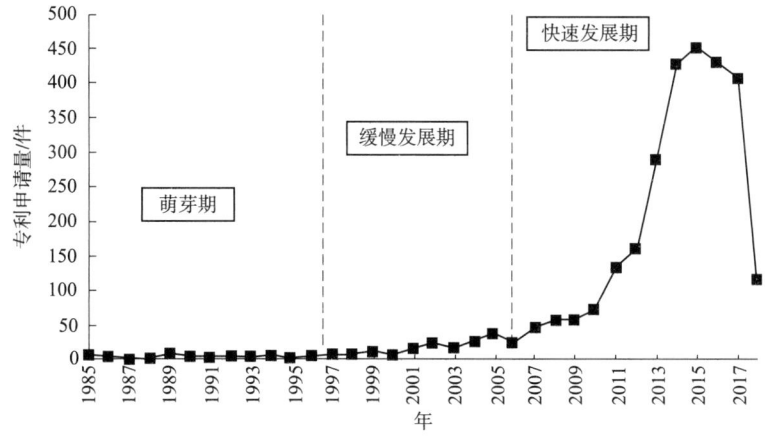

图5-2 中国LNG/LPG运输船专利申请趋势

图 5-3 为中国 LNG/LPG 运输船专利申请的地域分布情况。中国 LNG/LPG 运输船相关专利主要分布在江苏、北京、上海、天津、河北、山东、广东、辽宁、浙江等沿海省市，以及四川等少数内陆但沿内河的省市，且都是呈现专利申请量逐年增加的态势。排名上榜的一些沿海省市大致可以划分为环渤海区域、长三角区域以及珠三角区域，这些区域船舶产业发展较好，相关专利申请也较多。

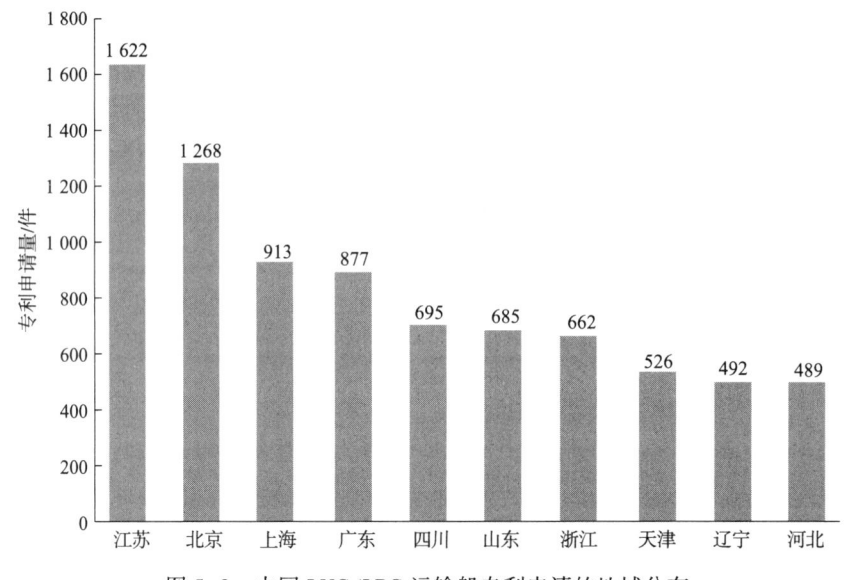

图 5-3 中国 LNG/LPG 运输船专利申请的地域分布

（二）关键技术之"货物围护系统"技术发展路线

如图 5-4 所示，1994 年以前，Technigaz 公司和 Gaztransport 公司在 LNG/LPG 运输船货物围护系统领域，分别就 Mark 型货物围护系统和 NO 型货物围护系统进行研发，并各自推出了一系列产品。1994 年，Technigaz 公司和 Gaztransport 公司合并为现在的 GGT 公司，GTT 公司此后并没有停下技术创新的步伐，其改进的核心主要集中在主屏壁、次屏壁、绝热层，并对上述的改进进行有机的组合，并不断推出在市场上富有竞争力的新产品类型（NO96 型、MARK Ⅲ 型和 CS-1 型），从而巩固自身的市场竞争力和技术垄断地位。而三星重工以 Mark Ⅲ 型货物围护系统为技术基础，通过对主屏壁材料、次屏壁材料以及止荡技术的改进，于 2011 年推出了新的薄膜型货物围护系统"SCA"（Smart Containment-system Advanced）。

1974 年，IHI 公司申请了第一件 SPB 型货物围护系统相关的专利 US3922986 由于该类型货物围护系统的货舱结构复杂、造价高，因此目前在 LNG 运输船上的应用不多。

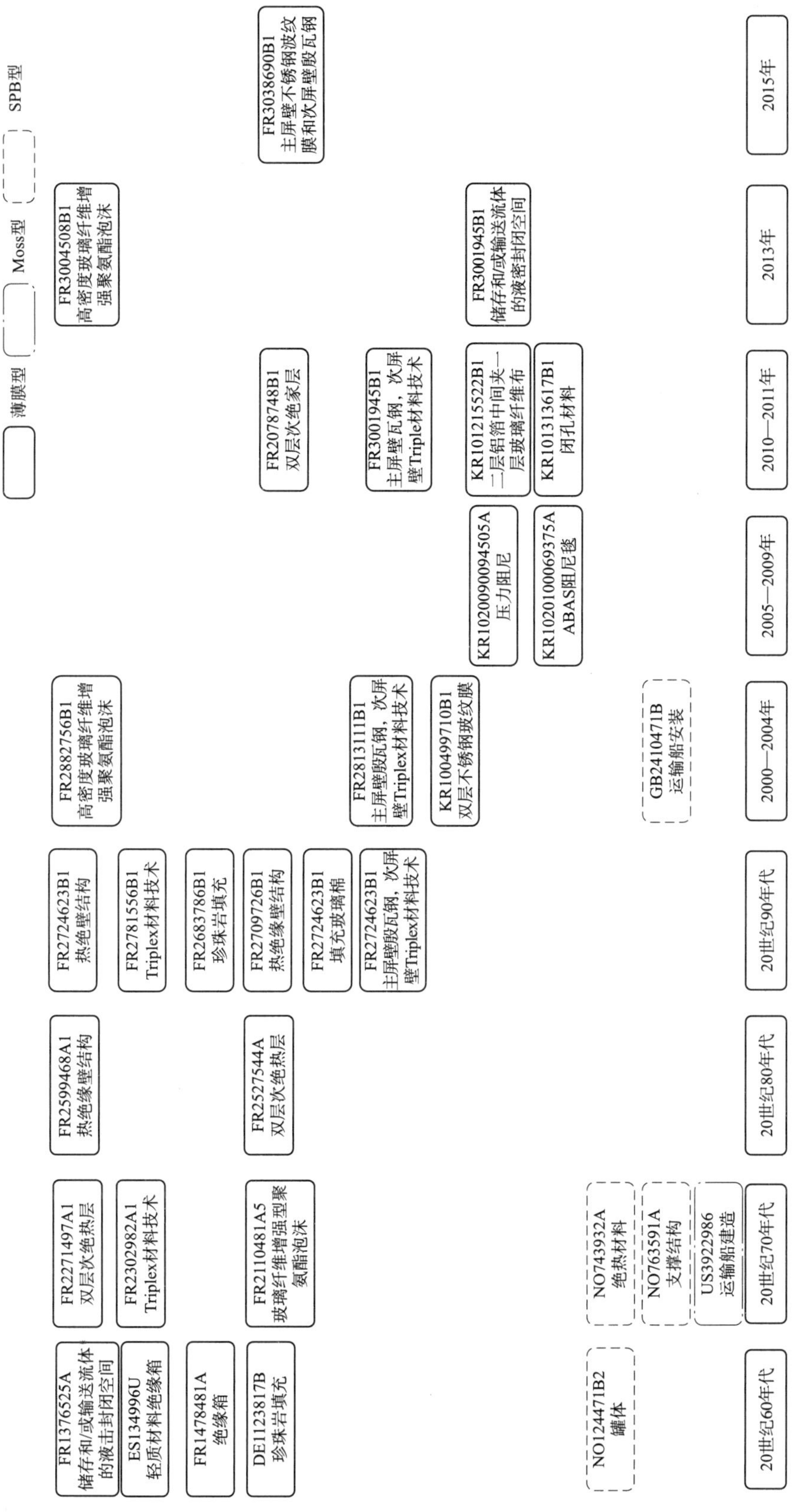

图 5-4 货物围护系统技术发展路线

（三）关键技术之"BOG 再液化系统"技术发展路线

结合技术调研，目前可知挪威 Hamworthy 公司和法国 Cryostar 公司在 LNG 船用 BOG 再液化装置领域进入实际应用阶段。❶ 分析报告对上述两家公司的技术发展过程中的重要专利进行梳理，以了解其在 BOG 再液化领域的技术发展情况。

针对 LNG/LPG 运输船的关键技术—BOG 再液化系统，通过研究挪威 Hamworthy 公司、法国 Cryostar 公司和韩国大宇造船的技术发展路线，提供 BOG 再液化系统的研发方向和思路。

挪威 Hamworthy 公司较为关注 BOG 再液化中能耗问题以及高氮含量 BOG 的液化技术。BOG 再液化能耗的降低主要通过膨胀机的串联设置、多布雷顿循环中驱动蒸汽的利用优化、利用冷却剂预热蒸发气流；高氮含量 BOG 的液化技术的思路主要采用冷却剂分流封闭冷却循环的方式。

Hamworthy 公司通过寻求许可的方式，然后结合自身技术上的改进，成功将 MARK 系统应用到 LNG 船上。

法国 Cryostar 公司在 GB0005709D0、EP1120615B1、GB0320474D0 和 GB0400986D0 的基础上开发出 ECOREL 再液化装置，该装置以氮气为工作介质的透平膨胀机产生冷量，在低温冷却器内部货舱挥发的 BOG 被冷却成 LNG 然后送入液货舱。货舱内产生的 BOG 由两级离心式压缩机进行压缩。每台压缩机进口配置有导流叶片（Deflector Guide Vanc，DGV）。BOG 由低温氮气进行中间冷却。压缩后的氮气在 BOG 降温器（板式翅片冷却器）中进行预冷，然后在 BOG 冷器中被再液化。这种设计的优势为，不锈钢换热器可以有效缓冲系统内温度波动，保护铝质 BOG 冷凝器。在此系统中，如果 BOG 中氮气含量低，再液化的 BOG 有稍微的过冷度，因此再液化的液体可以直接返回液货舱而不必经过气液分离器，然而，在 BOG 中气含高的时候，再液化的 BOG 需要引入气液分离器，不凝性氮气返回液货舱或者送入 GCU 中处理，而再液化的 BOG 返回液货舱。

如图 5-5 所示，在 2011 年之后，韩国大宇造船在对 LNG 运输过程中产生的 BOG 的回收处理上采用了新的技术方向。2014 年 6 月 10 日公告的专利 KR101408357B1，涉及的再液化装置利用 LNG 燃料储罐中排出的低温 LNG 来液化来自 LNG 储罐的 BOG，然后经过液化的 BOG 通过液化管路供应给 LNG 储罐，而 LNG 燃料储罐中的 LNG 则用作 LNG 船的动力燃料。

专利 KR101593970B1、KR101707502B1 和 KR101699329B1 同属于一个扩展同族，专利技术的核心主题就是一部分 BOG 再液化后返回储罐，一部分 BOG 处理后用作动力燃料。而 KR101519541B1 和 CN106029491B 属于一个扩展同族，与 KR101511214B1 均关注 BOG 再液化系统结构的改进。

---

❶ 叶冬青,谷林春,吴军.LNG 船舶的再液化装置应用[J].中国科技纵横,2013(18):139-140.

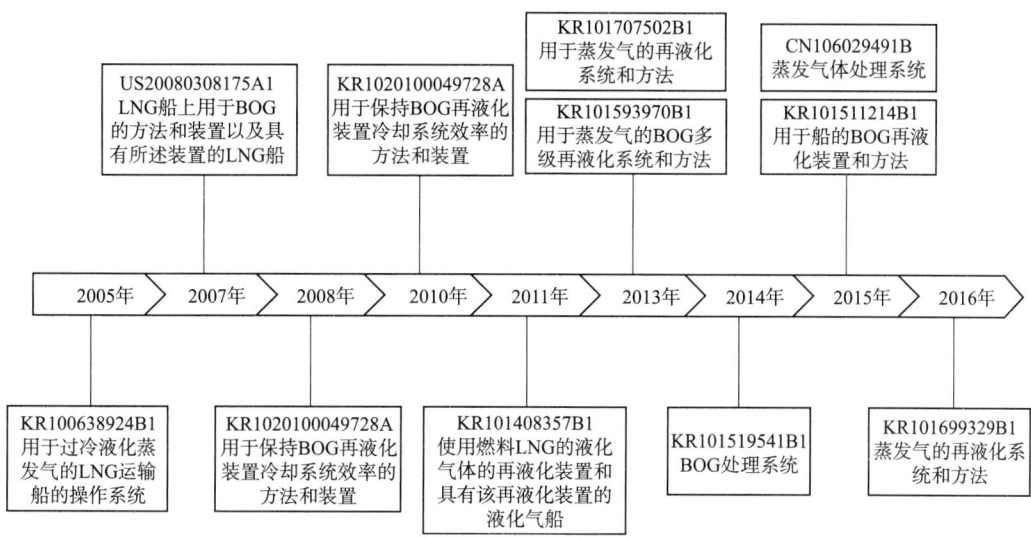

图 5-5 大宇造船 BOG 再液化系统技术发展路线

（四）中国主要船舶产业集群专利产出构成

环渤海、长江三角洲、珠江三角洲，作为全国三大船舶产业集群发展区，结合港口群建设、湾区经济建设，已形成中国沿海特色化、专业化、标准化的船舶产业发展新格局。

该案例中，通过分析环渤海湾、长江三角洲和珠江三角洲这三大船舶产业集群在高技术船舶——LNG/LPG 运输船的两项关键技术（货物围护系统和 BOG 再液化）的专利调整布局方向，可发现其各自不同技术研发比重增加的方向。

环渤海湾地区专利产出构成情况如图 5-6（a）所示。其中，专利大都集中在货物围护系统中的安全性能领域和 BOG 再液化技术上。可以看出，环渤海湾地区在 BOG 再液化技术领域的研究时间相对最早，1998 年就有相关专利申请，且从 2011 年开始，对 BOG 再液化技术领域的研发热情也是有增无减；安全性能方面，相关专利申请始于 2008 年，且一直不曾间断；绝热技术、耐低温技术、支撑等也多有涉及。

长江三角洲地区专利产出构成情况如图 5-6（b）所示。其中，专利大都集中在货物围护系统中的绝热技术和安全性能领域，其次是 BOG 再液化技术、止荡技术和支撑技术。可以看出，长江三角洲地区在绝热技术领域的研究时间相对最早，2001 年有相关专利申请。同时，近十年来长江三角洲地区技术研发比重增加方向为绝热技术、安全性能和支撑技术。

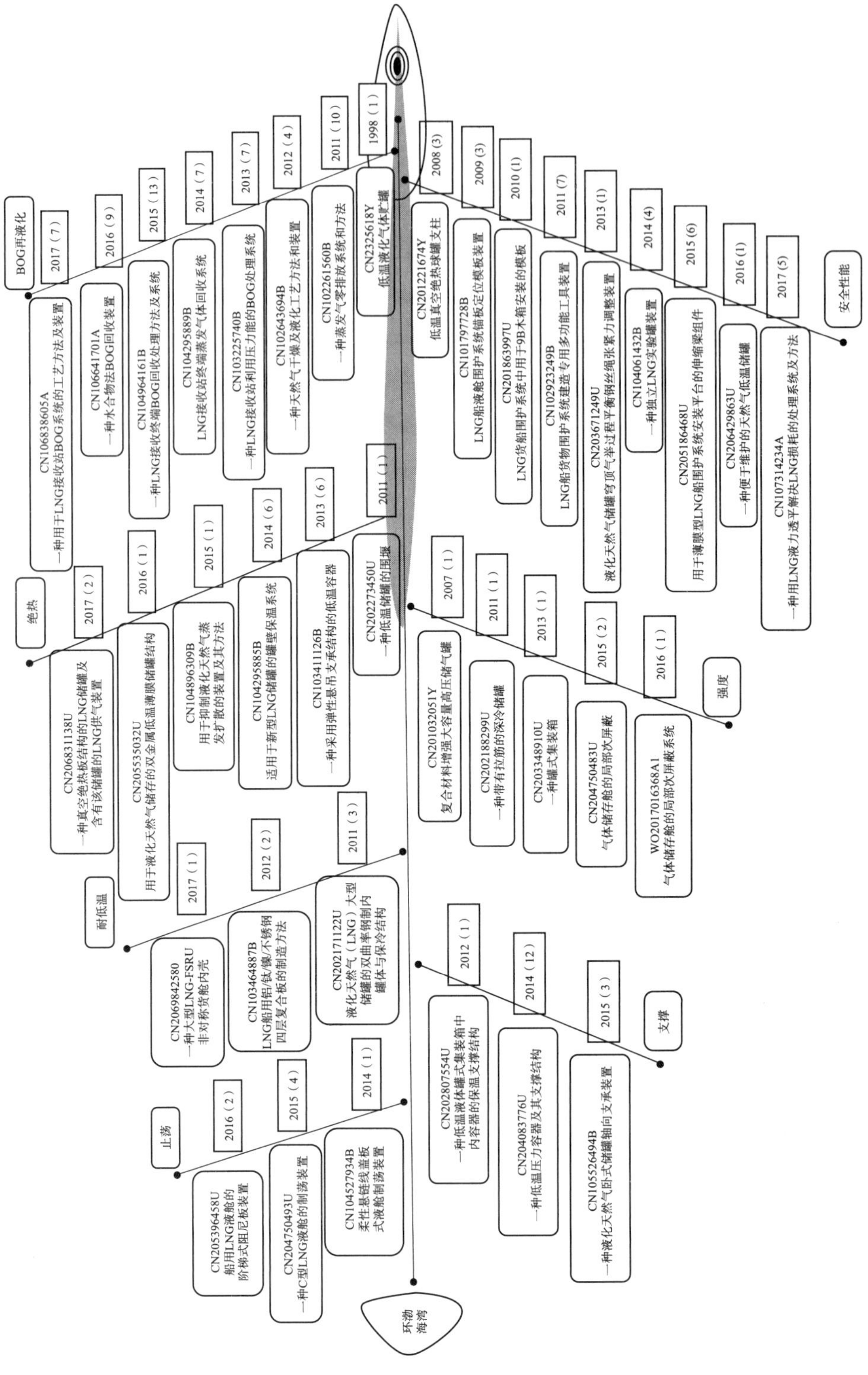

图 5-6（a） 环渤海湾地区专利产出构成图

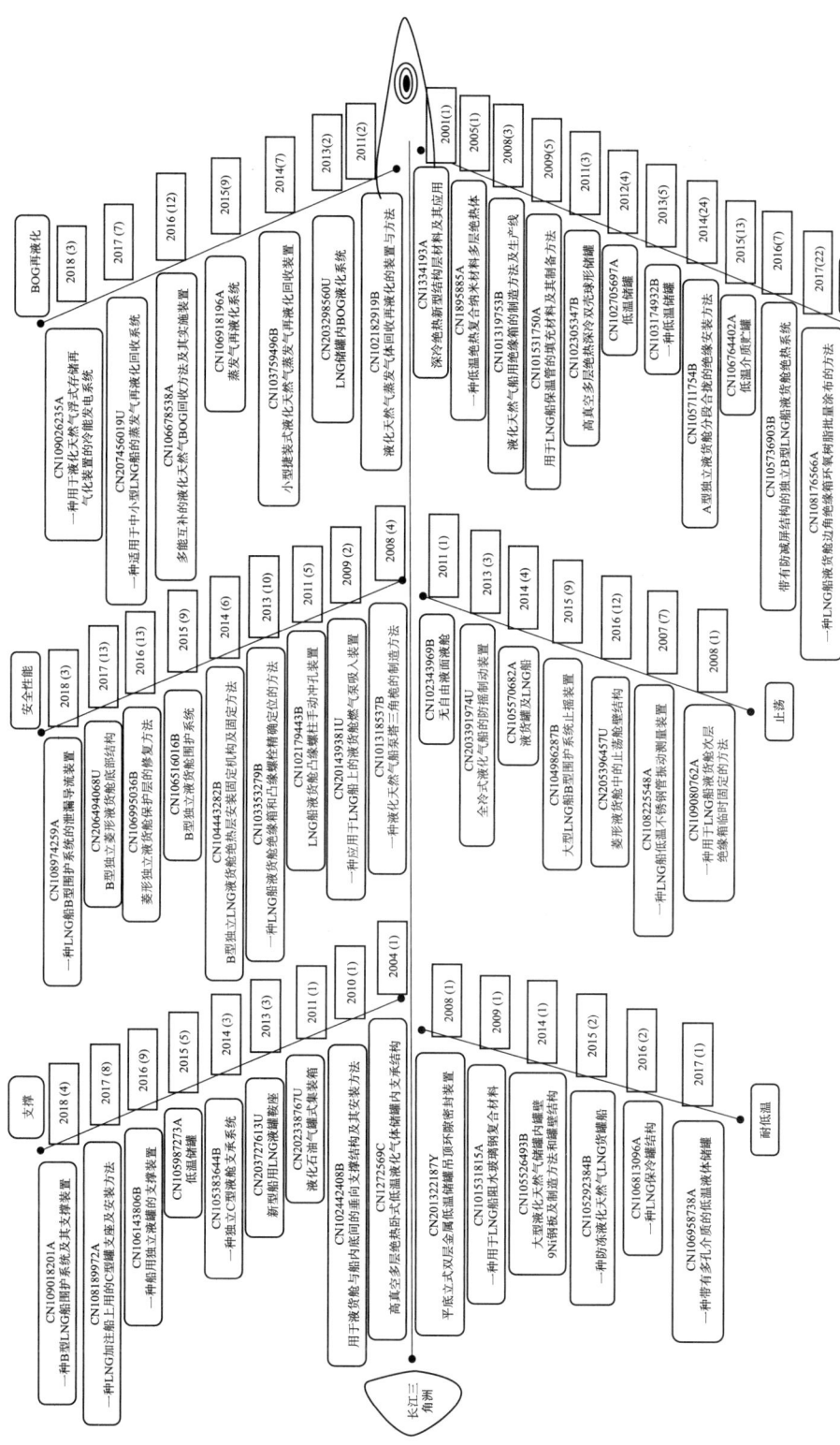

图 5-6（b） 长江三角洲地区专利产出构成图

珠江三角洲地区专利产出构成情况如图5-6（c）所示。专利大都集中在BOG再液化技术上。可以看出，珠江三角洲地区在货物围护系统领域各技术分支的研究时间相对较晚，且相关的专利申请不多也不连贯，研发热情不够。同时，近十年来珠江三角洲地区技术研发比重增加方向为BOG再液化技术。

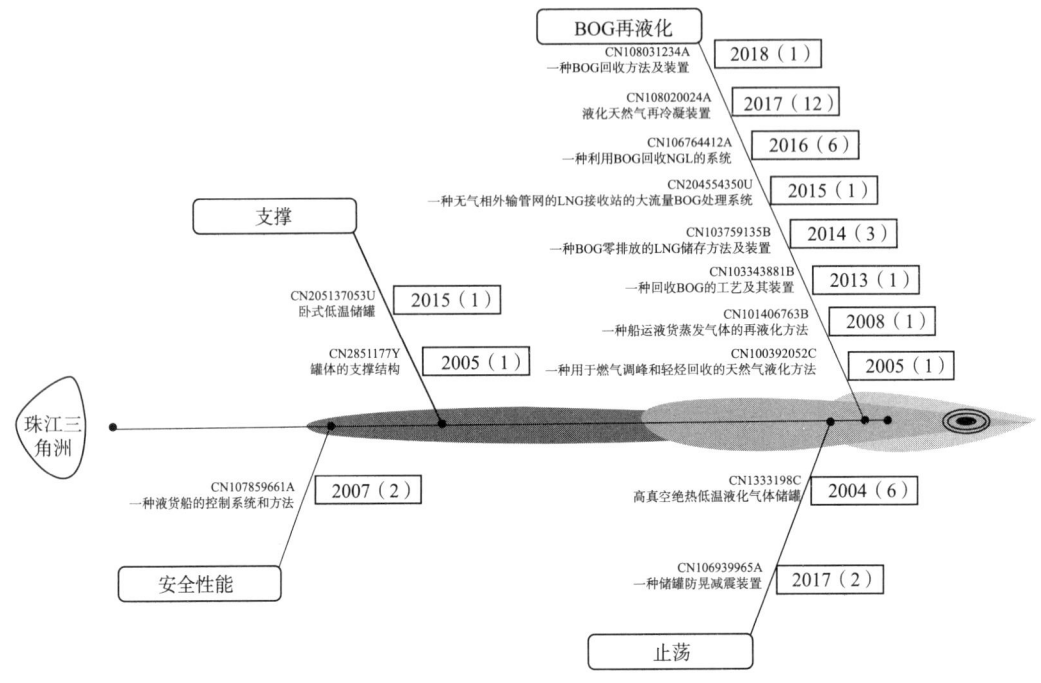

图 5-6（c） 珠江三角洲地区专利产出构成图

（五）LNG/LPG 运输船专利无效/侵权案例分析

通过检索，分析报告对该领域出现的专利纠纷案件进行了收集和整理，见表5-6，通过分析其具体的无效请求人请求专利无效以专利权人应对无效的过程，为中国LNG/LPG 运输船领域的企业提供了专利无效方面的思路。

表 5-6 LNG/LPG 运输船领域相关的无效列表

序	国家或地区	案号	原告	立案时间	涉案专利
1	韩国	kr-2014 당 3215	现代重工	2014 年	KR101444247B1
2	韩国	kr-2015 당 700	三星重工	2015 年	KR101444247B1
3	韩国	kr-2016 허 3174	现代重工、三星重工	2016 年	KR101444247B1
4	韩国	kr-2017 당취소판결 94	现代重工、三星重工	2017 年	KR101444247B1
5	韩国	kr-2017 당취소판결 95	现代重工、三星重工	2017 年	KR101444247B1

续表

序	国家或地区	案号	原告	立案时间	涉案专利
6	日本	jp-P2017-700021_J7	远藤雅子（日本造船同盟委托）	2017年	JP5951790B2
7	法国	fr-08-02968_20091009	GTT公司	2009年	FR2893625A1
8	法国	fr-09-07192_20091021	GTT公司	2009年	FR2893625A1
9	法国	fr-13-01377_20140923	GTT公司	2013年	FR2893625B1
10	EPO	op-EP06831349	GTT公司	2009年	EP1968779A1
11	日本	jp-P2015-800064_J3	GTT公司	2015年	JP5576966B2
12	美国	IPR2015-01354	GTT公司	2015年	US8906189
13	日本	jp-P2011-800251_J3	新来岛造船株式会社	2011年	JP4509156
14	日本	jp-P2011-800262_J3	三井造船、IHI公司、川崎重工、佐世保重工业株式会社、住友重工海洋工程株式会社、内海造船株式会社、名村造船所株式会社、函馆船坞株式会社和环球造船株式会社	2011年	JP4509156
15	日本	jp-平成24年（行ケ）10424号	三菱重工、日立公司	2012年	JP4509156
16	日本	jp-平成24年（行ケ）10425号	三菱重工、日立公司	2012年	JP4509156
17	日本	jp-P2014-800029_J3	海洋联合有限公司、佐世保重工业株式会社、住友重工海洋工程株式会社、内海造船株式会社、株式会社名村造船所、函馆船坞株式会社、三井造船株式会社、新来岛造船株式会社、常石造船株式会社、Sanoyas造船株式会社、大岛造船所株式会社、今治造船株式会社、尾道造船株式会社、日本造船联合公司、臼杵船所株式会社、南日本造船株式会社、四国船厂、福冈造船株式会社和JFE工程技术株式会社	2014年	JP4509156

续表

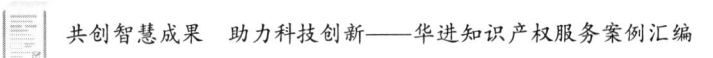

序	国家或地区	案号	原告	立案时间	涉案专利
18	日本	jp-平成27年（行ケ）10239号	日本造船联合公司、川崎重工、佐世保重工业株式会社、住友重机械工业株式会社、内海造船株式会社、名村造船所株式会社、函馆船坞株式会社、三井造船、新来岛造船株式会社、常石造船株式会社、Sanoyas造船株式会社、大岛造船所株式会社、今治造船株式会社、尾道造船株式会社、臼杵造船所株式会社、南日本造船株式会社、四国船厂、福冈造船株式会社、JFE工程技术株式会社、一般社团法人日本船主协会	2015年	JP4509156
19	中国	cn-4W104674	国鸿液化气机械工程（大连）有限公司	2017年（无效口审）	CN101754897
20	韩国	kr-2013 당 1747	现代重工、三星重工	2013年	KR100978063B1
21	韩国	kr-2015 당 165	现代重工、三星重工	2015年	KR100978063B1
22	韩国	kr-2013 당 1749	现代重工、三星重工	2013年	KR100835090B1
23	韩国	kr-2015 당 179	现代重工、三星重工	2015年	KR100835090B1
24	韩国	kr-2013 당 1748	现代重工、三星重工	2013年	KR100891957B1
25	韩国	kr-2015 당 178	现代重工、三星重工	2015年	KR100891957B1
26	欧洲	op-EP08150854	Cryostar公司	2011年	EP1990272B1
27	中国	cn-4W106905	瓦锡兰油气系统公司	2018年（无效口审）	CN103703299

产业专利导航为产业发展提供政策决策支持

——宜昌市水利水电产业专利导航案例

案例整理及评析人：白露雪

一、案例综述

2020年，宜昌市获评国家第四批知识产权运营服务体系建设重点城市。宜昌市被誉为"水电之都"，长江贯穿宜昌城区，国家级水电枢纽工程三峡大坝坐落于宜昌，为了促进本地水电产业高质量发展，宜昌市市场监督管理局借知识产权运营服务体系建设之际，委托华进知识产权对宜昌市的水利水电产业进行产业规划类专利导航，为宜昌市的水利水电产业发展提供政策决策支持。

二、产业简介

水利水电产业是指以水资源为基础，通过建设水利工程、开发水电资源，实现对水资源的综合利用和管理的产业。水利水电产业的主要目的是解决人们对于用水和用电的需求，并且在保证生态环境可持续发展的前提下，促进经济社会发展。

水电是全球装机规模最为庞大的清洁能源，具有技术发展成熟、发电效率高、稳定性与灵活性强的优势。在地球传统能源日益紧张的情况下，世界各国普遍优先开发水电，大力利用水能资源。水电产业在全球范围内先后经历了初步扩张期（19世纪70年代至20世纪第一个十年）、迅猛发展期（20世纪20年代至20世纪60年代）、平稳发展期（20世纪70年代至21世纪初）三个阶段。根据MarketiFrame最新发布的研究报告显示，到2022年，全球水电市场规模将达到810亿美元，2015—2022年期间，年复合增长率约为2.21%。亚太地区将是全球最大的水电区域市场，约占全球市场总额的43%，其次是欧洲市场，约占22%。到2022年年底，全球水力发电（含抽水蓄能）总装机容量前10名的国家是中国、巴西、美国、加拿大、俄罗斯、印度、日本、挪威、土耳其和法国。这10个国家总装机容量956 768MW，占世界总量的68.7%。其中中国总装机容量达到413 500MW，占世界总量的29.7%。

在中国，水力发电是我国电力工程中重要的组成部分，由于水力发电具有清洁、高效、能量供给稳定充足的特点，使水电工程受到越来越多的人的重视。我国水能资源优越，目前利用率很低，发展潜力巨大。水电项目可以很好地与防洪、抗旱、农业灌溉相调节，以促进社会经济效益有所丰收。当然，水电站的建设可能存在对流域生态环境的影响，可以采取必要措施，使这些不利影响减到最小。

三、宜昌市水利水电产业发展数据分析

该案例通过专利数据研判产业发展方向和精准定位宜昌市产业发展定位，在此基础上，探索宜昌市产业发展路径。该案例的产业专利导航报告主要包括产业发展现状分析、宜昌市产业定位分析和宜昌市产业创新发展路径建议三个部分。

（一）产业发展现状分析

产业发展现状分析主要通过专利数据从全球视角、中国视角进行分析，找准目前产业技术发展方向和中国产业技术发展趋势，进而预判产业技术未来发展的趋势。

1. 全球产业发展现状

水电是全球装机规模最为庞大的清洁能源，相较于核电、煤电乃至天然气发电，水电能够更加快速地调节电力生产，具有技术发展成熟、发电效率高、稳定性与灵活性强的优势。水电产业在全球范围内持续发展并趋于成熟，新兴市场水电建设方兴未艾，自1878年第一座水电站建成以来，世界水电产业发展已逾140年，工程设备技术和梯级开发方法均趋于成熟，大多数发达国家水电建设在1920—1960年经历迅猛发展后，于20世纪70年代后步入平稳发展，瑞士、法国等发达国家在1980年即已将本国水能资源已几近全部开发，而亚非拉美等地建设高潮始于20世纪60年代之后，未来仍有较大发展空间。

据国际可再生能源署（IRENA）最新发布的《2023年可再生能源电力装机容量统计数据》显示，2022年，全球水力发电（含抽水蓄能）总装机容量前10名的国家是中国、巴西、美国、加拿大、俄罗斯、印度、日本、挪威、土耳其和法国，如图5-7所示。这10个国家总装机容量956 768MW，占世界总量的68.7%。其中，中国总装机容量达到413 500MW，占世界总量的29.7%。

2. 中国水利水电产业现状分析

中国水利水电产业发展历程呈现国家规划引导行业稳定发展的趋势，中国水电产业发展大致可以划分为规划起步（1910—1978年）、全面提速（1979—2000年）、稳步推进（2001年至今）三个阶段。当前正处于第三阶段，重点围绕十三大水电基地有序规划和建设。2022年我国水电发电量共计13 522亿千瓦时，全国总发电量为88 487.1亿千瓦时，水电发电量占总发电量的比值为15.26%。图5-8是近20年全国水电装机变化情况，从

图上可以看出中国水利水电产业发展很迅速,但开发程度仍处在较低水平、发展前景广阔。目前,我国已逐步发展成为在全世界范围内最具竞争力的水电强国之一,中国水电企业占据海外70%以上的水电市场,中国水电成为国家"走出去"战略的一张亮丽名片。目前,中国水电企业业务遍及全球140多个国家和地区,参与的已建在建海外水电工程约320座,总装机8 100多万千瓦。中国水电技术还带动了中国资本走出去,在海外投资水电超过2 000亿元,遍布欧洲、美洲、非洲、东南亚40多个国家和地区。

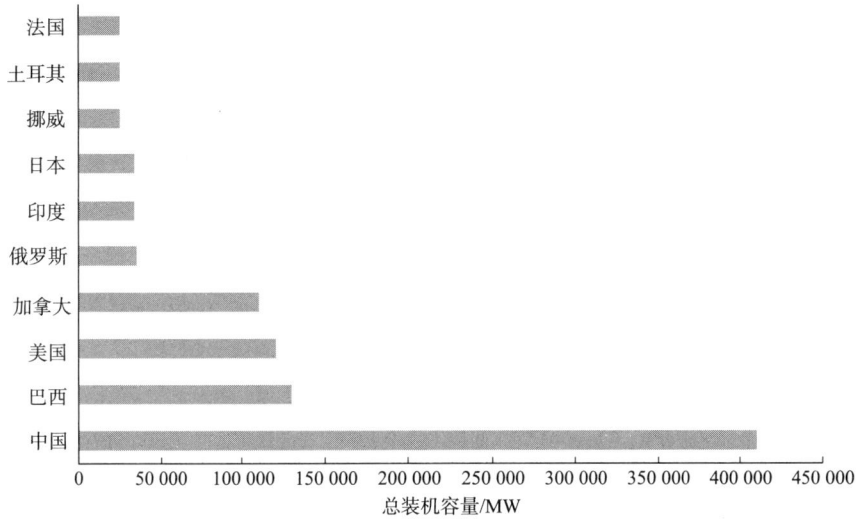

图 5-7 2022 年世界水电总装机容量居前 10 位的国家

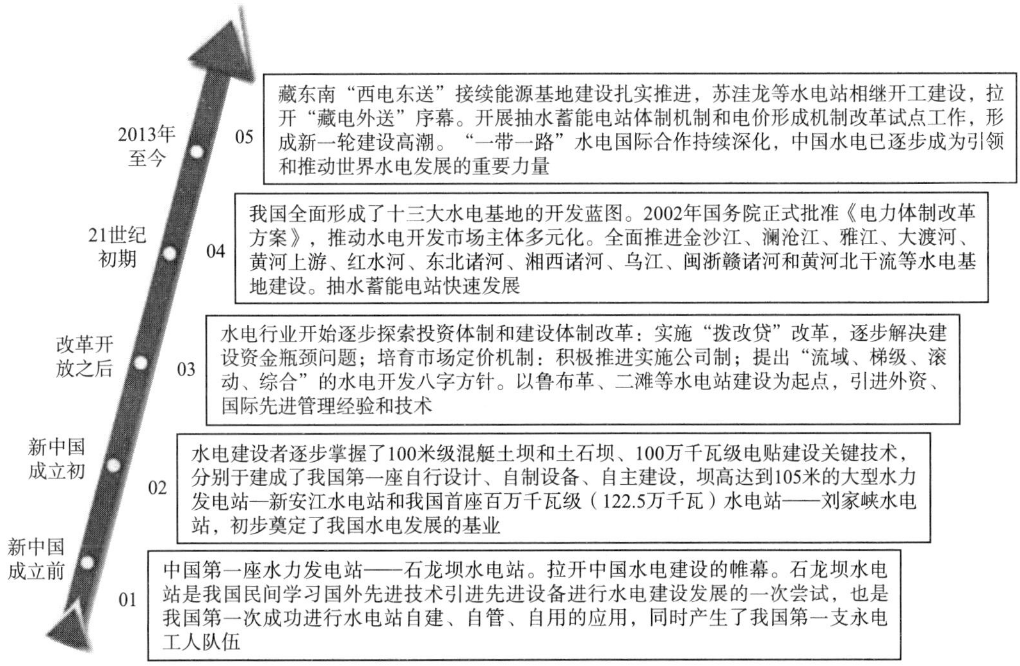

图 5-8 中国水利水电发展历程

为在 2035 年前实现双碳减排目标，水能作为可再生的清洁能源，在我国发电技术中，占据重要的位置。2021 年我国水电发电量共计 13 390 亿千瓦时，全国总发电量为 85 342 亿千瓦时，水电发电量占总发电量的比值为 15.69%，2022 年我国水电发电量共计 13 522 亿千瓦时，全国总发电量为 88 487.1 亿千瓦时，水电发电量占总发电量的比值为 15.26%。

我国水能资源储备充裕、装机及发电量稳居世界首位，从图 5-9 可以看出，我国水电装机规模持续增加。

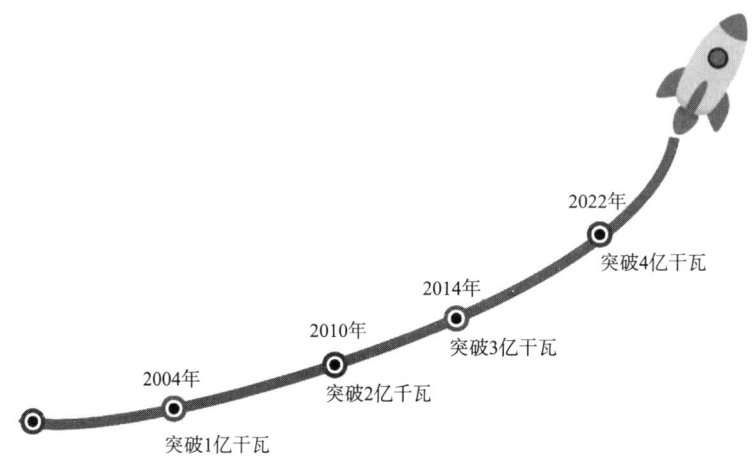

图 5-9　中国水电装机规模发展趋势

3. 宜昌市产业发展现状分析

宜昌作为世界水电之都，水能资源丰富，产业优势显著，是三峡工程、葛洲坝水利枢纽工程两大"国之重器"所在地，是长江清洁能源走廊的起点，拥有长江、清江等集水面积 50 平方公里以上的河流 135 条，水能资源可开发量达 3 000 万千瓦，拥有各类水电站 468 座。2021 年 6 月 17 日，宜昌市发改委印发《宜昌市国民经济和社会发展第十四个五年规划和二〇三五年远景目标纲要》，文中明确指出要推动装备制造做大做强，提升电力装备及器材制造竞争力，推动电力系统配套装备高端化、专用化、智能化；推动绿色建材创新提速，优化水泥产品结构，鼓励生产高标号水泥，延伸发展预拌混凝土、生态混凝土、装饰混凝土、水泥基复合材料等产品；建设清洁低碳安全高效能源体系，积极开发清洁能源。加快发展抽水蓄能，积极推进远安、长阳、秭归抽水蓄能电站建设。

4. 产业技术发展态势分析

从下图 5-10 可以分析得出，全球产业专利申请经历了缓慢发展期、平稳发展期、快速发展期三个阶段从申请趋势来看，全球水利水电产业领域近年来飞速发展，相关技术专利申请整体稳步上升。截至检索日，全球水利水电产业领域专利共申请 1132615 件专利。其中，授权 450 327 件，有效 451 002 件。发明专利共申请 664 520 件，占比 58.67%，含授权 270 377 件，授权率达 40.69%。1970 年前，全球水利水电产业专利申请量增长缓慢，且整体申请量处于较低水平，处于缓慢发展阶段。这一时期水利水电产业的专利产出主要来自产业下游电网方向。经过前期的技术积累，1971 年，全球水利水电产业进入平稳发展阶段。从 1971—2002 年，全球水利水电产业的专利申请保持稳定的持续上升态势，在 2002 年，专利申请量达到 8 883 件；2002 年至今全球水利水电产业进入快速发展阶段，主要专利来源于中国，中国专利申请呈现快速增长趋势。

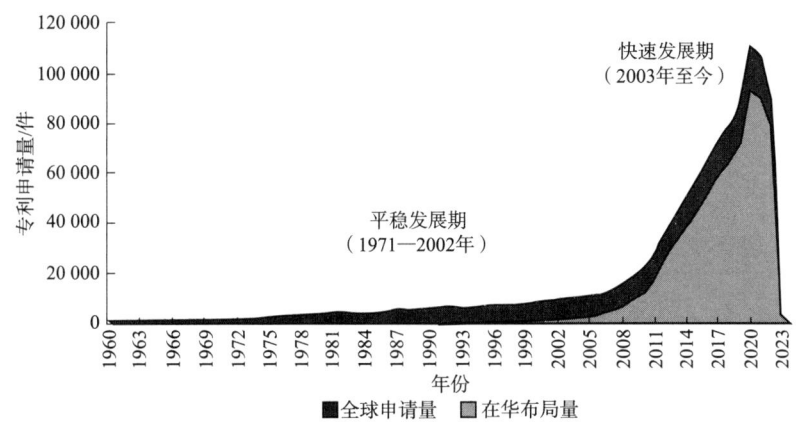

图 5-10　全球水利水电产业技术发展趋势

从下图 5-11 可以看出，美日德中处于领先地位，我国尚未走出去。经统计，技术来源地专利数量排名前 5 的国家依次为美国、日本、德国、中国和英国，申请量分别为 103 895 件、57 930 件、38 211 件、38 211 件、18 351 件，合计占全球相关专利的八成以上。就专利布局形式而言，美国、日本、英国和德国这些发达国家有着明确的全球化专利布局，积极抢占海外市场。相比之下，中国申请人基本在本国布局，专利海外布局意识较差，在全球水利水电领域的技术话语权尚且不强，中国水利水电行业的技术研发工作任重而道远。

5. 产业发展方向分析

从下表 5-7、表 5-8 可以看出，从产业结构调整方向来看，伴随全球经济的迅速发展对电力需求的日趋上升，全球在电网相关技术创新方面持续加大研发力度，各阶段的专利申请占当年申请总量比重始终不低于 35%，下游（电网）始终是全球水利水电产业发展的重点。从细分领域来看，输变电和智能电网在产业结构中的比重逐渐增加，2004 年至今输变电专利申请占当年申请总量比重始终不低于 15%，2014 年至 2018 年期间的申请占比高达 34.72%，智能电网的占比从 12.99%，逐步增长至 15.25%，反映了水利水电产业的智能化发展趋势明显。

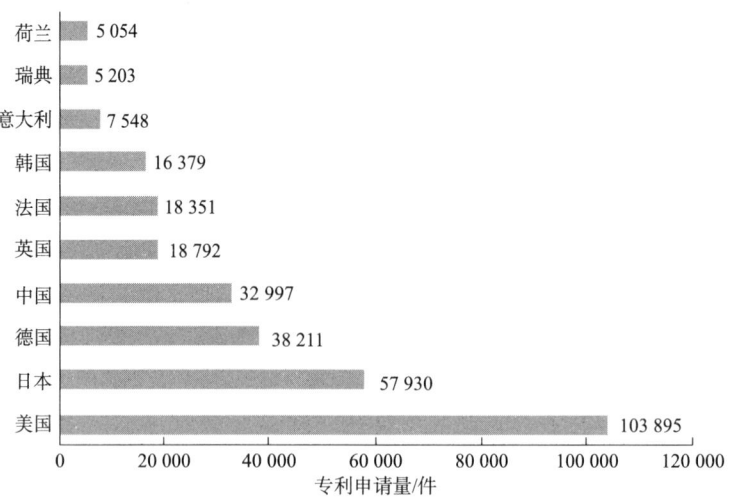

图 5-11　全球水利水电产业主要技术来源地及国家专利流向

表 5-7　水利水电领域一级技术分支全球专利产业环节布局变化趋势　　单位：%

技术分支	2004—2008 年	2009—2013 年	2014—2018 年	2019—2023 年
上游（材料与设备）	27.64	22.09	17.82	20.55
中游（水利水电建设与运营）	35.28	28.83	29.57	36.39
下游（电网）	37.09	49.08	52.61	43.06

表 5-8　水利水电领域二级技术分支全球专利产业环节布局变化趋势　　单位：%

二级技术分支	2004—2008 年	2009—2013 年	2014—2018 年	2019—2023 年
建筑原材料	10.11	5.59	5.47	5.83
输水管道	5.16	3.64	2.97	3.46
成套设备	15.07	13.65	10.13	12.18
勘测与规划设计	8.43	6.21	6.51	7.19
工程施工	8.37	7.31	8.87	13.29
生态环境保护	9.12	6.57	7.31	8.89
水力发电	12.90	12.06	11.29	12.89
输变电	18.72	30.26	34.72	25.74
配电	7.61	7.98	7.62	6.23
智能电网	12.99	15.61	15.99	15.25

从表 5-9 可以看出，在发达国家产业结构调整上看，从美国、韩国、日本三国专利产业环节布局变化趋势来看，下游电网是最为主要的专利申请方向，水利水电建设与运营专利申请量占比稳中有升，在水利水电建设与运营上均表现出较高的重视度，具备较大的增长潜力。

表 5-9　水利水电领域一级技术分支发达国家专利产业环节布局变化趋势　　单位：%

国家	技术分支	2004—2008 年	2009—2013 年	2014—2018 年	2019—2023 年
美国	上游（材料与设备）	19.44	19.36	16.67	15.94
美国	中游（水利水电建设与运营）	35.00	37.42	37.23	38.30
美国	下游（电网）	45.56	43.22	46.10	45.75
日本	上游（材料与设备）	28.61	25.29	25.18	26.82
日本	中游（水利水电建设与运营）	31.56	30.40	33.77	35.16
日本	下游（电网）	39.82	44.31	41.05	38.02
韩国	上游（材料与设备）	34.23	29.78	26.56	24.34
韩国	中游（水利水电建设与运营）	37.07	38.47	37.29	34.54
韩国	下游（电网）	28.70	31.75	36.14	41.12

从技术发展热点方向来看，从图 5-12 所示，从近 20 年申请趋势来看，输变电、智能电网、工程施工、水力发电、成套设备是细分领域热点研发方向。

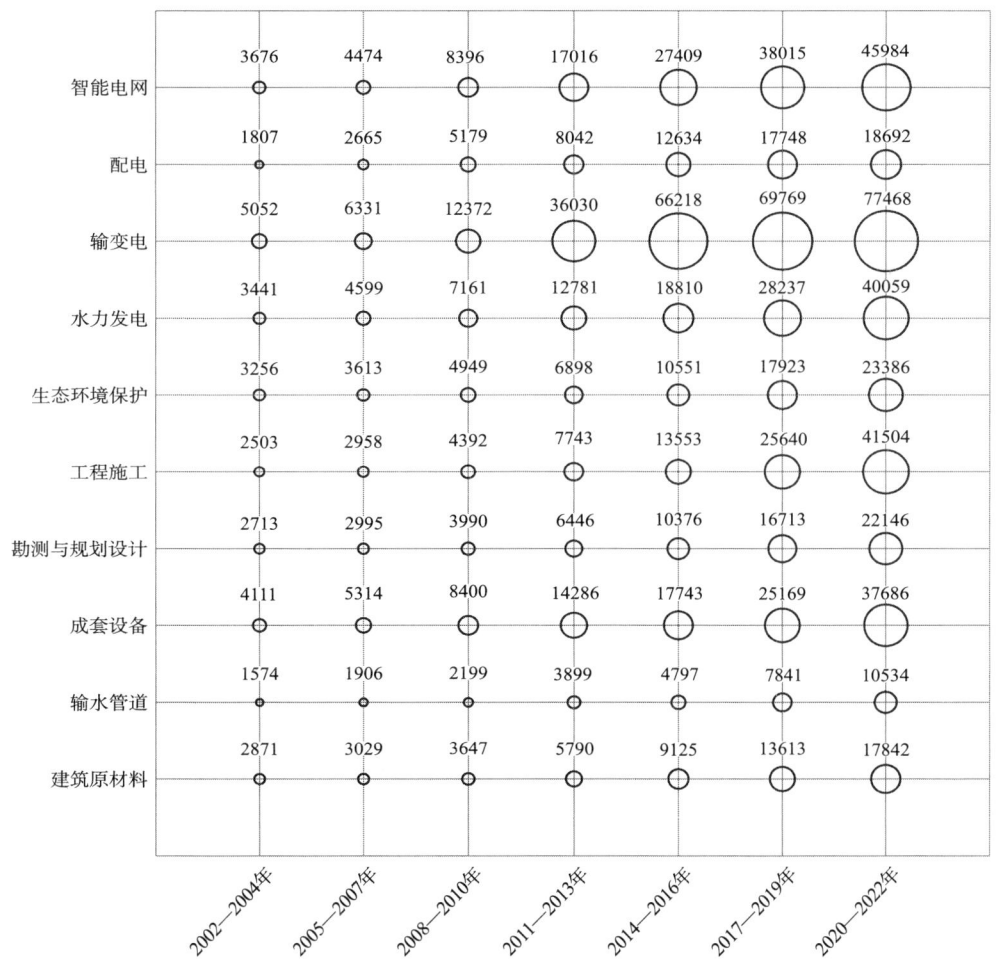

图 5-12　水利水电产业各二级分支专利申请趋势

从核心技术分布可见,如图 5-13 和表 5-10 所示,勘测规划与设计、建筑原材料、成套设备、智能电网、配电是核心技术布局的重点领域,建筑原材料、水力发电、智能电网是核心技术布局热点方向。输变电领域的专利申请量最高,达 36 707 件,但是重点专利占比仅为 9.97%,核心技术相对不足,仍具有较大的技术发展潜力。

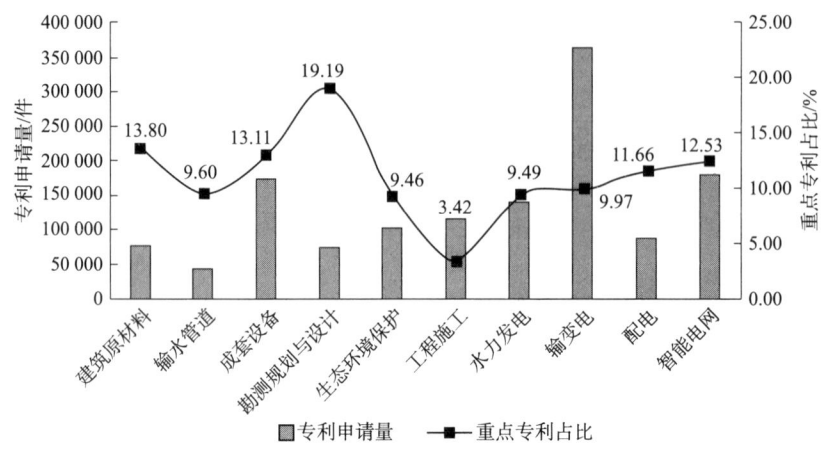

图 5-13 水利水电产业各二级技术分支重点专利占比

表 5-10 水利水电产业各技术分支的近五年核心技术布局情况

技术分支		重点专利数量/项	近五年重点专利数量/项	近五年重点专利活跃度/%
上游	建筑原材料	10 774	257	2.39
	输水管道	4 490	45	1.00
	成套设备	23 076	512	2.22
中游	勘测规划与设计	14 769	725	4.91
	生态环境保护	9 557	202	2.11
	工程施工	3 916	109	2.78
	水力发电	13 467	739	5.49
下游	输变电	36 707	671	1.83
	配电	10 313	276	2.68
	智能电网	22 988	983	4.28

从市场竞争重点方向来看,如表 5-11 所示,输变电、智能电网、建筑原材料、工程施工、配电是协同创新占比最高的五个分支,通过联合攻关向该技术方向持续投入,并通过联合申请形式对技术加以保护;工程施工、水力发电、智能电网三个技术方向为近 5 年协同创新的热点方向。

表 5-11 水利水电产业领域技术分支协同创新活跃度

技术分支		协调创新量/项	协调创新占比/%	近5年协调创新量/项	近5年协调创新活跃度/%
上游	建筑原材料	13 444	17.22	3 810	28.34
	输水管道	6 006	12.84	1 421	23.66
	成套设备	21 050	11.96	5 053	24.00
中游	勘测规划与设计	11 881	15.44	3 083	25.95
	生态环境保护	12 606	12.47	3 476	27.57
	工程施工	18 475	16.13	8 627	46.70
	水力发电	20 097	14.16	7 575	37.69
下游	输变电	106 878	29.04	27 782	25.99
	配电	15 303	17.31	4 371	28.56
	智能电网	37 780	20.59	12 473	33.01

在国内国际双循环的新发展格局下，如图 5-14 所示，通过将国外 PCT 在华布局专利量与国内 PCT 申请量各二级分支占比进行对比可以发现，国外"走进来"的要上游材料与设备，根据市场需求转变等多重因素逐步向下游电网调整，相比而言，国内"走出去"进程起步略晚于国外，大约在 1995 年开始从国内走出去，在 2000 年左右开始形成较为稳定的对外专利布局，下游电网是国内"走出去"相对成功的技术分支，其次是中游水利水电建设与运营，下游电网形成国内外竞争焦灼的发展态势。除此之外，在"双碳"战略和智能化的趋势的影响下，中游的勘测规划与设计、生态环境保护，以及下游的智能电网等技术领域，不断吸引大量创新主体加入市场竞争浪潮，近五年生态环境保护、工程施工、水力发电成为了产业的专利运营热点方向，企业通过持续布局专利获得收益最大化。

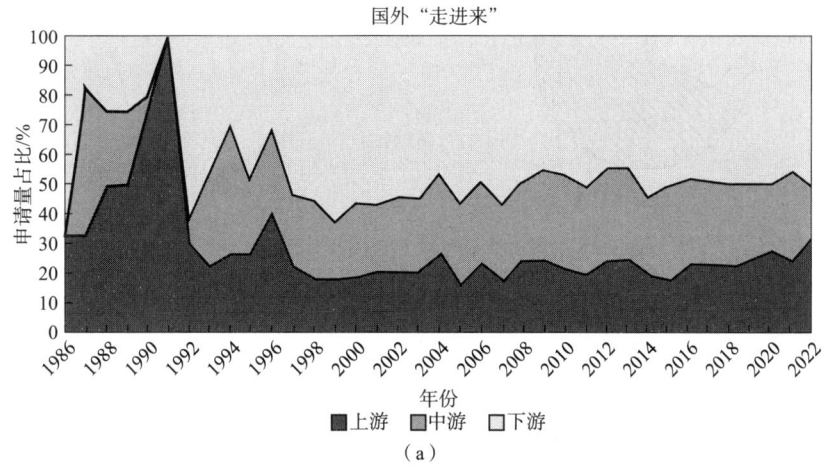

(a)

图 5-14 国外在华与国内 PCT 专利各一级分支申请量占比比较

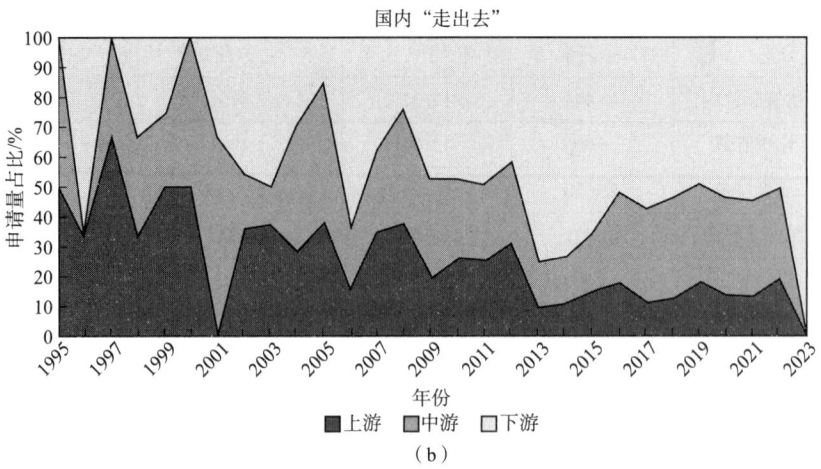

图 5-14　国外在华与国内 PCT 专利各一级分支申请量占比比较（续）

（二）宜昌市产业发展定位分析

1. 宜昌市产业专利态势分析

（1）宜昌积极围绕产业链部署创新链，但发明专利占比偏低。

从图 5-15 可以看出，宜昌市水利水电产业专利申请量自 2015 年后进入快速增长期，此后基本保持增长趋势，专利申请量于 2021 年达到历史峰值，为 2 012 件。专利申请以实用新型为主，发明专利占比较低。

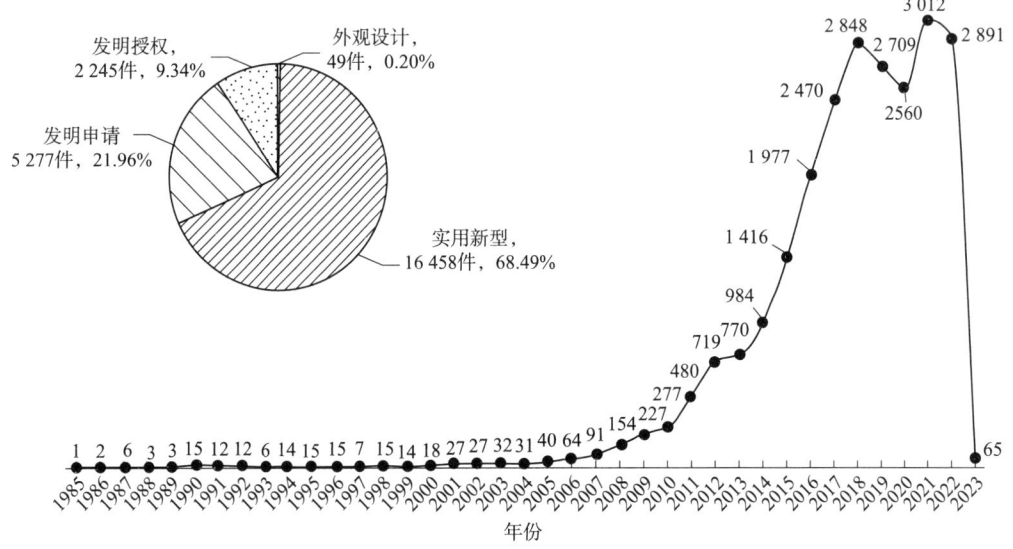

图 5-15　宜昌市水利水电全产业专利申请趋势及专利公开类型（单位：件）

(2) 头部企业专利申请集中度高,高校创新支撑作用明显。

从图 5-16、图 5-17 可以看出,宜昌市水利水电相关专利的申请人整体呈现出"以企业主体为主,头部企业专利申请集中度高"的特点,从 TOP10 申请人来看,以长江电力、葛洲坝集团、国家电网、三宁化工等重点企业为主,是宜昌市水利水电产业发展的标杆力量,同时,三峡大学、湖北三峡职业技术学院等高校也表现出不俗的科研实力。

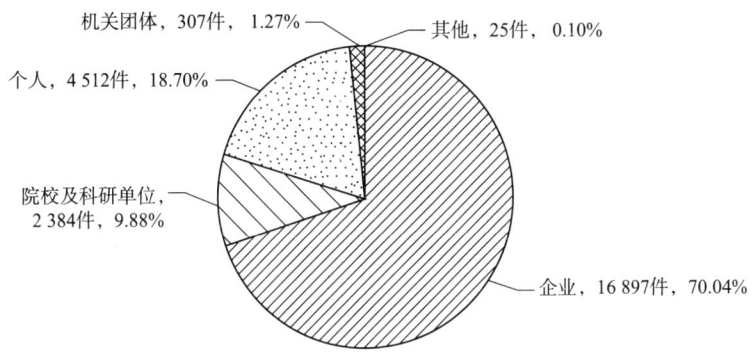

图 5-16 宜昌市水利水电全产业专利申请人类型

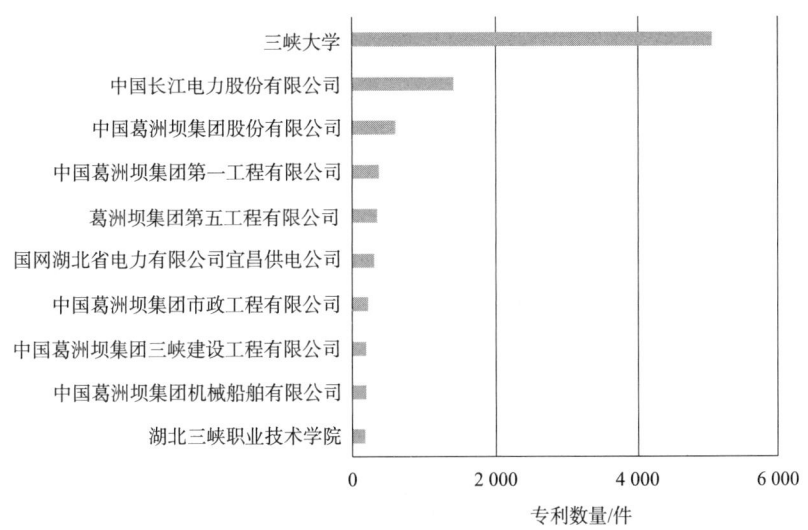

图 5-17 宜昌市水利水电全产业专利申请人类型

(3) 专利运营活跃度明显提升。

从图 5-18 可以看出,宜昌市共有 1 514 件水利水电相关专利进行过专利运营,占宜昌市水利水电产业专利申请总量的 6.2%,企业和高校的专利运营活跃度较高,位列第二梯队,创新成果转化应用较好,特别是专利许可率和质押率,优于全国水平,反映了宜昌市高校科研成果产业化、商业化应用具有较大潜力,企业的专利都被盘活,知产转化为有效资产。

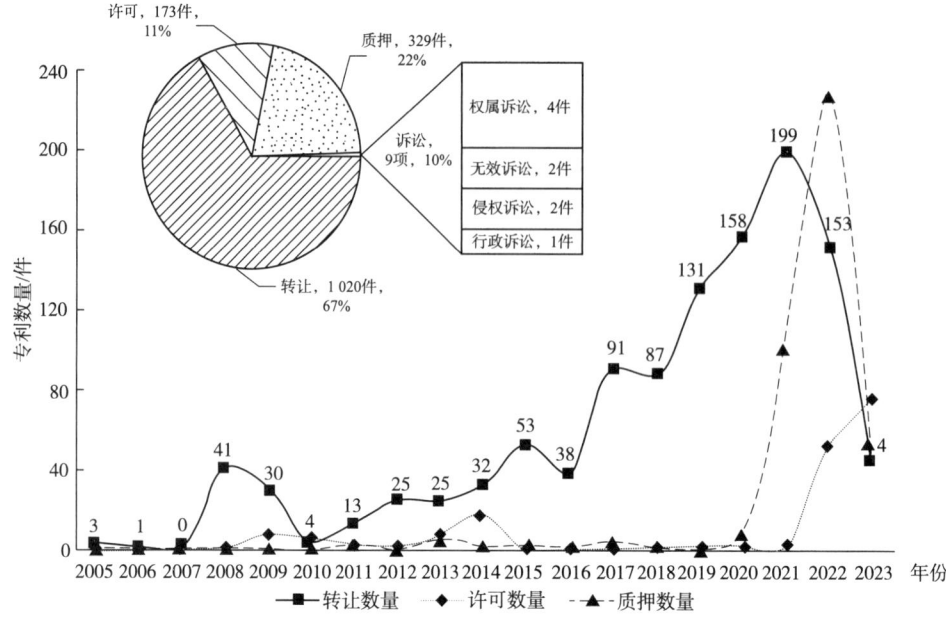

图 5-18　宜昌市水利水电产业专利运营趋势（单位：件）

2. 宜昌市产业发展定位

（1）产业结构侧重明显。

从图 5-19 可以看出，宜昌市上游材料与设备弱势明显，在中游水利水电建设与运营以及下游电网方面，具备一定的竞争力。

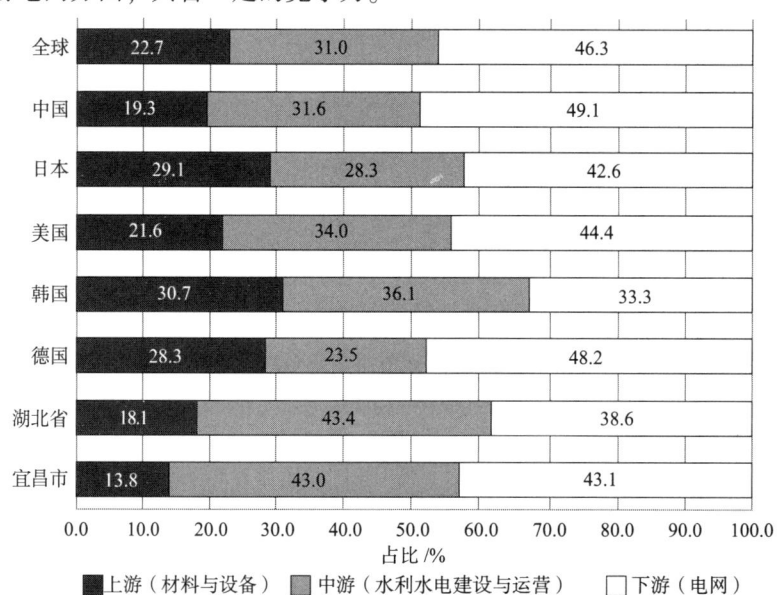

图 5-19　水利水电产业一级分支专利占比分布

从表 5-12 可以看出，宜昌市的专利布局明显向下游的输变电方向倾斜，占有绝对优势。其次是水力发电领域，还有上游的建筑原材料、中游的勘测与规划设计领域，虽然占比不大，但均超过湖北省和全国平均水平，具备一定优势。但在配电和智能电网方面与其他地市相比宜昌市劣势也较明显。

表 5-12　水利水电产业二级分支结构横向比对　　　　　　　　　　单位：%

技术分支		全球	中国	湖北省	宜昌市
上游（材料与设备）	建筑原材料	6.08	5.26	7.17	7.65
	输水管道	3.66	3.61	3.37	2.77
	成套设备	13.76	11.33	8.60	6.83
中游（水利水电建设与运营）	勘测与规划设计	6.00	5.45	7.11	7.67
	工程施工	8.94	11.06	13.30	9.20
	生态环境保护	7.09	6.63	6.06	4.48
	水力发电	11.05	13.42	13.47	16.17
下游（电网）	输变电	28.77	31.56	29.43	47.62
	配电	6.91	7.22	3.44	1.18
	智能电网	14.31	15.44	9.38	6.39

（2）企业主体培育不足。

从图 5-20 可以看出，宜昌市水利水电产业企业申请专利占比位列第七位，与位列第一梯队的北京、上海、天津差距较大，企业集聚力还有待提高，龙头企业需继续加强，中小企业也需重点培育。在上游材料与设备领域的企业实力占据一定优势，在下游电网领域的企业实力略有不足，从细分领域来看，在成套设备、勘测与规划设计、水力发电等领域的企业实力占据一定优势，在工程施工、智能电网和配电领域的企业实力略有不足。

（3）人才储备有待提高。

从表 5-13、表 5-14 可以看出，相对于整个湖北省，宜昌市在上游的建筑原材料、中游的勘测与规划、中游的水力发电以及下游的输变电占比较高，均超过了 30%，核心技术创新人才数量在湖北省占有一定地位，为湖北省的创新人才的储备提供了强有力的支撑。宜昌市在输水管道、勘测与规划设计、工程施工、生态环境保护、水力发电方面具备引领产业创新发展的高精尖人才，输水管道方面，有来自枝江市鄂西水泥制品有限责任公司吴太锋、潘祖兴、胡裕成，勘测与规划设计和工程施工方面有三峡大学的刘杰。而在配电和智能电网方面，宜昌市人才实力较为薄弱，缺乏产业创新研发的领军人才，急需培育或引进产业技术研发的领头人。

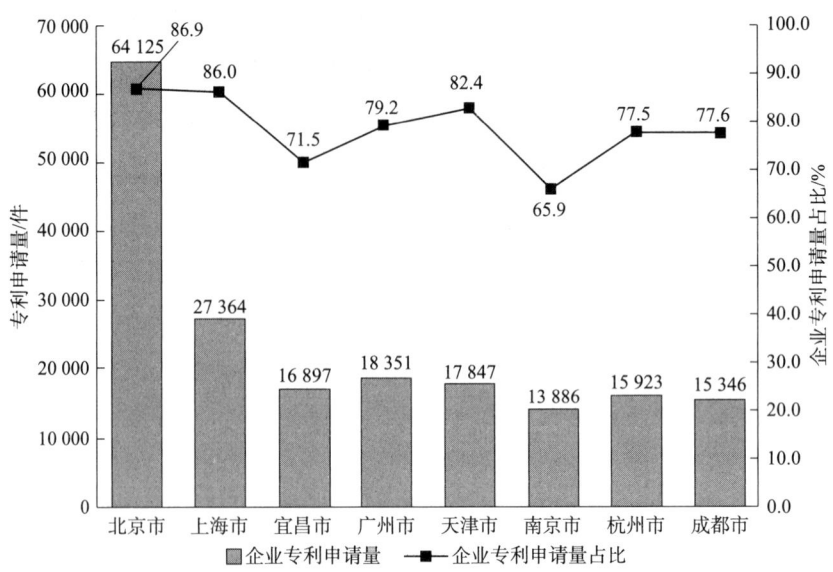

图 5-20 水利水电产业各地市企业专利数量及企业专利占比分布

表 5-13 水利水电产业二级技术分支核心技术人才纵向分布情况　　　　单位：%

全产业链	技术分支	核心专利发明人占比		
		湖北省/中国	宜昌市/中国	宜昌市/湖北省
水利水电	上游（材料与设备）| 建筑原材料	15.4	6.1	39.6
		输水管道	9.4	1.5	15.6
		成套设备	11.7	2.2	19.0
	中游（水利水电建设与运营）| 勘测与规划设计	13.2	4.1	30.9
		工程施工	11.4	2.5	22.3
		生态环境保护	6.9	2.0	29.3
		水力发电	10.5	3.9	37.3
	下游（电网）| 输变电	5.3	3.1	57.5
		配电	3.6	0.5	14.0
		智能电网	4.5	0.9	20.7

注：核心专利为合享价值度≥8，被引证次数>10次的发明专利。

表 5-14 各地市水利水电产业二级技术分支核心技术人才情况

全产业链	技术分支		核心专利发明人数量/人				
			北京市	上海市	宜昌市	广州市	天津市	南京市
水利水电	上游（材料与设备）	建筑原材料	486	212	169	83	113	235
		输水管道	141	123	19	23	66	46
		成套设备	361	244	71	68	59	235

续表

全产业链	技术分支		核心专利发明人数量/人					
			北京市	上海市	宜昌市	广州市	天津市	南京市
水利水电	中游（水利水电建设与运营）	勘测与规划设计	992	115	163	80	88	303
		工程施工	747	655	137	229	240	297
		生态环境保护	660	267	68	124	195	270
		水力发电	1 169	371	221	189	161	435
	下游（电网）	输变电	6 170	348	402	708	226	820
		配电	941	199	20	247	98	383
		智能电网	3 795	660	123	760	403	1 488

注：核心专利为合享价值度≥8，被引证次数>10次的发明专利。

(4) 技术创新交流合作有待加强。

从图5-21、表5-15可以看出，宜昌市协同创新实力明显不足，合作申请专利数量及占比均较低，排名靠后，占比仅有3.2%，在输水管道、勘测与规划设计、生态环境保护、输变电等领域的协同创新能力处于劣势地位，在建筑原材料、水力发电、工程施工领域的协同创新能力一般，整体上宜昌市产业协同创新发展不够，协同发展成效还不足，特别是高校科研院所与当地龙头企业之间的联系较少，产业链多方位企业之间虽有联动，但紧密性不强。

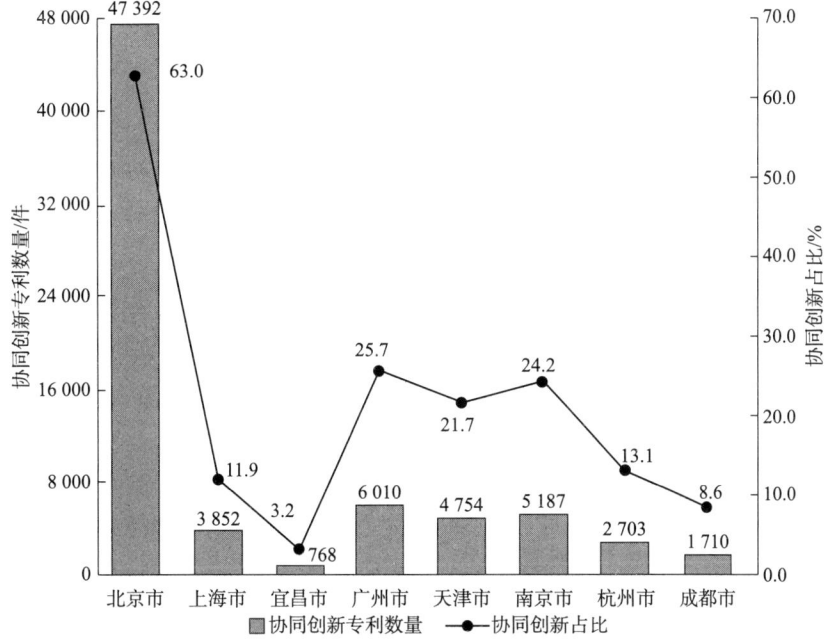

图5-21 水利水电产业各地市协同创新专利数量及占比

表5-15 水利水电产业各地市一级技术分支协同创新专利占比 单位：%

区域	北京	上海	宜昌	广州	天津	南京	杭州	成都
建筑原材料	35.69	16.02	10.72	20.51	19.54	18.34	8.70	8.04
成套设备	31.26	9.95	5.27	18.11	10.11	12.35	10.03	7.07
输水管道	28.46	12.81	3.36	19.81	11.13	16.25	9.12	8.08
勘测与规划设计	26.44	11.63	4.47	16.18	16.93	11.16	11.45	11.51
生态环境保护	21.39	10.32	3.24	15.13	17.27	13.43	7.55	8.05
工程施工	31.13	15.43	6.16	22.70	24.37	13.90	12.56	10.41
水力发电	32.86	11.76	5.49	18.70	15.78	17.97	10.94	7.87
输变电	94.51	14.65	3.85	35.23	40.00	49.03	23.38	13.32
配电	57.61	16.19	6.45	37.57	15.91	25.08	17.82	6.82
智能电网	60.86	14.95	4.17	31.32	25.94	30.90	20.77	9.81

（5）专利运营形式渠道有待拓展。

从图5-22、图5-23可以看出，宜昌市在水利水电产业专利许可以及质押方面的专利占比均优于国内和湖北省平均水平，在各地市水平中位列第二梯队，专利运营活跃度相对较高，其中，在中游水利水电建设与运营领域的专利运营实力占据一定优势，在下游电网的领域的专利运营实力与其他城市相比还具有一定差距；在建筑原材料、生态环境保护、输变电的专利运营实力占据一定优势，在成套设备、配电、智能电网的专利运营实力与其他城市相比还具有一定差距。

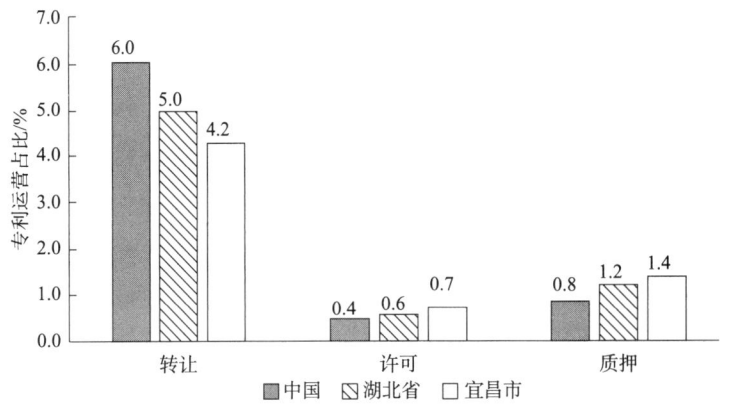

图5-22 水利水电产业专利运营分布

（三）宜昌市产业发展路径建议

1. 优化产业结构

如图5-24所示，根据技术、产品和市场的变化情况动态调整产业结构比例，进一步发展中游水利水电建设与运营领域，强化下游电网领域的研发，突破上游材料与设备领域的技术瓶颈。结合水利水电产业的发展方向，从以下三个层面进行优化产业结构：强化产业链优势、加快产业链升级、提升产业链水平。

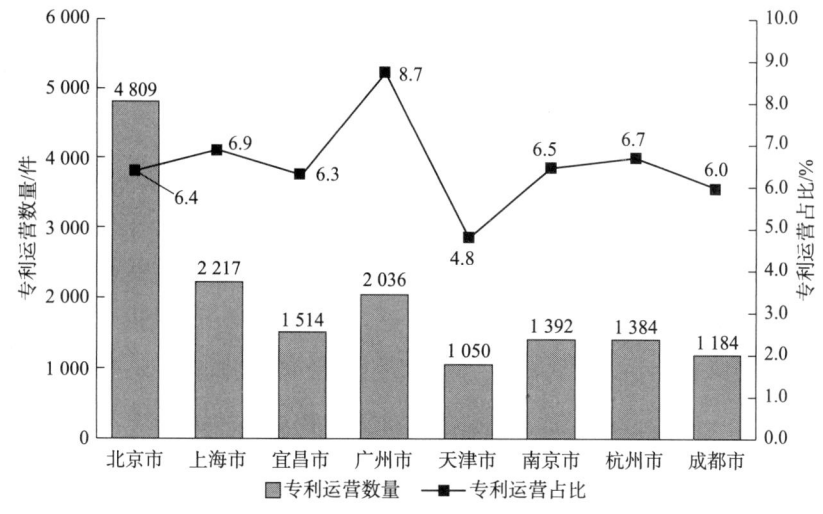

图 5-23 水利水电产业各地市专利运营实力比对

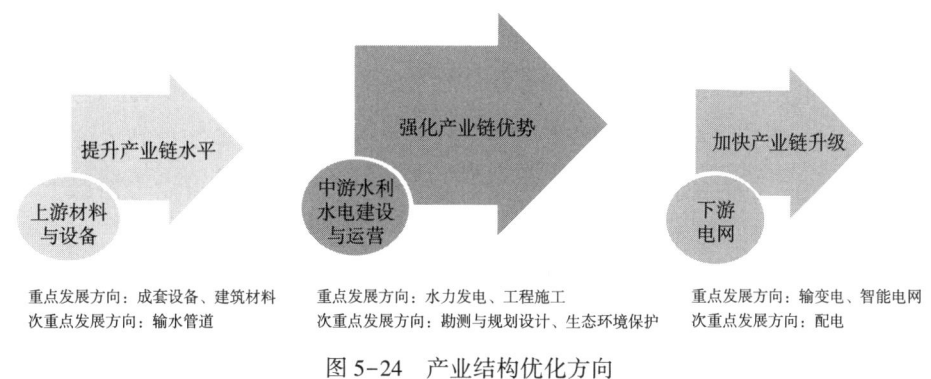

图 5-24 产业结构优化方向

2. 强化产业链优势，进一步发展水利水电建设与运营领域

将水力发电作为水利水电产业领域的重点发展方向，兼顾工程施工的技术研发，进一步加大对勘测与规划设计、生态环境保护的研发投入力度，加强对勘测与规划设计、生态环境保护的研究和专利布局，提升勘测与规划设计、生态环境保护在水利水电领域的专利占比。一方面，宜昌市可以利用技术辐射效应，通过培育龙头企业，利用龙头企业对周围企业的带动作用，增强对水力发电、工程施工技术方向的技术创新水平；另一方面，宜昌市也可以通过鼓励跨地域合作和交流，提升对勘测与规划设计、生态环境保护等技术方向的技术创新能力。

3. 培育本土龙头企业，带动产业协同发展

宜昌市应重点培育发展一批拥有自主知识产权和名优品牌的水力发电、工程施工

领域的龙头企业，集中各级政府资源支持龙头企业开展科技创新和产业化推广。积极组织企业参与省级重大科技专项和城市群联合招投标项目，增强企业核心竞争力和自主创新能力。目前，宜昌市在水力发电、工程施工技术方向具有较强研发优势的企业有中国长江电力股份有限公司、中国葛洲坝集团股份有限公司、中国葛洲坝集团电力有限责任公司等，因此，宜昌市应将这些企业作为重点培育对象，加强对这些企业的资金支持和政策鼓励。

同时，宜昌市在勘测与规划设计、生态环境保护技术方向具有一定研究基础的企业有葛洲坝集团试验检测有限公司、葛洲坝测绘地理信息技术有限公司、启迪环境科技发展股份有限公司等，因此，宜昌市也可将这些企业作为次重点培育对象，加强对这些企业的资金支持。

4. 鼓励跨地域合作和交流，驱动产业整体发展

鼓励宜昌市在勘测与规划设计、生态环境保护技术方向的相关企业、科研院所与武汉市、成都市、北京市、上海市、南京市等水利水电领域具有较强技术优势的产业集群区域进行合作和交流，取长补短，共同形成全国范围的专利群，推动全国范围的专利池或专利合作体系。

5. 加快产业链升级，突破电网领域的技术瓶颈

宜昌市在电网领域具有一定的研发基础和专利储备，在细分领域方面，宜昌市在输变电技术方向的专利布局力度较强，建议宜昌市继续保持在输变电技术方向的研发和专利布局力度，同时加强对智能电网技术方向的技术研发，在有余力情况下进一步发展配电技术方向。一方面，宜昌市可以通过中小企业外围聚集的方式，优化资源要素配置，加大宜昌市电网领域的专利布局力度；另一方面，宜昌市可以通过借鉴电网领域的行业领先技术，推动技术快速发展，提高宜昌市电网领域的研发实力和专利储备实力。

6. 引领中小企业聚集，优化资源要素配置

电网领域的宜昌红旗中泰电缆有限公司、湖北睿能电气有限公司、湖北腾明智能电气有限公司等中小企业应抓住机遇，在输变电、配电和智能电网技术方向多布局专利，掌握行业技术话语权，提升竞争力。借鉴行业领先技术，推动技术快速发展，在电网领域的企业应积极关注该领域的领军企业的专利布局情况，了解竞争对手们手中掌握的关键技术和核心专利布局态势，分析自身在产业链上的定位，作出符合企业实际发展的创新规划和发展方向。此外，还应该积极运用专利规避、专利无效等手段，以突破核心专利技术为目标，着力增强宜昌市在电网领域的发展实力。

7. 提升产业链水平，强化材料与设备领域的研发

宜昌市继续保持在成套设备、建筑原材料技术方向的研发和专利布局力度，同时

加强对输水管道技术方向的技术研发和专利布局。具体来说，宜昌市在提升产业链水平方面，一方面，宜昌市可以促进宜昌市材料与设备领域相关企业进行交流合作，实现优势互补；另一方面，宜昌市可以通过构建专利融资体系，帮助料与设备领域的中小企业缓解融资难题。

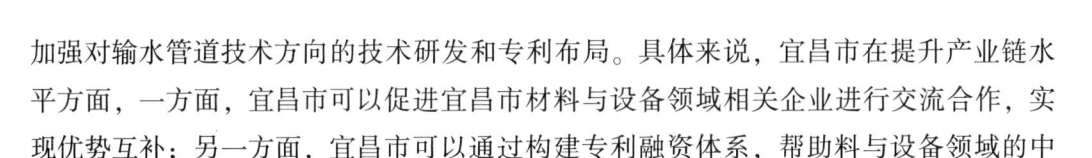

（1）深化企业合作交流，实现企业优势互补。

宜昌市在材料与设备领域的相关企业的重点技术侧重的方向不同，例如，湖北清江水电开发有限责任公司、葛洲坝集团机电建设有限公司等公司较为注重对成套设备技术方向的研发；宜昌天工钢结构有限公司、葛洲坝当阳水泥有限公司、宜昌思睿新型材料有限公司等公司较为注重对建筑原材料技术方向的研发；宜昌市承轩塑业有限公司、湖北中塑管业有限公司等公司较为注重对输水管道技术方向的研发，因此，宜昌市应加强各个企业之间的合作机制，组建协同创新中心，建立合作共赢机制，促进企业之间的交流和探讨，取长补短，团结协作，实现企业之间的强强联合与优势互补，共同推动宜昌市材料与设备领域的高效快速发展。

（2）构建专利融资体系，缓解企业融资难题。

宜昌市材料与设备领域的专利权人主要是中小企业，中小企业的发展过程中，存在资金短缺、融资成本高、融资渠道窄等问题，这些问题也是阻碍宜昌市水利水电领域中小企业技术发展的重要因素。不明朗的企业前景和日益加剧的市场风险，使得政府的扶持和银行的贷款等都有着较大的风险，因此相应的政策和支持都不能最大限度地倾向中小企业。因此，宜昌市材料与设备领域的中小企业可以通过专利等无形支持进行融资，为企业融资提供新的方向。

8. 做大做强区域创新链条

（1）锻造优势长板。

为助力宜昌市推动实施水利水电产业链提升方案，促进产业分布发展成链状的产业联动，进而形成网状的产业集群发展生态，宜昌市应以中国长江电力股份有限公司"链主"为首，协同技术实力突出、专利运营活跃、技术背景深厚、新进入者等方面优质企业紧随其后，带动整个产业链的升级和竞争力提升。构建区域协同创新体系，发挥西陵区具有多行业企业的优势，促进对接西陵与夷陵、枝江生产制造企业，加强西陵区在水利水电产业领域中游环节的优势，积极引导夷陵、枝江等区县与西陵区研究与试验发展相关企业展开交流，促进合作，弥补其在技术研发环节弱势，完善本市产业链环节构成。积极对接市内科研资源，建议关注三峡大学等专利运营活跃主体，促进相关企业加强与三峡大学等科研机构的对接，提升企业技术研发、专利运营能力，积极形成有益经验，带动提升市内企业专利运营活力，进一步畅通市内产业链内循环。不断提升宜昌市优质企业黏性，建议推动国家电网、华润电力、LS 电线株式会社等在宜昌"落地生根"。借助投资方组织架构关系拓展企业与企业之间的合作途径、吸引集团有关项目落地宜昌、推动企业投入生产基地建设等，以此共同推进水利水电产业研发进程，持续提升宜昌市水利水电产业链竞争力。

（2）补齐弱项短板，实现产业链招引。

宜昌市应积极对接市外日本日立公司、国家电网、南方电网等头部企业，引进市外北京市华能集团有限公司、常熟梁方智能技术有限公司、河南郑大水利科技有限公司等创新企业，开展与河海大学、清华大学、加利福尼亚大学等市外科研机构合作，关注市内外核心人才，如三峡大学的刘杰、国家电网王伟、南方电网李鹏等。

（3）攻克关键技术。

对于宜昌市水利水电产业关键技术环节，主要通过研发攻坚、专利布局、对外合作等手段推动产业高端化，增强核心竞争力。可照"突出重点、分步实施"的原则推进，在加快优势领域技术突破、专利布局的同时，逐步开拓技术落后、但市场前景广阔的领域，并根据市场需求及技术发展情况进行动态调整。对于优势领域，梳理创新成果资源，以自主研发为基础，依托优势企业的技术力量和人才储备，实现技术创新，强化专利布局。对于具有一定发展潜力的重点技术领域，应支持相关企业开展微观专利导航活动，积极跟踪国内外研发动向，提升研发创新效率，促进相关技术和产品尽快达到领先水平，对于技术难点，要通过集聚创新资源，协同突破技术难点，针对创新成果进行专利挖掘，形成有效专利布局，以专利控制力的增强体现"跟踪赶超"的成果效益，发挥创新成果保护运用的示范效应。对于弱势领域，应以技术引进为支撑，加强本地对缺失、薄弱环节核心技术的掌握及突破，在引进吸收的同时，支持有一定基础的优势企业，给予政策资金支持，协同创新突破，双管齐下，力争在重点和热点领域取得突破，取得一批关键技术专利，为产业价值升级奠定技术和专利布局基础。

9. 重视人才发展，推动创新平台建设

宜昌市应针对本地产业人才出台相应的扶持计划，发挥对人才的导向作用，形成覆盖人才引进、培养、使用、激励和保障等方面的"宜昌市水利水电产业创新人才计划"政策体系。培育高中青年领军人才、高水平创新人才和高技能应用人才队伍等高精尖人才团队；积极依托高校和科研院所建设一批具有国际先进水平的国家实验室等科技创新平台，充分依托河海大学、清华大学、天津大学、三峡大学等科研力量为创新平台建设蓄力，积极推进大学与企业的紧密联系，为本土人才的培养提供良好的学术、人文环境；根据本市水利水电产业发展情况，对人才引进政策进行持续优化、动态调整，对于高层次人才，以优惠政策鼓励、吸引，并在住房、家属调动、子女入学等方面给予优惠；以"不求所有，但求所用"的用人理念建立一套"借智、引智、用智"的工作机制，扭转宜昌市水利水电产业高层次创新人才匮乏之局面。

10. 强化科技赋能，促进产业链开放合作

政府作为推动经济社会发展的主要治理主体，应充分发挥引导职能，从宏观上对

宜昌市协同创新活动进行调控，为企业协同创新创建良好的创新环境，通过体制机制改革，制定更加有效调动协同创新主体积极性的政策，适时调整不合时宜的政策，理顺市场关系、完善市场机制，借市场之力，引导协同创新资源的整合和有效配置；同时鼓励宜昌市企业从宜昌市内集团龙头企业、湖北省内、国内企业、国外企业、科研院校和个人这六个方面着手，寻求协同创新合作对象，对水利水电产业薄弱环节以及技术研发重点和难点进行协同创新、专利协同布局等。薄弱环节如上游材料与设备的成套设备领域，技术研发重点、难点如中游水利水电建设与运营中的水力发电领域，下游电网的输变电、智能电网领域等。

11. 多管齐下，推动转化运营

宜昌市应从个人、高校和企业渠道引进吸收高质量专利资源，促进高价值专利转化应用企业；但已经具有了一定的专利基础；借鉴湖北在科技金融改革创新方面的经验，通过出台水利水电产业专项扶持计划，以及联合各方设立或引进水利水电产业投资基金、引导基金来推动科技成果与资本的有效对接；推动开展专利运营对接活动，优化科技成果转化服务，鼓励宜昌市知识产权专业机构、社会组织围绕水利水电关键技术科技成果转化、高价值专利运营开展政策宣讲、专业培训、对接沟通等内容丰富、形式多样的活动，宜昌市可探索搭建线上常态化交易服务平台，广泛征集可交易、可转化项目，推动完善专利交易服务保障体系，鼓励促进质押知识产权处置方式创新。

四、三峡知阵创新平台大数据系统介绍

为了使产业专利数据更加直观地被创新主体接受，该案例在产业专利导航报告的基础上，对产业专利分析的成果进一步加工和设计优化，形成了具有自主知识产权的三峡知阵创新平台大数据系统，将海量的专利大数据按照符合知识产权发展规律进行分析归纳，输出图表组件丰富、表达直观、普适性强的可视化界面，该系统的后台数据与国家知识产权局发布的专利数据同步，使创新主体更加清晰明了知晓产业发展动态，实时监控产业发展趋势和方向，进而促进水利水电产业的高质量发展。

三峡知阵创新平台大数据系统（简称"三峡知阵创新系统"）从创造、保护和运用三个方面的多个技术维度展示水利水电产业的专利数据。三峡知阵创新系统具有以下特点。

一是专利数据的精细化。三峡知阵创新系统可展示各技术分支的专利数据情况；可展示各个省份的专利数据情况；可追踪聚焦到具体申请人，进而从多个维度展示申请人的专利数据，有助于企业寻找潜在的合作对象和进行协同创新。

二是专利数据的精准化。按地域，三峡知阵创新系统又将专利数据分为中国、湖

北、宜昌三级，点击湖北，进入湖北分屏，可展示湖北省在水利水电产业的专利数据，同样，点击宜昌，进入宜昌子屏，可显示宜昌市在水利水电产业的专利数据；通过上述分级，可精准地协助宜昌市找准产业发展定位。

三是专利数据的准确化。三峡知阵创新系统的数据会根据国家知识产权局公布的专利数据同步更新，确保展示结果的准确性。

三峡知阵创新系统以产业专利导航为切入，可专业、精准地为产业发展提供技术引导；激发企业创新活力，为企业的科技创新保驾护航。

五、该案例的成果的特点

首先，该案例对水利水电产业借鉴郑州超硬材料产业专利导航的"方向-定位-路径"专利导航逻辑对宜昌市水利水电产业进行分析，着重分析产业链与专利数据之间的关系，进而利用专利数据研判产业发展方向、找准产业定位、揭示产业未来发展方向，从而使分析成果更加贴近主体产业发展的实际需求。其次，为了更好地展示分析成果，该案例的报告采用图文数表相结合的方式进行呈现，大大增加了报告的可阅读性，提升了报告成果的普适性；该案例除了采用报告形式体现分析成果，还将分析归类的大数据进行了电子可视化呈现，制作了"三峡知阵"创新大数据系统，该系统从创造、运用和保护三个方面多个技术维度展示水利水电产业的专利大数据，且该系统已经免费发布于宜昌市水利水电产业知识产权运营中心的官网上（https://www.threegorges-ipb.com）。该系统还有以下几个特点：①多元数据，支持接入并自动归集多元数据：知识产权数据、产业数据、人才数据、金融数据、政策信息等，可接受个性化定制，并融合为创新资源要素；②云端处理，可存储海量数据并多地备份，确保数据不丢失，数据安全性高，容错功能强，而且处理速度快，强大的计算能力，大大降低客户的硬件设备成本；③人机界面友好，图表组件丰富，如柱状图、折线图等，可加动画特效，主题风格多样，适用不同行业模板，帮助用户实现数据精准表达；④一键投屏，显示硬件既可采用液晶拼接屏，也可采用 LED 显示屏，可一键投屏、秒级切换，可多屏显示或分屏监控，为数据可视化呈现带来酷炫体验。应用场景：包含：知识产权事务会议室用于展示知识产权发展指数、园区企业路演大厅用于展示创新态势图、大学（科研院所）科技成果馆用于专利转化运用实时动态。

专利导航服务集成改革精准指引智能电梯产业创新发展

——国家级电梯产业专利导航服务案例

案例整理及评析人：李露

2021年浙江省湖州市南浔区委托华进知识产权支撑电梯产业专利导航基地的建设工作，基于南浔区电梯产业和知识产权深入融合的探索和成效，以南浔区电梯产业为样板，助推全省电梯产业高质量发展。

一、工作背景

2021年基于南浔区电梯产业和知识产权深入融合的探索和成效，全省首个专利导航基地落户在南浔。经过一年的工作实践，该基地又获批全国首批国家级专利导航服务基地。建设中开创"政府+公司+协会+中介"四位一体的服务模式，充分发挥四方各自优势，紧密协同联动，合力提升专利导航服务能力和水平。

2023年9月6日，在湖州市南浔区召开的浙江省专利导航现场推进会上，该案例作为浙江省知识产权局全省专利导航典型案例之一进行发布。

在该案例的项目实施过程中发现，中国是全球最大的电梯市场国，而我国电梯产业正处于民族品牌由"制造"向"智造"转型阶段，数字化、智能化、信息化控制技术的创新需求迫切。浙江省智能电梯产业经过四十多年发展，已形成完善的产业集群，其中，湖州市南浔区是全国三大电梯生产制造基地之一，拥有300多家企业，2022年全区电梯产业实现产值超100亿元，电梯产销量占浙江的50%，产业优势明显。

近年来，湖州市南浔区聚焦电梯产业优势围绕破解产业转型升级、市场失序治理、企业创新发展等问题，率先探索专利导航服务集成改革，打造首批国家级专利导航服务基地，为企业创新提供"精准驾驶指引"，推动产业高质量发展。

该案例将专利导航应用在电梯产业转型阶段，从产业"全景""远景""近景"出发，关注产业链结构、未来发展方向、产学研路径等，为浙江省内智能电梯企业的关键技术突破、创新人才培养提供参考路径和建议。

二、工作内容

（1）"国资推动+平台赋能"，实现专利导航市场化运作。全省首创成立国资控股湖州浔航知识产权运营有限公司（以下简称"浔航公司"），以市场化方式运营专利导航服务基地。由浔航公司主导建设全省首个数字化专利导航一站式服务平台，构建"政府+公司+协会+中介"的"四位一体"专利导航服务模式，线上线下联动、横向纵向贯通，为企业提供专利导航需求挖掘、培育高价值专利、专利质押贷款咨询等服务。

"数智支撑+标准引领"，实现专利导航精准化应用。建立全国首个智能电梯产业全产业链专利导航数据库，归集88个国家、1.3万个创新主体专利信息，形成12组、58类、33万件专利数据，覆盖电梯的八大系统，其中关键零部件包括上游的5个和中游的2个，延链技术位于中游控制系统的智能控制。为企业提供专利检索、信息分析、侵权预警等服务，有效规避一哄而上、产能过剩等风险，助力企业科学布局核心专利。

发布《浙江省智能电梯产业专利导航报告》，形成了五图六清单，五图包括产业链全景图、技术鱼骨图、龙头企业、创新合作和创新人才分布图，六清单涵盖基地、项目、产品、企业、人才以及长短板技术清单。为浙江省智能电梯产业提供找招商、找合作、找联动等六个方面的建议参考，引导企业针对性实施研发项目。出台全省首个重大经济科技活动知识产权分析评议地方标准，为招商引资、人才引进等5类涉及知识产权项目提供分析评估、核查论证等指导。

（2）"联盟共建+跨域联动"，实现专利导航协同化发展。成立电梯产业知识产权联盟，建立优势企业梯度培育库，有序实施企业专利阶梯式培育、政策化引导、精准化服务，进一步激发企业内生发展动能。与国内电梯产业集聚的山东宁津、江苏吴江等地建立知识产权联盟，联合举办知识产权创新创业大赛、共同发布技术难题、协同实施专利技术交易或许可，构建以专利导航为基础的跨区域合作模式。

三、取得成效

（1）激发企业创新活力。培育国家、省级知识产权优势（示范）企业5家、6家，数量居全省电梯行业第一。电梯产业核心专利布局2 740件，其中发明专利245件，万人高价值发明专利拥有量19.5件，同比增长69.6%，居全市第一；实施研发项目350项，开发专利密集型产品180项。

（2）积蓄产业转型动力。有力支撑招引强链补链项目65个，国家、省级引才计划人才20个，引进全国前五强高端知识产权服务机构1家。以全省最高分通过国家高端装备制造业（电梯）标准化试点项目验收，并以装备制造（智能电梯）产业入选第十批国家新型工业化产业示范基地。

（3）提升区域发展潜力。获批首批国家知识产权强县建设试点县、国家级专利导航服务基地。成立全国唯一跨区域知识产权联盟-浙江南浔·山东宁津电梯产业知识产权联盟，建立浙江南浔-江苏吴江跨区域专利导航服务合作。有关做法被《中国知识产权报》《市场导报》、浙江经视等主流媒体报道20余次。

四、经验启示

湖州市南浔区充分利用专利导航，有力推动智能电梯产业发展，具有显著借鉴意义。

（1）助力区域优势产业创新发展。通过深化专利导航服务集成改革，全面提升电梯产业创新发展能力，打造成为专利密集型的区域优势产业，助推南浔成为全国领先的智能电梯生产基地、"中国电梯之都"，并逐步向区域其他优势产业延伸拓展。

（2）打造可复制推广的专利导航运行模式。建立全国首个企业运营的专利导航服务基地，构建市场化运作、精准化应用、协同化发展的"南浔模式"。

（3）形成普惠共享的实践成果。有序开放共享电梯产业专利导航数据库，发布首个全国智能电梯产业专利导航报告，引领全省乃至全国的电梯产业由"制造"向"智造"加速转型。

案例六十三

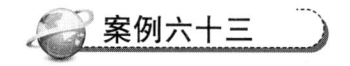

专利产业化　助力大健康

——以广东省生物医药与健康战略性产业集群知识产权协同运营中心为例

案例整理及评析人：邱志强

2021年以来，广东省知识产权局委托华进知识产权建设生物医药与健康战略性产业集群知识产权协同运营中心，开展协同创新和知识产权运营，以促进专利转化运用和产业化，助推大健康产业高质量发展。

一、立项背景

人民健康是民族昌盛和国家富强的重要标志，大健康产业是永不落幕的朝阳产业。作为全球新一轮科技革命和产业变革战略制高点，生物医药与健康产业具有高技术、高投入、高风险、高收益和长周期的特点，发达国家和国内各省市纷纷加大其支持力度，全球竞争日趋激烈。

近年来，我国加快推进健康中国建设，面向人民生命健康加快科技创新，生物医药和健康产业得到长足发展。作为广东省战略性支柱产业集群之一，生物医药与健康产业具有坚实的发展基础和良好的增长态势，是广东省高质量发展全局中的重点领域，对广东经济和社会发展起到重要支撑作用，发展水平位居全国前列，但也存在诸多问题和挑战，特别是基础研究薄弱，原创新药缺乏，创新生态体系尚未完善，产业高质量发展新格局尚未形成。

为了发挥知识产权助力生物医药与健康产业集群高质量发展的作用，自2021年以来，广东省知识产权局大力推动生物医药与健康产业知识产权运营工作，委托华进知识产权建设生物医药与健康产业知识产权协同运营中心，围绕生物医药与健康产业，开展协同创新和知识产权运营，解决生物医药与健康产业集群发展中需要突破的关键问题，特别是助力攻克关键核心技术，如精准医学、新药创新、生物安全、生物制造等"卡脖子"领域，促进专利转化运用，加快创新成果向现实生产力转化，以提升广东省生物医药与健康产业发展水平，促进产业迈向全球价值链高端。

二、案例成果

该案例以广东省生物医药与健康领域龙头企业、专精特新企业和上下游企业为重点服务对象，在专利转化运用、专利提质增量和知识产权管理水平提升方面取得了丰富的成果。

一是专利转化运用有实效。调研了广东省大健康产业3 000多家企业的知识产权状况，充分了解了中小企业专利技术需求，搭建了大健康领域专利供需对接平台，发布专利和技术供需信息184条，专利产品256件，提供精准对接服务200余次，促进专利转化运用234项。辅导全球首家且唯一以中医药为主业的世界500强企业广药集团开展高价值专利转化运用工作，在第二届"湾高赛"中成功入选五十强；依托高价值专利培育布局中心，助力旗下龙头企业白云山光华制药围绕小柴胡颗粒等名优中药等核心产品构建坚实的技术壁垒，并为核心产品小柴胡颗粒打造集高科技培育、高价值专利、高品质传承三位一体的中药大品种专属IP，构建了第三方评估价高达1.16亿元的专利池，并以6件核心发明专利、10件支撑专利顺利通过国家专利密集型产品备案；在粤港澳大湾区知识产权创造运用大会上受到世界知识产权组织总干事、国家知识产权局局长和全球嘉宾的高度评价。

二是专利提质增量有实绩。开展产业规划类专利导航，检索了生物医药与健康产业专利数据7 025 531件，形成了分析图表112张，并面向迈瑞医疗、一方制药等100余家重点企业开展关键技术攻关和专利申请前评估，构建高价值专利培育体系，挖掘布局高价值专利组合10个，其中发明专利360件，通过PCT途径申请专利26件；助力迈瑞医疗建立基于全球资源配置的研发创新平台，开展关键共性技术攻关和高价值专利培育，累计申请专利近万件，并斩获第二十四届中国专利金奖，成为医疗器械高科技行业的示范者与引领者。

三是企业获得服务有实惠。紧紧围绕生物医药与健康产业企业、科研院所等创新主体开展知识产权全链条服务，既让运营中心产出成果，又让创新主体获得实惠。据不完全统计，案例累计采集大健康产业相关数据600万余条，构建大健康专题数据库1个，编制专利导航大健康产业发展报告2份，深入广东省21个地市开展高价值专利大赛巡讲，推荐广药集团等12家创新主体参加"湾高赛"，面向大健康领域企业开展知识产权专题培训20余场，对3 000余家中小企业知识产权状况进行分析，为迈瑞医疗、刚竹医疗等企业提供专利技术精准对接服务100余次，为广州药业、白云山奇星、蓝勃生物、阳普医疗等企业提供知识产权咨询服务90余次，并为蓝勃生物、润虹医药等开展展会知识产权风险排查。为广州万孚、深圳亚辉龙等15家企业开展专利挖掘与高价值专利布局工作，对赛业生物科技开展IPO上市知识产权合规辅导，为广州艾贝泰等提供专利侵权比对分析和FTO调查服务，为中国科学院广州生物医药与健康研究院等提供知识产权纠纷法律咨询等公益服务10余次，为广东芭薇生物等10余家企业提供海外商标布局，商标复审解决方案等服务20余次。

三、案例经验及启示

该案例的主要做法有横向集聚资源、垂直深耕产业、立体打造品牌。

（一）横向构建生态

该案例由全国知识产权品牌服务机构华进知识产权和知识产权评估专家中金浩联合设立运营实体广州粤康知阵知识产权服务有限公司，并发起组建广东省生物医药与健康战略性产业集群知识产权联盟（图5-25），联盟成员单位包括广药集团、迈瑞公司等龙头企业，广州实验室、广州生物岛实验室等新型研发机构，广东省预防医学会、广东省医疗器械行业协会等行业协会，银河证券等金融机构，以及合享智慧等知识产权服务机构。

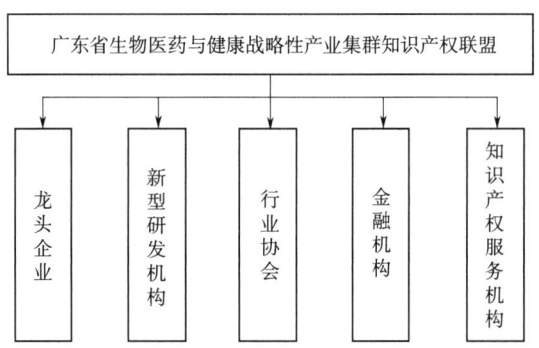

图 5-25　广东省生物医药与健康战略性产业集群知识产权联盟成员

华进知识产权是全国首批知识产权服务品牌机构、国家专利协同运用试点单位、广东省知识产权运营机构；中金浩是财政部批准的无形资产价值评估机构，深耕知识产权价值评估领域多年。

广药集团是全球首家且唯一以中医药为主业的世界500强企业。迈瑞公司是全球领先的医疗器械供应商，创新能力突出，近20年来在超声、监护、体外诊断领域的专利申请量和授权数量均位列中国企业第一。

广州实验室由中国工程院钟南山院士领衔，致力打造具有全球影响力的防控突发性公共卫生事件的大型综合性研究基地和原始创新策源地。广州生物岛实验室是立足于粤港澳大湾区的大健康领域重大科技基础设施和平台，引领以再生医学为核心的新一代医学变革。广东省预防医学会成立于1988年，涵盖了预防医学和公共卫生领域大多数专业，凝聚了广东省预防医学领域的科技精英。广东省医疗器械行业协会成立于1997年，致力于促进广东省医疗器械行业健康发展。

银河证券是我国证券行业领先的综合金融服务提供商。合享智慧具有十余年专利服务经验，打造了强大的全球专利数据库和专利检索分析工具。

这些机构横向联合，集聚各种知识产权运营和创新要素资源，协同推进知识产权运营和专利转化运用，打通技术链、资金链和人才链，共同构筑深度融合互促的大健康领域创新生态，为大健康产业打造高质量发展引擎。

（二）垂直深耕产业

该案例以助力广东省大健康产业高质量发展为核心目标，对标国内外知识产权运营和专利转化运用的最新趋势与最优模式，将建设内容实化为"一核五翼二十二个重点抓手"，协同推进，以全链条知识产权服务垂直深耕大健康产业。

"一核"是以创新驱动大健康产业发展为核心，"五翼"是指针对大健康产业，高价值创造知识产权、高效益运用知识产权、高标准保护知识产权、高水平管理知识产权和高品质建设知识产权协同运营中心，并分别针对"五翼"将建设内容细分为重点抓手。其中高价值创造知识产权，以高价值专利培育挖掘、高价值专利大赛举办和高端品牌打造为重点抓手，高效益运用知识产权，以专利转化运用、专利转让许可、专利导航、知识产权金融、知识产权联盟与专利池构建和专利标准化为重点抓手，高标准保护知识产权，以知识产权保护维权援助、海外知识产权保护维权援助为重点抓手，高水平管理知识产权，以专利盘点分级管理、知识产权价值评估、科创企业上市知识产权辅导和企业知识产权合规管理为重点抓手，高品质建设知识产权协同运营中心以专利数据库建设、知识产权大数据平台建设、"知阵大屏"建设、全国性知识产权高峰论坛举办、知识产权展厅建设和知识产权公共服务网点建设和知识产权高端智库建设为重点抓手。

（三）立体打造品牌

为了扩大广东省生物医药与健康产业知识产权协同运营中心的影响力，并持续发挥其对创新主体的促进作用，该案例集中打造了"粤康知阵"服务品牌。

为知识产权排兵布阵，为创新驱动谋篇布局，是协同运营中心的核心价值观。为此，该案例将"知阵"确立为服务名称并注册了商标，并多维度打造了"粤康知阵"品牌——登记注册了项目实体公司"粤康知阵知识产权服务有限公司"，建设了项目载体"粤康知阵展厅"，建设了企业知识产权联盟"粤康知阵"，开发了"粤康知阵公共服务平台"和"粤康知阵大屏"知识产权数据可视化系统，开设了"粤康知阵"微信公众号等多种渠道进行信息推送发布。

多维立体打造的"粤康知阵"品牌不仅传达了运营中心的核心价值观，而且让协同运营中心在创新主体心目中塑造了一个靓丽的品牌形象，助力协同运营中心持续发挥作用、不断扩大影响。